有凯泉的地方
就有水
凯泉

中国机械工业年鉴系列

中国通用机械工业年鉴

2007

中国机械工业年鉴编辑委员会
中国通用机械工业协会 编

图书在版编目(CIP)数据

中国通用机械工业年鉴. 2007/中国机械工业年鉴编辑委员会, 中国通用机械工业协会编. —北京: 机械工业出版社, 2007.10

ISBN 978 - 7 - 111 - 22600 - 0

Ⅰ. 中… Ⅱ. ①中…②中… Ⅲ. 机械工业—中国—2007—年鉴 Ⅳ. F426.4 - 54

中国版本图书馆 CIP 数据核字(2007)第 163373 号

机械工业出版社(北京市百万庄大街 22 号　邮政编码 100037)
责任编辑:魏素芳
责任印制:王书来
保定市中画美凯印刷有限公司印刷
2007 年 10 月第 1 版第 1 次印刷
890mm × 1240mm 1/16 · 14 印张 · 26 插页 · 560 千字
定价:200.00 元

凡购买此书,如有缺页、倒页、脱页,由本社发行部调换
购书热线电话(010)88379826、88379829
封面无机械工业出版社防伪标均为盗版

中国机械工业年鉴系列

作为『工业发展报告』
记录企业成长的每一阶段

中国机械工业年鉴

编辑委员会

中国机械工业年鉴系列

优化产品结构
发展自主品牌

中国通用机械工业年鉴
执行编辑委员会

中国通用机械工业年鉴
编辑出版工作人员

总 编 辑 郭 锐
主 编 李卫玲
副 主 编 刘世博
责 任 编 辑 魏素芳
美 术 编 辑 姜 宁
录 入 排 版 刘超琼
编辑部主任 朱彩绵 电话(010)88379829 传真(010)68998970
广告部主任 赵 敏 电话(010)88379812 传真(010)68997968
发行部主任 肖新军 电话(010)68326643 传真(010)68326039
设计部主任 李 晶 电话(010)88379809
客 户 服 务 陈美萍 董智利 娄 强 史丛敏
责 任 印 制 王书来
地 址 北京西城区百万庄大街22号
邮 编 100037
E-mail:cmiy@mail.machineinfo.gov.cn
http://www.cmiy.com

中国通用机械工业年鉴

优化产品结构
发展自主品牌

中国通用机械工业年鉴特约顾问单位特约顾问

特约顾问单位	特约顾问
沈阳鼓风机（集团）有限公司	苏永强
江苏泰隆机械集团公司	殷根章
上海鼓风机厂有限公司	刘国平
宁波风机有限公司	何三钱
长沙鼓风机厂有限责任公司	潘　杰
上海凯泉泵业（集团）有限公司	林凯文
广州市白云泵业集团有限公司	孙建云
石家庄强大泵业集团有限责任公司	郭庆白
沈阳潜水电泵股份有限公司	卢功文
安徽莱恩电泵有限公司	薛　璟
武安市宏泰机械泵业有限公司	王起明
挺宇集团有限公司	潘挺宇
上海耐莱斯·詹姆斯伯雷阀门有限公司	李仲光
上海良兴阀门科技开发有限公司	王天从
沈阳盛世高中压阀门有限公司	李　勇
湖北高中压阀门有限责任公司	徐久法
浙江中特气动阀门成套有限公司	季忠贤
浙江华夏阀门有限公司	陈占基
永嘉县科维特阀门制造有限公司	郑建新
上海电气压缩机泵业有限公司	张海英
上海佳力士机械有限公司	朱孟君
浙江真空设备集团有限公司	王西龙
中国空分设备有限公司	徐伟民
四川空分设备（集团）有限责任公司	单金铭
淄博真空设备厂有限公司	黄　毅
成都南光机器有限公司	高世君
北京中科科仪技术发展有限责任公司	雷震霖
广东中环真空设备有限公司	王健文

中国通用机械工业年鉴

优化产品结构
发展自主品牌

中国通用机械工业年鉴特约顾问单位特约编辑

特约顾问单位	特约编辑
沈阳鼓风机（集团）有限公司	宋广英
江苏泰隆机械集团公司	陈冬红
上海鼓风机厂有限公司	吕群力
宁波风机有限公司	张雪苗
长沙鼓风机厂有限责任公司	肖　翔
上海凯泉泵业（集团）有限公司	胡国炜
广州市白云泵业集团有限公司	阳麦秋
石家庄强大泵业集团有限责任公司	贾存坡
沈阳潜水电泵股份有限公司	韦铁军
武安市宏泰机械泵业有限公司	王秀梅
挺宇集团有限公司	林　肖
上海耐莱斯・詹姆斯伯雷阀门有限公司	陆建敏
上海良兴阀门科技开发有限公司	王晓芬
沈阳盛世高中压阀门有限公司	张　宽
湖北高中压阀门有限责任公司	李　珍
浙江华夏阀门有限公司	王晓柳
永嘉县科维特阀门制造有限公司	郑建新
上海电气压缩机泵业有限公司	沈谢非
上海佳力士机械有限公司	王荣钤
浙江真空设备集团有限公司	杨华飞
中国空分设备有限公司	俞　瑾
四川空分设备（集团）有限责任公司	吉红梅
淄博真空设备厂有限公司	徐法俭
成都南光机器有限公司	江　骏
北京中科科仪技术发展有限责任公司	齐　妍
广东中环真空设备有限公司	马益民

前　　言

装备制造业是为国民经济和国防建设提供装备的基础性产业，党中央和国务院非常重视装备制造业的发展。党的十六大提出要大力振兴装备制造业，2006年国务院发布了《国务院关于加快振兴装备制造业的若干意见》文件。振兴装备制造业是树立和落实科学发展观，走新型工业化道路，实现国民经济可持续发展的战略举措。当前振兴装备制造业的方针政策正在落实和细化，国民经济持续快速发展带来的旺盛市场需求，为我国装备制造业提供了前所未有的发展机遇。

中国通用机械工业协会所属的通用机械行业包括泵、风机、压缩机、阀门、气体分离及液化设备、真空获得及应用设备、过滤及分离机械、减变速机、干燥设备、气体净化设备和溶解乙炔设备11个分行业，是装备制造业的重要组成部分，广泛应用于电力、石化、冶金、煤炭及矿产开发等国民经济各领域和基础设施及国防建设。2006年是"十一五"的开局之年，通用机械行业在国民经济持续快速发展的带动下，继续保持高速发展的态势：产值、销售和经济效益保持同步增长，重大装备国产化取得重大成绩，国企改革取得明显成效。

截止到2006年底，通用机械行业规模以上企业4 074个。其中：泵行业992个，风机行业406个，压缩机行业285个，阀门行业1 438个，气体分离设备行业361个，其他通用机械行业592个。全行业拥有固定资产净值482.06亿元，从业人员67.62万人。2006年全行业完成工业总产值2 307.8亿元，比上年增长27.59%；实现主营业务收入2 235.67亿元，比上年增长27.82%；实现利润总额139.44亿元，比上年增长23.86%；完成出口交货值415.02亿元，比上年增长44.72%。

通用机械行业通过消化吸收先进技术，加强科技攻关和技术改造，一批重点骨干企业的自主开发能力和国际竞争力有了明显提高，百万吨乙烯裂解三机、4万m^3以上大型空分设备、4 000m^3高炉轴流鼓风机等一批国家重大技术装备实现了国产化，为国民经济发展做出了重要贡献。

中国通用机械工业协会与中国机械工业年鉴编辑委员会希望通过《中国通用机械工业年鉴》宣传通用机械行业在深化国企改革、新产品开发、经济运行以及推进重大技术装备国产化等方面取得的成绩，展望预测发展前景，进一步加强与社会各界的交流与合作，促进行业的技术进步和经济发展。

在《中国通用机械工业年鉴》2007版的编撰过程中，得到了通用机械行业各有关企事业单位和相关用户的大力支持，中国通用机械工业协会与中国机械工业年鉴编辑委员会在此表示衷心的感谢，并将一如既往地为各界朋友和广大用户提供真诚的服务。

中国通用机械工业协会会长：隋永滨

2007年10月

目　　录

统 计 资 料

大 事 记

附 录

Contents

Quality & Standard

Statistical Data

Chronicle of Events

Appendix

广告索引

钟情品牌形象
信赖通机年鉴

湖北高中压阀门有限责任公司

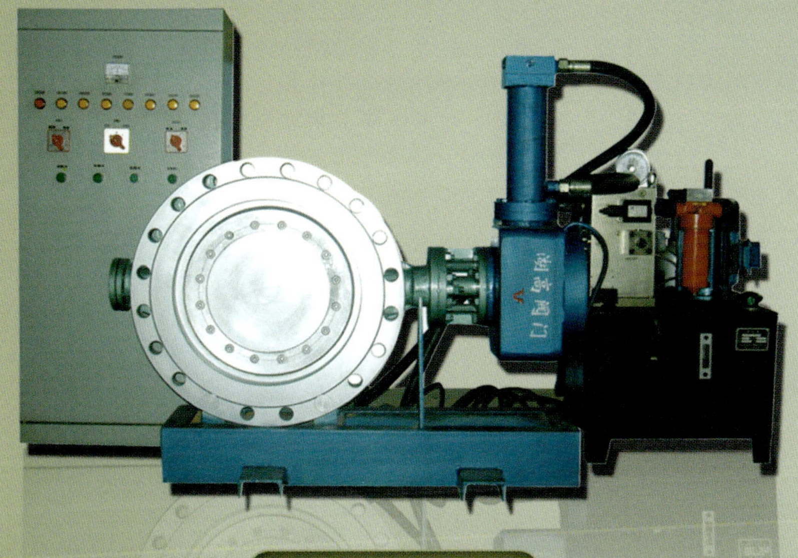
电液联动快关阀

气动耐磨球阀

湖北高中压阀门有限责任公司是生产各类高中压阀门的专业厂家，具有科研、开发、设计、制造各类特殊阀门的生产能力。产品通径为3～4200mm，公称压力为0.1～76MPa。公司已通过ISO9001质量体系认证、特种设备制造许可证(AZ)、API 6D认证，荣获湖北省名牌产品、湖北省著名商标称号。产品广泛应用于冶金、电力、石油天然气、石化、机械、轻纺、军工等行业。

本公司以“以人为本、品质第一、诚信至上”的经营理念，竭诚为新老客户提供一流的服务。

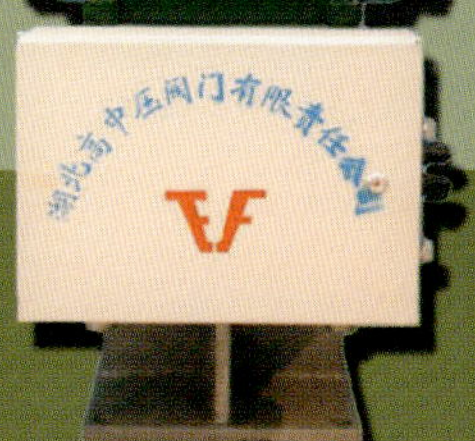

热轧除鳞系统系列阀门

湖北高中压阀门有限责任公司

董事长：徐久法
地址：湖北省武汉市阳逻开发区新阳大道37号
邮编：430415
电话：027-86964606　　86964618
传真：027-86961440　　86961514
http：//www.hbvalve.com
E-mail：market@hbvalve.com.cn

武安市宏泰机械泵业有限公司

Wuan Hongtai Machine Pump Co.,Ltd.

河北武安市宏泰机械泵业有限公司（原武安市水泵厂）建厂已多年，雄厚的技术力量、先进的工艺装备、完善的检测手段为制造享誉中外的产品提供了有力的保证。20世纪80年代中期，公司吸收国内外各类先进的热油循环泵的优点，研制出结构合理，技术先进，效率高，在热态下长期稳定运转，无泄漏，采用自然风冷却和强制冷却两种结构形式，安全可靠的RY型系列热油泵。

该产品经历10多年的广泛应用，来自石化、油脂、筑养路、制药、食品、塑料、橡胶、合成纤维、纺织印染、木材加工等行业的信息反馈，这种理想的热载体介质循环泵为所有用户提供了效益和满足。

副本 COPY

ISO9000

中国船级社质量认证公司

CHINA CLASSIFICATION SOCIETY QUALITY ASSURANCE LTD.(CSQA)

质量管理体系认证证书

兹证明

武安市宏泰机械泵业有限公司

的质量管理体系符合质量管理体系标准：

GB/T19001-2000 - ISO9001:2000

本证书对下述产品/服务有效：

RY型离心式热油泵的设计和制造。

本证书有效期至：2007年11月1日。

发证日期：2004年11月1日

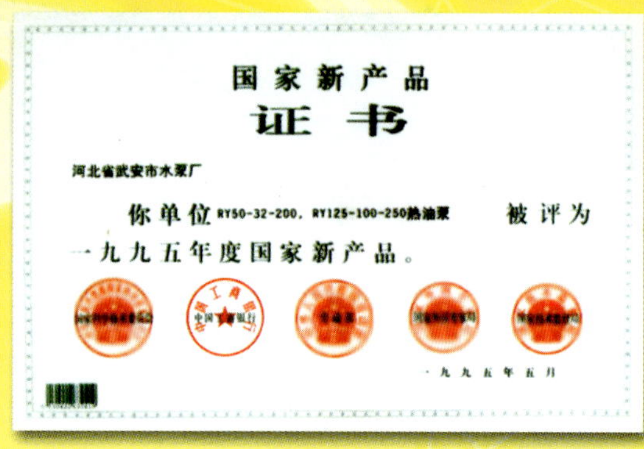
国家新产品

证书

河北省武安市水泵厂

你单位RY50-32-200、RY125-100-250热油泵 被评为一九九五年度国家新产品。

一九九五年五月

全国工业产品生产许可证

武安市宏泰机械泵业有限公司

经审查，你厂生产的下列产品符合取得生产许可证条件，特发此证。

产品名称：离心式热油泵RY系列≤15kW、>15～30kW、>30kW

证书编号：XK06-216-00102

有效期至：2008年05月08日

2003年05月09日

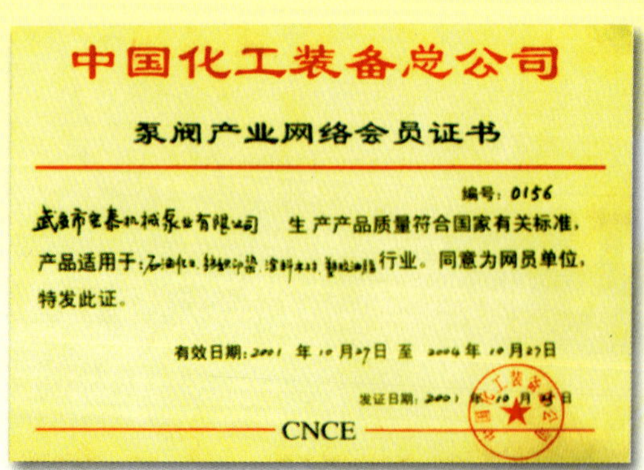
中国化工装备总公司

泵阀产业网络会员证书

编号：0156

武安市宏泰机械泵业有限公司 生产产品质量符合国家有关标准，产品适用于：石油化工、纺织印染、塑料加工、筑路沥青行业。同意为网员单位，特发此证。

有效日期：2001年10月27日 至 2004年10月27日

发证日期：2001年10月27日

CNCE

证书

河北省武安市宏泰机械泵业有限公司：

你单位RY系列离心式热油泵被列为机械工业第十八批节能机电产品推广项目。

一九九八年三月十八日

RY型离心式热油泵

特　点：

- 泵采用软填料密封，具有良好的热态适应性，密封可靠，无泄漏
- 采用风冷式结构，节约运行费用；在特殊情况下，采用强制冷却，延长使用寿命
- 结构简单，维修费用低
- 性能先进、效率高、体积小、噪声低、能长期稳定运行
- 泵为轴向吸入，脚支撑结构（部分为中心支撑）

武安市宏泰机械泵业有限公司

董事长：王起明

地址：河北省武安市南关街666号　　邮编：056300

电话：0310－5652273　5652567　　传真：0310－5660714

http://www.htpump.com　　E－mail:svkjsm@tom.com

网络实名：RY泵、宏泰泵业、苯酐泵

SNJ®

实力使然 品质制胜

工程项目应用业绩

涩宁兰输气管道工程
兰成渝输油管道工程
格拉管线改造工程
西气东输管道工程
西气东输170亿增输工程
西部成品油管道工程
忠武输气管道工程
中石化兰宁线工程
兰州石化60万吨扩建工程
壳牌煤气化工程
上海赛科石油化工项目
扬子石化-巴斯夫
独山子石化
……

西气东输管道工程

优胜供货商证书

上海耐莱斯·詹姆斯伯雷阀门有限公司

贵公司被评为西气东输管道工程优胜供货商，特此表彰。

中国石油天然气股份有限公司
西气东输管道分公司
二〇〇六年一月六日

9000/6000系列球阀　600G-A系列球阀　G系列固定球管线球阀　G系列W型全焊接管线球阀　800系列高性能蝶阀　L90系列金属密封蝶阀

中国石油西气东输

SNJ
上海耐莱斯·詹姆斯伯雷
SHANGHAI NELES-JAMESBURY

DNV

TÜV
CERT
CE

AZ
安全注册标记

SNJ

A5

沈阳盛世高中压阀门有限公司

沈阳盛世高中压阀门有限公司是中国阀门行业重点骨干企业，具有50多年专业研制阀门的历史，先后为国家各个时期的重点建设工程项目提供了大批阀门产品。

公司位于沈阳市经济技术开发区。厂区占地面积6.5万m^2，建筑面积5万m^2。公司现有员工400余人，其中工程技术人员110人，中高级技术人员80余人。

属于国家二类研究所的沈阳阀门研究所设在我公司。研究所下设产品研发中心、试验检测中心、行业信息中心，具有国内一流的产品开发和试验评价能力。国内外发行的专业期刊《阀门》编辑部设在研究所内。

公司拥有完备的加工、检测和试验手段。包括大中型数控车床、数控镗铣床、法国进口气体保护焊机等加工设备，射线、金相、化学等分析检测设备，高温、常温产品试验台架等产品性能试验装置。

公司拥有完善的质量保证体系。公司已取得核承压设备设计资格许可证和制造资格许可证、国家特种设备（压力容器）制造许可证。通过了ISO9001质量管理体系认证、国军标质保体系认证、API认证、CE认证等。

公司可采用ANSI、ASME、RCC－M、MSS、JIS、DIN、GB、JB等标准设计和制造各类阀门。公司主导产品有核级和非核级的闸阀、截止阀、止回阀、球阀、蝶阀、调压阀等总计10大类、800多个品种、6000多种规格。产品的公称压力0.1～200MPa，公称通径3～2600mm，工作温度－196～860℃。产品广泛应用于石油石化、制药、化工、能源电力、核工业和国防等领域。

地址：辽宁省沈阳市经济技术开发区开发大路15号
电话：024－25128011　25131301（市场部）
传真：024－25127013　25130969（市场部）
http：//www.syss-valve.com
E-mail：sysscb@sina.com

国科科仪是中科院控股的以科学仪器及真空产品为主业的集团公司。由原北京中科科仪技术发展有限责任公司（简称中科科仪 KYKY）和中国科学院沈阳科学仪器研制中心有限公司（简称沈阳科仪 SKY）组成。

中科科仪和沈阳科仪都是国内著名的真空设备制造企业，中科科仪产品包括高真空获得与检测设备以及真空应用设备，尤其是涡轮分子泵、离子泵和氦质谱检漏设备的研发和生产都处于国内领先水平。迄今已拥有 10 多个型号的分子泵、近 10 个型号的检漏仪及离子泵、插板阀等多种真空产品。

沈阳科仪在集成电路装备、薄膜制备设备、真空冶金及纳米材料制备设备、超高真空系统集成、分析检测仪器、无油真空获得设备及真空部件等方面技术已达国内领先水平，公司产品荣获各类奖项计50余项。2000年，经有关科技部门批准，依托沈阳科仪公司组建了真空仪器装置工程技术研究中心。

2006 年 8 月，经中科院国有资产经营有限责任公司批准，中科科仪和沈阳科仪揭开了整合的序幕，共同组建了集团公司。

凭借卓越的信誉、优良的质量、合理的价格、良好的服务，国科科仪必将成为国内外著名的民族企业。

国科科仪与您共铸

系列分子泵

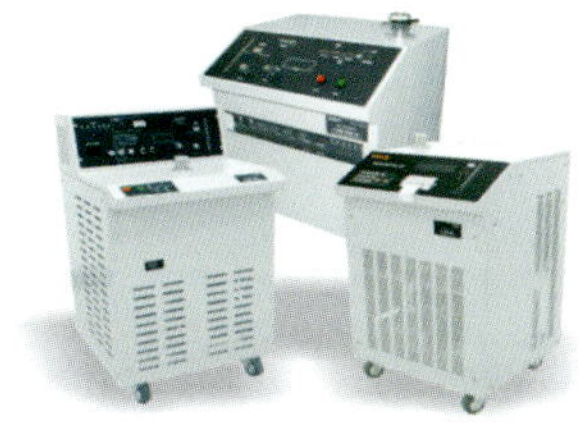

系列检漏仪

无油双侧涡旋泵　手动、气动插板阀

干式罗茨真空泵组

磁控溅射镀膜设备

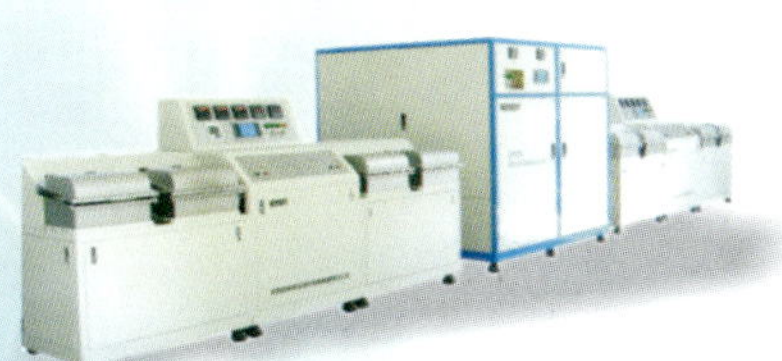

氦充气回收检漏系统

激光陀螺充排气台设备

UHV CVD

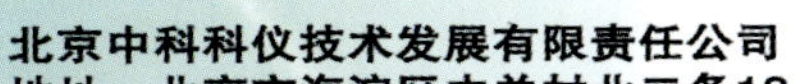

北京中科科仪技术发展有限责任公司
地址：北京市海淀区中关村北二条13号
邮编：10080
电话：010-62571592 62565522-8126
传真：010-62564613
E-mail：market@kyky.com.cn
http：//www.kyky.com.cn

中科院沈阳科学仪器研制中心有限公司
地址：沈阳市浑南新区新源街1号
邮编：110168
销售电话：024-23826855 23826899
传真：024-23826856
E-mail：sales@sky.ac.cn
http：//www.sky.ac.cn

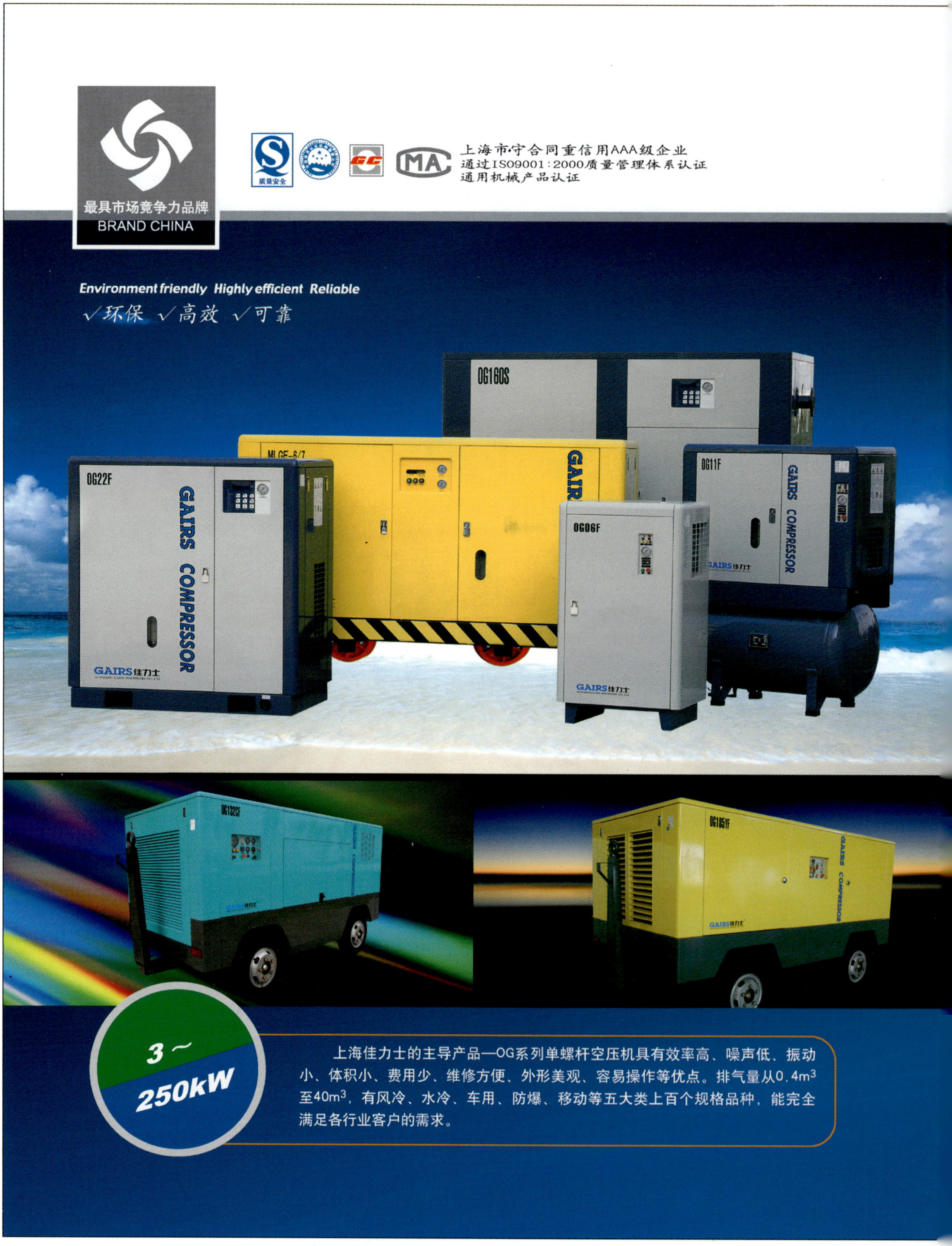

上海市守合同重信用AAA级企业
通过ISO9001:2000质量管理体系认证
通用机械产品认证

Environment friendly Highly efficient Reliable

√环保 √高效 √可靠

3～250kW

上海佳力士的主导产品—OG系列单螺杆空压机具有效率高、噪声低、振动小、体积小、费用少、维修方便、外形美观、容易操作等优点。排气量从0.4m³至40m³，有风冷、水冷、车用、防爆、移动等五大类上百个规格品种，能完全满足各行业客户的需求。

GAIRS®佳力士®
单螺杆空压机

上海佳力士机械有限公司是一家集科、工、贸为一体的专业致力于研发、制造通用机械的股份制企业。公司注册资金6180万元，占地面积68000m^2，厂房建筑面积30000m^2，座落于国际大都市上海松江工业区，是我国较早成功研制单螺杆空气压缩机的企业、单螺杆空压机国家行业标准的参编单位和国家压缩机行业“十一五”规划确定的单螺杆空压机生产/出口基地，上海市守合同重信用AAA级企业。

佳力士OG系列单螺杆空压机具有效率高、噪声低、振动小、体积小、费用少、维修方便、外形美观、容易操作等优点。产品采用智能模块控制系统，具有友好的人机界面，实现了故障自诊、伺服式气量自动调节和24小时无值守运行，属当前国内外市场上较先进的机型之一。目前，佳力士OG系列单螺杆空压机有排气量从0.4m^{3}至40m^{3}的风冷、水冷、车用、防爆、移动等五大类上百个规格品种，能完全满足各行业客户的需求，产品畅销国内外。

科技/品质/服务

秉承“诚信，务实”的态度
不断融合先进科学技术、生产管理经验和坚持以人为本的核心理念
专心致力于压缩机、机械等领域的研究、生产和开发
精工制造性能优良，顾客满意的产品
全力打造“佳力士”品牌

上海佳力士机械有限公司
SHANGHAI GAIRS MACHINERY CO.,LTD.

地址：上海市松江区石湖荡工业区唐明路388号 邮编：201617
电话：021-57841111 传真：021-57841967
http://www.GAIRS.CN E-mail:JLS@GAIRS.CN

热线：021-63566666

挺宇集团

环境管理体系认证证书

ISO 14001

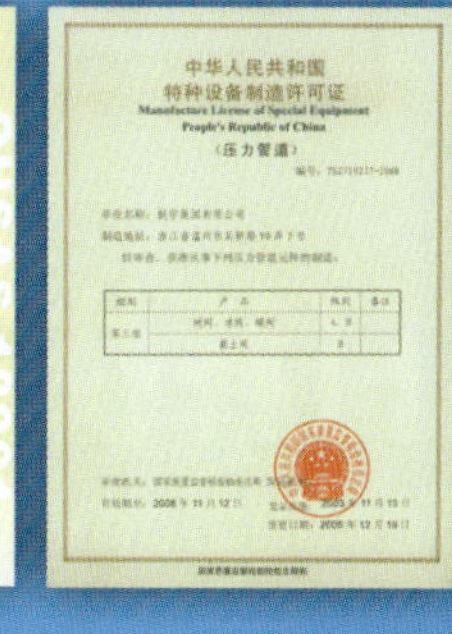
职业健康安全管理体系认证证书

OHSAS 18001

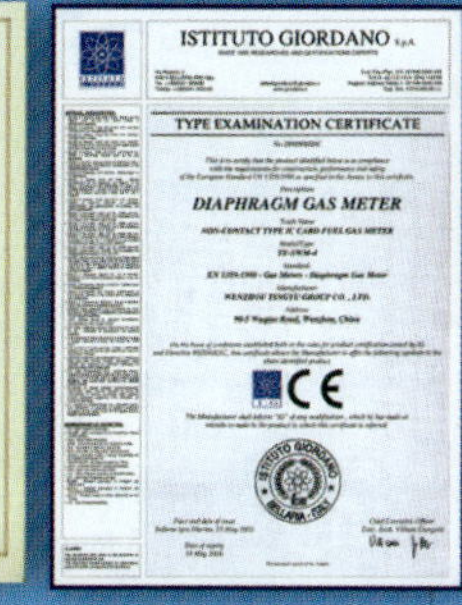
中华人民共和国
特种设备制造许可证

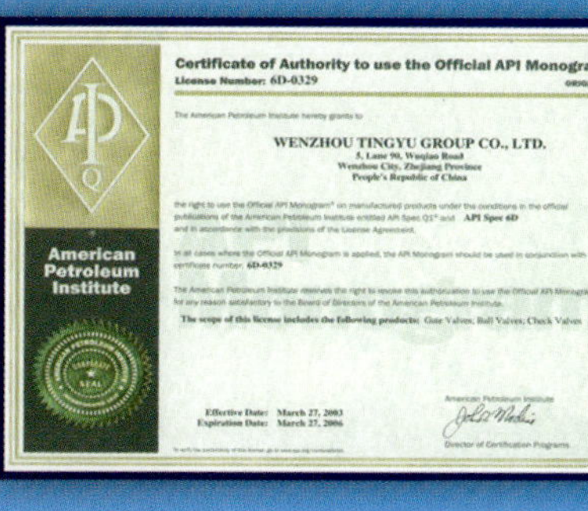
Certificate of Authority to use the Official API Monogram

WENZHOU TINGYU GROUP CO., LTD.

American Petroleum Institute

美标楔式闸阀

摆动式球阀

固定式球阀(侧面)

电动轨道式球形蝶阀

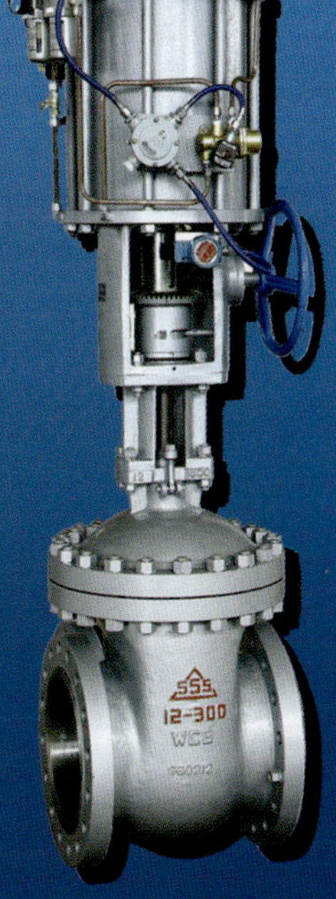
气动平行式双闸板闸阀

手轮V型球阀

主要产品：
金属双向密封偏心半球阀、V型球阀、高温高压O型金属密封球阀、铝厂专用球阀、真空球阀及承接特种、非标球阀等。

AOGONG VALVE

奥工阀门有限公司地处人杰地灵的东海之滨 — 温州，是一家集科研、设计、制造、销售、服务于一体、专业生产金属密封球阀的高新技术企业。

公司主要产品有金属双向密封偏心半球阀、V型球阀、高温高压O型金属密封球阀、铝厂专用球阀、真空球阀及承接特种、非标球状阀等。

本公司始终坚持质量第一，用户至上的经营方针，不断开发出高科技含量产品，扩大服务领域，竭诚与国内外用户携手合作，共创辉煌。

偏心半球阀是我公司在引进吸收国外此类阀门结构基础上，开发的一种新型阀门，可广泛适用于石油、化工、冶金、电力、供水等低、中压管路中，特别适用于在含有杂质、颗粒状等杂物的流体介质管道中作截流和节流用。

该阀采用双偏心结构，利用偏心轮的变形楔作用原理来使阀门密封副形成闸紧和分离。从而实现阀门可靠的密封和快速开启。

温州奥工阀门有限公司
WENZHOU AOGONG VALVE CO.,LTD.
销售热线(TEL): 0577-86910728 86910725 传 真(FAX): 0577-86929727
地址(ADD): 温州龙湾永兴永民北垟工业区民富路14号

中特气动阀门
工业自动化控制的理想选择!

△气动执行器
△气动球阀/蝶阀
△气动调节阀
△电动调节阀
△自立式调节阀

浙江中特氣動閥門成套有限公司
ZHEJIANG ZHONGTE PNEUMATIC VALVE FITTINGS CO.,LTD.

地址 Add: 温州龙湾沙城工业区览金路6号
总机 Tel: 0577-86920123
传真 Fax: 0577-86920010 邮编 P.C: 325024
http://www.zhongte.com
E-mail:zjzhongte@126.com
网络域名:中特气动阀门

销售热线: 0086+577+86936305 86934305

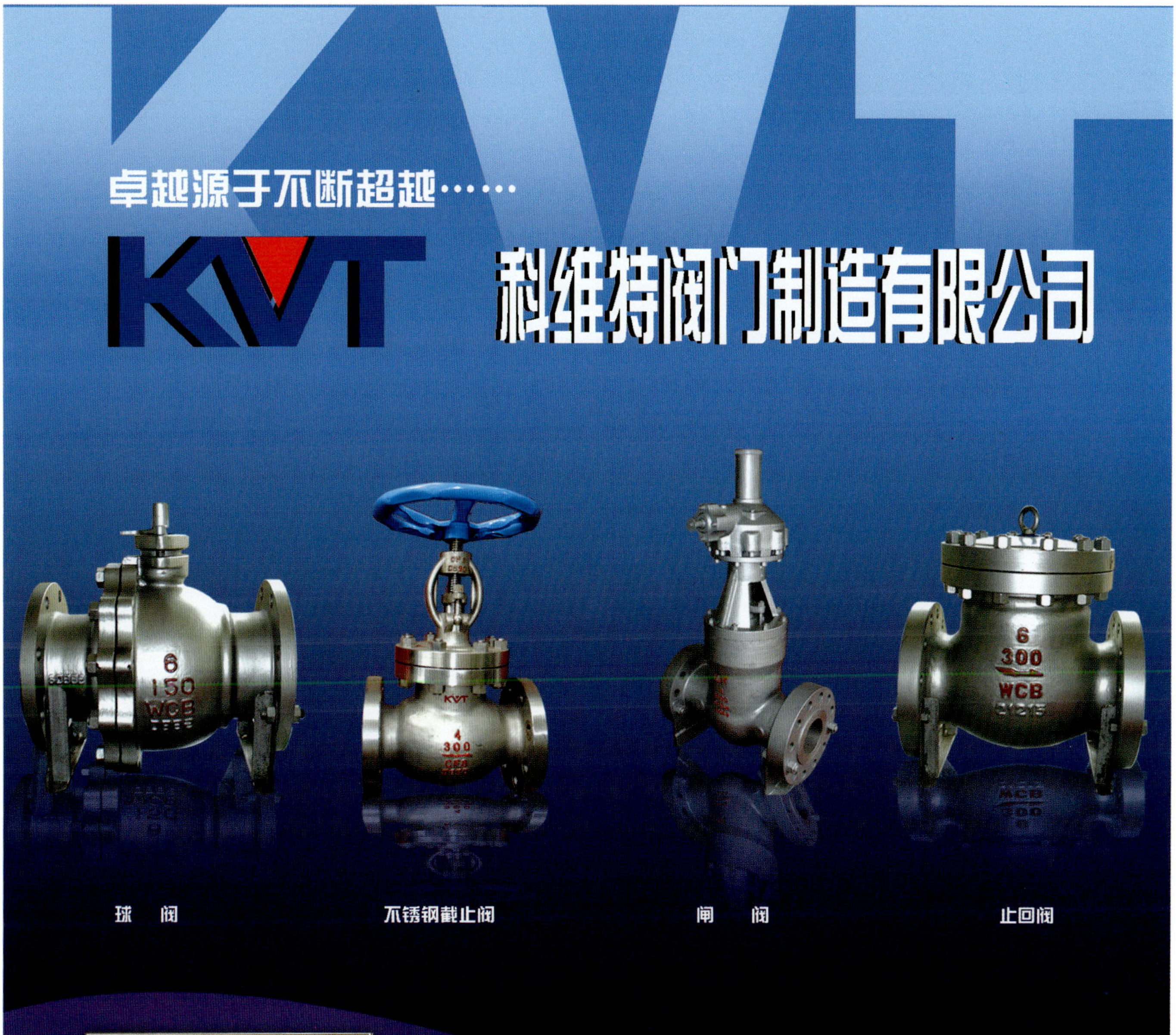

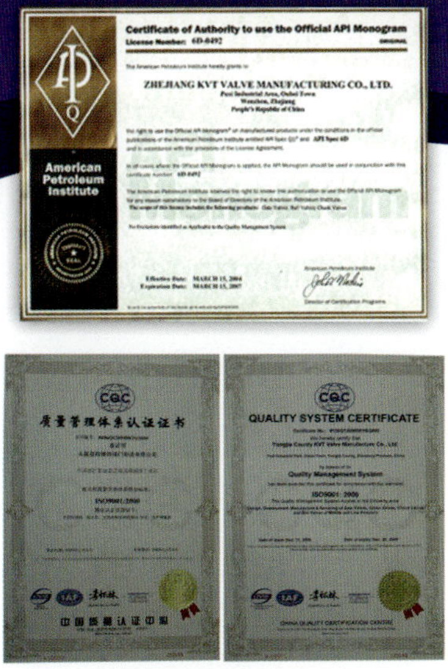

永嘉县科维特阀门制造有限公司是一家集阀门设计、制造、销售于一体的专业公司，是温州泵阀工业协会会员单位。公司主要生产美国 ANSI、API，日本 JIS，德国 DIN，中国 GB、JB 标准的闸阀、截止阀、止回阀、球阀、蝶阀等系列阀门产品。产品广泛应用于石油、化工、化肥、冶金、制药、电力等行业。公司拥有一支科技创新队伍，具备设计开发能力和系统管理水平。为适应全球经济一体化的要求，公司现已通过 API 认证、ISO9001：2000 认证。

"科维特"人以其爱岗敬业的工作态度，关注产品的每一个细节；以良好的质量体系标准和严谨的科学管理制度给予您质量的保证；以诚信的服务、良好的信誉报答广大用户的厚爱。

公司秉承"专业制造，诚信服务"的经营理念，坚持"科技为根，人才为本"的发展战略。"科维特"人将用智慧绘制金色阀门产品带，为建成现代化阀门企业而努力奋斗。

公司竭诚欢迎各界朋友莅临指导、洽谈，让我们携手并进，共创美好的明天。

地　　址：浙江省温州市永嘉县瓯北镇浦西工业区
邮　　编：325105
销售电话：0577－87310888
传　　真：0577－87310885
E－mail：chinakvt@126.com

矿用产品安全标志证书
里茨系列潜水泵
SX单级双吸离心泵
KWPK污水泵
挖泥泵（口径1m）
TL（R）系列脱硫泵
AH(R)/HH/L系列渣浆泵

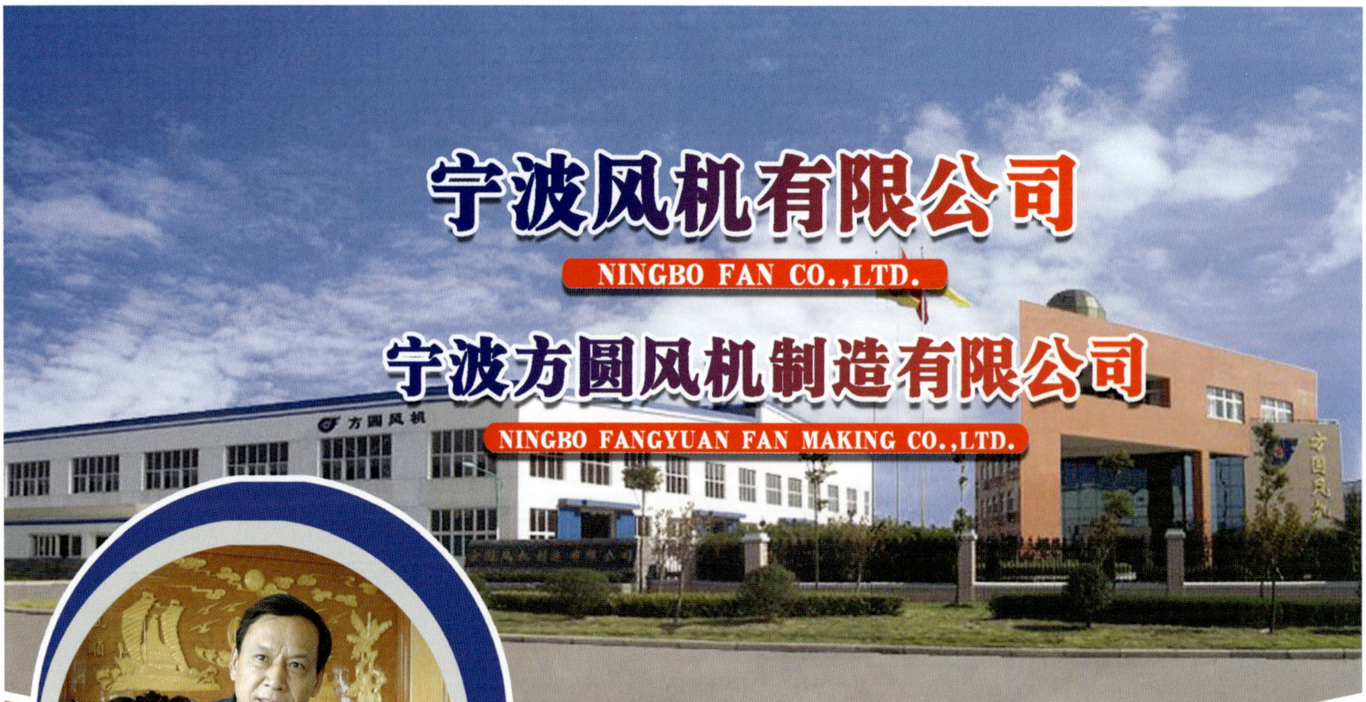

宁波风机有限公司

NINGBO FAN CO.,LTD.

宁波方圆风机制造有限公司

NINGBO FANGYUAN FAN MAKING CO.,LTD.

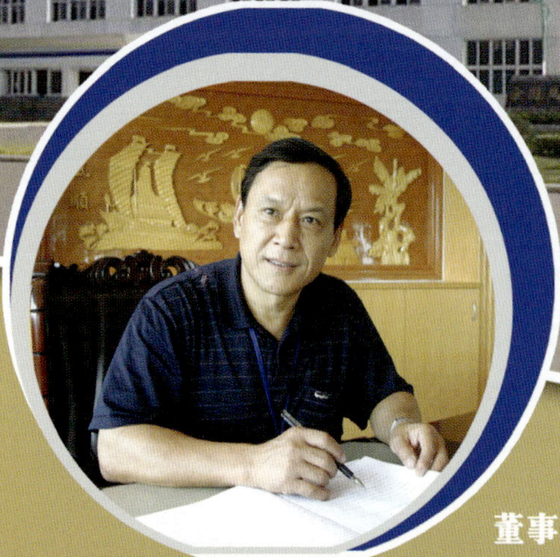

董事长：何三钱

宁波风机有限公司（宁波方圆风机制造有限公司）是国内生产风机和消声器的骨干企业。公司位于长江三角洲杭州湾大桥南连接线起点宁波市江北投资创业中心，是中国通用机械工业协会风机分会理事单位，国家二级计量单位。浙江省机电产品质量检测所风机检测中心设在我公司，中心通过了国家实验室认可。

公司有着近50年的历史，为电力、钢铁、烟草、造纸、木材、冶金、纺织、化工、建材等行业提供了多种系列各种规格的风机和消声器 20 余万台，产品畅销全国及世界各地。

公司总资产 8500 万元，占地面积 6.5 万 m^2，厂房面积 3.5 万 m^2，公司有员工 400 余人，其中高级专业技术人员 8 人，中级专业技术人员 15 人，具有一支优秀的技术研发队伍。公司生产设备齐全，质量检测手段先进，具备生产各类大中型风机的条件。

公司本着“质量第一，顾客至上”的质量方针，在产品设计、制造及售后服务等方面都严格执行 ISO9000:2000 质量管理和质量保证体系。

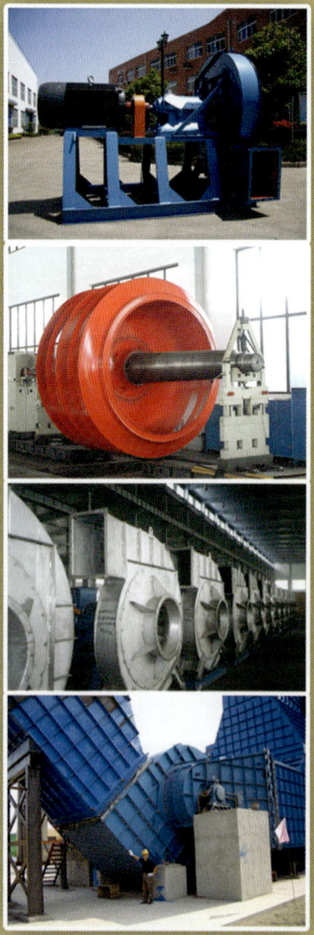

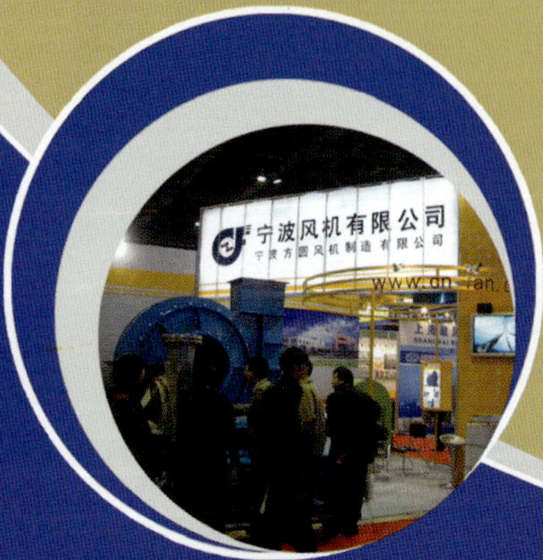

公司地址：浙江省宁波市江北区海川路 136 号
销售部电话：0574-87522388　87577628
办公室电话：0574-87522306
传真：0574-87522306
邮编：315032
http://www.cn-fan.con
E-mail：nbfyfan@cnool.net

上海鼓风机厂有限公司

SHANGHAI BLOWER WORKS CO., LTD.

上海鼓风机厂有限公司是国家大型骨干企业、上海市高新技术企业。公司占地面积12.1万m^2，建筑面积7.1万m^2。公司现有职工1200人，其中技术人员和质保人员200人，高级技师、技师及高级工共计100人。企业主要产品有大型工业用离心压缩机、离心式和轴流式通风机、离心式和罗茨式鼓风机以及消声器。产品为石油化工、火电站、冶金、化肥、水泥、城建、矿井、纺织、轻工和军工等行业提供配套。企业获ISO9001质量体系证书。

大型钢厂冶金离心风机

大型地铁隧道风机

大型电站轴流风机

大型离心压缩机

工厂技术大楼

法定代表人： 刘国平

地址：上海市共和新路3000号　　邮编：200072

电话：021-56650577　　传真：021-56651514

http://www.sbw-cn.com　　E-mail: sbw@sbw-cn.com

四川空分设备

企业文化活动

四川空分设备(集团)有限责任公司系全国大型一档企业，国家机械行业骨干企业，深冷设备主要科研、设计、制造基地之一。公司占地面积约 67 万 m²，拥有控股子公司 16 个，参股企业 15 个，形成了集科工贸为一体的、跨行业、跨地区的企业集团。总资产 20 亿元，年生产规模 15 亿元以上，年设备生产能力达 50000t。

公司已取得国家 A1、A2、C2、C3 级压力容器设计、制造许可证和 B3 级气瓶制造许可证，美国 ASME 许可证和 U、U2 钢印，通过了 ISO9001:2000 质量体系认证，获得了军工质量体系认证。

公司已为冶金、石化、能源、化工、化机、电子、轻工、国防、航空航天、卫生等部门提供了一批高效节能产品。公司每年生产空分设备及液化装置数十套，产品已遍及全国各地。20 多项产品填补了国内空白，10 多种产品进入国际市场，连续在国内行业中保持领先地位。公司以优良的产品、优质的服务，在国内外广大用户中建立了良好的信誉。

新建厂房　　技术大楼

主要产品

- 大、中、小型空气分离设备
- 低温液体（液态氧、氮、氩、二氧化碳、乙烯、液化天然气，液氢，液氦等）贮槽、集装槽、槽车及汽化设备
- 超级绝热低温气瓶和输液管
- 天然气（油田气）液化分离设备
- 各种膨胀机、中小型活塞压缩机、低温液体泵
- 空分、贮槽用低温阀门和常温专用阀门
- 医院用集中供氧装置和中心吸引装置
- 溶解乙炔设备、环保设备

（集团）有限责任公司

■ 公司工艺装备精良，技术力量雄厚，检测手段完善。公司拥有省级技术中心和四川深冷设备研究所、焊接研究所等研究机构，具有很强的研发、设计和制造能力；拥有先进的空分工艺流程和单元设备设计计算软件。空分设备技术实现了当今新一代规整填料、无氢制氩和内压缩流程的跨越，主要产品技术水平和性能均达到当代先进水平。

公司设计、制造的空分设备主要有：用于制取氧、氮、氩等工业气体与液体的 50 ～ 60000m³/h 空分设备，50 ～ 20000m³/h 高纯氮空分设备，12 ～ 500t/d 氧、氮液化设备，氪、氙等稀有气体提取设备等。

公司已形成空分设备、低温液体贮运设备、天然气（油田气）液化分离设备、工业气体 4 条主线，以及低温机械、低温阀门、板翅式换热器、压力容器和钢结构等多元发展的产品格局。

2×30000m³/h 空分设备

3000m³ 低温液体贮槽

长治 20000m³/h 空分设备

50 万 m³/d 油田气装置

四川空分设备（集团）有限责任公司
地址：四川省简阳市建设中路 239 号
邮编：641400
电话：0832-3186011
传真：0832-7016546
http://www.saspg.com
E-mail：jtgl@saspg.com

四川空分设备

10×100m³LNG 汽化站

除主线产品以外，公司还拥有众多独立发展的单体设备产品。公司生产的增压透平膨胀机，产品性能国内领先，并且已接近国际先进水平；各种规格的特种气体压缩机，排气量为 40～3600m³/h，不仅在国内占有很大的市场，而且还出口 10 多个国家和地区；公司拥有大型、先进的 10m 真空钎焊设备，具备生产单只尺寸达 10m×1.5m×1.5m、最高压力达 8.0MPa 的各种规格的大型铝制板翅式换热器，广泛配套于大中型空分设备、轻烃回收和液化天然气工程等；专业化的封头生产线，可生产各种规格、材质封头，加工能力强，产品质量优；各类专用阀门产品的技术、质量均在国内领先，低温系列阀门在国内市场占有率较高；高真空绝热管道，可以实现再次抽真空，使用寿命长；车用液化天然气气瓶，经国家专门机构检测认证，已装备在多个城市的出租车、公交车上；公司具有专业化的医用设备制造能力，为用户提供医用中心供氧、中心吸引、手术室净化等产品，用户遍布全国 20 多个省、市、自治区的上百所大型骨干医院；公司拥有一支能力强、业绩多的空分设备及大型贮槽专业安装队伍，拥有多项资质和样板工程，是国内低温工程安装队伍中的重要力量。

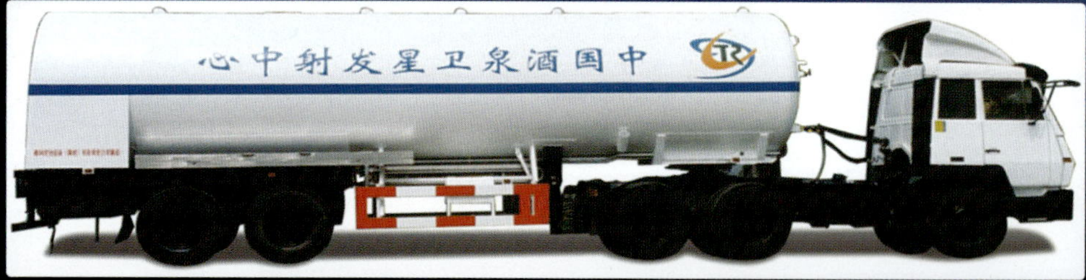

20m³ 低温液体槽车

车用 LNG 气瓶

处理量 160×10⁴m³/d 的天然气增压透平膨胀机

波纹管截止阀

天然气压缩机

（集团）有限责任公司

公司拥有自营进出口权，经过不断开拓国际市场，已有 10000m³/h 高纯氮设备销往台湾省，10000m³/h 空分设备出口到土耳其，28 万 m³/d、45 万 m³/d 天然气分离装置出口东南亚。50 ～ 6000m³/h 成套空分设备及部机先后出口东南亚、中东和非洲等 20 多个国家，100t/d 液化天然气设备出口波兰，溶解乙炔设备出口东南亚、中东等 10 多个国家，多批液氮容器出口印度，液体设备出口苏丹、菲律宾、叙利亚等。为满足国外用户需求，部分产品按 ASME 标准、CE 标准和 API 标准生产，同时，在越南、印度及中国香港等地设置了相应的分公司和办事处。

出口印度 6000m³/h 空分设备

出口缅甸 45 万 m³/d 油汽田装置

台湾联华 10000m³/h 高纯氮空分设备

出口土耳其 10000m³/h 空分设备

四川空分设备（集团）有限责任公司
地址：四川省简阳市建设中路 239 号
邮编：641400
电话：0832-3186011
传真：0832-7016546
http://www.saspg.com
E-mail：jtgl@saspg.com

淄博真空设备厂有限公司

山东省真空设备工程技术研究中心

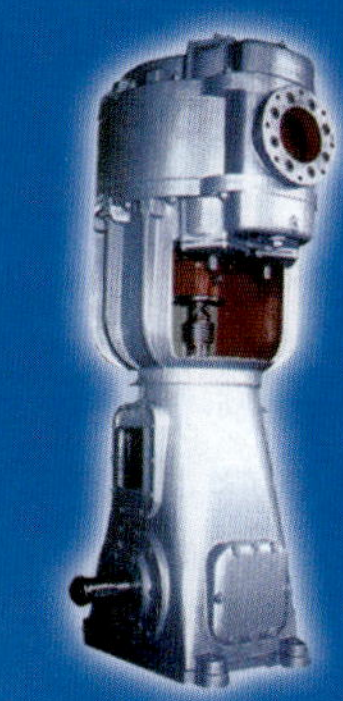

公司始建于1959年，是国家生产真空获得和真空应用设备的重点骨干企业，中国真空工业创始企业之一，国家先期批准的科技进步示范试点企业，山东省高新技术企业。企业通过ISO9001:2000质量体系认证。通过与欧美企业的合资与合作，公司产品技术达到国际先进水平。

- ★ 中国真空学会常务理事
- ★ 中国通用机械工业协会常务理事
- ★ 中国通用机械工业协会泵业分会副理事长
- ★ 中国通用机械工业协会真空设备分会副理事长
- ★ 中国通用机械工业协会干燥设备分会副理事长

双山真空 诚信永恒

主要产品

- X、2X 系列旋片式真空泵
  抽速：0.5~150L/s；极限压力：0.065Pa
- SK、2SK、SKA(2BE) 系列水环式真空泵及压缩机
  抽速：30~40000m³/h
- SY、2SY、2LG 系列高压液环式压缩机
  抽速：60~4000m³/h； 工作压力：0.1~1.2MPa
- W、WY、WL、WLW 系列往复式真空泵
  抽速：200~4500m³/h； 极限压力：1.3kPa
- COSSDP 螺杆干式真空泵
  抽速：100~1500m³/h； 极限压力：13Pa
- 真空干燥设备
- 真空机组

地址：山东省淄博市博山区双山街160号
Add: No.160 Shuangshan Street, Boshan District, ZiboCity, Shandong, P.R.China
电话(Tel)：+86-533-4181008 4159140
传真(Fax)：+86-533-4180391
http：//www.czssv.com
E-mail：czssv@czssv.com

■ 中国真空获得及应用骨干企业 ■ 中国电子工业工艺装备制造骨干企业 ■ ISO9001质量体系认证

承百年基业 创一流品牌

成都南光机器有限公司位于成都经济技术开发区，占地面积12万m²，拥有600多名员工，是一家总资产超过亿元的高科技民营企业，致力于开发和制造真空获得设备和真空应用设备。

公司前身为建于1877年的四川机器总局。在130年的历史变迁中，公司注重自我发展，同时与国内众多科研院所及美国、日本、德国、韩国等国外的真空行业企业进行交流和合作，不断提高技术水平、制造能力和市场营销实力，成为国内真空行业的骨干企业。公司是国内真空获得设备、真空镀膜设备、PDP生产设备、真空应用设备的主要制造者。公司先后研制新产品392项，多项产品获国家、省、市各种奖项。为了适应市场经济发展需要，公司进行了企业所有制的民营化改革。公司将以全新的姿态在真空领域努力拓展，不断为各界客户提供更多更好的产品。公司继成功研制自动箱式光学镀膜设备ZZS2500-1/G后，又成功推出液环式真空泵/压缩机和具有国际先进水平的GFC-1300全自动光学镀膜机。

公司的每一件产品都是精心设计、精心制造的结果。为了给客户提供及时、优质的售后服务，公司特在成都、北京、广州、上海设有维修中心。

真空获得设备

GFC型系列真空光学镀膜机

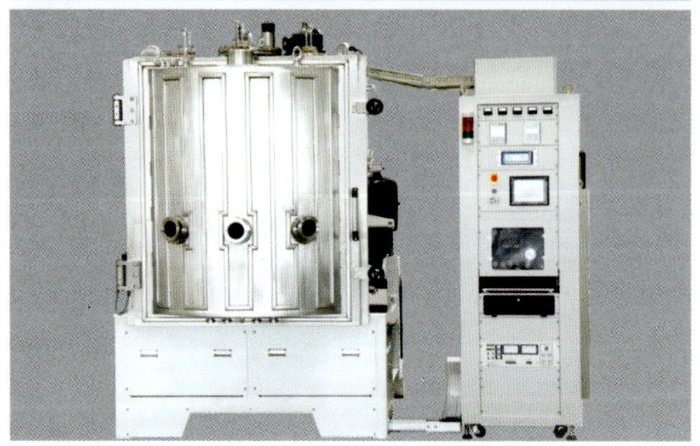

箱式真空光学镀膜机ZZS2500-1/G

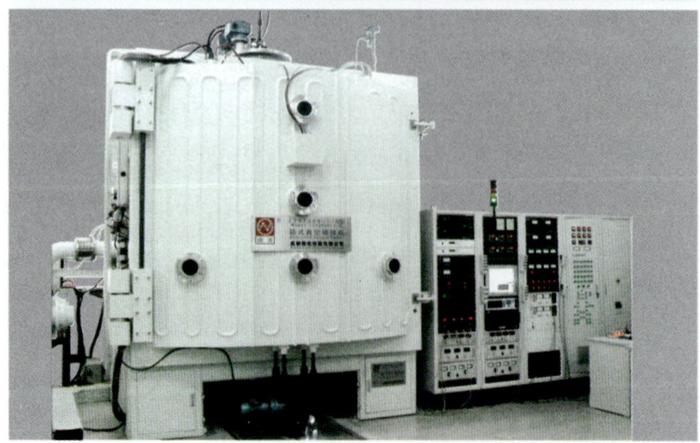

公司地址：成都经济技术开发区星光西路115号 邮编：610100
公司电话：86-28-84848163 传真：86-28-84848100
市场销售部电话：86-28-84848102 传真：86-28-84848103

南光机器喜迎130年华诞 向新老客户致以诚挚的谢意

综合索引

优化产品结构
发展自主品牌

中国机械工业年鉴系列

《中国机械工业年鉴》

《中国电器工业年鉴》

《中国工程机械工业年鉴》

《中国机床工具工业年鉴》

《中国通用机械工业年鉴》

《中国机械通用零部件工业年鉴》

《中国模具工业年鉴》

《中国液压气动密封工业年鉴》

《中国重型机械工业年鉴》

《中国农业机械工业年鉴》

《中国石油石化设备工业年鉴》

《中国齿轮工业年鉴》

《中国磨料磨具工业年鉴》

《中国机电产品市场年鉴》

编辑说明

一、《中国机械工业年鉴》是由中国机械工业联合会主管、机械工业信息研究院主办、机械工业出版社出版的大型资料性、工具性年刊，创刊于1984年。

二、根据行业需要，1998年中国机械工业年鉴编辑委员会开始出版分行业年鉴，逐步形成了中国机械工业年鉴系列。该系列现已出版了《中国电器工业年鉴》、《中国工程机械工业年鉴》、《中国机床工具工业年鉴》、《中国通用机械工业年鉴》、《中国机械通用零部件工业年鉴》、《中国模具工业年鉴》、《中国液压气动密封工业年鉴》、《中国重型机械工业年鉴》、《中国农业机械工业年鉴》、《中国石油石化设备工业年鉴》、《中国齿轮工业年鉴》、《中国磨料磨具工业年鉴》和《中国机电产品市场年鉴》。

三、《中国通用机械工业年鉴》由中国通用机械工业协会和中国机械工业年鉴编辑委员会共同编撰，创刊于2002年。2007年刊由综述、行业发展概况、进出口、企业概况、质量与标准、统计资料、大事记和附录8部分组成，集中反映通用机械行业的发展情况，详细记载了泵、风机、阀门、压缩机、真空设备、干燥设备、减变速机、分离机械及气体分离设备9个分行业的发展情况，全面系统地提供了通用机械行业企业的经济指标。

四、统计资料中的数据由中国通用机械工业协会及其9个分会提供，数据截止到2006年12月30日。

五、在年鉴编撰过程中得到了中国通用机械工业协会9个分会及通用机械行业的专家、学者和企业的大力支持和帮助，在此深表感谢。

七、由于水平有限，难免出现错误及疏漏，敬请批评指正。

中国机械工业年鉴编辑部

2007年10月

综述

介绍通用机械工业改革与发展情况，分析现状，展望未来

Introduction to the Situation of Industrial Reform and Development of General Machinery Industry, Analysis of the Current State, and Looking Forward to the Future

综述

行业发展概况

进出口

企业概况

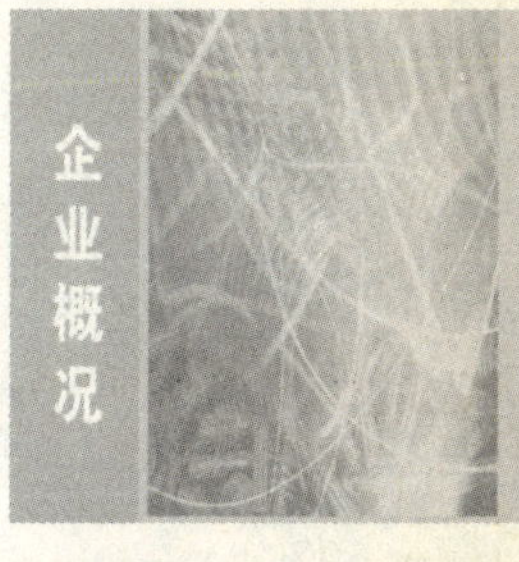

质量与标准

统计资料

大事记

附录

综述

振兴通用机械制造业形势分析报告

通用机械制造业是装备制造业的重要组成部分，在国民经济中占有十分重要的地位。2006 年，我国国民经济和社会发展“十一五”规划纲要及国务院发布的《国家中长期科学和技术发展规划纲要(2006～2020 年)》对振兴装备制造业和增强装备制造业的创新能力，做出了明确部署。国务院发布的《国务院关于加快振兴装备制造业的若干意见》指出，大力振兴装备制造业是党的十六大提出的一项重要任务，是树立和落实科学发展观，走新型工业化道路，实现国民经济可持续发展的战略举措；提出了振兴装备制造业的目标，明确了任务，制定了措施。党和国家领导人胡锦涛、吴邦国、温家宝、贾庆林、李长春、曾培炎等同志就振兴装备制造业也多次做出重要指示。党中央、国务院如此高度重视振兴装备制造业，为通用机械制造业提供了难得的发展机遇。

一、通用机械制造业的产值、销售收入和利润持续高速增长

石化、电力、冶金等国民经济各部门的快速发展，为通用机械制造业提供了巨大的市场和发展空间。2001 年以来，在国家宏观经济扩展所导致的需求拉动下，我国通用机械制造业的工业产值、销售收入和利润水平连续 5 年保持高速增长，企业效益明显改善，技术与管理水平快速提升，通用机械制造业进入一个新的发展时期，其装备生产能力和制造水平有了较大的提高，整体水平与先进国家的差距正在逐步缩小。

截止到 2006 年底，通用机械制造业规模以上企业 4 074 个(2005 年为 3 748 个)。其中：泵行业 992 个(2005 年为 953 个)，风机行业 406 个(2005 年为 372 个)，压缩机行业 285 个(2005 年为 257 个)，阀门行业 1 438 个，气体分离设备行业 361 个，其他通用机械行业 592 个。全行业拥有固定资产净值 482.06 亿元，从业人员 67.62 万人。全年累计完成工业总产值 2 307.8 亿元，比上年增长 27.59%，其中，完成新产品产值 313.35 亿元，比上年增长 33.35%；累计完成工业销售产值 2 249.28 亿元，比上年增长 28.28%，其中，出口交货值 415.02 亿元，比上年增长 44.72%；完成工业增加值622.04亿元，比上年增长 24.2%；实现销售收入 2 235.67 亿元，比上年增长 27.82%；实现利润总额 139.44 亿元，比上年增长 23.86%。全年累计生产泵 3 752.47 万台，比上年增长 14.29%；累计生产风机 263.97 万台，比上年下降 5.28%；累计生产压缩机 1 841.05 万台，比上年增长 27.66%；累计生产阀门 205.75 万 t，比上年增长 17.34%；累计生产减变速机 229.18 万台，比上年增长 15.18%；累计生产分离机械 31 369 台，比上年增长 22.04%。

各分行业的经济运行情况也都呈现较好的发展态势：

(1)泵行业。2006 年泵行业完成工业总产值 467.80 亿元，比上年增长 26.75%，其中新产品产值 53.44 亿元，比上年增长 51.43%；出口交货值 70.11 亿元，比上年增长 31.61%；实现利润总额 26.33 亿元，比上年增长 34.78%；资产负债率 60.34%(2005 年为 61.01%)；劳动生产率 81 721元/人(2005 年为 72 376 元/人)。

(2)风机行业。2006 年风机行业完成工业总产值 247.95亿元，比上年增长 24.42%，其中新产品产值 40.60 亿元，比上年下降 2.56%；出口交货值 34.52 亿元，比上年增长 24.62%；实现利润总额 15.60 亿元，比上年增长 24.20%；资产负债率 63.26%(2005 年为 61.48%)；劳动生产率 97 599 元/人(2005 年为 81 346 元/人)。

(3)压缩机行业。2006 年压缩机行业完成工业总产值 412.84 亿元，比上年增长 15.49%，其中新产品产值 97.15 亿元，比上年增长 21.82%；出口交货值 50.56 亿元，比上年增长 46.95%；实现利润总额 20.56 亿元，比上年下降 20.05%；资产负债率 60.12%(2005 年为 58.09%)；劳动生产率 125 072 元/人(2005 年为 101 286 元/人)。

(4)阀门行业。2006 年阀门行业完成工业总产值 725.10亿元，比上年增长 35.56%，其中新产品产值 68.69 亿元，比上年增长 70.34%；出口交货值 229.17 亿元，比上年增长 49.10%；实现利润总额 45.33 亿元，比上年增长 42.79%；资产负债率 52.54%(2005 年为 53.48%)；劳动生产率 84 511 元/人(2005 年为 67 454 元/人)。

(5)气体分离设备行业。2006 年气体分离设备行业完成工业总产值 177.49 亿元，比上年增长 26.20%，其中新产品产值 24.51 亿元，比上年增长 21.16%；出口交货值 13.49 亿元，比上年增长 36.21%；实现利润总额 11.52 亿元，比上年增长 21.72%；资产负债率 64.81%；劳动生产率100 401 元/人。

(6)过滤及分离机械、真空获得及应用设备、减变速机、干燥设备、溶解乙炔设备、气体净化设备 6 个行业。2006 年这 6 个行业共完成工业总产值 276.62 亿元，比上年增长 33.40%，其中新产品产值 28.95 亿元，比上年增长63.45%；出口交货值 17.18 亿元，比上年增长 120.38%；实现利润总额 20.09 亿元，比上年增长 48.33%；资产负债率 58.36%(2005 年为 64.08%)；劳动生产率 89 037 元/人(2005 年为 89 440 元/人)。

二、2006 年通用机械产品进出口贸易首次出现顺差

近几年来，通用机械出口产品向大型化、高端化发展。据海关进出口统计，2006 年通用机械产品累计进出口总额 188.15 亿美元，比上年增长 29.97%，其中，累计进口额 92.92亿美元，比上年增长 18.38%，累计出口额 95.23 亿美元，比上年增长43.7%；进出口顺差2.31亿美元。这是通用机械产品进出口第一次出现贸易顺差，比上年减少逆差14.53亿美元。

近几年，通用机械制造企业不断开发国际市场，出口产品品种增加，出口产品趋向大型化、高附加值。比如，以往压缩机产品出口主要是小型空压机、通用型石化用压缩机，近两年来批量出口天然气压缩机、石油化工用大中型工艺用压缩机、大型透平压缩机等。出口产品结构的优化，体现了通用机械产品在国际市场的竞争力有了明显提高。杭州制氧机集团有限公司继2004年21 000m^3/h大型空分设备出口塞尔维亚和18 000m^3/h大型空分设备出口马来西亚后，2005年出口空分设备的等级进一步提高，共有出口订货合同："6万m^3/h"等级空分设备2套（出口伊朗）、"4万m^3/h"等级空分设备2套、"3万m^3/h"等级空分设备1套、"2万m^3/h"等级空分设备4套、"1万m^3/h"等级空分设备7套。开封空分集团有限公司出口土耳其"1.5万m^3/h"等级空分设备1套。陕西鼓风机（集团）有限公司中标巴西Gerdal Acominas公司1 750万m^3高炉的TRT（高炉煤气余压透平发电装置）项目，为中国TRT产品进入国际市场打响了第一炮。沈阳鼓风机（集团）有限公司2005年完成出口交货值10 806万元，比上年增长142.3%，出口交货值为历史之最，特别是离心压缩机出口量达到7台，是历年出口离心压缩机最多的一年。大型高端产品出口的迅猛增长，为通用机械制造业大型成套产品走向国际市场拓展了良好的发展空间。

从进口设备看，依然主要是高技术含量、高附加值的产品，并且大多配套国家重点工程项目。这些项目所需设备的技术含量较高，一部分设备是国内企业生产不了，或技术不过关的产品，如大型高速泵、高精度计量泵、大型屏蔽泵、高温高压化工泵、大型迷宫式压缩机、螺旋卸料离心机、高精度调节阀、安全阀等。还有一部分设备被用户以"没有应用业绩"而拒之门外，如2004年以来国内新上60万kW超临界火电项目100多套，沈阳水泵股份有限公司、上海电力修造厂等都具有成套生产能力，但仅承担了锅炉给水泵的机壳，转子全部为进口。100万kW超超临界火电机组的锅炉给水泵全部为进口。

三、新产品开发能力不断增强

近几年，通用机械制造业产业结构调整主要是产品结构的调整，企业提高了对新产品（变型产品）开发的积极性。行业内的大多数企业为适应市场的需求，新产品开发项目每年都有所增长，产值逐年提高。2006年全行业完成新产品产值313亿多元，比上年提高33%。

为适应市场需求的变化，沈阳鼓风机（集团）有限公司通过消化吸收国外技术，不断提高自主创新能力和设计水平，成功地完成了多个国家重大技术装备中"首台（套）"大型离心压缩机国产化的任务，并拥有自主知识产权。沈阳鼓风机（集团）有限公司已经成为能够与跨国公司相抗衡的国际一流离心压缩机制造商。

沈阳鼓风机（集团）有限公司"十五"期间核心竞争力不断加强，新产品产值占全部工业产值的50%以上，技术进步对工业产值增长速度的贡献率达到85.7%。近几年，共有14项科技成果获奖，其中2项国家科技进步奖。公司研制生产的40 000m^3/h空分装置用的SVK32—5S压缩机，50万t甲醇工程用的合成气压缩机、二氧化碳压缩机、氨冷冻压缩机以及52 000m^3/h空分装置用的空气压缩机组，加氢装置用的二段加氢压缩机组、甲烷氢压缩机组，100万t/a催化重整装置用的循环氢压缩机组、重整增压机组，260万t/a柴油加氢精制装置用的循环氢压缩机组，410万t/a柴油加氢精制装置用的循环氢压缩机，320万t/a加氢处理装置用的循环氢压缩机，290万t/a催化裂化装置用的富气压缩机组等都已在工程中得到成功应用。

陕西鼓风机（集团）有限公司研制的高炉煤气余压回收透平发电装置（TRT）是回收和利用高炉炉顶煤气的余压和余热，将热能和压力能转化为机械能，驱动发电机发电的一种装置，是国际公认的钢铁企业重大能量回收装置。这种装置既回收了减压阀组泄放的能量，又净化了煤气，降低了噪声，改善了高炉炉顶压力的控制品质。该装置运行过程中不产生污染，回收能源效果显著，发电成本低。

陕西鼓风机（集团）有限公司研制的高炉鼓风机和煤气透平同轴系的高炉能量回收机组，简称BPRT（Blast Furnace Power Recovery Turbine）机组。该机组将高炉鼓风机与煤气透平串联在同一根轴系上，使TRT原有的系统简化合并，取消发电机及发配电系统，合并自控系统、润滑油系统、动力油系统等，并将回收的能量作为旋转机械能直接驱动鼓风机，避免能量转换的损失，降低了电机功率。该机组对节能、增效以及能量回收装置的推广应用，具有十分深远的意义。

杭州制氧机集团有限公司为了满足冶金、化肥和石化工业对大容量空分设备的需求，以及不同行业用户对产品的种类、纯度、压力等需求各异，在内压缩空分技术方面进行了大量的研究。内压缩流程空分设备是在第6代空分设备流程的基础上，采用液氧泵对氧产品进行压缩的一种流程形式。公司加大技术和科研投入，全力以赴地开发了多种形式的新型内压缩流程空分设备，其中代表性的有50 000m^3/h大型石化型内压缩流程空分设备及60 000m^3/h冶金行业用空分装置。

此外，上海连成（集团）有限公司研制开发了低噪声无负压离心泵；丰球集团有限公司研制开发了切割潜水排污泵、隔套式潜水电泵；本溪水泵厂研制开发了内螺旋污水排污泵；山东双轮集团股份有限公司研制开发了SSH、SSL单级双吸中开离心泵；长沙市阀门厂成功制造出我国最大直径的液控金属硬密封蝶阀（*DN*4800mm）；自贡高压阀门股份有限公司研制开发了全焊式锻钢管线球阀和锻钢固定球阀；鞍山亨通阀门有限公司研制开发了转炉煤气回收专用阀组；广东明珠集团股份有限公司研制开发了摆动球导杆式高温高压球阀；宣达实业集团有限公司研制开发了XD—2高温合金阀门等，这些产品的性能指标已达到国际同类产品先进水平，填补了国内空白。

四、国企改革和基本建设

通用机械制造业国有及国有控股企业体制改革取得了

阶段性成果，大多数企业已经在不同程度上减轻了历史包袱，实现了“瘦身”（减负、员工安置、剥离社会职能）与“归核”（主辅分离）。90%的企业完成了主辅分离，80%的企业剥离了社会职能，85%的企业完成了下岗分流和重新安置工作，使职工得到妥善安排。通过主辅分离，大多数企业主营业务日益突出，经过调整和改进，主营业务的流程也日趋合理，主营业务的技术和设备也达到一定水平。

大多数企业按照现代公司制进行了改造，基本建立了符合自身条件的奖惩机制，管理层、技术研发人员和产业工人队伍的素质有了明显提升，企业经营能力明显增强。大多数企业的流动资产周转率、固定资产周转率和总资产周转率等指标都有了不同程度的提高，资产负债率有了不同程度的降低。

体制改革带动了企业经营模式转换和企业间的重组。

沈阳鼓风机（集团）有限公司于2003年由原沈阳鼓风机厂转制而成。2004年，沈阳鼓风机（集团）有限公司与沈阳气体压缩机股份有限公司、沈阳水泵股份有限公司进行战略重组，显著提升了企业的整体实力和市场竞争力。通过资源优化配置，将风机、泵、压缩机的轴、叶轮、机壳等组成统一加工生产线，提高了加工设备的利用率，降低了生产成本，整体效益不断提升。2006年完成工业总产值33亿元（不包括泵），比上年增长53%。

陕西鼓风机（集团）有限公司通过从生产型向系统集成和服务商的转变，大大提高了设备成套与工程承包能力，市场份额逐年提高，销售收入、利税、利润分别以年均47%、64%、69%的速度递增，企业净资产5年翻了3番。

上海压缩机有限公司与上海大隆机器有限公司重组成立的上海电气压缩机泵业有限公司，成为华东地区最大的压缩机和泵的生产、销售企业。通过强强联合，提升了企业的技术开发能力和竞争力。

重庆通用工业（集团）有限责任公司与重庆江北机械有限责任公司、重庆水泵厂有限责任公司、重庆气体压缩机厂有限责任公司优势互补，组成“重庆通用集团”，成为西北地区最大的通用机械生产、销售集团，为大型设备成套化奠定了基础。

上海鼓风机厂有限公司将与德国KKK公司合资成立上海德奈特透平机械有限公司。这将进一步提高企业的技术水平，增强市场竞争力。

随着行业体制改革的基本完成，大多数企业进入了内在质量和自身能力提高的发展阶段，企业技术改造和基建改扩建的力度加大，步伐加快。据对行业184个重点骨干企业的调查，截止到2006年底，有19%的企业已经完成或正在进行厂房改扩建或搬迁工程。通用机械许多重点企业利用国债项目、技改专项和自身投入，在设备更新改造方面取得了明显进展，为企业发展奠定了新的物质基础。地方政府的园区建设和支持搬迁的土地置换措施，使一批通用机械重点企业的厂房、工艺装备大为改观。

沈阳鼓风机（集团）有限公司重组后，在铁西新区建设了具有世界先进水平的透平机械、泵和压缩机制造基地。

杭州制氧机集团有限公司通过企业搬迁，扩大投资融资渠道，加大技术改造力度，对原企业资源进一步优化，再造了一个全新杭氧，同时延伸主业产品，进军气体产业。预计在不久的将来年产值将达到40亿元。

山东省汇丰机械集团总公司（山东省章丘鼓风机厂有限公司）2005年实现了企业整体搬迁，新建成的现代化工业园占地面积43万m^2。公司以搬迁为契机，优化整合了相关部门，提高了工作效率，为企业更好的发展拓展了空间。

这些基地的建成，对重大技术装备的研制将发挥重要作用。这预示着行业的整体加工能力和技术水平将上一个新台阶，通用机械产品质量将会产生质的飞越。

五、形成一批骨干企业

近年来，通用机械制造业国有企业在加快改革转制的同时，民营企业和三资企业迅速发展壮大，为行业的发展注入巨大的活力和动力。整个行业已形成沈阳鼓风机（集团）有限公司、陕西鼓风机（集团）有限公司、上海鼓风机厂有限公司、杭州制氧机集团有限公司、开封空分集团有限公司、四川空分设备（集团）有限责任公司、上海凯士比泵有限公司、浙江嘉利特荏原泵业有限公司、大连苏尔寿泵及压缩机有限公司、石家庄强大泵业集团有限责任公司、河南开封高压阀门有限公司、中核苏阀科技实业股份有限公司、大连大高阀门有限公司、自贡高压阀门股份有限公司等一批通用机械制造业骨干企业。这些企业凭借其先进的经营理念、管理机制和生产技术，承担着国家重大技术装备产品研发任务的60%以上，在促进我国重大装备自主创新和国产化方面发挥了重要作用。

1. 沈阳鼓风机（集团）有限公司

沈阳鼓风机（集团）有限公司是中国通用机械制造业中科技含量最高、生产规模最大、技术力量雄厚、工艺装备精良、设计制造技术先进、主要经济技术指标居国内领先的国有大型一档重点骨干企业，是我国最大的通用机械生产基地。主要从事离心压缩机、轴流压缩机，高压给水泵、强制循环泵、冷凝泵、斜流泵、高压注水泵、输油管线泵，以及往复式压缩机的研发、设计、制造。产品主要应用于石油、化工、冶金、环保、轻纺、电力、制药、国防、科研等领域。公司近几年对数控加工设备、检测设备、试验设备进行了更新，数控机床占有率达到20%以上，整体上工艺装备达到国外同类厂家的先进工艺装备水平，适应了产品向大型化发展的需要。

“十五”以来，沈阳鼓风机（集团）有限公司始终保持稳定、持续、协调发展的势头，主要经济技术指标连年递增15%～20%。2006年完成工业总产值26.6亿元（风机部分），比上年增长53%；主营业务收入24.2亿元，比上年增长36%；利润总额3 526万元(2005年为1 701万元)。

2. 陕西鼓风机（集团）有限公司

近年来，陕西鼓风机（集团）有限公司紧跟市场，创新经营，强化管理，各项工作取得显著成效。在国内率先研制开发了完整的售后服务系统“陕鼓旋转机械远程在线监测及故障诊断中心”，构造了客户远程服务平台。企业产品有轴流压缩机、能量回收透平装置、离心鼓风机、通风机等，主要应用于冶金、石化、电力、城建、环保等国民经济重要产业领域。其中，主导产品轴流压缩机和能量回收透平装置，均属高效节能环保产品，在国内市场上处于相对垄断地位。

2006 年，陕西鼓风机（集团）有限公司产值从 2001 年的 4 亿元迅速增加到 30 亿元，增长 6.5 倍，比上年增长 19.4%；主营业务收入 26 亿元，比上年增长 19.7%；实现利润总额 3.5 亿元（2005 年为 3.4 亿元）。

3. 上海鼓风机厂有限公司

上海鼓风机厂有限公司是中国机械制造业中的大型骨干企业和上海市高新技术企业。公司从德国、丹麦、日本引进了动叶可调轴流式风机、静叶可调轴流式风机、工业用离心式风机和配套消声技术，海上石油平台及商船用离心式及轴流式风机技术，离心式压缩机技术等。公司专业生产各种离心压缩机、离心式和轴流式通风机、离心式和罗茨式鼓风机、消声器及刚挠性联轴器，产品主要为火电、石油、化工、冶金、隧道、建材、纺织、核电、轻工、船舶、楼宇及国防工业等工程配套。公司 2006 年完成工业总产值 7.2 亿元，比上年增长 0.1%；主营业务收入 7.1 亿元，比上年增长 1.5%；实现利润总额 2 028 万元（2005 年为 1 082 万元）。

4. 石家庄强大泵业集团有限责任公司

石家庄强大泵业集团有限责任公司是全国最大的渣浆泵、污水泵、潜水泵生产基地，主要为环保、城市给排水、水利工程、农田灌溉、冶金、矿山、电力、煤炭、疏浚、石油化工、建材、火电烟气脱硫等行业提供配套泵类产品。其渣浆泵和脱硫泵在国内市场占有较高的份额。公司先后从澳大利亚沃曼公司、德国里茨公司和 KSB 公司、日本久保田株式会社引进了具有国际先进水平的渣浆泵、潜水泵和污水泵设计制造技术。2006 年完成工业总产值 2.9 亿元，比上年增长 18.5%；主营业务收入 3 亿元，比上年增长 26%；实现利润总额 482 万元（2005 年为 460 万元）。

5. 湘电长沙水泵厂有限公司

湘电长沙水泵厂有限公司与美国的英格索兰、艾力考，日本荏原，荷兰耐荷泵业等公司建立合作关系，在产品开发上坚持引进与自行开发相结合，主要产品有大型立式斜流泵、立式凝结泵、立式涡壳泵、单级双吸离心泵、轴流泵、潜水电泵、多级泵、悬臂泵、泥浆泵、不堵式泵、排污泵、船用挖泥泵、变频控制设备等，产品涉及能源、冶金、化工、建材、轻纺、城建、环保等领域。2006 年完成工业总产值 5.4 亿元，比上年增长 19.5%；主营业务收入 5.3 亿元，比上年增长 11%；实现利润总额 1 905 万元（2005 年为 1 560 万元）。

6. 杭州制氧机集团有限公司

杭州制氧机集团有限公司是国内空分设备及低温设备行业的龙头企业，主要产品有各种规格的外压缩和内压缩流程的空分设备、液体设备、液化设备、纯氮设备和乙烯冷箱。近年来，杭州制氧机集团有限公司在国内的空分设备市场占有率一直保持在 50% 以上，遥遥领先于同行业的其他企业。公司自行设计生产的大、中型空分设备流程趋于多样化，单机容量趋于大型化。作为国内空分设备行业的龙头企业，公司在立足国内市场的基础上，积极开拓国际市场，2004 年，公司与世界著名的工业气体生产商——德国梅塞尔集团签订携手拓展国际市场的战略合作协议，签订了多套 20 000m^3/h 带氩成套空分设备出口欧洲的供货合同，这是我国大型空分装置首次大规模进入欧洲。2005 年公司承接了 2 套 60 000m^3/h 空分设备的出口合同。杭州制氧机集团有限公司 2006 完成工业总产值 30.4 亿元，比上年增长 9.7%；主营业务收入 30.7 亿元，比上年增长 6.9%；实现利润总额 3.7 亿元（2005 年为 5.3 亿元）。

7. 河南开封高压阀门有限公司

河南开封高压阀门有限公司是一个从产品设计开发、模型制作、铸锻件生产、机械加工、总装配到性能检测和试验的全能型企业。公司引进意大利 IMF 公司的树脂砂脱箱造型线、美国 BAIRD 公司的 32 通道炉前快速直读光谱分析仪等先进设备和日本岗野株式会社高温高压电站阀门铸钢技术和设计制造技术。公司主要产品有闸阀、截止阀、止回阀、蝶阀、球阀、水压试验阀、抽汽止回阀、真空阀、水封阀、低温阀、安全阀等。公司注重技术进步和新产品开发，可以按照用户特殊要求设计制造非标阀门。公司 2006 年完成工业总产值 42 750 万元，比上年增长 10%；主营业务收入 43 100万元，比上年增长 10%；实现利润总额 1 686 万元，比上年增长 12%。

六、承担国家重大技术装备的能力不断增强

通用机械制造业多年来致力于重大技术装备的研制，技术水平有了较大提高，已经能够为大型火电、核电、冶金、炼油、乙烯、煤化工等国家重点工程提供配套的关键设备和成套装备。

国内大型石化、煤化工、火电、核电、冶金等领域所需的离心式压缩机和轴流式压缩机设计制造技术已接近或达到国际同类产品先进水平，80t 往复式活塞压缩机达到国际同类产品水平。

国内第 1 套国产化 30 万 t/a 合成氨成套装置、第 1 套 40 000m^3/h 空分装置于 2005 年在山东一次投产成功，实现了零的突破。

60 万～70 万 t/a 大型乙烯改造工程关键设备实现了国产化。燕山石化裂解气压缩机、丙烯冷冻压缩机，上海金山石化丙烯冷冻压缩机，扬子石化、广东茂名石化等乙烯改造工程中的裂解气压缩机和丙烯压缩机由沈阳鼓风机（集团）有限公司和上海鼓风机厂有限公司提供。沈阳鼓风机（集团）有限公司着手研制百万吨乙烯“三机”（裂解气压缩机、乙烯压缩机和丙烯压缩机）。

此外，国内 500 万 t/a 以上炼油装置，800 万～1 000 万 t/a 常减压蒸馏装置，350 万 t/a 催化裂化装置，200 万～300 万 t/a 加氢精制、加氢裂化装置，200 万 t/a 渣油加氢脱硫装置，100 万 t/a 延迟焦化装置、连续重整装置，30 万 t/a 合成氨装置和 52 万 t/a 尿素装置等成套装备国产率已达 90%。

杭州制氧机集团有限公司采用国际最新技术，为茂名石化研制的最高设计压力达到 3.96MPa 的 100 万 t 乙烯冷箱已经完成。这是我国最大的国产化乙烯冷箱设备，也是世界上最大的三元制冷流程的乙烯冷箱。

杭州制氧机集团有限公司为上海宝钢集团提供1套60 000m^3/h空分设备。这是我国采用自主技术、自主集成的第6套“6万m^3/h”等级大型成套空分设备，标志着我国空分设备的技术水平已进入国际先进行列。

陕西鼓风机(集团)有限公司为冶金、石化行业研制的大型轴流风机和能量回收装置，其性能、水平受到用户的好评。

沈阳气体压缩机股份有限公司80t活塞力的4M80型新氢压缩机已在中国石化总公司上海分公司330万t/a柴油加氢精制装置上投入使用。公司还为大型炼油装置开发了80t活塞力的6M80型大型往复式新氢压缩机。

无锡压缩机股份有限公司研发的国内首台螺杆压缩机，首次挺进天然气发电设备配套市场，替代进口活塞压缩机。公司引进日本神户制钢技术，通过消化吸收制造的KR60系列大型往复工艺压缩机已在长陵石化安装投入使用，标志着该公司已正式跨入60t以上活塞推力的大型工艺压缩机的新领域。

沈阳水泵股份有限公司多年来致力于大型火电泵和核电泵的设计制造，为河南华能沁北电厂提供6台60万kW超临界机组给水泵，为秦山核电站提供了部分核级泵。

中核苏阀科技实业股份有限公司是核阀的主要生产厂家，近年来研制的核电站关键阀门——核一级快速启闭隔离阀、核二级快速启闭隔离阀、核一级稳压器电动卸压阀和核一级低压差旋启式止回阀将投入使用。

江苏神通阀门有限公司研制的蝶阀产品已应用于岭澳核电站二期工程。

河南开封高压阀门有限公司试制成功1 000MW超超临界火力发电机组用的电动闸阀，实现了百万千瓦级超超临界火电机组电动闸阀国产化。

自贡高压阀门股份有限公司为西气东输工程成功研制了大口径全焊式锻钢管线球阀，打破了国外公司在该领域的垄断。

湘电长沙水泵厂有限公司为华电国际邹县发电厂四期工程2×1 000MW机组提供的6台88LKXA—30.3泵，已全部安装完毕投入使用，这是该公司首次为百万千瓦级机组项目提供专用泵。

七、面临的形势和任务

进入21世纪以来，新一轮的市场需求推动我国装备制造业进入快速增长时期。随着城市化进程的加速，基础设施建设如火如荼，以及电力、冶金、石化、建材等行业的高速发展都对装备制造业提出了更多、更高的要求，装备制造业的增长速度和绝对增长数量达到前所未有的水平。国民经济的快速发展和国防建设步伐的加快，对重大技术装备提出了巨大的现实需求和潜在需求，给通用机械装备制造业发展带来了历史上最好的市场机遇。

(1)石油化学工业。我国2005年原油产量1.81亿t，进口原油1 300万t。国家计划2010年炼油能力达4亿t，2020年达5亿t，但这一计划也将会提前实现。在未来15年中，国家要新建和改建31座千万吨级大型炼油厂，共需各类压缩机、泵、风机等近千台(套)和阀门几万只。

我国2005年乙烯产量755万t，实际市场需求1 500万t，国家计划到2010年乙烯产量要达到1 400万t，2020年要达到2 400万t，计划新建和改造30套百万吨级乙烯厂，1套百万吨乙烯装置(包括其下游的10套左右装置)需各种压缩机、风机、泵、分离机械、空分设备、真空干燥设备等1 100多台(套)和配套阀门2万只。

2005年我国PTA(精对苯二甲酸)生产能力约660万t。预计到2010年我国PTA需求量达1 186万t，2020年将达到1 585万t。“十一五”期间，洛阳、辽阳、绍兴、张家港、珠海、石狮、仪征、宁波将建设60万~100万t/a的PTA装置，需各种压缩机、风机、泵、阀门、分离机械、干燥设备等。

根据我国的炼油、乙烯、PTA的发展目标，按照新增千万吨级炼油、80万~100万t/a乙烯及配套装置和60万~100万t/a的PTA装置数量测算，到2010年共需各类设备25 000台(套)(不包括阀门)，其中压缩机、风机、泵、分离机械、空分设备、真空设备、干燥设备等通用机械约13 000台(套)；2010年至2020年约需各类设备35 000台(套)(不包括阀门)，其中压缩机、风机、泵、分离机械、空分设备、真空设备、干燥设备等通用机械约19 000台(套)。

据估计，全国石化行业今后平均每年用于石化生产装置的固定资产投资约1 000亿元，其中石化设备投资可达300亿元，通用机械产品占到150亿元。“十一五”期间，石化工业对通用机械需求估计可达到750亿元。

(2)煤化工。我国煤炭储量相对丰富，煤制油以及煤制甲醇、二甲醚等煤化工可能成为未来若干年的新兴产业。仅以煤制油为例，神华集团第1套百万吨直接制油项目将于2007年投产，如获得成功，神华集团将建设3 000万t煤制油项目。与此同时，全国14个省、市、自治区和能源领域的国家级大公司都要上煤化工项目。煤化工因其特殊性(高温、高压、腐蚀及固体颗粒磨损)，对流程设备提出了许多苛刻要求。煤液化用离心泵、容积泵、特种阀门、大型油煤浆均化搅拌器、大推力往复压缩机和大型离心式压缩机等，这些都要按煤化工的特殊性进行设计、制造。煤化工(煤制油)是一个很大的潜在市场，值得通用机械制造企业密切关注。

(3)电力工业。新型高效、低污染是发电设备发展的主流，除超临界、超超临界火电机组外，核电、水电、风电也将成为装备制造业应对的重点。以核电为例，国家计划到2020年建成核电能力4 000万kW，需60万~100万kW核电机组约30套，每套核电机组需各种泵约400台(套)，阀门近3万只。未来10多年中将有2 500亿~3 000亿元的核电设备市场等待开发，其中通用机械约占600亿~700亿元。

(4)冶金。我国钢铁产量2005年为3.3亿t，预计2010年达4亿t，2020年达5亿t。钢铁工业现代化的重要标志是设备大型化和实现绿色制造。冶金工业需要的配套设备包括空分设备、大型轴流风机、各种齿轮箱、泵、阀门等。

(5)输油、输气管线。石油和天然气作为一次能源越来越得到国家的重视，天然气是洁净能源，在我国能源结构中仅占3.4%，低于亚洲8.8%的平均水平，而世界平均水平高达24%。为了发展天然气事业，我国计划到2010年天然气在能源结构中的比例达8%。国家计划继“西气东输”工程之后，还将在东、南、西、北建设2万km的跨国输气管线和支线，浙江、福建、广东要建设大型液化天然气登陆站。这些工程项目大约需要100多台输气管线压缩机、300多台大型输油泵、2万多只大口径管线球阀等。

(6)大型施工机械和城市污水处理工程。未来10年中，水利、铁路、城市地铁、城市污水处理等工程建设，对各种压缩机、泵、管道阀门、分离机械等的需求将进入一个新的高峰期。

通用机械制造业正面临重要的发展机遇期，在“十一五”启动了百万吨级乙烯、千万吨级炼油、百万吨级PTA、百万千瓦级超超临界火电、百万千瓦级核电、大型煤制油等特大工程。这些工程将需要大量的通用机械产品，为通用机械制造业的发展提供了巨大的市场空间。为了加快我国通用机械制造业的发展，必须努力突破核心技术，提高重大技术装备的研发设计、核心元器件配套、加工制造和系统集成的水平。根据《国务院关于加快振兴装备制造业的若干意见》中提出的选择一批对国家经济和国防建设有重要影响，对促进国民经济可持续发展有显著效果，对结构调整、产业升级有积极带动作用，能够尽快扩大自主装备市场占有率的重大技术装备和产品作为重点，加大政策引导力度，实现关键领域的重大突破的要求，推动重点骨干企业快速成长，通过重点突破，带动通用机械制造业的整体发展。通用机械制造业要紧紧围绕石化、电力、冶金、环保等领域开展重大技术装备的研制，重点骨干企业要通过技术创新带动全行业的技术进步，提高行业的整体水平。

机械制造业在我国国民经济未来发展中的地位正日益提高，将成为我国新的经济增长点。制造业在新一轮的增长周期中能否取得长足的发展，直接关系到我国是否能够真正成为“世界制造中心”。对于下一阶段我国经济发展而言，通用机械制造业将成为非常有潜力的产业，并有着巨大的发展空间。行业企业要瞄准世界通用机械发展的前沿，结合我国通用机械制造业现状，面向国民经济发展的需要，不断提高通用机械产品的设计制造水平；要坚持自主创新与引进消化吸收相结合，加快通用机械制造业自主创新建设，实现核心技术的突破；进一步完善科研、设计、制造、服务为一体的通用机械工业新机制，认真对待生产中的每一个环节，做到精心设计、精心制造，确保所提供产品的先进性和可靠性；要不断提高企业管理水平，建立责任制，确保研制产品的进度和质量；要提高系统集成技术和成套水平，认真把好原材料、配套辅机和零部件的质量关，敢于对所提供产品的技术性能、质量和进度负责，做好售前售后服务，树立对用户高度的责任感。

可以预言，在国家各项政策的支持下，在市场资源和国际产业转移的推动下，我国通用机械制造业必将产生质的飞跃，取得长足的发展。

〔供稿单位：中国通用机械工业协会〕

2006年通用机械制造业经济运行情况分析

一、通用机械制造业概述

通用机械制造业包括泵、风机、阀门、压缩机、真空设备、干燥设备、减变速机、过滤及分离机械、气体分离及液化设备、溶解乙炔设备、气体净化设备等11个行业。通用机械制造业是装备制造业的重要组成部分，在国民经济建设中占有十分重要的地位。

2006年是“十一五”的开局之年，通用机械制造业在国家宏观经济继续保持快速健康发展的背景下，持续保持高速平稳发展的运行态势，产能进一步扩大，产销衔接良好，经济效益总体水平明显提高，重大装备国产化取得显著成效，主要经济指标又刷新历史纪录。以沈阳鼓风机(集团)有限公司、陕西鼓风机(集团)有限公司和杭州制氧机集团有限公司等为代表的大型企业集团实现了跨越式发展，国际竞争力有了显著提高。据统计，2006年沈阳鼓风机(集团)有限公司产值达40亿元，陕西鼓风机(集团)有限公司产值达30亿元，杭州制氧机集团有限公司产值达30亿元。其中，陕西鼓风机(集团)有限公司的“陕鼓牌”商标获“中国驰名商标”称号，其品牌价值达98.36亿元。

截止到2006年底，通用机械制造业规模以上企业4 074个。其中：泵行业992个，风机行业406个，压缩机行业285个，阀门行业1 438个，气体分离设备行业361个，其他通用机械行业592个。全行业拥有固定资产净值482.06亿元，从业人员67.62万人。

二、发展环境与国家政策

2006年国家颁布了《国务院关于加快振兴装备制造业的若干意见》(以下简称《若干意见》)。《若干意见》中提到的关键领域的16项任务中每一项都与通用机械制造业有着密切的关系。如：百万千瓦级核电机组、超超临界火电机组、燃气—蒸汽联合循环机组、整体煤气化燃气—蒸汽联合循环机组、大型循环流化床锅炉、大型水电机组及抽水蓄能水电机组、大型空冷电站机组及大功率风力发电机等新型能源装备；以大型乙烯项目为国产化依托工程，通过引进关键技术消化吸收再创新和自主开发的百万吨级大型乙烯成套设备和对二甲苯(PX)、精对苯二甲酸(PTA)、聚酯成套设备；研制开发的大型煤化工成套设备；研制的大型薄板冷热连轧成套设备及涂镀层加工成套设备等的辅机都以通用机械为主。随着《若干意见》的逐步落实和细化，出台了重大装备的采购目录、限制外资并购的有关办法、建立装备制造产业基金等一列政策。这一切都为通用机械的发展提供了良好的机遇，更利于行业企业增强自主创新能力、转变机制、增加市场占有率。

2006 年 9 月 4 日，财政部、发改委等 5 部门联合发出通知，从 2006 年 9 月 15 日起调整部分商品出口退税率。其中，轴流压缩机，离心压缩机，螺杆压缩机，天然气压缩机，制氧机，制冷机组零件，煤气、乙炔发生器及零件，带热交换器和不带热交换器的制冷机组及热泵等出口退税率由 13% 降到 7%，对通用机械产品出口造成一定压力。与此同时，我国与马来西亚、新加坡、印度尼西亚、菲律宾、泰国、文莱、智利、韩国、印度等国已签订自由贸易区协议或贸易协定，2007 年双方要降低通用机械行业中泵、压缩机、风机及其零件、阀门、干燥设备、制氧机、过滤和净化设备等的进口关税，这为进一步扩大通用机械产品出口提供了良好条件。

三、2006 年行业发展概况

据统计，2006 年通用机械制造业完成工业总产值 2 307.8亿元，比上年增长 27.59%，其中，新产品产值313.35 亿元，比上年增长 33.35%；完成工业销售产值 2 249.28 亿元，比上年增长 28.28%，其中，出口交货值 415.02 亿元，比上年增长 44.72%；完成工业增加值 622.04 亿元，比上年增长 24.2%；实现主营业务收入 2 235.67 亿元，比上年增长 27.82%；实现利润总额 139.44 亿元，比上年增长 23.86%。全年生产泵 3 752.47 万台，比上年增长 14.29%；生产风机 263.97 万台，比上年下降 5.28%；生产压缩机 1 841.05 万台，比上年增长 27.66%；生产阀门 205.75 万 t，比上年增长 17.34%；生产减速机 229.18 万台，比上年增长 15.18%；生产分离机械 31 369 台，比上年增长 22.04%。2006 年通用机械制造业主要经济指标见表 1。

表 1　2006 年通用机械制造业主要经济指标

行　　业	工业总产值（亿元）	比上年增长（%）	主营业务收入（亿元）	比上年增长（%）	利润总额（亿元）	比上年增长（%）
全行业	2 307.80	27.59	2 235.67	27.82	139.44	23.86
泵	467.80	26.75	450.95	28.93	26.33	34.78
风机	247.95	24.42	237.58	26.87	15.61	24.20
压缩机	412.84	15.49	408.68	15.54	20.56	-20.05
阀门	725.10	35.56	700.95	33.70	45.33	42.79
气体分离	177.49	26.20	169.12	26.96	11.52	21.72
其他	276.62	33.40	268.39	33.61	20.09	48.33

2006 年通用机械制造业经济运行的主要特点：

1. 行业生产、销售、利润持续稳步增长

2006 年通用机械制造业实现了生产、销售、利润的持续稳步增长（见图 1 ~ 图 4）。由图 2、图 3 可以看出，2006 年上半年同比增幅较 2005 年略有回落，2006 年 3 季度末到 4 季度增速提升；到 2006 年末，工业总产值同比增速高于 2005 年 0.71 个百分点，产品销售收入增速基本与 2005 年持平。但全年工业总产值、产品销售收入、利润总额平均增速比 2005 年有所回落，工业总产值同比增速平均回落 3.2 个百分点，产品销售收入同比增速平均回落 1.2 个百分点，利润总额同比增速平均回落 4.6 个百分点。

从分行业情况看（见图 5 ~ 图 8），泵行业、阀门行业生产、销售、利润同比同步高速增长，而且利润同比增速高于生产、销售增速；风机行业、压缩机行业生产、销售同比同步稳步增长，但利润大幅下滑，其主要原因是：中低档产品的价格竞争依然非常激烈，原材料、能源的价格不断上涨。

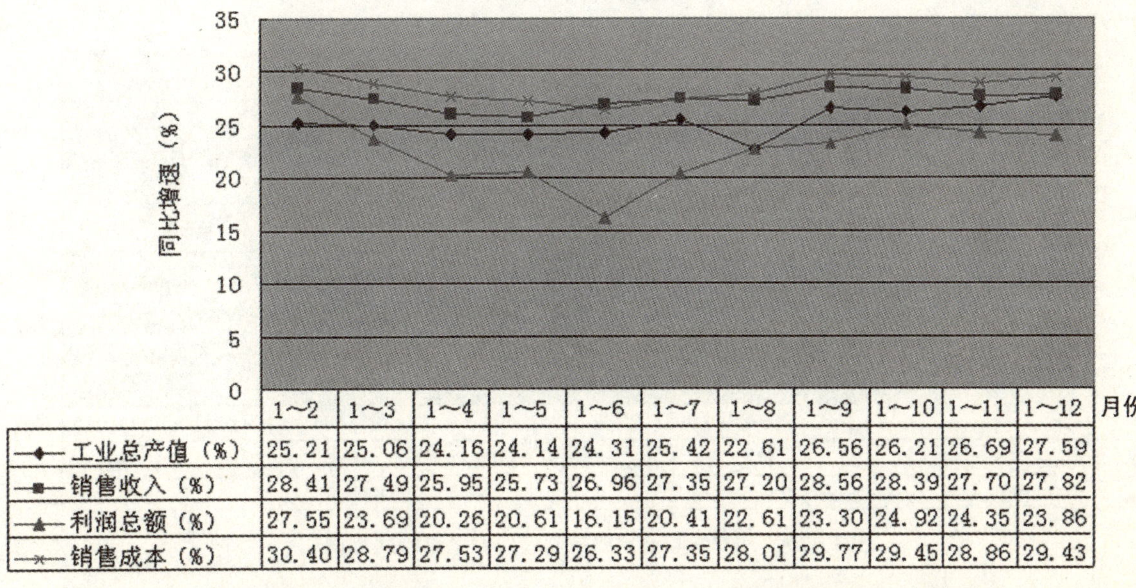

	1~2	1~3	1~4	1~5	1~6	1~7	1~8	1~9	1~10	1~11	1~12
工业总产值（%）	25.21	25.06	24.16	24.14	24.31	25.42	22.61	26.56	26.21	26.69	27.59
销售收入（%）	28.41	27.49	25.95	25.73	26.96	27.35	27.20	28.56	28.39	27.70	27.82
利润总额（%）	27.55	23.69	20.26	20.61	16.15	20.41	22.61	23.30	24.92	24.35	23.86
销售成本（%）	30.40	28.79	27.53	27.29	26.33	27.35	28.01	29.77	29.45	28.86	29.43

图 1　2006 年通用机械制造业工业总产值、销售收入、利润总额、销售成本同比增速

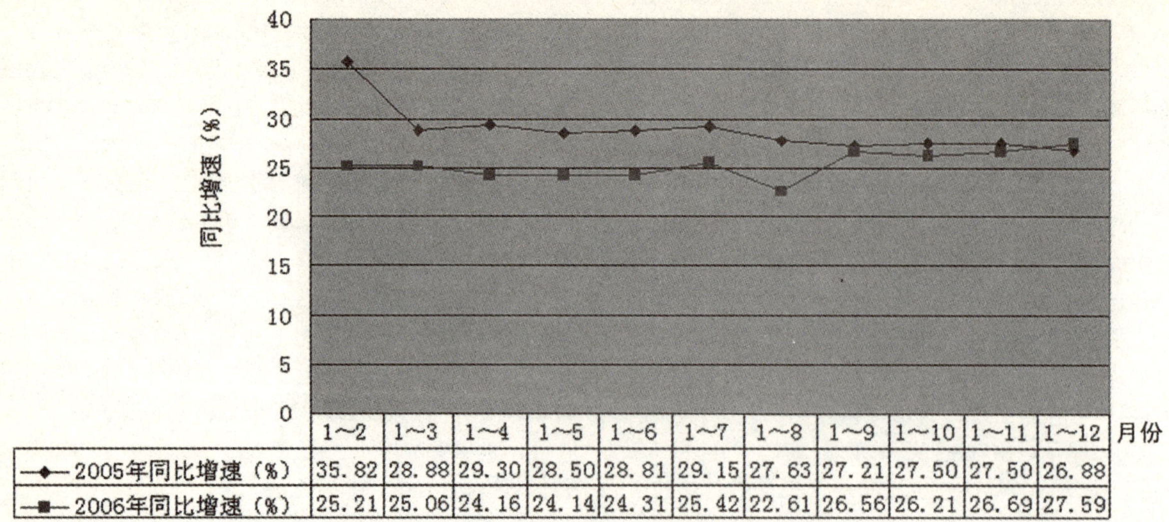

图2 2005～2006 年通用机械制造业工业总产值同比增速

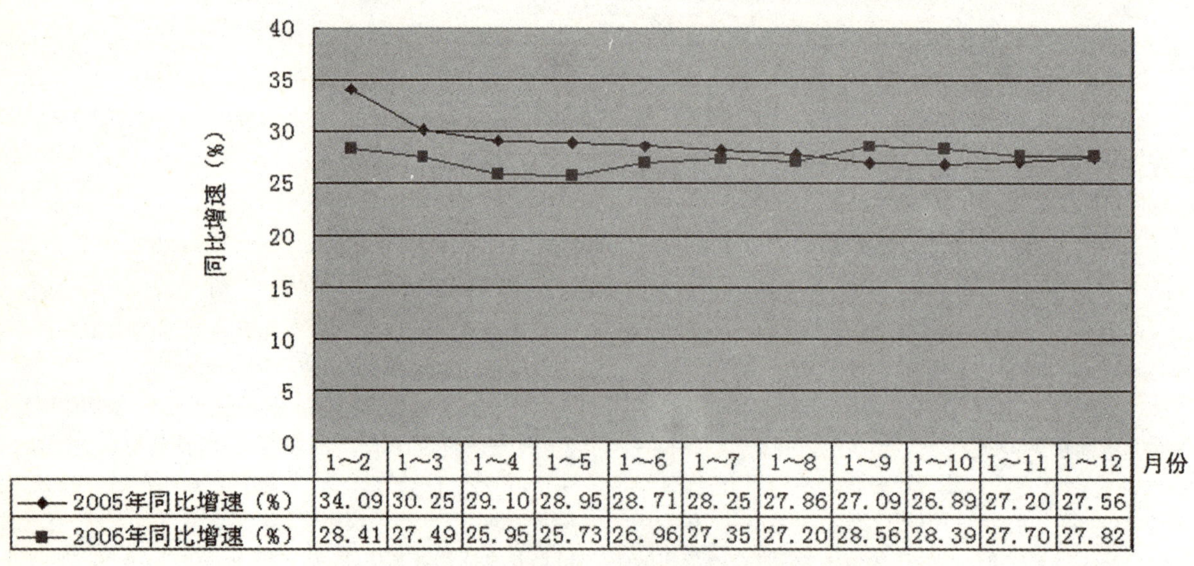

图3 2005～2006 年通用机械制造业销售收入同比增速

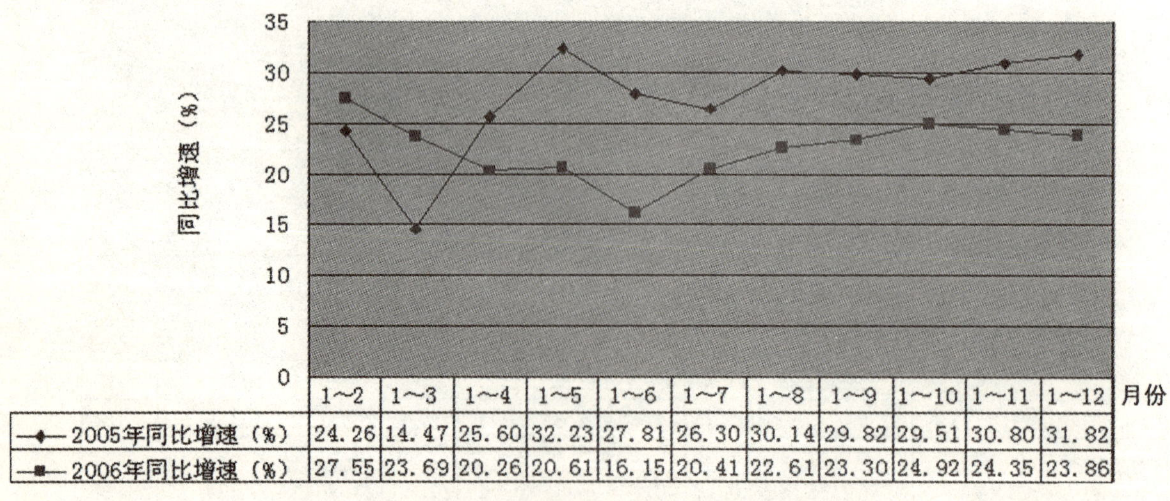

图4 2005～2006 年通用机械制造业利润总额同比增速

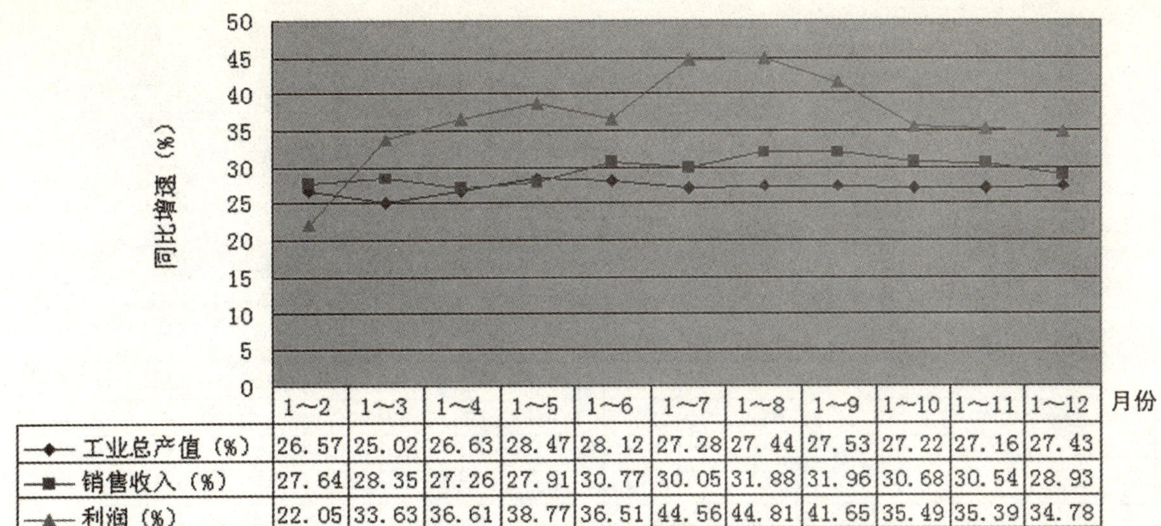

	1~2	1~3	1~4	1~5	1~6	1~7	1~8	1~9	1~10	1~11	1~12
工业总产值（%）	26.57	25.02	26.63	28.47	28.12	27.28	27.44	27.53	27.22	27.16	27.43
销售收入（%）	27.64	28.35	27.26	27.91	30.77	30.05	31.88	31.96	30.68	30.54	28.93
利润（%）	22.05	33.63	36.61	38.77	36.51	44.56	44.81	41.65	35.49	35.39	34.78

图5　2006年泵行业工业总产值、销售收入、利润同比增速

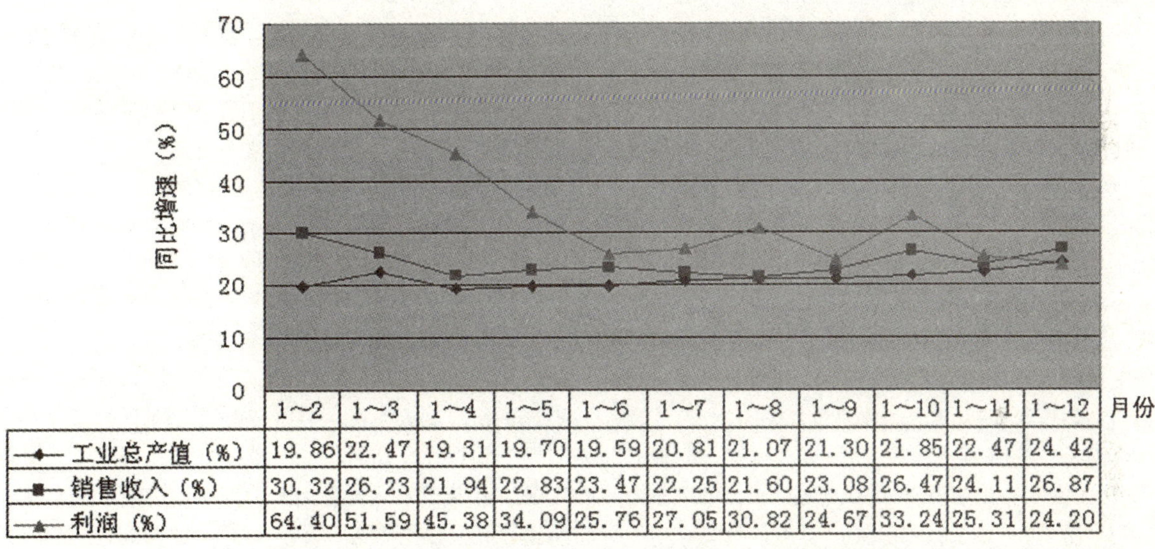

	1~2	1~3	1~4	1~5	1~6	1~7	1~8	1~9	1~10	1~11	1~12
工业总产值（%）	19.86	22.47	19.31	19.70	19.59	20.81	21.07	21.30	21.85	22.47	24.42
销售收入（%）	30.32	26.23	21.94	22.83	23.47	22.25	21.60	23.08	26.47	24.11	26.87
利润（%）	64.40	51.59	45.38	34.09	25.76	27.05	30.82	24.67	33.24	25.31	24.20

图6　2006年风机行业工业总产值、销售收入、利润同比增速

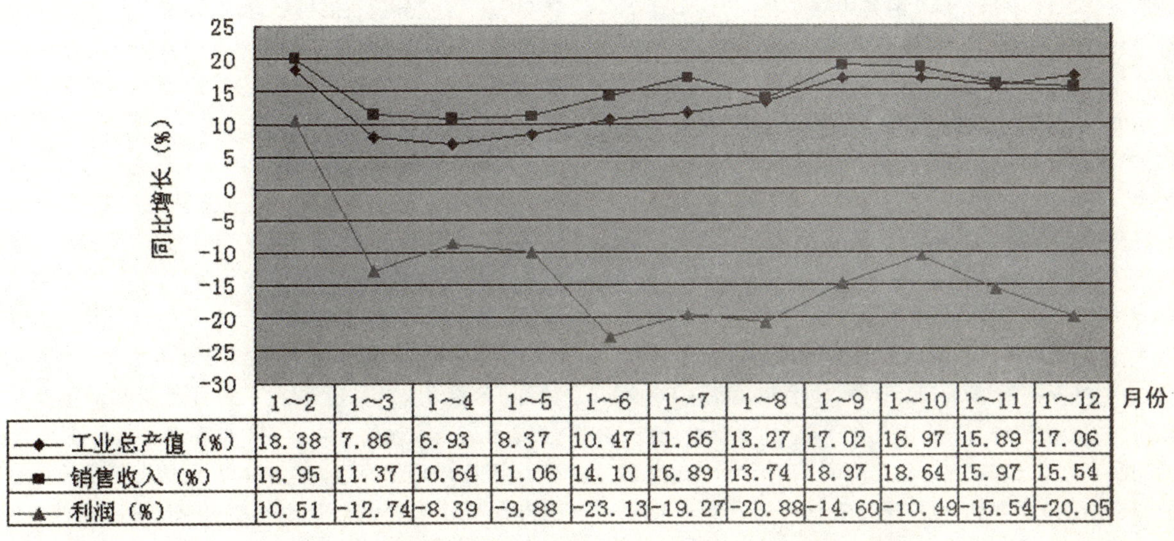

	1~2	1~3	1~4	1~5	1~6	1~7	1~8	1~9	1~10	1~11	1~12
工业总产值（%）	18.38	7.86	6.93	8.37	10.47	11.66	13.27	17.02	16.97	15.89	17.06
销售收入（%）	19.95	11.37	10.64	11.06	14.10	16.89	13.74	18.97	18.64	15.97	15.54
利润（%）	10.51	-12.74	-8.39	-9.88	-23.13	-19.27	-20.88	-14.60	-10.49	-15.54	-20.05

图7　2006年压缩机行业工业总产值、销售收入、利润同比增速

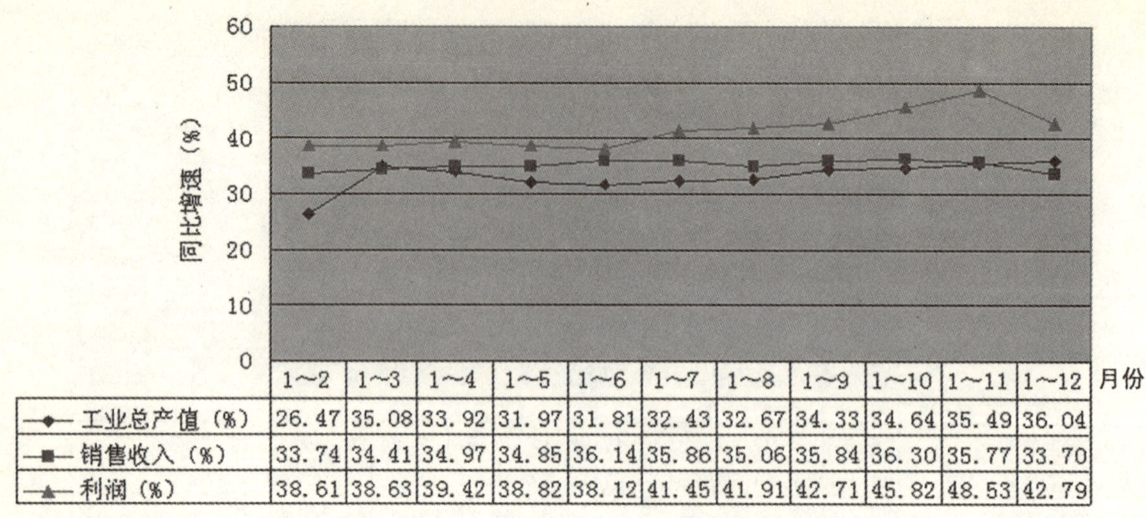

	1～2	1～3	1～4	1～5	1～6	1～7	1～8	1～9	1～10	1～11	1～12
工业总产值（%）	26.47	35.08	33.92	31.97	31.81	32.43	32.67	34.33	34.64	35.49	36.04
销售收入（%）	33.74	34.41	34.97	34.85	36.14	35.86	35.06	35.84	36.30	35.77	33.70
利润（%）	38.61	38.63	39.42	38.82	38.12	41.45	41.91	42.71	45.82	48.53	42.79

图8　2006年阀门行业工业总产值、销售收入、利润同比增速

2.产品出口继续保持高速增长，出口产品结构进一步优化

据海关进出口统计显示，2006年通用机械主要产品进出口总额188.15亿美元，比上年增长29.97%，其中，进口额92.92亿美元，比上年增长18.38%，出口额95.23亿美元，比上年增长43.7%；进出口顺差2.31亿美元，这是通用机械产品进出口第一次出现贸易顺差。由于近几年国际贸易持续稳定增长，国际通用机械制造企业向我国转移加快，国内企业不断开发国际市场，出口产品结构优化，品种增加，出口产品趋向大型化、高附加值。比如，以前压缩机行业出口的主要产品是小型空压机、通用型石化用压缩机，近两年来出口天然气压缩机、离心压缩机等。据统计，2006年重庆气体压缩机厂有限责任公司、四川金星压缩机制造有限公司、四川南方气体压缩机公司、自贡通达机器制造有限公司、安瑞科（蚌埠）压缩机有限公司等6个企业出口CNG压缩机298台，出口金额1亿多元；陕西鼓风机（集团）有限公司新开发的TRT项目先后在海外中标4台（套）；丰球集团有限公司2006年加大了高技术含量、高附加值、新型环保水泵在出口产品中的比重，出口创汇6 648万美元，比上年增长30%，占全年产品销售收入的53%。这都充分体现了出口产品结构进一步优化，产品在国际市场上的竞争力明显提高。

3.经济运行质量不断提高，经济效益总体水平显著提高

2006年行业经济效益综合指数163.8%，比上年提高9.38个百分点。总资产贡献率12.73%，比上年提高0.23个百分点；资产保值增值率122.18%，比上年提高9.06个百分点；资产负债率58.71%，比上年下降2.78个百分点；成本费用利润率6.67%，比上年下降0.17个百分点（主要受原材料、能源价格不断上涨的影响）；流动资产周转率1.81次，比上年提高0.08次；劳动生产率9.2万元/人，比上年增加1.35万元/人；产品销售率97.46%，比上年提高0.46个百分点。

4.民营企业健康快速发展

近年来，国有企业在加快改革转制的同时，民营企业迅速发展壮大，已成为行业发展的主力军，不断增强行业发展的活力和动力。截止到2006年底，通用机械制造业共有民营企业2 903个，占全行业企业总数的71.25%；累计完成工业总产值1 256.39亿元，比上年增长29%；实现主营业务收入1 198.35亿元，比上年增长29.52%；实现利润总额68.18亿元，比上年增长30.38%。

民营企业发展势头迅猛，核心竞争力明显提高，新产品产值不断提高。2006年，累计完成新产品产值148亿元，比上年增长50.34%。企业的产品结构也发生巨大变化，有的已能承担国家重大技术装备任务，如沈阳远大压缩机制造有限公司（职工200多人），建厂10余年，发展速度很快，2006年中标的石化设备用大中型压缩机项目额1亿多元。河南开元空分集团有限公司，建厂几年时间，已能制造万立方级空分设备，2006年10月中标1套10 000m^3/h和1套15 000m^3/h空分设备的供货合同，2006年共签订空分设备26套，订货额达7亿多元。江南阀门有限公司创建于1985年，经过近20年的艰苦创业，已发展成为我国著名的集科研、制造、销售于一体的专业阀门生产企业。公司拥有国内外现代化生产设备120余台（套），先后通过了ISO9001国际质量体系认证、CE认证、AZ安全认证和美国API 6D产品认证。公司拥有13项专利新产品，先后获得浙江省科技进步二等奖和温州市科技进步一等奖，其中3项列入国家级新产品，6项列为省级新产品，2项列入国家火炬计划，2项分别获得第43届和第46届世界发明尤里卡金奖和世界发明一级骑士勋章。公司先后被评为温州市重点骨干企业、浙江省百家诚信企业示范单位和国家高新技术企业等。2006年完成工业总产值54 890万元，比上年增长41.83%；销售收入51 002万元，比上年增长46.35%；利润3 981万元，比上年增长60.13%。上海东方泵业（集团）有限公司不断拓展企业规模和产品领域，2006年一期扩建工程投资6 000多万元，建筑面积2.92万m^2，新成立了上海东方压缩

机、上海东方威尔传动设备及节能技术3个子公司。2006年获专利证书15项，其中，DFSS双吸泵被评为上海市重点新产品，离心泵、成套供水设备被评为上海市名牌产品。企业还筹备建立"博士后创新基地"，以加速科技成果转化。

5. 三资企业继续加快在中国市场的发展步伐

三资企业在通用机械制造业中所占比例大幅上升。据统计，截止到2006年底，通用机械制造业共有三资企业646个(不包括国有控股的三资企业)，占全行业企业总数的15.9%；完成工业总产值621.46亿元，比上年增长31.55%；实现产品销售收入622.61亿元，比上年增长31.79%；实现利润总额49亿元，比上年增长19.87%。由于受国家振兴装备制造业的政策的利好影响，三资企业具有两大特点：一是企业产品销售利润远远高于全行业平均水平；二是新产品产值明显提高。2006年三资企业累计完成新产品产值35.17亿元，比上年增长110.35%。这充分体现了三资企业占有国内高端产品市场的能力。

上海凯士比泵有限公司2005年初扩大外资股份(外方投入比例80%)，进入高速发展阶段，2005年产值、销售、利润比上年增长30%以上。2006年完成工业总产值9.48亿元，比上年增长58.8%；实现销售收入9.68亿元，比上年增长57.3%；实现利润总额4 830万元，比上年增长138%；主导产品占国内市场份额的14%。

大连大耐泵业有限公司先后与瑞士苏尔寿技术公司、德国海密梯克公司、德国博格曼公司、德国里瓦有限公司、美国莫依诺公司等5个世界知名企业合资成立合资企业，吸引了2 600万美元的外资。这5个外资公司各有所长，在世界泵行业中都具有领先的设计技术和制造水平。通过合资，大连大耐泵业有限公司生产出更多的高附加值、高技术含量的名优产品，提高了市场占有率，为公司高速发展拓展了空间。产品覆盖了石油、化工、电站、核电站、污水处理、钢铁、矿山、食品等行业。苏尔寿子公司于2006年12月扩大股份，成立了苏尔寿泵及压缩机有限公司，属外方独资公司。

日本荏原公司在通用机械行业先后成立嘉利特荏原泵业有限公司、山东荏原博泵有限责任公司，2006年在北京成立荏原机械(中国)有限公司，这是日本荏原公司在中国的第3个公司，预计2007年产值将达到2亿元。

6. 固定资产投资和技术改造力度加大

随着企业体制改革的基本完成，大多数企业已进入提高产品内在质量的发展阶段，行业企业技术改造和基建改扩建的力度加大，步伐加快。截止到2006年底，全行业拥有固定资产净值470.46亿元，比上年增长21.98%，这也是近几年增速最快的一年。据中国通用机械工业协会对行业184个骨干重点企业的调查显示，其中有19%的企业已经完成或正在进行厂房改扩建或搬迁工程。这将预示着行业的整体加工能力和制造水平跨上一个新台阶，通用机械行业的产品质量将会有质的飞越。

7. 科技创新取得丰硕成果

行业企业按照党的十六届五中全会和中央经济工作会议提出的全面增强自主创新能力，把增强自主创新能力作为科学技术发展的战略重点和调整产业结构、转变增长方式的中心环节的要求，不断加大科技投入，为推动科技创新和重大技术装备国产化作出了重大贡献，取得了丰硕成果。2006年全行业完成新产品产值313.35亿元，比上年增长33.35%，高出工业总产值增速5.76个百分点。

沈阳鼓风机(集团)有限公司2006年新产品产值占全部工业总产值的60.6%，共有14项科技成果获奖，其中：2项获国家级奖项，2项获机械工业科学技术奖，3项获省科技进步奖，4项获市科技进步奖，3项获市优秀新产品奖。这些科研成果加速了产品升级换代，实现了大型技术装备成套项目国产化。如为济南鲍德气体有限公司"燃气—蒸汽联合循环发电二期工程"研制生产的4 000m^3/h空分装置用SVK32—5S压缩机；为中原大化集团"50万t甲醇工程"研制生产的合成气压缩机、二氧化碳压缩机、氨冷冻压缩机以及52 000万m^3/h空分装置用空气压缩机组；为中石化茂名石化公司"80万t/a乙烯改扩建工程"研制生产的裂解汽油加氢装置用二段加氢压缩机组、甲烷氢压缩机组，100万t/a催化重整装置用循环氢压缩机组、重整增压机组，260万t/a柴油加氢精制装置用循环氢压缩机组；为中石化青岛分公司"大炼油工程"研制生产的410万t/a柴油加氢精制装置用循环氢压缩机、320万t/a加氢处理装置用循环氢压缩机、290万t/a催化裂化装置用富气压缩机组等，标志着企业自主创新能力和产品设计水平又迈上了新台阶。2001～2006年，公司工业总产值年均递增43.2%，技术进步对工业生产增长速度的贡献率达到85.7%，企业核心竞争力不断加强。其中，燃气—蒸汽联合循环发电工程DMCL706+2MCL707煤气压缩机组被评为国家重点新产品。

陕西鼓风机(集团)有限公司大型高炉鼓风机国产化技术方案顺利通过了来自冶金、石化行业以及高等院校和科研设计单位的专家组论证。专家组认为，陕西鼓风机(集团)有限公司提供的4 000m^3以上高炉鼓风机的国产化技术方案先进可行，标志着我国已具备为容量4 000～5 800m^3高炉配套大型鼓风机的设计制造能力。公司为河北津西钢铁股份有限公司、涟源钢铁集团公司、河北文丰钢铁有限公司、青岛银钢炼铁有限公司等企业研制了10余台高炉配套的共用型TRT装置用风机，并成功中标印度JSW公司4 019m^3高炉TRT装置用风机项目、TATA公司"H"4 000m^3高炉TRT装置用风机项目和"G"2 650m^3高炉TRT装置用风机项目。此外，公司中标鞍山钢铁集团公司烧结420m^2大型烧结主抽风机项目，这是我国420m^2大型烧结主抽风机首台国产化设备，标志着陕西鼓风机(集团)有限公司在烧结领域站到一个新的制高点。

无锡市锡泵制造有限公司近年来充分发挥自身优势，成功中标南水北调东线的宝应泵站、刘山泵站、解台泵站、淮安泵站和蔺家坝泵站。

山东长志泵业有限公司申报的高效转子泵、旋转活塞泵、旋转喷射泵、离心增压旋喷泵等7种产品被国家知识产权局授予实用新型专利产品。公司坚持以科技为先导，不断开发新产品，使企业得到了快速发展。2006年1月，组建了山东省石油化工流程技术中心。

2006年9月，杭州制氧机集团有限公司与上海宝钢集团签订了一套60 000m^3/h空分设备合同。这是我国采用自主技术、自主集成的第6套“6万m^3/h”等级特大型成套空分设备，标志着我国空分设备的技术水平已进入国际先进行列。

2006年3月，无锡压缩机股份有限公司引进日本神户制钢公司技术制造的国产化KR60系列大型往复工艺压缩机落户长陵，标志着该公司已正式跨入推力60t级以上的大型工艺压缩机领域。

2006年3月16日，由中核苏阀科技实业股份有限公司和上海核工程研究设计院共同研制的核电站关键阀门——核一级快速启闭隔离阀、核二级快速启闭隔离阀、核一级稳压器电动卸压阀和核一级低压差旋启式止回阀，通过了由中核集团公司科技与国际合作部组织的国内权威专家的鉴定。该产品的研制成功，改变了我国核电阀门长期以来依赖进口的局面，对促进我国核电阀门国产化具有重要的意义。

2006年9月，1 000MW超超临界火力发电机组用的电动闸阀Z9D60Y450W36—300在河南开封高压阀门有限公司试制成功。这不仅标志着该公司生产的高温高压电站阀已打入1 000MW超超临界火力发电机组领域，也标志着该公司已成为国内第一个能够生产全锻造大型电站阀门的厂家。

2006年4月，自贡高压阀门股份有限公司的19台“飞球牌”大口径全焊式锻钢管线球阀用于西气东输工程。这是该工程首次采用国产大口径全焊式锻钢管线球阀，表明国产大口径全焊式锻钢管线球阀已达到国外同类产品的技术水平，打破了国外公司在该领域的垄断。

丰球集团有限公司2006年累计投入技改资金2.5亿元。其中，SSP潜水电泵通过了国家级星火计划验收，自吸式排污泵、不锈钢排污泵、2WQ104L潜水排污泵通过了省级新产品鉴定。

石家庄强大泵业集团有限责任公司(原石家庄泵业集团有限责任公司)2006年重点完成了350X—TLR和500X—TLR脱硫泵的设计，进一步满足了中小流量用户的需求；进行了900X—TL脱硫泵的CFD分析，完成了水力部分的设计；800TL胶泵也在设计之中，脱硫泵系列产品日臻完善；疏浚泵完成了425WN、700WN、1 000WN泵的设计，使疏浚泵进一步向大型化迈进；完成了100ZGB—110、3/2X—AHRP多级串联泵、100PE—PCH化工流程泵和65YXL—400、65YXL—315加长轴液下泵的设计；进行了双相不锈钢的实验和分析，已经取得了初步成果；A31材料完成了现场实验，其材质性能达到国际先进水平，为扩大渣浆泵市场提供了有力保障。

由陕西鼓风机(集团)有限公司研制的煤气透平与电动机同轴动的高炉鼓风能量回收机组，由南京蓝深制泵集团股份有限公司研制的深水射流潜水曝气机，由无锡压缩机股份有限公司研制的60m^3干螺杆压缩机，由沈阳鼓风机(集团)有限公司研制的天然气气体处理装置丙烷压缩机和燃气—蒸汽联合循环发电工程DMCL706+2MCL707煤气压缩机组，由张家港华大离心机制造有限公司研制的AUT1250型上悬式刮刀下部卸料离心机，由重庆江北机械有限责任公司研制的GKH1600—N虹吸刮刀卸料离心机等获中国机械工业科学技术二等奖。由沈阳盛世高中压阀门有限公司研制的核级波纹管密封钠截止阀，由宝鸡航天动力泵业有限公司研制的3ZB—50/7型三缸柱塞泵，由上海凯士比泵有限公司研制的NLT500—570×4S型凝结水泵，由广东省佛山水泵厂有限公司研制的KCC型单级化工泵，由天津百利二通机械有限公司研制的自动巡检阀门电动装置，由北京航天石化技术装备工程公司研制的满足备份泄放能力的安全阀快速切换装置，由上海远东制药机械总厂研制的GZLY20蒸汽灭菌真空冷冻干燥机，由重庆江北机械有限责任公司研制的LW650×1755—N卧式螺旋离心机等获中国机械工业科学技术三等奖。

8.行业领军企业实现了跨越式发展

截止到2006年底，沈阳鼓风机(集团)有限公司70多万m^2新厂区一期施工建设已初具规模，新厂区建设总投资达18亿元。公司拥有五轴加工中心14台，是亚洲最大的通用机械装备制造基地。公司通过技术引进和自主研发相结合使我国大型离心压缩机、大型水泵和大型往复式压缩机的设计和制造技术达到国际先进水平。同时，进一步探讨对国内外企业的兼并和收购。2006年沈阳鼓风机(集团)有限公司实现产值40亿元，预计2007年完成工业总产值60亿元，到2009年将实现产值100亿元。现有风机类主导产品向百万乙烯三机(裂解气压缩机、丙烯压缩机、乙烯压缩机)、PTA成套装置等发展；泵类产品向循环水泵、核电用泵、百万千瓦级锅炉给水泵发展；往复机向100t以上大型压缩机、高速撬装往复机、特种中小型压缩机等方向发展。

杭州制氧机集团有限公司迁扩建工程占地面积60多万m^2，总投资20.4亿元，预计2008年建成投产，2010年达到设计生产纲领，届时年销售收入预计达48.45亿元。公司于2006年12月成功收购江西制氧机厂，这是我国空分行业适应市场发展的必然结果，是空分行业自我整合能力增强的充分体现，在我国空分行业发展史上具有重大而深远的意义。公司已承接“6万m^3/h”等级大型空分设备6套，正在投标神华包头煤化工有限公司的煤制烯烃项目的4套60 000m^3/h空分装置设计、货物采购和服务合同。公司获得2006年度中国1 000个大企业集团的第740位，获得2006年度中国大企业集团竞争力500强的第280位。

石家庄强大泵业集团有限责任公司作为全国最大的集科研、设计、制造于一体的泵类产品生产基地，于2005年征地20多万m^2，投资4.6亿元进行厂区建设，新增中频感应炉、树脂砂再生线、树脂砂造型线等工艺设备。生产基地按机构组成分为2个泵生产厂和2个服务性分厂，主要建设内容：渣浆泵联合厂房、清水泵联合厂房、铸钢厂房、铸铁厂房、模型厂房、机修工具车间、集团总部大楼等，配套建设降压站、热交换站、调压站等辅助设施。新增设备：桥式起重机、电动平车、双柱立车、立式铣床、万能材料试验机等。2007 年 3 月投入正常生产运行。改造完成后年生产能力 18 540 台（合 30 000t），销售收入达 66 000 万元。

中核苏阀科技实业股份有限公司是中国阀门行业第一个上市公司，在 1997 年企业改制为股份制上市公司后，完成了从拥有近 50 年历史的纯国有军工企业到股份制公司的转变。近两年，公司先后组建了 5 个股份多元化合资子公司，以增强市场竞争力。其中，中核苏阀国际阀门有限公司专业生产国家标准阀门，中美合资鲍威尔阀门有限公司专业生产美标阀门，中核苏阀通达蝶阀有限公司专业生产蝶阀。公司还组建了阀门铸造生产基地和特种阀门生产分厂。2006 年 5 月 26 日，中核苏阀科技实业股份有限公司新区建设项目举行了落成典礼，新区建设项目占地 8 万 m^2，总投资 1.7 亿元，新建厂房 4.7 万 m^2，年产工业特种阀 15 万台。这标志着中核苏阀科技实业股份有限公司的发展进入到一个崭新的阶段，也必将为我国石油、化工、核电等领域的发展作出更大的贡献。2006 年公司实现销售收入 36 358 万元，其中：出口额 1 486 万美元，占全部销售收入的 32%，实现利润总额 1 746 万元。

四、存在的问题

1. 应收账款净值居高不下

应收账款净值占年平均流动资产净值的 30% 以上，造成生产投入困难，银行利息增加，加大了企业经营风险。

2. 恶性竞争加剧

由于近几年良好的市场需求环境，通用机械制造业持续平衡高速发展，行业低水平产能快速扩张，中低档产品供大于求导致恶性竞争进一步加剧，同时高端产品又供应不足。与国外先进企业差距甚大。如沈阳气体压缩机股份有限公司年生产大中型压缩机 200 多台，销售额 5.3 亿元，而德国 NEA 公司年生产大型往复式活塞压缩机也是 200 台，其销售额高达 6 亿欧元。

3. 部分行业内资企业利润非常薄弱

企业两头受压，如压缩机行业原材料、能源价格不断上涨，而产品价格仍保持在 3～4 年前的水平，行业平均利润只有 3%～5%，合同质保金一般都在 5%～10%，企业运行存在很大的风险。

4. 缺乏大型企业集团

行业企业规模较小，具有较强竞争力的大型企业集团太少。这在泵和阀门行业表现尤为突出。据统计，截止到 2006 年底，泵行业规模以上企业 992 个，工业总产值在 1 亿元以上的企业 100 个左右（其中：5 亿元以上的企业 9 个）；阀门行业规模以上企业 1 438 个，工业总产值在 1 亿元以上的企业 180 个左右（其中：5 亿元以上的企业 6 个），其规模与世界制造业跨国集团相比相差甚远。

5. 创新能力薄弱

绝大部分企业技术创新能力不足，缺乏技术储备，新产品开发缓慢，企业发展空间有限。

五、2007 年展望

按照 2006 年 12 月中央经济工作会议精神要求：又快又好地发展是全面落实科学发展观的本质要求，中国经济发展将由速度型转变为效益型。按照这一指导精神，纵观通用机械制造业良好的发展势头，2007 年还将继续保持平稳快速的发展。从对行业重点骨干企业调查显示，全行业 2006 年累计订货量比上年增长 18.25%，预计 2007 年增速略有回落，但不会出现大起大落的现象。预计 2007 年工业总产值、销售收入同比增速将保持在 25%～30%，利润总额同比增幅将保持在 20%～25%。

〔撰稿人：中国通用机械工业协会李多英〕

2006 年泵行业改革与发展报告

一、行业概述

泵类产品是我国通用机械产品的重要组成部分，广泛应用于电力、冶金、石化、军工等国民经济各部门以及基础设施建设。泵行业已具备：①为综合生产能力 2 500 万～3 000万 kW 的发电设备配套。全国发电总装机容量中 80% 左右为国产机组，我国泵制造企业能够为 30 万 kW、60 万 kW 亚临界火电机组提供全套用泵。同时，也能为 60 万 kW 超临界、超超临界机组，30 万 kW 压水堆核电机组，百万千瓦级核电机组提供许多关键性泵产品。②为年产 600 万 t 钢铁联合企业常规流程设备、4 350m^3 高炉、450m^2 烧结机、2 450～2 800mm 中厚板轧机和 1 700mm 薄板冷、热轧机及 1 000 万 t 和 2 000 万 t 大型露天煤矿设备配套。③为 7 000m电驱动石油钻机、1 000 万 t/a 大型炼油装置、30 万 t/a合成氨成套装置、60 万～70 万 t/a 乙烯改造工程配套。④为 30 万 t 超大型油轮、5 600 标箱级集装箱船、大型液化天然气运输船等配套。在三峡工程、西电东送、南水北调、西气东输等国家重大工程中，泵产品制造技术的研究开发和国产化均取得了重要成果。

虽然近几年我国泵制造业一直保持着较高的增长速度，但是总体技术水平仍然较低，品种、质量、可靠性、自动化水平以及产品个性化方面同国外的泵生产企业存在较大的差距。“大而不强”是我国泵制造业的现状。我国泵生产企业中低档产品多，缺乏知名品牌，竞争力不强。特别是一些大型关键泵产品水平与国外还有较大差距，还不能满足国民经济发展需要，许多国家重点工程所需成套装备中的泵产品还依赖进口。我国泵制造业的发展滞后于其主要服务行业（电力、冶金、石化等国民经济主要部门）的发展。

二、行业发展情况

1. 生产发展情况

2006年泵行业协会139个会员企业，完成工业总产值205.2亿元，比上年增长22.9%，完成工业增加值57.5亿元，比上年增长31.2%。在统计的139个企业中，工业总产值超亿元的有50个，合计产值为174.1亿元，占139个会员企业总产值的84.8%。2006泵行业工业总产值前10名企业见表1。

表1　2006泵行业工业总产值前10名企业

序号	企业名称	工业总产值（万元）
1	上海凯泉泵业（集团）有限公司	161 713
2	上海连成（集团）有限公司	101 831
3	丰球集团有限公司	96 000
4	上海凯士比泵有限公司	94 800
5	上海东方泵业（集团）有限公司	81 235
6	沈阳水泵股份有限公司	72 008
7	广东省佛山水泵厂有限公司	68 583
8	山东博泵科技股份有限公司	62 979
9	上海熊猫机械（集团）有限公司	56 160
10	长沙水泵厂有限公司	53 860

2. 市场与销售

2006年泵行业协会139个会员企业完成工业销售产值200.2亿元，比上年增长27.6%，产销率为97.56%，比上年提高3.62个百分点。从行业地区分布看：东北地区产销率为93.02%，比上年下降1.64个百分点；华北地区产销率为94.18%，比上年提高0.88个百分点；西北地区产销率为92.11%，比上年下降5.85个百分点；华东地区产销率为98.31%，比上年提高5.89个百分点；中南地区产销率为99.19%，比上年提高0.09个百分点；西南地区产销率为99.44%，比上年提高0.56个百分点。华东地区产销率提升较快，其主要原因是华东地区的民营企业在行业中的比重在不断增加，他们的经营理念、市场观念在不断更新，驾驭市场的能力有了很大的提高。

3. 经济效益情况

2006年泵行业协会139个会员企业实现主营业务收入200.8亿元，比上年增长26.4%；实现利润总额13.1亿元，比上年增长35.9%；实现利税总额21.5亿元，比上年增长26.3%。2006年泵行业主营业务收入前10名企业见表2。2006年泵行业利润总额前10名企业见表3。

表2　2006年泵行业主营业务收入前10名企业

序号	企业名称	主营业务收入（万元）
1	上海凯泉泵业（集团）有限公司	157 100
2	丰球集团有限公司	101 386
3	上海连成（集团）有限公司	97 261
4	上海凯士比泵有限公司	96 717
5	上海东方泵业（集团）有限公司	76 828
6	上海熊猫机械（集团）有限公司	72 000
7	广东省佛山水泵厂有限公司	68 911
8	山东博泵科技股份有限公司	62 106
9	沈阳水泵股份有限公司	54 776
10	长沙水泵厂有限公司	53 132

表3　2006年泵行业利润总额前10名企业

序号	企业名称	利润总额（万元）
1	上海连成（集团）有限公司	9 819
2	上海凯泉泵业（集团）有限公司	9 561
3	丰球集团有限公司	8 530
4	广东佛山水泵厂有限公司	7 507
5	上海东方泵业（集团）有限公司	5 836
6	大连深蓝泵业有限公司	5 199
7	上海凯士比泵有限公司	4 829
8	上海熊猫机械（集团）有限公司	4 230
9	重庆水泵厂有限责任公司	4 116
10	中泉集团有限公司	3 725

2006年泵行业协会会员企业经济效益综合指数为155.62%，比上年提高20.48个百分点。从国家考核的7项指标看，评价和考核企业盈利能力的核心指标总资产贡献率泵行业为11.41%，比上年提高0.04个百分点，高于国家标准值（10.7%）0.71个百分点；反映企业发展能力的资本保值率泵行业为122.74%，比上年提高19.51个百分点，高于国家标准值（120%）2.74个百分点；反映企业经营风险的资产负债率泵行业为61.25%，比上年下降3.48个百分点，高于国家标准值（60%）1.25个百分点；反映企业经营状况、资金利用效果的流动基金周转率泵行业为1.49次，比上年增加0.14次，低于国家标准值（1.52次）0.03次；反映企业投入与产出的成本费用利润率泵行业为7.09%，比上年增加1.04%个百分点，高于国家标准值（3.71%）3.38个百分点；反映企业生产效率和劳动投入的全员劳动生产率泵行业为85 210元/人，比上年增加20 854元/人，高于国家标准值（15 500元/人）69 710元/人；反映企业产品产销衔接状况的产品销售率泵行业为97.55%，比上年提高3.61个百分点，高于国家标准值（96%）1.55个百分点。

三、体制改革与结构调整

1. 体制改革向纵深发展

2006年，泵行业协会会员企业按照中央确定的企业改革方针、政策和部署，经过不懈的努力，在体制改革方面取得了有效的进展。①坚持建立现代化企业制度。企业公司制改革和股份制改造取得积极进展，一些公司和集团在境内外资本市场成功重组上市，企业经营机制发生深刻变化。②着眼于搞好整个行业国有经济，坚持有进有退，有所为有所不为，从战略上调整行业经济布局和改组国有企业，增强了国有经济的控制力、影响力和带动力。③行业会员企业实施关闭破产、债转股、下岗分流、减员增效等重大政策措施，着力解决企业资产负债率过高、资本金不足、人员过多和社会负担过重等历史遗留问题，已有一大批企业走出了困境，同时有一批资不抵债、扭亏无望的企业稳妥地退出市场，初步建立了优胜劣汰机制。④坚持市场导向。行业会员企业对重点产品加大技改投入，一大批会员企业的技术装备水平、产品质量和经济效益大幅度提高，技术创新和技术开发能力进一步增强。⑤大力推进企业信息化建设，不断深化企业内部改革。行业会员企业经营管理水平进一步提高，激励机制和约束机制有所加强。2006 年，行业内一批充满生机和活力、具有较强竞争力的公司和集团，在激烈的市场竞争中不断发展和壮大，为深化企业改革，加快企业发展奠定了坚实的基础。

2. 结构调整

沈阳水泵股份有限公司、沈阳气体压缩机股份有限公司与沈阳鼓风机（集团）有限公司进行新的资源整合，于 2006 年底全部搬迁到新厂区，组成新的沈阳鼓风机（集团）有限公司；长沙水泵厂与湘潭电机厂重新进行资源整合，湘潭电机厂进行控股，组建成长沙水泵厂有限公司；大连耐酸泵厂实施公司制改造，对厂内结构进行重组，先后与瑞士苏尔寿技术公司建立大连苏尔寿泵及压缩机有限公司、与德国海密梯克公司合资建立大连海密梯克泵业有限公司、与德国博格曼公司合资建立大连博格曼有限公司，山东博泵科技股份有限公司与山东沂源鲁山水泥有限公司合资组建淄博鲁山铸造有限公司。

企业在进行组织结构调整的同时，还对产品结构进行了大量的调整。一是坚持市场导向原则，各类泵产品的发展以满足市场需求为出发点，对适销对路的短线产品（如重要出口产品、替代进口产品、专用产品）采取各种措施加快发展；对供大于求的长线产品压缩总量，限制发展；对落后、销路不畅的产品予以淘汰。二是坚持技术创新的原则，依靠技术进步，提高技术创新能力，不断推出高水平、高质量、竞争力强的新产品，提高泵产品的技术含量和附加值，优化产品结构。三是坚持效益最佳原则，使行业企业的资金、技术、人力、装备等各种资源得到合理配置，使经济、生态、社会的综合效益最佳化。四是坚持可持续发展原则，对破坏生态环境，造成环境污染，影响人类身心健康的产品禁止开发与生产。通过发展一批，限制一批，淘汰一批，形成优化的产品生产结构，以彻底扭转产品结构与市场需求失衡的局面。2006 年泵行业企业经过产品结构调整，共开发新产品 189 种，其中有 38 种产品填补了国内空白，有 142 种产品达到国际同类产品的先进水平。

四、科技创新

2006 年，沈阳水泵股份有限公司为河南华能沁北电厂一期工程 60 万 kW 超临界火电机组提供的配套泵，属于国际先进水平，该项目于 2006 年 6 月通过了国家级验收。公司为中国原子能科学研究院中国先进研究堆（CARR）工程研制的主泵和应急泵为核安全二级，水冷泵为核安全三级，其他辅助泵为非核级泵。CARR 工程项目用泵完全由公司自主研发，采用 CAD、CAE 技术进行设计和结构分析；在工艺装备上，完全能够满足 CARR 工程用泵的特殊性和加工精度高的要求，各项设计及产品符合相应的核规范。在质量保证方面，建立了完整的质量保证体系，制定了专门的核质量证保程序，以确保满足用户的要求。2006 年沈阳水泵股份有限公司新产品产值完成 17 774 万元，比上年增长 2%。

石家庄强大泵业集团有限责任公司在新产品开发方面重点完成了 350X—TLR 和 500X—TLR 脱硫泵的设计，进一步满足了中小流量用户的需求；进行了 900X—TL 脱硫泵的 CFD 分析，完成了水力部分的设计，脱硫泵产品系列日臻完善；疏浚泵完成了 425WN、700WN、1000WN 泵的设计。此外，还完成了 100ZGB—110、3/2X—AHRP 多级串联泵、100PE—PCH 化工流程泵和 65YXL—400、65YXL—315 加长轴液下泵的设计。A31 材料完成了现场实验，其材质性能达到了国际先进水平，这对提高公司技术实力，扩大浆泵市场提供了有力保障。

山东长志泵业有限公司 2006 年加大了产品结构调整的力度，公司的主打产品已经从传统的普通型油泵和化工流程泵向大型专用泵转变。公司 2006 年成功开发 8 个系列新产品：DGB 型高压锅炉给水泵、GL 型立式高速离心泵、GSB—W 型卧式高速离心泵、GY 型管道油泵、KPY 型油浆泵、TD 型加氢装置用离心泵、XB 型化工流程泵和 ZCB 型高效转子泵。其中，DGB 型高压锅炉给水泵、TD 型加氢装置用离心泵和 ZCB 型高效转子泵 3 种产品已经通过了山东省科技厅的鉴定。

五、固定资产投入情况

2006 年泵行业企业进行了重大更新改造投资。

石家庄强大泵业集团有限责任公司实施搬迁改造，新征工业用地 20 万 m^2，净用地 18 万 m^2，厂区总建筑面积 10 万 m^2。新的生产基地预计年生产各种泵与配套装置18 540台（合 30 000t）。生产基地按机构组成 2 个泵生产厂和 2 个服务性分厂。主要建设内容：渣浆泵联合厂房、铸钢厂房、清水泵联合厂房、模型厂房、机修工具车间、集团总部办公楼等。配套建设有降压站、热交换站、调压站等辅助设施。本次搬迁改造总计投资 46 000 万元。

大连大耐泵业有限公司在大连市政府的支持下，实施搬迁改造，在大连“双 D”港建立了 15 万 m^2 新厂房，设备全部更新，建成了具有国际先进技术水平的泵业园区。截止到 2006 年 9 月底，公司及 5 个合资公司搬迁改造已全面完成，搬迁及改造投资总计支出 20 500 万元。

上海东方泵业（集团）有限公司近几年发展迅猛，原来的工业园区越来越不能满足生产发展的需要。在上海市政府的支持下，公司在颐村工业园购地 8 万 m^2 用于厂区建设，工程预计投入 12 000 万元。该项目竣工达产后，公司的生产基地面积扩展了 3 倍，在万米厂房建造的泵测试台（测试功率达 2 000kW、口径达 1.6m）将为企业的产品向大口径、大流量、大功率方向发展奠定基础。

六、区域发展

随着国民经济的稳步发展，泵制造业也呈逐年递增的发展态势。但是，区域间发展极其不均衡。珠江三角洲地区、长江三角洲地区、环渤海经济区发展迅猛，保持两位数的经济增长，而中部与西部地区的发展相对滞后并比较迟缓。

按完成工业总产值估评，进入行业前10名的企业多是经济基础比较好的我国东部地区和经济较发达地区。这些企业是：上海凯泉泵业（集团）有限公司、上海连成（集团）有限公司、丰球集团有限公司、上海凯士比泵有限公司、上海东方泵业（集团）有限公司、沈阳水泵股份有限公司、广东省佛山水泵厂有限公司、山东博泵科技股份有限公司、上海熊猫机械（集团）有限公司、长沙水泵厂有限公司。工业总产值前10名企业，不同的年份也不尽相同，前后变动也比较明显。像上海凯泉泵业（集团）有限公司、上海连成（集团）有限公司在前几年排位一直靠后，但在近几年经过更新改造，企业有了突飞猛进的发展，分别排在第一和第二的位置。而原来在行业中占有举足轻重位置的石家庄强大泵业集团有限责任公司、大连大耐泵业有限公司则退出了前10名的行列。泵行业前10位的企业完成工业总产值84.92亿元，占139个会员企业工业总产值的41.4%。总的趋向是前10名企业的总产值占会员企业总产值的近半壁江山。通过采用绝对量和增长速率对近两年各企业的工业增加值、利税总额、全员劳动生产率和泵产品出口额的发展态势作一比较，处于优势的企业也是上述这些区域的企业。

七、行业发展中存在的问题及建议

2006年泵制造业虽然保持较高的增长速度，但是泵制造企业自主创新能力薄弱，总体素质不高，国际竞争力不强。特别是重大技术装备的开发制造能力与国外还有较大差距，自主知识产权、自主设计的产品少，不能满足国家经济建设发展的需要。

（1）企业的研发投入不足，自主创新能力差，具有自主知识产权的产品少。泵制造业产品结构不合理，表现在普通产品制造能力过剩，而体现综合科技创新能力和制造实力的重大技术装备产品水平与国外相比存在较大差距，重要领域发展所需要的大量高技术、高附加值的成套装备用泵不得不依靠进口解决，且依存度不断提高。如火电30万kW以上超临界与超超临界机组给水泵芯包、30万kW以上核电机组的主泵等产品不得不依靠进口。

（2）产业组织结构不合理，企业改革、改组、改造滞后，缺乏具有国际竞争力的企业集团。我国泵制造企业长期在计划经济体制下运行，承担重大技术装备制造任务的大型国有企业历史包袱和社会负担过重，改革进程缓慢，缺乏创新机制和自我改造能力，用于新产品、新工艺和新技术的研发资金投入严重不足，原创性技术成果少。

（3）陷入引进一落后一再引进一再落后的“怪圈”。究其原因，主要是虽然国际上技术发展日新月异，跨国公司生产一代、研制一代，不断推出新技术，国内企业也常常大量引进，但由于研发投入少，自主研发能力弱，加之国内没有长期稳定的技术装备政策，以及生产厂与用户缺乏沟通，致使泵制造业消化引进技术乏力，又没有明确的科研开发、自主创新目标，只能是跟着国外企业走，陷入引进—落后—再引进—再落后的怪圈。

（4）企业自主创新首台（套）产品市场准入难。近些年来，国家花了大量的外汇引进技术，泵制造企业消化吸收后也开发了许多新产品，许多企业、科研机构也自主开发研制成功许多新产品，但往往因没有依托工程而得不到验证，或因没有运行业绩而得不到投标资格，这种现象不利于泵制造业的成长。

针对以上行业发展中的问题，建议：①“十一五”期间，泵行业企业要全面贯彻落实科学发展观，按照走新型工业化道路的要求，大力振兴泵制造业。要面向国际国内两个市场，抓住世界制造业加速转移和我国推进重大装备国产化的有利时机，坚持对外开放，把引进消化吸收国外先进技术与自主创新相结合，坚持体制创新与机制完善相结合，坚持全面推进与重点突破相结合，着力发展基础产品和成套产品以及高精尖产品。建成拥有核心技术开发能力、重大装备成套能力和具有国际竞争力的先进装备制造业基地。②建议国家相关部门针对《国务院关于加快振兴装备制造业的若干意见》中提出的关于完善相关法律法规和标准、重点领域装备技术政策、进口税收优惠政策、鼓励订购和使用国产首台（套）重大技术装备政策、加强设备进口管理政策等振兴装备制造业的政策措施，尽快研究制定实施细则，明确具体政策和扶持办法，确保各项政策措施落到实处。③为推动泵制造业国产化进程，泵行业将依托全国的重大工程（如核电建设、超临界、超超临界火电机组、南水北调、西气东输工程等）组织实施装备制造国产化。希望国家在泵行业实施重大装备本地化的过程中，在产业布局等方面给予政策上扶持。④切实加大国家对泵骨干制造企业的支持力度。一些骨干企业之所以同意让外商并购，往往是因为资金短缺或包袱沉重、或发展后劲不足。因此，建议国家有关部门采取有效措施制止外方利用我国泵行业地区间的招商竞争，通过并购二三流企业来挤垮行业排头兵企业的企图。⑤科技进步和创新是增强泵制造业综合实力的决定因素，是泵行业经济增长的基础和原动力。为了更好地促进泵行业科技进步、技术创新，建议各企业：一是加快建立以企业为主体，市场为导向，产学研相结合的技术创新体系。二是改善技术创新的市场环境，加快发展创业风险投资，加强技术咨询、技术转让等中介服务。三是落实支持自主创新的资金和科研费用。四是利用好全球科技资源，继续引进国外先进技术，积极参与国际科技交流与合作。

八、2007年展望

（1）2007年泵制造企业各项经济指标按20%左右的速度增长，工业总产值预计完成246亿元，新产品产值79亿元，出口交货值27亿元，工业增加值69亿元，销售收入240亿元，利润总额16亿元，利税总额26亿元。

（2）加速结构调整。2007年泵行业企业要积极推进市场经济体制和转变经济增长方式，在调整和完善所有制结构、推进国有企业改革、完善分配结构和分配方式，以及完善市场体制方面取得新的突破。注重产品结构调整，重点发展超临界、超超临界火电机组配套用锅炉给水泵，空冷火电机组用泵,核电站用核主泵、核一级、核二级配套用泵,逐步填补油田、海上采油、炼油及油品、石化等方面的特殊用泵的空白,形成工业泵新的经济增长点。

(3)完善泵行业质量标准体系。2007年,泵产品生产标准要达到国际标准水平,主要泵产品有90%以上按照国际标准或国外行业先进标准组织生产。全面贯彻强制性标准,达到国际先进水平的优等品率要在95%以上;国家重点产品可比性跟踪监督抽查合格率达到95%以上;出口泵产品合格率达到100%。突出抓好重大技术装备和重点产品的质量,创立具有国际竞争力的名牌泵类产品。

(4)采取切实可行的措施促进泵行业全面发展。一是加强泵产品研发成果的应用,在有关政策的指导下,企校结合、科企结合,加强对泵产品基础理论的研究和应用技术的研究,大力推广研发成果,使之产业化、规模化。二是加强行业企业间的相互合作,共同发展,最大限度地利用行业资源,提高专业化协作水平。三是加强与国外先进国家的技术交流活动,积极引进先进制造技术,促进合资、合作项目的达成,提高产品档次。四是重视人才开发。对确有一技之长的科技人员,破格引进,待遇从优;对现有科技人员要注重培养,并提高其待遇,吸纳人才,留住人才。五是加强重点企业技术改造,尤其要建立和完善先进工艺装备和测试手段,更新、添置关键设备。六是要建立一套行之有效的新型管理机制,加强企业内部机构的重组、整合,采取措施提高企业的核心竞争力。

〔供稿单位:中国通用机械工业协会泵业分会〕

2006年风机行业改革与发展报告

一、风机行业概述

风机行业担负着为石油、化工、煤炭、冶金、电力、矿山、纺织、环保和科研等国家重点工程配套的任务。现生产的产品有离心压缩机、轴流压缩机、离心鼓风机、罗茨鼓风机、叶氏鼓风机、离心通风机、轴流通风机7大类及部分特殊用途风机。品种规格已有300多个系列6 000多个规格,有不少产品填补了国内空白,基本上可以满足我国重大装备配套的需求。其中:30万t/a合成氨装置用空气压缩机、氨冷冻压缩机、天然气压缩机,52万t/a尿素装置用二氧化碳压缩机,70万t/a乙烯装置用裂解气压缩机、丙烯压缩机,180万t/a加氢装置用循环氢压缩机,500万t/a炼油装置用富气压缩机,52 000m^3/h空分装置用空气压缩机,60万~80万t/a炼油催化裂化装置用轴流压缩机,3 200m^3高炉用轴流压缩机,300~600MW电站轴流通风机等都达到了当代国际先进水平。

从20世纪70年代开始,我国风机行业先后自行设计制造了大型通风机、离心鼓风机、罗茨鼓风机及离心压缩机。行业联合设计了11个系列109个规格的离心通风机,大部分已做为国家推广的高效节能产品。从20世纪80年代开始引进国外先进技术,通过消化吸收,我国风机工业发生了深刻变化,形成了一定的现代风机生产能力。20世纪90年代,通过引进技术的消化、吸收、改进,实现了大型工程风机产品国产化零的突破。

随着世界高新技术的发展,我国风机工业的技术水平、产品品种、产品外观与国外先进厂家相比仍存在明显差距。如为100万t/a乙烯装置,68万t/a合成氨装置,600万t/a炼油催化裂化装置,60万~130万kW火力发电等配套的大容量风机还有待开发;天然气管线输送压缩机、高压油田注气压缩机及大型空分装置用压缩机尚不具有竞争力;国家重大石油、化工装置用压缩机有50%的市场被国外企业占领。

中国通用机械工业协会风机分会从1988年6月成立以来,共发展了13批会员,2006年共有会员单位149个,其中企业139个、大学5个、研究院所4个、联营公司1个。按经济类型划分有9个大型企业、34个中型企业、96个小型企业,分别隶属机械、电力、纺织、民政、轻工、司法、交通等各系统,企业会员数约占全国风机行业生产企业总数的10%。

二、发展环境与国家政策

1. 产业政策

原机械工业部对风机行业生产产品的指导方针是:重大的、高精尖的产品(主要指离心和轴流压缩机)靠引进国外先进技术开发新产品;量大面广的产品(主要指一般通风机)走自力更生的道路,来满足国民经济各部门的需要。例如,沈阳鼓风机(集团)有限公司从意大利新比隆公司引进了MCL、BCL、PCL 3个系列的离心压缩机,以及从日本日立公司引进了DH系列双轴4级离心式空压机的设计制造技术。陕西鼓风机(集团)有限公司从瑞士苏尔寿公司引进了轴流压缩机的设计制造技术。经过消化吸收引进技术,创新开发的新产品,全部实现了国产化,均取得了较好的效果。

2. 税收政策

风机行业企业执行的税收政策,基本上与机械行业的税收政策一致,即所得税税率33%,增值税税率17%,城建税税率7%,教育费附加征收率4%,营业税税率5%。

辽宁省、吉林省及黑龙江省的风机行业企业享受振兴东北老工业基地的税收优惠政策(2004年开始执行):①购进固定资产可抵扣固定资产进项税;②可抵扣用于自制固定资产的购进货物或应税劳务;③可抵扣通过融资租赁方式取得的固定资产；④可抵扣为购置固定资产所支付的运输费用。

生产型外资企业享受“免二减三”的税收优惠政策，同时对于国家鼓励的外资企业进口的设备，免收进口关税和环节增值税。

3. 投资政策

实行市场经济之后，国家除对水泥、建材、钢铁等行业投资进行限制外，对风机行业已没有什么限制。然而，由于中、小型风机产品市场供大于求，国家在宏观调控上应对生产中、小型风机的企业的投资加以限制。

辽宁省、吉林省、黑龙江省的风机生产企业将享受出口退税优惠政策，国家在国债资金安排上大力予以倾斜。

4. 外贸政策

国家对国内各行业总的外贸政策是鼓励出口，各地方政府对生产型企业还制订了各种出口退税优惠政策。风机主要出口产品是中、小型通风机及风机配件。离心鼓风机、罗茨鼓风机及离心压缩机主要是向一些发展中国家出口，如印度、巴基斯坦、孟加拉、朝鲜、伊朗、苏丹及蒙古等。

5. 工业及企业管理政策

工业及企业管理政策主要内容是国有大中型企业建立现代企业制度。企业由工厂制向公司制转化，执行《中华人民共和国公司法》。不同企业转化方式不同，分别有资产重组、出售、转让、股份制、股份合作制、民营等不同所有制关系。

风机行业除中、小型通风机产品外，离心鼓风机、离心压缩机及轴流压缩机均属于单件小批量生产，每台产品按照用户所提出的流量、压力、转速、功率等参数进行设计和生产，完全是以销定产。所以企业管理不同于机床、汽车等生产企业，无法形成流水线管理和生产，只能对每台产品从生产准备开始，实行单台计划和调度，在具体企业管理上增加了一定难度。

三、行业发展情况

1. 生产情况

据国家统计局统计，2006 年风机行业 401 个企业共完成工业总产值 2 479 490 万元，比上年的 1 992 803 万元增长 24.42 %；其中新产品产值 406 031 万元，比上年的 416 717 万元下降 2.56%；工业销售产值 2 370 137 万元，比上年的 1 911 472万元增长 24%；工业增加值 703 518 万元，比上年的 549 847 万元增长 27.95%；利润总额 156 020 万元，比上年的 125 620 元增长 24.2%；亏损企业 60 个（比上年减少 6 个），亏损额 6 817 万元，比上年下降 74.51%。风机产量完成 2 639 675 台，比上年的 2 786 880 台下降 5.28%。

2006 年风机分会会员企业完成工业总产值 1 585 653 万元，比上年的 1 295 709 万元增长 22.4%；工业销售产值 1 468 767万元，比上年的 1 229 337 万元增长 19.5%；工业增加值458 890 万元，比上年的 395 268 万元增长 16.1%；利税总额 164 987 万元，比上年的 161 233 万元增长 2.3%；利润总额 103 232 万元，比上年的 91 430 万元增长 12.9%；全员劳动生产率 124 065 元/人，比上年的 102 416 元/人增加 21 649 元/人。

2. 产品出口情况

“十五”期间风机分会会员企业出口交货值增长较快，年均递增 51.7%。其中：2001 年出口交货值为 11 328 万元，2002 年出口交货值为 12 501 万元，2003 年出口交货值为 18 562 万元，2004 年出口交货值为 36 109 万元，2005 年出口交货值为 59 959 万元。2006 年据国家统计局统计，风机产品出口交货值为 345 158 万元，比上年的 276 965 万元增长 24.62%，占工业销售产值的 14.6%，而风机分会会员企业 2006 年出口交货值为 50 266 万元，低于 2005 年，仅占工业销售产值的 3.4%。总体来讲，风机行业产品的出口量很小。2001 ~ 2006 年风机分会会员企业部分产品出口情况见表 1。

表 1　2001 ~ 2006 年风机分会会员企业部分产品出口情况

年份	压缩机、鼓风机		通风机		罗茨鼓风机		合计	
	数量（台）	金额（万元）	数量（台）	金额（万元）	数量（台）	金额（万元）	数量（台）	金额（万元）
2001	71	2 277	117	141			188	2 418
2002	84	444	636	4 537			720	4 981
2003	19	371	134	1 751			153	2 122
2004	27	14 974	201	4 900	89	833	317	20 707
2005	122	24 034	24 664	39 690	63	1 050	24 849	64 774
2006	42	15 399	15 276	15 450	2 014	2 138	17 332	32 987

3. 市场竞争情况

国内风机行业的市场竞争特点：一是同国际上几个主要工业发达国家的国际竞争，主要体现在透平压缩机产品上。全世界生产透平压缩机的国外著名厂家共有 19 个，其年产量进入前 3 名的为德国德马格公司、意大利新比隆公司和美国德莱赛—兰德公司，年产量均为 150 缸左右。二是国内风机行业生产厂家的竞争，主要体现在量大面广的中、小型风机产品上。这类产品大多数为通风机，各厂家均可生产，故其竞争主要以产品的价格、质量及售后服务为主。

由于国内中、小型风机产品供大于求，出现了粗制滥造、偷工减料、随意降低价格和无序竞争等现象，同比销售价格比上年下降 3% 左右，导致行业整体利润不高。

四、转变经济增长方式的措施

1. 结构调整

（1）压缩机。①提高重大技术装备的配套能力和水平。在为 30 万 t/a 合成氨装置、52 万 t/a 尿素装置、70 万 t/a 乙烯装置、300 万 t/a 催化裂化装置、200 万 t/a 加氢裂化装置、4 万 m^3/h 空分装置及 30 万 ~ 60 万 kW 火电机组配套的基础上，为适应装置规模的大型化，要加强对提高风机容量和技术水平的研究，使其达到国外同类产品的先进水平。②对国内现有的石化、冶金行业各种装置用压缩机（包括进口和国产）进行扩容、增效的可行性分析，充分做好技术方案的论证，并对涉及到的技术难题进行攻关，做出详细的技术改造方案。③开发、完善组装式压缩机，形成完整的系列。④结合国内西部大开发西气东输的市场需求，研制长输管线离心压缩机。⑤轴流压缩机在引进技术的基础上，进行技术更新，满足高炉鼓风机和催化裂化装置的需求。⑥开发轴流—离心复合式压缩机。

（2）鼓风机。①更新现有的高速离心鼓风机系列，用半开式三元叶轮代替二元叶轮，提高整机效率；用焊接机壳代替铸造机壳，提高外观质量，使其达到或接近国际同类产品的先进水平。②改造原有大型烧结装置和转炉用鼓风机，改进结构，简化制造工艺，提高产品的效率和技术水平，降低生产成本。③在引进高速污水处理离心鼓风机的基础上，不断更新完善；合作开发污水处理用低速多级离心鼓风机。④采取引进技术、合资、合作生产及自行开发相结合的原则发展罗茨鼓风机。

（3）通风机。通风机是量大面广的产品，又是主要耗能产品（全国服役风机年用电量约占国民经济用电总量的10%），所以主攻方向是进一步发展节能风机产品，改造老产品，淘汰落后的通风机产品。

2. 节能降耗

风机行业为了适应节能的要求，先后淘汰7个系列的离心和轴流通风机，23个规格的罗茨鼓风机；共推广了24个系列的离心和轴流通风机、33个规格的罗茨鼓风机。

风机行业通过组织联合设计等方式先后开发了4—72、B4—72、4—73、BKJ66—1等节能型风机。沈阳鼓风机研究所于1992年为中低压离心通风机更新换代，开发了先进的三元流动叶轮的4—71、4—74系列高效离心通风机。但我国通风机技术整体水平还未超出20世纪80年代风机行业联合设计的技术水平。

通过引进国际先进技术，先后设计生产了VARIAX系列动叶可调轴流通风机、TLT系列动叶可调轴流通风机、KKK AN系列静叶可调轴流通风机及DH型离心压缩机等节能风机。

五、区域发展

风机行业按区域划分为4大产区，即东北地区、华北西北地区、华东地区、中南西南地区。2005～2006年风机行业按区域划分主要经济指标完成情况见表2。

表2　2005～2006年风机行业按区域划分主要经济指标完成情况

指标名称	单位	东北地区				华北西北地区			
		2005年	比上年增长（%）	2006年	比上年增长（%）	2005年	比上年增长（%）	2006年	比上年增长（%）
工业总产值	万元	221 071	37.4	306 609	38.7	299 212	29.8	343 931	14.9
工业销售产值	万元	197 889	31.4	286 253	44.7	281 773	27.3	303 249	7.6
出口交货值	万元	12 580	27.6	7 258	-42.3	10 952	588.8	11 448	4.5
工业增加值	万元	66 826	45.2	87 105	30.3	103 158	16.5	109 649	6.3
产品销售收入	万元	222 979	38.5	280 499	25.8	261 537	19.5	298 900	14.3
指标名称	单位	华东地区				中南西南地区			
		2005年	比上年增长（%）	2006年	比上年增长（%）	2005年	比上年增长（%）	2006年	比上年增长（%）
工业总产值	万元	484 673	51.5	623 594	28.7	290 752	70.1	311 519	7.1
工业销售产值	万元	479 547	56.5	600 595	25.2	270 128	65.2	278 670	3.2
出口交货值	万元	20 771	440.6	19 960	-3.9	15 656	93.0	11 600	-25.9
工业增加值	万元	143 276	64.8	177 600	24.0	82 008	72.5	84 536	3.1
产品销售收入	万元	471 279	55.2	599 592	27.2	278 048	63.7	299 764	7.8

从以上各项经济指标看，在国家宏观经济政策引导下，宏观环境不断改善，各区域行业生产继续保持稳定快速增长。2005年各区域多项指标刷新历史最好水平，发展速度最快的是中南西南地区，华东地区次之，华北西北地区发展相对较慢。2006年各项指标稳中有升，但上升幅度不是很大，只有东北地区增长幅度较大。

六、企业发展和股市动态

风机行业会员企业中上市的有浙江上风实业股份有限公司和武汉鼓风机有限公司。

2000年3月，浙江上风实业股份有限公司股票在深圳成功上市，2004年美的集团入股该公司，实现了强强联合，为重点实施列入国家“火炬”计划和原国家经贸委立项的“年产16 000套风冷成套装备技改项目”打下了坚实的基础。

武汉鼓风机有限公司改制为民营企业两年来，实施全新的战备思想和经营理念，运用目标管理、现场管理、精益生产、绩效考核等一系列管理手段，企业面貌焕然一新。公司作为外商独资企业，通过RTO在美国OTCBB市场挂牌上市。

七、对外开放

浙江上风实业股份有限公司依靠科技进步有力地促进了现代化管理水平的提高，现代化管理又使科学技术得以充分发挥。近年来，公司结合我国扩大内需的重大工程建设，正在积极开拓高速公路、隧道、地铁、核电、火电厂脱硫等工程项目，有力地拓展了市场领域。由于产品技术含量高，价格较进口同类产品低廉，其节能、降噪等社会效益显著，赢得了市场信誉。产品出口东南亚、西欧、澳洲、日本等23个国家和中国香港、台湾地区。德国西门子公司已认定浙江上风实业股份有限公司为西门子公司在中国和东南亚地区承建电力工程中通风设备的总供应商；德国KAH工程公司、法国GEA公司等国际大公司纷纷来公司洽谈合作；日本米茨亚公司、德国华德公司成为公司的紧密合作伙伴。2006年在香港九龙地铁、印度电厂、澳大利亚核电工程等项目中，公司都取得了重大进展。

青岛风机厂有限公司生产的船用风机连续多年通过了中国船级社认可和法国船级社工厂认可，以及GL、ABS、LR、KR、DNV等国外著名船级社的船检认可，并随船出口欧洲、亚洲、美洲等多个国家和地区。从20世纪90年代初开始，公司为了提高技术水平，缩小与世界先进水平的差距，先后从日本、德国、意大利、英国、美国引进了船用轴流通风机、烟草通风机等先进生产技术。与日本荏原株式会社进行合作，为其制造锅炉风机、燃烧器、消声器等部件。通过对国外先进生产技术的引进、消化吸收，提高了公司的生产制造能力。公司自行测绘出多种高效节能风机，替代了进口产品，为国家节约了大量外汇，创造了较好的社会效益。

四平鼓风机股份有限公司为开发欧洲市场，向欧盟申请CE认证，通过对欧盟标准98/37/EC机械指令、73/23/EEC低电压指令、89/336/EEC电磁兼容指令标准的贯彻实施，从产品标准、设计规范、产品检验到试验进行全过程控制。产品通过欧盟标准化组织确认，符合欧盟标准要求，公司的主导产品BB24、BB50系列高温窑尾风机、GY4—73F系列鼓引风机、PCF篦冷机冷却风机获欧盟CE产品认证证书，获取了公司产品进入欧盟市场的通行证，产品可以在欧盟28个国家和地区使用，为产品扩大国际市场开辟了新的销路。

八、风机行业发展预测及展望

2007年在国家政策支持下，风机行业将会继续保持稳步发展的态势，各项经济技术指标比2006年还会有所提高。

1. 风机产品总的发展趋势

（1）大型风机容量继续增大。随着火电、石油、化工及冶金等工业装置的大型化，需要各种类型的大型透平压缩机、鼓风机及通风机。

（2）发展高压小流量离心压缩机。

（3）高效化。随着三元流动叶轮在风机产品中应用范围的不断扩大，高效化将是风机产品的发展趋势。

（4）高速小型化。各类风机采用三元流动叶轮后，在效率提高的同时，体积缩小、重量减轻。提高转速也是风机小型化的重要途径之一。

（5）低噪声化。风机的噪声是工业生产中的最主要噪声污染源之一。风机大型化和高速化使噪声问题更加突出，降低风机噪声成为关键。

（6）计算机集成制造系统在风机中得到广泛的应用。随着计算机及自动化技术的迅速发展，风机制造企业普遍采用计算机集成制造技术。计算机技术的发展，带动了工业自动控制水平的不断提高。随着各种产业装置规模的不断扩大，对生产过程控制的要求，已从过去的单一工况参数控制发展到多工况参数控制，从原有对具体设备的控制转变为对整个装置的综合控制，以便更好地满足生产工艺流程的要求。

2. 风机行业发展战略

（1）战略原则。具体如下：

风机行业同其他行业一样，都是从计划经济逐步走向市场经济的。面对国内外激烈的市场竞争和日新月异的科技进步的大潮流，风机行业必须坚持“以市场为导向，扶优扶强，加快改革改组步伐，不断优化产品结构，提高技术创新和服务能力，保持持续发展”的指导思想。

突出以市场为导向，加强对国内外两个市场的研究与预测，加快市场营销网络建设，增强市场快速反应能力，提高市场占有率。

国内企业与国外厂商竞标国内重大装置项目时，最大限度地迫使国外公司降价，维护民族工业利益。

坚持突出重点，支持扶植优势产品和优势企业，使其成为行业发展的主导力量，以带动和促进整个行业的发展。

加强企业与有关大专院校的科研合作，提高开发新产品的能力。

加快改革改组步伐，建立规范运作的新机制，以改革促发展。从调整企业生产经营方式入手，指导和引导企业建立以市场为导向，以科学化、现代化及灵活高效的管理机制为手段，以生产经营与资本运营相结合，谋求在新的经济增长点上走出一条新路子。

加快产品结构的调整，提高资源利用率，提高产品质量和生产效率。转变经济增长方式，把着眼点由过去的上规模、上产量、重复布点的粗放式经营逐步转变为集约型经营，即通过技术创新提高产品技术含量和质量，扩大服务领域，从提供单一的风机产品扩大为承接工程总承包，乃至交钥匙工程，提高产品附加值，实现经济增长方式的转变。

（2）基本任务。主要包括以下几方面：

1）提高行业整体素质。风机行业的产品已达300多个系列，6 000多个规格。有些产品已经达到或接近国际先进水平，但仍有不少风机产品还达不到国际先进水平，仍需进口；同时还有相当多的产品（主要是通风机）供大于求，还有相当企业处于亏损状态。以风机行业分会会员企业为例，2002年亏损企业22个（占会员企业总数的27.5%），2003年亏损企业13个（占会员企业总数的12.75%），2004年亏损企业13个（占会员企业总数的11.4%），2005年亏损企业16个（占会员企业总数的12.2%），2006年亏损企业8

个(占会员企业总数的5.8%)。

据国家统计局统计,2006年全国风机行业401个企业,亏损企业60个。为此,必须调整产品结构,提高企业的整体素质和经营能力。

2)不断开发高技术含量的新产品。国际上风机的发展趋势是容量继续增大,同时发展高压小流量压缩机,高效化、高速小型化、低噪声化已成为风机发展的主流,在产品开发、设计和制造中则广泛应用计算机集成制造系统。风机行业必须根据国内外市场的需求,以及产品的发展动向,积极开发高技术含量的各类新产品,在满足内需的同时,参与国际竞争。

3)为重大技术装备国产化做贡献。国家在"十一五"规划中将对大型乙烯、大型化肥、大型煤化工、冶金、环保等产业工程项目进行调整。以沈阳鼓风机(集团)有限公司、陕西鼓风机(集团)有限公司及上海鼓风机厂有限公司为首的行业大型骨干企业,都具备了为大型乙烯装置、大型化肥、大型煤化工、大型空分及冶金工业装置等配套的大型离心压缩机和轴流压缩机的制造能力。为此,应加强对该类产品的开发研制,替代进口,为我国重大技术装备的国产化做出应有的贡献。

(3)重点发展的风机产品。包括通风机、透平压缩机和鼓风机。

1)通风机。风机用电约占全国发电总量的10%。通风机作为风机行业量大面广的产品,其发展重点是节能产品,既包括产品设计方面的节能,又包括风机运行中调节方式的节能。

在产品设计方面,通过应用叶轮、蜗壳等元件的科研成果,以及进一步提高制造精度,力求使各种通风机的效率平均提高5%~10%。最先进的离心式通风机已采用三元流动叶轮,效率提高10%;大型离心通风机采用较大直径和较窄宽度叶轮、较高转速的高效结构,其最高效率可达87%以上;效率较高的轴流通风机,其最高效率已达92%。这些产品均属节能产品。

利用引进技术开发高效节能风机。经过近20年的努力,风机制造企业对此已做了一些工作。例如,上海鼓风机厂有限公司和沈阳鼓风机(集团)有限公司分别引进了德国TLT和丹麦诺文科公司的动叶可调轴流通风机技术;成都电力机械厂和沈阳鼓风机(集团)有限公司引进了德国KKK公司的静叶可调轴流通风机技术;武汉鼓风机有限公司引进了日本三菱重工的动叶可调轴流通风机技术;广州风机厂引进了丹麦诺迪斯克通风设备公司的轴流和离心通风机技术;重庆通用(集团)有限公司和四平鼓风机股份有限公司引进了英国豪登公司的高温风机技术;石家庄风机厂有限责任公司引进了日本荏原公司的离心通风机制造技术。这些引进技术有力地促进了通风机节能产品的开发。

在通风机运行调节节能方面,风机及其系统的节能取决于:一是风机必须是高效率的节能型风机。二是对风机的运行工况不断进行调节,使其始终处于所预选的高效率工作区内。我国大多数的风机变速机构比较落后,如三角皮带、蜗轮副等还广泛应用于风机的传动上,风机的传动效率较低。三是调节方法比较落后,大部分还是采用调节门调节。由于上述原因,尽管有的风机内效率较高(达86%以上),但其装置效率并不太高,有的甚至低至30%。

从风机运行的角度探讨其节能,可按风机运行特征是恒速机组或变速机组采取如下措施:

对于恒速机组,可以将高效风机换低效风机;或小叶轮换大叶轮;或截短叶轮外径;或减少级数,拆摘叶片减少其数目;或前(中、后)导叶控制,静叶可调;或改变动叶安装角,动叶可调;或采用串、并联组合开关控制;或采取进口或出口节流;或改变叶片宽度;或改变扩压器安装角等。

对于变速机组,可采用液力偶合器、液力调速离合器、机电一体化装置和多级液力变速传动装置进行变频调速,调压调速,电磁调速,变极对数调速,串级调速(或转子串电阻),无换向器电动机调速,蒸汽轮机或燃气轮机等原动机的变速。

当风机流量调节范围在100%~30%时,不同调节装置的节能和电耗相差很大。如以采取出口节流(挡板)时的电耗作为参考标准,令其为100%,则当流量减少到80%时,采取串电阻调速、电磁滑差离合器调速等低效型调速方式的耗电为68.3%,节电为31.7%;同样条件下,采取高效型调速方式的耗电为55.2%,节电为44.8%。当流量为90%时,低效型调速方式仅节电16.9%,即使是高效型调速方式节电也不过23.7%;但当流量为50%时,低效型调速方式节电65.4%,而高效型调速方式节电可达82%。由此可见,调节深度越大,调速装置节电越明显。

当流量比(实际流量/额定流量)大于90%时,高效型、低效型节电相差无几,且是否采用调速装置应做经济分析,如流量比大于95%时则可不必考虑;当流量比大于85%时,低效型调速装置节能与进口节流相比,其优越性不明显;当流量比小于50%时,宜采用高效型调速装置。

在整个流量变化范围内,以变频调速、变极对数调速及串级调速等高效方式的节能效果为佳。

选择交流调速方案的基本原则:一般而论,当风机变工况运行时,对于减少流量的调节,采用调速方式代替节流方式都会节电、节能。但在选择调速方案时要充分考虑下列因素:流量的变化范围(调节深度大小),风机功率的大小,风机在生产中的作用,调速装置的技术复杂程度,价格,可靠性及易维修性,对电网的污染程度以及特殊要求或其他因素。上述各因素需综合考虑,进行技术经济分析,最后决定取舍。

风机运行中采用的调速装置主要是液力偶合器和变频器,但我国应用的数量极其有限。"十一五"期间应大力宣传提倡应用调速装置,以便为国家节省更多的能源。

2)透平压缩机和鼓风机。从我国市场需求总体发展趋势看,经济将处于稳步增长阶段,"十一五"期间,石化、乙烯、大化肥及炼油等行业将向大型化发展。乙烯将从年产500万t发展到2 000万t,化肥将从年产2 500万t发展到2亿t,炼油装置也将向年产1 000万t发展,空分装置将向

50 000m^3/h、60 000m^3/h 和 80 000m^3/h 拓展；到 2010 年，西气东输长输管线工程将建成 20 000km，其中将建 20 多个加压站；冶金钢铁企业在“十一五”期间将新增高炉 100 余座。这些工程都需要离心压缩机和轴流压缩机。

在“十一五”期间，离心压缩机应更多地采用三元流动叶轮，使效率平均提高 2% ~5%。如美国研制的用于天然气管线输送的离心压缩机的 3 种大流量三元流动叶轮，叶轮效率可达 94% ~95%。日本的单轴多级离心压缩机的效率也进一步提高，其首级的大流量半开式三元叶轮的绝热效率达 94%。离心压缩机的调节方式应更多地采用工业汽轮机或燃气轮机驱动，以改变转速来达到节能目的。

“十一五”期间应大力开展节能型鼓风机的研制工作。日本对蜗壳及叶轮等通流部分的形状做了适当的改进，有效地防止了涡流及流动分离的产生，其绝热效率比原来的离心鼓风机提高 5% ~10%。瑞士制造的大流量离心鼓风机，每级均设有进口导叶装置，其多变效率达 82%。日本制造的多级离心鼓风机，采用进口导叶连续自动调节，节能率达 20%；高速单级离心鼓风机采用高周速、高压比半开式径向三元叶轮，其效率可提高 10%；高速单级离心鼓风机主轴的另一端设有尾气透平，回收尾气排入时的膨胀功，既符合环保要求，又达到了节能目的。罗茨鼓风机已开发了三叶罗茨鼓风机，既节能，又降低了噪声。

(4)行业技术发展目标。主要包括以下几点：

1)淘汰落后产品。对原机械工业部已公布的 7 个系列离心通风机和轴流通风机、23 个规格的罗茨鼓风机等淘汰风机产品，应严格禁止生产和销售。

2)拟开发的风机新产品。①90 万 t/a 以上乙烯装置用裂解气、丙烯及乙烯离心压缩机，提高产品技术水平和质量，并达到国际同类产品水平。②45 万 t/a 以上合成氨装置用空气、氮气、合成气及二氧化碳气 4 种离心压缩机，提高产品技术水平和质量，并达到国际同类产品水平。③6 万 m^3/h 以上空分装置用空气离心压缩机，适应空分设备市场大型化的需求。④50 万 t/a PTA(精对苯二甲酸)装置用多轴及单轴离心压缩机，实现纺织工业领域大型压缩机的国产化。⑤大型高压组装式离心压缩机。⑥轴流—离心复合式压缩机，满足冶金工业制氧空气压缩机的需求。⑦100 万 kW 以上电厂超临界机组锅炉引风机和 60 万 kW 以上火电机组烟气脱硫增压风机，推动电厂环保达标。⑧开发高炉干式环保节能余压发电装置用风机。

3)单元技术攻关项目。①叶轮模型级开发。研制特大流量闭式三元叶轮模型级，大流量高压比、小轮毂比模型级，适应重介质、高马赫数模型级，闭式轻介质模型级，闭式高效小流量模型级等，形成完整的基本级系列，提高机组的效率和技术水平。②机组系统稳定性及强度。以企业与有关大专院校长期合作的方式，开发压缩机远程故障诊断系统软件、转子非线性分析软件等；开发有限元分析软件和振动分析软件，提高压缩机强度和振动等计算的准确性，保证压缩机长周期运转的稳定性和可靠性。③结构设计研究。开展离心压缩机叶轮进口导叶结构的设计研究，完善进口导叶的实用设计方法，提高压缩机调节的效率和可靠性。④辅机。开发压缩机大型气体冷却器优化设计软件，改进气体冷却器的加工、装配工艺，解决气体冷却器重量大、耗水量大等难题；对压缩机增速机齿轮的加工精度及变形等工艺难题进行攻关。⑤材料及工艺研究。叶轮用高强度合金结构钢材料的研究及应用；深层离子氮化工艺的研究及应用；焊接叶轮的气体保护焊工艺的研究及应用；对窄叶轮加工叶片的变形、流道粗糙度及检验困难等课题进行攻关。

(5)行业结构调整目标。包括产品结构、科技结构调整。

1)产品结构调整。风机产品结构调整的重点是要根据国内外市场发展趋势以及国家的产业政策，发展与国家重点工程配套的风机。

通风机主要发展超临界火电机组风机、核电站风机、清洁煤发电风机、600MW 级大型空冷机组、火电厂脱硫风机等。

鼓风机(包括离心鼓风机和罗茨鼓风机)主要是应对冶金工业节能改造及环保产业的需求，发展烧结鼓风机和污水处理用曝气鼓风机。

透平压缩机主要为重大工程成套装置配套，重点发展高炉冶炼、大型空分装置以及西气东输天然气管线等用的大容量透平压缩机。

在“十一五”期间，石化装置都要进行扩容改造，需要压缩机的主要项目有：延迟焦化装置改造；加氢精制装置改造；聚丙烯装置改造；芳烃联合装置改造；聚氯乙烯装置改造；甲烷氯化物装置改造；甲醇装置改造；磷复合肥配套合成氨装置改造；硝铵改性(生产不具爆炸性的硝铵及硝基复合肥)装置改造等。

2)科技结构调整。①建立技术创新体系和有效运行机制。牢固树立科学技术是第一生产力的观念，市场竞争归根到底是科学技术的竞争。因此，风机行业各企业可根据各自的具体情况，建立和完善企业的技术开发体系，形成市场、营销、生产与科研相互协调的运行机制，提高企业技术创新和市场快速反应能力。②搞好产学研联合，提高产品的技术水平。相对来讲，风机行业各企业较大专院校和科研院所的科研力量较弱，可借助有关的大专院校及科研院所的科研力量，对企业急需的科研课题和风机前沿课题组织攻关，解决风机设计和制造技术上的关键，提高企业产品的技术含量和技术水平。③加速科研成果的转化应用。在加快科研开发的同时，要尽快把科研成果转化为生产力。企业的技术人员往往都有各自的生产任务，科研力量投入少；大专院校、科研院所的科研力量强，生产能力弱，二者结合方能加速科研成果的转化应用。④加大技术开发投入力度。各企业应通过各种渠道筹措资金，加大技术开发投入的力度，按照国内有关企业的经验，研究开发费用与销售收入之比不应低于1.5%，最好能达到3%～5%。而且在资金使用上，应根据年度科研计划资金需求情况，列出资金使用计划，做到专款专用。⑤建立激励机制。无论是企业还是大专院校或科研院所，科研成果都是靠人创造出来的。因此，进一步建立有效的激励机制和约束机制，才能充分调动广大科技人员从事科研和新产品开发的积极性和创造性。创建一种“尊重知识，尊重人才”的良好氛围，为科技人员提供良好的工作和学习环境。

(6)措施意见和政策建议。具体如下：

1)措施意见。在“十一五”期间，通风机产品重点是提高表面质量(外观质量)；透平鼓风机和压缩机重点是提高产品的开发能力，提高工艺水平；罗茨鼓风机主要是降低噪声。

鼓励技术创新，提高行业整体素质，使行业中的优势企业、优势产品的技术水平再上一个新台阶，使其达到或接近国际当代技术水平。

努力扩大国内外两个市场所需要的热销产品的生产规模，淘汰落后工艺设备，停止生产淘汰的产品。新上项目要求高起点、高水平，工程建设要求高质量。

“十一五”期间技术改造投资重点，以行业中新的经济增长点为主，发展一批重点产品，开发一批新产品；淘汰一批落后产品，培育一批名牌产品，提高企业在国内外市场上的竞争能力。

2)政策及建议。风机行业从无到有，从小到逐步壮大，已经成为国民经济中不可缺少的产业之一，有些产品已成为重大技术装备配套的重要产品。但这些都不是对国家的主要贡献点。对国家的贡献不仅表现在产生多少利润、上缴国家多少税金，给国家省了多少钱，重要的是风机行业重点骨干企业参与国内重大工程项目特别是透平压缩机的竞标，迫使外商不得不大幅度降价，这是风机行业几个重点骨干企业真正的价值所在，是对国家的重要贡献。国家的重大装备政策应坚持：①重大装备制造必须国产化。第一，中国是社会主义国家，出于商业垄断或政治考虑，工业发达国家在尖端装备出口和关键技术转让方面，一直对中国进行封锁。第二，作为一个主权国家，特别是有着13亿人口的大国，从经济安全的角度出发，我们必须有一个强大的民族工业。中国的现代化绝不能一厢情愿地寄托在外国人身上。第三，只有具备了一定的制造能力，才能在与国外企业的合作或贸易中处于有利地位。第四，世界上工业发达国家都是以重大装备的发展为基础的，中国要成为工业化强国，也必须有自己强大的重大装备制造业。②对于重大装备产品的采购，政府应干预和导向。重大装备产品(如透平压缩机)主要用于国家重点工程、大型企业的技术改造，所以它的需求主体是国家或国有企业，选购重大装备产品更多的是一种政府行为，而不是个人消费行为。政府采购的工程项目，不是市场行为，起码不完全是市场行为，国家必须在政策上给予干预和导向。③国家应进行干预和导向的主要内容。国家应加大对重大装备开发研制费用的支持力度；建立“国产化激励机制”，以鼓励制造企业开发、生产国产设备，用户优先采用国产设备；对国内装备制造业已具备实现国产化的能力，但难以落实国产化依托工程项目的企业，国家应在资金安排、贷款利息、还款时间等方面给予优惠；鉴于重大装备研制和生产周期长、流动资金占用大的特点，国家应研究合理的付款方式，增加承担重大装备任务企业的“封闭贷款”或其他优惠贷款；对由国家投资的工程项目而国内制造业尚无竞争优势的产品，实行同等条件优先采购政策；对政府投资的公共建设项目(如污水处理项目)，按国际通用的做法，实行国产产品优先等。

3)具体建议。“十一五”期间，风机行业的国内外市场会有较大的发展，其中，中、小型风机的国内市场需求也会相应地增长，但总体上这类产品的市场是供大于求。国家在宏观调控政策方面，应出台相应的经济政策，限制这类企业的进一步发展，鼓励企业扩大出口，开拓国外市场。

对于透平压缩机(包括离心和轴流压缩机)这类产品，由于其结构复杂，技术含量高，制造周期长，国内只有沈阳鼓风机(集团)有限公司、陕西鼓风机(集团)有限公司及上海鼓风机厂有限公司等少数几个厂家能够生产。国内企业的产品在国内市场占有率只有50%，也就是说还有50%的产品需要进口。因此，这类产品不但不能限制其发展，国家在宏观调控、税收，以及进口设备、进口配套件等一系列政策上，还应给予一定的优惠和扶持，特别是鼓励用户使用国产化设备。同时对这类设备的出口(主要是向发展中国家和地区)也应给予相应的优惠政策，来促进生产该类产品的企业更快地发展。

结构调整方面的建议：①行业重点企业应进行产品分工，各有侧重，进行专业化生产，这有助于进一步降低成本，提高经济效益。②行业重点企业应实行强强联合，增强国际市场竞争能力，避免或减少有损国内同行业利益的竞争。③针对国内离心通风机、轴流通风机供大于求的现状，建议国家技术监督局会同政府有关部门采取强制措施，对生产条件差、产品质量低劣的企业，予以限产或关停。

〔供稿单位：中国通用机械工业协会风机分会〕

2006 年减变速机行业改革与发展报告

一、行业概述

在国民经济的各行各业中，凡是在动力传递过程中，需要进行减速、变速的地方都用到减变速机产品。减变速机产品广泛应用在起重、运输、矿山、冶金、建工、石化、纺织、印染、轻工、环保、制药、食品、印刷、橡胶塑料、皮革、电子仪表、造纸、木材加工、水泥等行业以及国防建设等领域，是国家重点工程(如洲际弹道火箭、卫星发射装置、长江三峡电站等)的配套产品。

2006 年减变速机行业协会会员单位由 1988 年成立时的 27 个发展到 76 个；减变速机产品年产量由 15 万台增加到 100 多万台。在协会 76 个会员单位中，员工在千人以上、固定资产在亿元以上、销售收入在亿元以上的企业数在会员单位中所占的比例不足 15%；销售收入在 5 000 万元以上的企业不到 20 个，其他均为中小企业。在协会会员单位中民营企业占 80%，其余属于股份制或将要改制的国有或集体企业。有的股份制企业国有股份仍占主导地位，职工所有股份也是人人有股，真正的股份制企业的机制尚未建立。

二、发展环境与国家政策

近几年，随着国家经济宏观调控的不断深入，以科学发展观统领经济社会发展全局，经济过热的现象已得到适度的遏制，调整经济的重大比例关系已见成效。各行业经济增长模式发生了变化，从单纯追求经济增长速度转向更加注重提高产品的质量和高科技含量，从而步入全面协调可持续发展的轨道。各行业的飞速发展给减变速机行业带来了更加广阔的发展空间。2004 ~ 2005 年国家实施宏观调控，与减变速机行业紧密相关的钢材、水泥等行业大规模重新洗牌，加上电力、物价、运输等因素的制约，减变速机产品的市场受到了不小的冲击。面对国家的新形势，减变速机行业企业坚持固本培源、精心策划、精心管理，根据市场需求的变化，及时调整产品结构，保持了应有的市场规模，保持了正常的发展态势。

大力振兴装备制造业，是党的十六大提出的一项重要任务，是树立和落实科学发展观，走新型工业化道路，实现国民经济可持续发展的战略举措。2006 年国务院出台的《国务院关于加快振兴装备制造业的若干意见》中提出，选择一批对国家经济安全和国防建设有重要影响，对促进国民经济可持续发展有显著效果，对结构调整、产业升级有积极带动作用，能够尽快扩大自主装备市场占有率的重大技术装备和产品作为重点，加大政策支持和引导力度，实现关键领域的重大突破。这对于为重大技术装备提供配套的减变速机行业是一个很好的发展契机。

三、行业发展情况

1. 生产情况

2006 年减变速机行业企业以市场需求为中心，加大资金投入和技术改造力度，调整产品结构，提高产品质量；抓市场营销，注重品牌建设，树立企业形象；注重以人为本，完善岗位培训、劳动待遇以及各种保险制度，保证工人的权益，激发了职工的劳动热情，大大地提高了劳动生产率，全行业企业的发展继续保持增长势头。2006 年减变速机协会 58 个会员企业完成工业总产值 516 880 万元，比上年增长 36%；实现主营业务收入 490 661 万元，比上年增长 34.1%。摆线减速机、无级变速器、齿轮减速机、蜗轮蜗杆减速机、电动滚筒 5 大类产品产量共计 1 168 218 台，比上年增长 76.5%。2006 年产值超亿元的企业有 10 个，比上年增加 3 个，其中有两个企业产值已超 10 亿元。

2. 市场与销售

减变速机产品从最初的单一产品摆线减速机，发展到现在 5 大类产品：摆线减速机、无级变速器、齿轮减速机、蜗轮蜗杆减速机、电动滚筒，减变速机产品的用户范围进一步扩大。近几年，随着改革开放的深入和市场经济的发展，我国加入 WTO，加上国家的开放政策使得外国的减速机企业纷纷落户中国，齿轮减速机的生产企业越来越多，齿轮减速机产品的市场日益扩大，规格品种增加，用户增多。

从这几年减变速机市场发展来看，减变速机产品需求量比较大的行业有：电力机械、冶金机械、环保机械、电子电器、筑路机械、化工机械、食品机械、轻工机械、矿山机械、输送机械、建筑机械、建材机械、水泥机械、橡胶机械、水利机械、石油机械等。这些行业仅占全国行业总数的 20% ~ 30%，但减变速机产品的使用量却占全国使用量的 60% ~ 70%。

减变速机行业企业在加强企业管理，优化人员配置，加速信息化，提高产品质量的同时，根据市场的变化，及时调整产品发展方向，自主研发出适销对路的新产品，并坚持以客户需求为中心的理念，为用户提供优质的服务，产品销售取得了良好的业绩。2006 年，减变速机协会 58 个会员企业实现工业销售产值 504 966 万元，比上年增长 36%。

3. 经济效益情况

2006 年，减变速机协会 58 个会员企业实现利润总额 31 417万元，比上年增长 11.2%。行业亏损企业由 2005 年的 4 个(占所统计 49 个企业的 8%，亏损 590 万元)上升至 2006 年的 9 个，占所统计 58 个企业的 16%，亏损额 622 万元，增亏 32 万元，其中个别企业甚至连年亏损。除亏损企业外，减变速机协会会员企业在原材料涨价、价格竞争激烈的情况下，还是得到了发展，企业的经济效益有所提高。

随着减变速机产品市场需求的变化,不少企业在保持原有产品的基础上,加大资金投入,购买土地,扩建厂房,购置先进的加工设备及检测设备,聘用专业技术人员,大力发展齿轮减速机产品,寻求新的经济增长点。

四、体制改革与结构调整

1. 民营企业崛起

民营企业已成为减变速机行业中的一支生力军。民营企业占减变速机协会会员单位的比例为80%左右。民营企业由两部分组成:一是企业成立初期就是民营企业、私有企业或几个人入股成立的股份制企业。这种企业大部分是于20世纪90年代后期成立的,而且主要集中在浙江地区。这部分民营企业的数量占协会会员单位总数的50%左右。第二种是由原国有企业、集体企业在转制过程中改制成的民营企业,或是国有企业被行业外的民营资本收购的。这种企业数量占协会会员单位总数的30%左右。随着国有资产退出,国有企业还在减少,民营企业占比会越来越大。虽然民营企业的发展历程短,但以其优越的体制,灵活的经营策略和手段,已成为市场竞争中的重要组成部分。当民营企业完成资本的原始积累后,已不满足原有的环境条件、技术水平、员工素质及生产规模,为保持和扩大市场竞争实力,纷纷加大资金和人才的投入。据了解,江苏、浙江一带协会内的民营企业,在近两年中投入资金达数亿元,用于购置土地,扩建厂房,购买先进的生产设备和检测设备,提高企业竞争力。企业在加大资金投入的同时,加大人才的引进,招聘高级工程师,开发适应市场需求的产品,企业创新能力和产品质量不断提高。营销队伍以大学生为主,注重企业的形象工程建设,采取走出去、请进来的方法,学习先进的经营管理理念,加强营销和售后服务,向着规范化、标准化发展。但总的来说,民营企业一般规模比较小,要想做大做强,仅靠企业自身的力量是不够的,应该利用并购、重组、联合等形式,才能有更大的发展。

2. 国有企业面临改制

我国减变速机行业中没有大型的国有企业,现有的国有企业也均是中小型的。根据国家政策,国有资本将逐步退出中小型企业,绝大部分国有企业已进行了改制,彻底改制为民营的企业,其发展的步伐已明显加快。据减变速机行业协会统计,减变速机行业中国有企业的数量由几年前的二三十个减少到现在的五六个,在协会会员单位中所占比例不足10%,而且这些国有企业中有的已是国有控股、职工参股,真正的国有独资企业更少。我国减变速机行业国有企业的改制主要有3种情况:一是国有股份控股企业。这种企业虽然已实现了股份制改造,产权成分也发生了变化,形成了投资主体的多元化,但还不够彻底。这是因为企业的主体仍是国有控股,经营者的经营活动还要受原国有企业的行政管理程序限制,有些企业的一些决策难以实施,职工的积极性还不能充分调动起来。另外,从职工参股情况看,人人有股,企业仍有大锅饭的色彩,缺乏竞争机制,企业活力不够,职工的潜能难以挖掘和发挥。二是国有资产全部退出。这种企业是由原经营者利用国家政策出资买下企业的股权,彻底转换成民营企业。企业由于产权清晰,责权利明确,股东承担了经营的风险。企业改制后,精简机构,分流人员,加大投资,加快经济运行速度,瞄准市场,调整产品结构,开发新产品,不断拓宽市场领域。在体制变化的同时,及时调整内部机制,以适应市场需要,企业效益明显提高。三是由民营企业全部出资并购国有企业。如上海减速机械厂原是一个国有企业,职工500多人,资产7 000多万元。2003年由一个跨行业的房地产私营企业整体收购,职工买断国有身份,企业资产全部私有化。改制后的企业,无论在资金投入上,还是企业形象的宣传以及人才使用上,都加大了力度,体现了创新的思想,企业经济运行效率提高,发展速度加快。但尚有一些国有企业或改制的股份公司国有股份仍占据大股东地位,这些企业的体制仍面临着进一步深化改革问题。减变速机行业国有企业的发展远比不上民营企业,其中原因有历史遗留的问题(如人员多、负担重),更主要的是体制与机制不适应市场经济规律。因此,现有的减变速机国有企业处于维持与缓慢发展的现状。

3. 集体企业集体资产逐步退出

随着企业体制改革的不断深入,原有的集体企业已逐步将集体资金撤出,或将企业资产量化给个人,现有集体所有制企业数量为协会会员单位总数的10%左右。

五、科技创新与产品结构调整

天津减速机股份有限公司不断加强技术创新体系建设,制订人才战略规划,合理使用技术人员,激发技术人员的创造性和积极性,加快新产品开发速度。公司每年都制订人才需求规划,利用互联网、招聘会等多种形式吸收人才。2006年公司吸收了6名专业技术人员充实技术中心,以满足技术创新工作的需要。现技术中心有技术人员83人,其中高级工程师16人,工程师40人,中高级职称人员占67%。技术中心严格执行《技术中心管理制度》、《技术中心关于技术开发项目程序有关规定》及《技术中心人员考核办法》等规章制度,使技术中心工作得以正常有效地进行。

为加快技术开发的速度,天津减速机股份有限公司强化管理制度,在新产品开发过程中,每年针对开发人员的业绩及能力进行岗位聘任,以鼓励技术人员的积极性和创造性;每月考核一次,将个人业绩与收入挂钩,使大家树立市场意识、风险意识和竞争意识,极大地激发了技术人员的积极性和创造性;对技术攻关项目严格执行“技术革新奖励和招标奖励制度”。

2006年天津减速机股份有限公司在相继完成B、C、P三大系列齿轮减速机产品基本型设计的基础上,又开发了其他连接形式的设计,其中C137、C147J、B67、B77、BAF77、B77J、B87J等多个品种规格已小批量投产。根据市场需求,设计开发了TLQ20、TLQ40沥青搅拌专用减速机,该产品针对国外产品存在的问题,对结构和设计参数等进行大胆创新,产品样机已试制成功,2007年将逐步形成系列化。此外,公司设计开发了X5—121、X6—121行星摆线减速机,实现了单级较大速比的减速结构,可代替一部分双级减速机,从而降低了成本。

天津减速机股份有限公司2006年完成新产品开发26项，新产品产值3 858万元，申请专利12项（其中1项为发明专利），科技投入1 118万元。

2006年减变速机行业中很多企业也加大新产品研发投入力度，引进高科技人才，已初见成效。如泰星减速机股份有限公司2006年完成新产品产值40 226万元，占全年工业总产值的36%；浙江通力减速机有限公司2006年完成新产品产值12 203万元，占全年工业总产值的80%；江苏泰隆机械集团公司2006年完成新产品产值6 838万元，占全年工业总产值的7%；博能传动有限公司2006年完成新产品产值6 630万元，占全年工业总产值的51%；温州三联集团有限公司2006年完成新产品产值2 600万元，占全年工业总产值的37%；荆州市巨鲸传动机械有限公司2006年完成新产品产值1 605万元，占全年工业总产值的13%；淄博山博安吉富齿轮电机有限公司2006年完成新产品产值955万元，占全年工业总产值的22%。

随着市场需求结构的变化以及高新技术产品的不断涌现，减变速机行业也呈现较快的增长态势。在产品总量增长的基础上，不同产品的增长幅度各异，产品结构发生变化。以摆线减速机和齿轮减速机两种产品为例，摆线减速机增长放缓，而齿轮减速机则大幅度增长。

齿轮减速机是近几年我国减变速机行业产品调整的一个重点。随着我国改革开放的深入及加入WTO，欧洲一些企业纷纷登陆中国。由于欧洲产品是以齿轮减速机配套为主，因此，进口设备的配套减速机多是硬齿面齿轮减速机，这就使得硬齿面齿轮减速机在国内的使用日益增多，形成了一个齿轮减速机市场。鉴于外资企业是以齿轮减速机与摆线减速机争夺中国市场，行业企业关注这一态势，及时调整产品结构，加大技术改造力度，增添先进设备和检测手段，加快创新开发，开发、制造了一批齿轮减速机，其中包括大型硬齿面减速机及中、小功率的减速机。其产品质量已达到外资企业同类产品的水平，但价格比外资企业低1/3或更多，竞争优势明显。

六、固定资产投入情况

随着减变速机行业发展步伐的逐年加快，企业在先进生产设备、质量检测设备和计算机管理方面的资金投入逐年增多。

2006年减变速机协会有20个会员企业完成基本建设投资额18 469万元，9个企业完成更改措施项目投资额8 954万元。其中：江苏泰隆机械集团公司完成基本建设投资额4 578万元，仅设备工具购置就投入3 928万元；荆州市巨鲸传动机械有限公司固定资产投入3 611万元，用于建安工程525万元，购置先进设备2 400万元；博能传动有限公司连续几年购买先进设备，2006年又花费2 224万元购买设备，增强市场竞争力；石家庄科一重工有限公司投入141万元用于购置生产设备；浙江东方传动机械有限公司投入31万元用于购置生产设备；泰星减速机股份有限公司更改措施项目投资额4 684万元，投入22万元用于购置生产设备；浙江通力减速机有限公司投入588万元购置设备；泰州市琼花传动机械总厂完成更改措施项目投资额500万元；温州三联集团有限公司完成更改措施项目投资额410万元。

七、行业的领军企业

天津减速机股份有限公司是我国摆线减速机的发源地，中国第一台摆线减速机就是在该企业诞生的。随着国家改革开放和市场经济的发展，天津减速机股份有限公司经过40多年的变迁，不断开创减速机新品种，其摆线减速机产品始终处于行业领军地位，天星品牌享誉国内外。泰星减速机股份有限公司、江苏泰隆机械集团公司、国茂减速机集团有限公司、浙江通力减速机有限公司、常州减速机总厂有限公司、博能传动有限公司等企业近几年的发展速度很快（销售收入达1亿～11亿元），成为行业新的经济增长群体。泰星减速机股份有限公司、江苏泰隆机械集团公司、天津减速机股份有限公司、浙江通力减速机有限公司这4个企业2006年实现主营业务收入235 067万元，比上年的183 703万元增长28%，占58个企业主营业务收入的近50%，生产集中度比较高。

江苏泰隆机械集团公司近几年的发展速度很快，为更好地发展企业，在保持原有产品产、销不断扩大的基础上，2005年与意大利布雷韦尼公司合资，组建江苏泰隆布雷韦尼行星减速机有限公司。其宗旨是依靠合资双方的共同努力，创造和培育我国传动设备应用领域的中高端市场。2006年江苏泰隆布雷韦尼行星减速机有限公司已开始生产产品，同时进军国际市场与国内市场。

但减变速机行业3/4的企业为年产值5 000万元以下的中小企业，这些企业的研发能力差，装备水平低，产品质量难以保证，多数企业以低价竞销干扰了市场秩序，影响了行业的发展。因此，实行行业自律，制订指导价，是行业协会的一项重要任务。

八、区域发展

从地区分布上看，江苏、浙江等地减变速机企业的发展速度很快，特别是浙江省减变速机的生产企业如雨后春笋般地出现，但生产能力不大，小企业的产品质量也是一个问题，价格较低，对整个市场影响很大。山东省特别是淄博地区的减速机厂家也很多，大部分企业的规模也很小。

九、2007年展望

近些年，由于国家采取了积极的财政政策，拉动了内需，固定资产投资力度加大，各行业（特别是冶金、电力、建筑机械、建筑材料等）进入了快速发展时期。另外，国家对机械制造业的关注，重大装备国产化项目的日益增多，以及良好的市场环境，为减变速机行业提供了广阔的发展空间。随着各行各业的发展，减变速机产品的用户日益扩大，产品销售的空间更加广阔，市场前景看好。预计2007年全行业的销售收入还呈两位数增长，利润总额的增长幅度为8%～10%，整个行业将保持快速发展态势。

〔供稿单位：中国通用机械工业协会减变速机分会〕

2006年真空设备行业改革与发展报告

一、行业概述

现代科学技术的突飞猛进，使真空技术成为国民经济发展中不可或缺的重要技术之一。随着微电子技术的发展，电子元器件、电路的尺寸越来越小，集成度愈来愈高，真空技术与微电子技术关系更为密切，它已成为微电子技术发展中不可缺少的一门技术。据报道，日本真空设备销售额的2/3是面向电子工业，其中有一半是面向集成电路行业。在近代集成电路的制造工艺中，有一半工序是在真空环境下进行的，而当今的超大规模集成电路大约有3/4的工序需要在真空条件下进行。另外，加工机械、煤炭、化工、冶金、电工、汽车、工具、兵器、稀土永磁材料、装饰/装修、建筑、电子显示、食品、运动器材及医疗器械、航空航天等行业的发展都离不开真空设备行业的技术支撑。同时，上述诸多行业的技术进步又促进了真空设备行业的整体大发展。

二、发展环境与国家政策

2006年在我国国民经济保持高速增长的良好环境下，国务院颁布了《国务院关于加快振兴装备制造业的若干意见》（以下简称《若干意见》）。《若干意见》中指出，装备制造业是为国民经济发展和国防建设提供技术装备的基础性产业。大力振兴装备制造业，是党的十六大提出的一项重要任务，是树立和落实科学发展观，走新型工业化道路，实现国民经济可持续发展的战略举措。《若干意见》明确了加快振兴装备制造业的目标：到2010年，发展一批有较强竞争力的大型装备制造企业集团，增强具有自主知识产权的重大技术装备的制造能力，基本满足能源、交通、原材料等领域及国防建设的需要。依靠区域优势，发挥产业集聚效应，形成若干具有特色和知名品牌的装备制造集中地。建设和完善一批具有国际先进水平的国家级重大技术装备工程中心，初步建立以企业为主体的技术创新体系。逐渐形成重大技术装备、高新技术产业装备、基础装备、一般机械装备等专业化合理分工、相互促进、协调发展的产业格局。

在我国经济保持持续快速发展的大环境下，在国务院振兴装备制造业纲要的引导下，真空设备行业呈现了历史发展最好水平。2006年，真空设备行业以加强科学管理、提高经济效益，注重科技开发、提高竞争力为主开展工作。在调整生产组织结构，强化企业资源管理，完善人才激励机制和改善工艺装备等方面做了大量工作，取得了一定效果，使企业管理进一步科学化、规范化，使企业创新能力和抗风险能力逐步加强，从而使行业经济运行质量处于稳定发展的良好势头。

三、行业发展情况

1. 生产发展形势良好

2006年真空设备行业协会共有会员单位80个，其中企业68个，大专院校和科研院所12个。2006年据协会对52个会员企业统计，完成工业总产值32.8亿元，比上年增长47.8%；工业销售产值30.6亿元，比上年增长38.5%；工业增加值9.9亿元，比上年增长13.8%。工业总产值增速较上年提高33个百分点，工业销售产值增幅比上年提高30个百分点；工业增加值增幅比上年下降7个百分点。2006年全行业工业总产值、工业销售产值等都达到历史最好水平。其主要原因是国民经济持续高速发展，市场对真空产品需求量增大，拉动了真空产业的发展；其次是行业各企业对国家重点发展的热点进行市场跟踪，及时调整各自的产品结构，生产出一批适销对路的产品，扩大了市场占有率。如开发出应用于煤矿、化工、炼油和制药等行业特定用途的大型水环真空泵和水环压缩机；为适应真空冶金海绵钛的发展需要而生产的真空机组、真空熔炼炉、真空电弧炉等；为适应电机行业真空浸渍的发展需要，而生产的大型真空压力浸渍设备等。

2. 产品出口额继续增长

2006年真空设备行业协会52个会员企业完成出口交货值2.42亿元，比上年增长28.04%。其增长原因：一是行业各企业经多年的努力，科技投入增大，自主创新能力增强，研制出一批高附加值的产品，拓宽了国际市场。如广东省佛山水泵厂有限公司研发的不锈钢真空泵的出口，取得了令人鼓舞的突破，肯富来液环真空泵出口创汇超过600万美元，产品出口澳洲、欧洲、中国香港等地，形成一个新的出口热点。二是外资企业和合资企业出口产量增加。如信缔纳仕机械有限公司（原纳西姆工业（中国）有限公司）、宁波爱发科真空技术有限公司和上海凯尼真空设备有限公司等企业出口量都有所增加，占真空设备产品出口额很大比例。尽管产品出口额保持增长的良好势头，但真空设备出口额仅占全行业销售额的7%左右，而且有出口产品的企业大部分是外资、合资企业和兼营企业，真空产品专业厂的出口额虽有所增加，但数量较少。此外，我国真空（设备）产品与国外相比尚有一定差距，特别是信息、光学和生物等高新技术产业应用的无油清洁真空泵和高端镀膜机等在国际市场上还不具备竞争能力，在国内市场上也满足不了需求。

3. 经济效益有所提高

2006年真空设备行业协会52个会员企业共实现销售收入24亿元，比上年增长14.29%，实现利润2.49亿元，比上年增长37.57%。

2006年经济效益增长的原因：①行业中大部分企业加强了科学管理，人力、财力、物力得到了优化配置，部分企业建立了ERP先进管理系统，提高了生产效率，降低了成本，增加了效益。如：北京中科科仪技术发展有限责任公司全面实行5S现场管理体系，使公司的生产和装配环境有了根本的改变，并于2006年9月22日通过了德国TÜV公司CE认证。上海阀门二厂有限公司2006年通过了国家技术监督总局的特种设备制造许可（TS标记）复审取证，并获取了ISO1400：2004环境管理体系审核取证。中国科学院沈阳科学仪器研制中心有限公司继续严格贯彻执行GB/T19001—2000标准，并于2006年10月顺利通过了ISO9001质量体系外审认证。为保证质量体系的有效运行，公司采取明确检验员岗位职责、制定检验标准、加强检验工作绩效考核等措施，强化质量检验管理。2006年中国科学院沈阳科学仪器研制中心有限公司还引入PDM（产品数据管理）和CAPP（计算机辅助工艺过程设计），进一步提高了科研生产效率和产品质量。同时，继续在行政管理方面借鉴A管理模式，现场管理推行5S现场管理，产品设计应用CAD三维设计软件。北京北仪创新真空技术有限责任公司2006年ERP工作向前迈进了一大步；完成了真空应用类、真空获得类产品的加工件录入工作以及外构件、标准件编码工作；启动了加工件库房模块，实现了对加工件库存变化的实时监控。②许多企业研制出各类新产品，并获得了较高的利润。如：淄博水环真空泵厂有限公司2006年成功开发了2BEC80型水环真空泵，抽气量800m^3/min，配套电机功率1 000kW；开发了2BEC100型水环真空泵，抽气量1 000m^3/min，配套电机功率1 250kW。经过检索，这两种产品在国际上尚无此大规格的。公司2006年已经销售2BEC100水环真空泵10台，销售额2 000万元。2006年北京中科科仪技术发展有限责任公司的新产品F—400/3500涡轮分子泵的销售呈现爆炸式增长，比上年增长256%。2006年北京北仪创新真空技术有限责任公司太阳能电池生产线的研制成功，为企业的发展开启了更广阔的市场前景。

四、企业改革情况

2006年，真空设备行业协会会员企业在保持经济持续发展的良好形势下，本着有利于企业可持续发展和回报员工的宗旨，在体制改革方面不断探索，实现了转制或改制，会员企业中已有90%以上的企业是有限责任公司或民营企业。改制后的企业，加强管理，充分发挥广大员工的积极性与创造性，学习国内外先进的管理经验，加强对国外技术的跟踪，组建技术研发队伍，加大研发经费投入，重奖技术开发人员，大力研发新产品，积极开拓市场，企业经营状况良好，呈现出勃勃的发展生机和活力。

成都南光机器有限公司2006年进行资源整合，将镀膜分厂、专业设备分厂、机加工分厂合并成立真空镀膜设备分厂，同时保留专用设备分厂的产品和业务，对外保留专用设备分厂厂名。

兰州真空设备有限责任公司按照兰州市百户企业资产重组的要求，分别与上海七一一所和上海电气集团股份有限公司进行洽谈，两个单位对公司完成了尽职调查。2006年8月上旬，兰州市国资委组织了重组方案评价，公司履行了相关程序——补充审计、征求意见、拟定协议等。

北京中科科仪技术发展有限责任公司于2006年11月7日在北京市产权交易所揭牌，取得代表国有大股东的中科集团24.31%的股权，公司的股权结构由转改制之初的国有股权89.31%、自然人股权10.69%，调整为现在的国有股权65%、自然人股权35%。

五、行业发展中存在的问题

2006年真空设备行业经济运行情况好于2005年，处于稳定上升的势头，达到了历史最好水平。但仍有一些亏损企业，亏损企业数由2005年的7个减为2006年的4个，其中两个企业为国有和国有控股企业，并且这两个企业已连续几年亏损。究其原因：一是研发力量不足，产品单一，加工设备陈旧，资金短缺。加上近几年钢、铝、铜、塑料等原材料和煤、电、油等能源涨价，使这些企业更加限入困境。二是管理体制不顺，经营机制不灵活，内在动力不足，缺乏自有的产品优势，这些因素是制约企业发展的最大障碍。为改变亏损状况，有些企业可采取合资合作的办法，弥补暂时的资金短缺和人才不足的缺陷，达到引进、吸收、再创新的目的。另一些企业则应根据自身情况转变体制，优化资源结构，走资产重组之路，寻求发展方向。

就整个真空设备行业而言，发展中存在的主要问题是：

1）真空设备制造企业规模较小，缺少精细化管理，仍处于粗放管理模式，难以形成合力，同国外真空设备企业在规模、资金、技术、管理等方面差距仍然较大。

2）新产品研发投入不足，缺少自主创新和核心技术竞争能力，对人才培养重视不够，急功近利，缺少战略思维。

3）市场竞争主要以价格为主，缺少品牌优势，长期的低价竞争，阻碍了行业技术进步。

4）真空获得及真空测量技术落后于真空装备的发展，与国外同行相比，差距仍然较大，导致很多国内真空成套装备不得不选用国外的真空配套产品。

5）高、精、尖的真空应用设备同国外先进国家相比差距仍然较大。

因此，建议企业要不断提高管理水平，加强企业品牌建设，避免低价恶性竞争，应该走一条以提高产品品质为主的良性发展之路；走高新技术发展之路，不断加大研发投入，以提高我国真空装备制造业的整体竞争能力。

六、行业发展预测与展望

20世纪初，由于电子元器件、原子能、航空航天技术对真空环境的需求，真空科学与技术作为独立的科学体系开始建立，并推动了真空应用设备的大发展。随着现代科技的突飞猛进，各学科互相交叉和渗透日益明显，真空技术的应用也日益广泛。随着国家建设新型节约型社会，对节能减排的要求进一步提高，真空设备行业将发挥其自身环保节能的优势，在国民经济的众多领域（如汽车、石化、冶金、建筑、装饰、电力、能源、医药、食品、航空、包装、煤炭、化工、电子、家电等行业）得到广泛的应用。可以预见，真空设备将成为诸多行业不可缺少的装备，其未来的市场需求将是巨大的，可以说真空设备行业是朝阳行业之一。

随着电子、半导体行业的发展和进步，干式真空泵将有着巨大的市场空间和发展潜力。

随着煤炭行业的发展需求，大型水环式真空泵将发挥巨大的作用。

随着表面和薄膜科学、微电子技术等的迅速发展以及大屏幕平板电视的逐步推广和普及，真空镀膜设备将趋于大型化、连续化，并且将推动仪器检测设备的发展和进步。

随着电力行业的发展，真空浸渍设备、真空变压法干燥设备、真空煤油气相干燥设备、真空浇注设备也将向大型化方向发展，并且自动化水平将越来越高。

随着市场上对稀有贵金属的需求量不断增长，真空冶炼设备、真空烧结炉、真空电弧炉、真空凝壳炉、真空单晶炉等的市场需求也将越来越高。

随着金属热处理行业技术的不断进步，真空热处理炉、真空高压淬火炉、真空油气淬火炉、真空油炉也将向大型化、智能化方向发展，并且有着巨大的市场潜力。真空热处理工艺的研究和应用已遍及退火、油（气）淬、高压气淬、渗碳、渗氮、渗金属、回火、烧结、钎焊、涂敷、清洗等多个领域，取得了长足的进展。根据资料统计，我国现有各类真空热处理设备约 4 500 台（套），占我国热处理设备的 3.8% 左右；有专业真空热处理设备生产企业 50 余个，主要产品真空油（气）淬火炉、高压气淬真空炉、真空退火炉、真空回火炉、真空钎焊炉、真空烧结炉、真空化学热处理炉，将向高温、高压、智能化、大型化、连续化方向发展。

随着真空设备技术的不断进步，真空阀门、真空仪表、真空配套元器件也将向精细化、专业化方向发展，以适应真空设备行业的整体技术进步。

〔供稿单位：中国通用机械工业协会真空设备分会〕

“十五”及 2006 年气体分离设备行业改革与发展报告

一、“十五”及 2006 年气体分离设备行业发展情况

1. 经济发展情况

“十五”期间，气体分离设备行业在国家整体经济高速发展的背景下，全行业经济规模和经济效益取得了建国 50 多年以来空前的增长。2001 ~ 2006 年气体分离设备行业主要经济指标见表 1。

表 1　2001 ~ 2006 年气体分离设备行业主要经济指标　　（单位：万元）

年份	工业总产值	销售收入	利润总额	利税总额
2001	163 308	154 308	2 979	10 116
2002	218 354	208 490	10 978	21 720
2003	372 325	385 831	45 561	64 776
2004	445 231	467 542	61 206	81 795
2005	546 119	552 423	84 160	109 398
2006	664 841	674 369	68 545	99 455

2. 新产品、新技术、新材料发展情况

（1）内压缩流程空分设备崭露头角。准确地说，内压缩流程并不是空分设备领域中的新技术，但内压缩流程空分设备在国内空分设备市场的大量出现却是一个令人不容忽视的事实，其原因就是这种技术在国内空分设备市场的新变化中找到了切合点。行业企业顺应国民经济各方面的需求，在继续稳定发展全低压空分设备的同时，迅速开发出内压缩流程空分设备，满足了用户对多种压力（特别是高压力）终端气体产品、多种液体产品以及高纯度气体产品的需求。

2003 年 12 月，杭州制氧机集团有限公司与中石化公司签订了 2 套 48 000m^3/h 内压缩流程空分设备供货合同，揭开了内压缩流程空分设备登上国内空分市场的序幕。开封空分集团有限公司、四川空分设备（集团）有限责任公司等厂家迅速跟进，根据用户的需求进行研发，内压缩流程空分设备技术很快成为国内空分市场一个新的亮点。

（2）大型、特大型国产化空分设备稳步进入国内市场。早在“七五”期间，大型空气分离设备就被列入国家重大技术装备研制计划。十几年来，大型空气分离设备的国产化从论证走向实施，从理论走向实践，终于在“十五”期间结出了丰硕的果实。2001 年杭州制氧机集团有限公司与上海宝钢集团签订了 30 000m^3/h 空分设备供货合同，2002 年 12 月 14 日一次开车成功，标志着国产“3 万m^3/h”等级空分设备已从技术引进、消化吸收阶段走向全面自行设计，自行制造阶段。

从 2003 年开始，大型空分设备国产化的步伐进一步加大。杭州制氧机集团有限公司在 2003 年 12 月与中石化湖北化肥分公司和安庆石化公司签订了 2 套 48 000m^3/h 空分设备供货合同；2004 年 9 月在与国际品牌公司同台竞争中夺得河南省中原大化集团有限责任公司 52 000m^3/h 空分设备招标项目；2005 年与伊朗签订了 2 套 63 000m^3/h 空分设备的供货合同，2006 年与大唐国际发电股份有限公司签订了 3 套 58 000m^3/h 空分设备、与上海宝钢集团签订了 1 套 61 000m^3/h 空分设备等的供货合同。

2002 年 9 月开封空分集团有限公司与山东华鲁恒升化工股份有限公司签订了首套 40 000m^3/h 空分设备供货合同。这套空分设备于 2004 年 10 月一次开车成功,受到国家发展和改革委员会的表彰。

2004 年 12 月开封空分集团有限公司与河南永城煤电集团签订了 1 套 52 000m^3/h 空分设备供货合同和多套"3 万 m^3/h"、"4 万 m^3/h"等级空分设备供货合同。

四川空分设备(集团)有限责任公司早在 1999 年就为唐钢集团自主开发 17 000m^3/h 空分设备。该设备采用先进的规整填料塔精馏技术、全精馏无氢制氩技术,自 2000 年 5 月投运以来连续正常运行 6 年半,创下国内空分设备连续运转最好纪录。公司在 2005 年为陕西神木化工有限公司开发成功 28 000m^3/h 空分设备并顺利开车。2005 年、2006 年四川空分设备(集团)有限责任公司分别签订了 1 套40 000m^3/h 空分设备、2 套 45 000m^3/h 空分设备供货合同。

"十五"期间,在用户的支持、国家政策的引导下,自 2003 年以来国内大型空分设备得到迅速的发展,"3 万 m^3/h"、"4 万 m^3/h"、"5 万 m^3/h"、"6 万 m^3/h"等级的空分设备相继开发成功并投入运行。这表明国内空分设备企业已具备在相应等级的空分设备上与国外先进企业同台竞技的实力。

(3)新技术的消化吸收和自主创新相结合。在大型空分设备国产化的进程中,行业骨干企业一方面抓国际先进技术的消化吸收,另一方面结合实际进行自主创新,把气体分离设备各项关键技术推进到一个新的水平。①对大型工艺流程模拟计算软件 Aspen Plus 进行充分的消化吸收,大大提高了大型空分设备的流程设计水平,对工艺流程的组织和工艺参数进行优化;对装置作模拟运行,有助于设计者在多种方案中选择最优方案,更好地满足用户的需要。各企业也在此基础上自主开发了很多应用软件,提高了设计水平和工作效率。②采用规整填料高效精馏塔技术,提高了产品气体的提取率,降低了能耗。③采用全精馏无氢制氩技术。④采用高压内压缩流程设计技术。⑤消化吸收 NREC 等计算机软件,使透平叶轮的设计更加精确地符合三元流动理论的要求;采用五坐标数控铣床,进一步提高了叶轮的加工水平。⑥改进提高了氧气压缩机和增压式透平膨胀机的设计制造技术。⑦采用高压绕管式换热器和高压板翅式换热器的设计制造技术。⑧采用大型计算机集散控制系统的设计、组态和仿真技术,极大地提高了气体分离设备的控制水平和可靠性。

这一系列先进技术的消化吸收和自主创新,为大型空分设备的国产化打下了坚实的基础。

值得一提的是,四川空分设备(集团)有限责任公司在为用户设计的 45 000m^3/h 空分设备中,采用了自主开发的新型侧置式卧式主冷凝蒸发器技术,其能力易于扩展,使之不再成为特大型空分设备开发的限制因素,这一技术属国内首创,并已形成自主知识产权。

3. 企业改制(转制)、重组情况

(1)杭州制氧机集团有限公司。杭州制氧机集团有限公司于 2000 年进行分立式改制。公司以其主营业务——空分设备销售、设计以及空分核心部机的制造作为投入,与其他出资人共同出资组建了杭州杭氧科技有限公司。经浙江省人民政府批准,杭州杭氧科技有限公司于 2002 年 12 月 18 日更名为杭州杭氧股份有限公司。

杭州杭氧股份有限公司是国内空分设备及低温设备行业的龙头企业。近年来,公司自行设计生产的大、中型空分设备流程趋于多样化,单机容量趋于大型化。公司成立以来,已经销售"3 万 m^3/h"等级以上的空分设备约 20 套。公司自行设计、制造的国内首套 50 000m^3/h 大型制氧空分设备于 2004 年 6 月成功开车。

杭州杭氧股份有限公司拥有总资产达 13 亿元,2004 年公司实现总产值和销售收入分别为 14.21 亿元和 13.88 亿元,实现净利润约 1.7 亿元。

杭州杭氧股份有限公司已经具有年设计、生产大中型空分设备 40 套以上的能力,已经跻身于世界空分设备的主要制造商行列,其大、中型空分设备已出口到 30 多个国家。

(2)四川空分设备(集团)有限责任公司。四川空分设备(集团)有限责任公司是原四川空分设备厂于 2001 年整体改制建立的。通过转制,企业实现产权和职工身份的转变,并不断理顺各种关系。公司将原企业主营的空分设备的设计制造、低温储运设备的设计制造、低温机械(透平膨胀机、低温泵)、空分专用阀门、板式换热器等生产部门整合为产品事业部,成为集团公司的核心,从而加大了主营产品的新品研发和推向市场的力度。

"十五"期间,四川空分设备(集团)有限责任公司取得了前所未有的发展,新产品、新技术不断涌现,市场占有率不断提高,并具备设计制造"6 万 m^3/h"等级大中型空分设备的能力,为国内冶金、化工、石化、煤化工、轻工等行业提供了大量的大中型空分设备、低温储运设备和石油气天然气深冷分离设备。公司同时在市场营销方面积极探索并取得了可喜的成绩,与前述几类产品一起形成了公司经营策略的四条主线。公司总资产达 18 亿元,年生产规模已达 15 亿元以上,年设备生产能力达 50 000t,规模和能力居行业第二。

(3)开封空分集团有限公司。开封空分集团有限公司原名开封空分设备厂,1997 年改制为国有独资公司,2004 年 11 月 8 日经开封市人民政府批准,企业实现国有资产整体转让,股东为深圳市金信安投资有限公司、广东大顶矿业股份有限公司、广东明珠集团股份有限公司。公司注册资本为 2.1 亿元。

开封空分集团有限公司为我国空分设备行业的大型、骨干企业,河南省百户重点企业,河南省高新技术企业。公司总资产为 10.3 亿元。从业人员 2 912 人,其中工程技术人员 311 人,高、中级技术人员占技术人员总数的 68%。企业自 1965 年建成投产以来,已经为我国冶金、石化、化肥、煤化工以及航天等工业部门提供近 500 套大、中型成套空分设备，产品行销国内29个省、市、自治区。自20世纪90年代以来，由于产品质量和技术水平不断提高，产品已出口东南亚、中东、西亚和欧盟等国家和地区，累计出口大、中型空分设备近40套，为国家创汇达5 000多万美元。公司自行设计、制造、成套的空分设备最大规格已达52 000m^3/h，在产品规格、技术水平、成套数量方面均位居国内同行业前列。

开封空分集团有限公司在产权制度改革后，也曾经历过新旧体制过渡时期的各种困难，公司动员全体员工转变观念、知难而进、奋力拼搏，维护了企业的稳定局面。公司以建立能够对市场变化做出快速反应的运营机制为目标，对内部机构进行了精简合并，对各项业务流程进行了改造。经过彻底改制的开封空分集团有限公司，以“用户的需求就是我们工作方向”的理念，与用户共建互利共赢的亲密合作关系。

（4）中国空分设备有限公司。中国空分设备有限公司是经国务院国资委、中国机械工业集团批准，由中国空分设备公司整体改制设立的有限责任公司，新公司于2006年8月16日正式挂牌成立，是公司发展的又一个重要里程碑。

中国空分设备有限公司的成立，不是简单的改制过程，而是要实现一次质的飞跃。改制为有限公司，实现产权多元化，建立规范的现代企业制度，标志着中国空分设备有限公司的发展进入了一个新的阶段。新公司成立后积极转变发展观念、创新发展模式，向着建设世界一流的空分设备基地而努力。

公司的发展目标是：立足低温技术、环保技术、自动控制及电气技术、项目管理及设备集成技术，在未来3～5年内发展成为一个承接空分工程、环境工程和能源工程为主要业务的国内著名、国际知名的专业工程公司。

总的说来，行业主要骨干企业在“十五”期间新产品开发品种和市场规模迅速扩大的同时，产权制度进行了根本的改革，资产进行了重组，职工身份也发生了根本转变，企业的这些变化已经和必将对今后行业的发展产生深刻和重大的影响。

4. 外资企业发展情况

行业里具有较大影响的外资企业主要有法国液化空气（杭州）有限公司和德国林德工程（杭州）有限公司。“十五”期间，国外企业看到中国大陆市场对气体分离设备的巨大需求，积极开拓中国业务，确立了项目执行本地化的策略，逐步实施了在中国大陆设计、制造、采购，降低了成本，缩短了供货周期，提高了竞争力。外资企业的发展，除了满足国内广大用户对气体分离设备的多种需求之外，也给行业企业带来了学习的机会和挑战，加剧了行业内部的竞争。事实上，“十五”期间，气体分离设备企业在大型空气分离设备领域，已经是足不出户就参与了国际化的市场竞争。

5. 民营经济发展情况

“十五”期间，民营企业的崛起是气体分离设备行业的一个亮点。到2005年底，河南开元空分集团有限公司，年产值从上年的几千万元迅速上升到1亿多元，至2006年9月底，所签合同额已达6亿元；河南威龙空分设备有限公司以设备为基础，积极发展气体产业，做出较大业绩。此外，以苏州市兴鲁空分设备科技发展有限公司、杭州凯德空分设备制造有限公司、杭州福斯达气体设备有限公司、上海启元空分技术发展有限为公司代表的一批民营企业，紧紧抓住中、小型空分设备市场需求旺盛的商机，以灵活多变的方式适应用户需求，在竞争中不断发展壮大。

6. 发展中存在的主要问题

（1）技术的引进和消化、关键技术工艺的攻关都存在严重的同质化现象。像大型流程模拟设计软件Aspen Plus的引进和消化、透平机械叶轮三元流动理论设计软件NREC的引进和消化、大型应力分析软件Nastran的引进和消化等，几个行业骨干企业几乎都是一样的；其他一些关键技术工艺手段的引进（如五坐标数控铣床、三坐标测量仪等）也是重复的。

（2）创新能力不足仍是制约行业进一步向高水平发展的关键问题。前面所述的一些新技术，其首创都源于国外的一些气体分离设备制造业的大牌厂商，如德国林德公司、法国液化空气公司等。我国气体分离设备行业技术水平相当于国际上20世纪八九十年代、甚至20世纪70年代的水平。行业企业的一些创新也仅局限在一些具体的工艺应用方面，而在基础理论、重大工艺流程技术以及关键工艺加工手段方面，要想突破就显得力不从心，只能跟在国际大牌厂商的后面，维持十几年、二十几年的差距。

（3）恶性竞争是行业进一步发展的障碍。在行业企业不断发展壮大的过程中，伴随而来的恶性竞争也在不断加剧。不仅在国内市场，在产品出口方面也出现了这样的情况。恶性竞争扰乱了正常的市场经济秩序，损害企业的经济利益，也破坏了行业的进一步发展，这是市场经济发展中一个值得注意的问题。

（4）国内外气体分离设备技术水平存在一定的差距。以大型空分设备为例：①“7万m^3/h”以上等级特大型空分设备还是国外厂商的一统天下。我国气体分离设备生产企业普遍认为：从当前的“4万m^3/h”、“5万m^3/h”、“6万m^3/h”等级空分设备进一步拓宽到“7万m^3/h”、“8万m^3/h”、“9万m^3/h”、“10万m^3/h”等级空分设备，原则上在技术上已经不存在困难，但还没有经过更详细的论证。对“7万m^3/h”以上等级特大型空分设备而言，出于对技术和资金上的风险考虑，国内用户还没有将眼光投向国内行业企业。②重要部机的技术指标有差距。如精馏塔的板效率、透平膨胀机的效率、主板式换热器的热端温差、同等能力的设备总重等。③流程组织的科学性、灵活性以及适应用户对变工况、变负荷要求的能力不如国外厂商。④国内企业的空分设备对氖、氦、氪、氙的全提取技术落后。⑤国内配套机组的水平落后于国外先进水平。如大型轴流式空气压缩机组、大型氧气透平压缩机、高效增压式透平膨胀机、低温液体泵、专用阀门（包括变压吸附制氧制氮设备用切换阀）、大型集散型计算机控制系统及执行机构等。国内用户选择国产空分设备时，普遍要求选配进口或者外资公司的配套机组，主要是对国产机组的可靠性持不信任态度，这就使大型空分设备的国产化程度打了很大折扣。

二、“十一五”面临的形势和任务以及相应的对策建议

1. 面临的形势

（1）市场需求将继续保持旺盛。近几年的实践证明，随着国家宏观经济调控政策的进一步落实，各行各业步入理性发展的轨道，而“十一五”国家一系列重大项目的展开，给装备制造业带来了更多的机会，气体分离设备行业也是如此。

（2）用户需求的多样化将比“十五”更突出。在冶金行业仍保持气体分离设备使用大户地位的同时，化工、石化、煤化工对气体分离设备的需求进一步增长。因此，气体分离设备市场在总量继续增长的过程中，结构必然发生变化。

（3）大型、特大型空分设备占据市场份额的比例将进一步加大。国产空分设备中“4 万 m^3/h”、“5 万 m^3/h”、“6 万 m^3/h”等级将成为主流，“7 万 m^3/h”及以上等级的特大型空分设备的国产化很快会提上日程。

（4）国际大牌厂商借助国内力量进一步渗透国内市场，国内行业企业在大型、特大型空分设备市场上将更多地与国际大牌厂商正面交锋。

（5）民营企业进一步壮大，已不满足于拾残补缺，强烈要求进入行业主流，国内行业竞争态势进一步加剧。

2. 行业企业的任务

（1）加大新产品开发的力度，特别是要在大型、特大型空分设备的国产化方面，在多种压力气体终端产品、多种液体产品的空分设备的开发方面，更好地满足各行各业用户日益增长的需求。

（2）加大创新工作的力度，不仅产品要创新，技术要创新，而且在管理和市场策略上也要创新，以进一步增强行业企业的发展后劲，增强行业企业的市场竞争力。

（3）探索如何加强行业自律，规范市场秩序，促进市场竞争向公正、公平化健康发展。

3. 发展对策及建议

（1）行业中存在的恶性竞争现象虽然不是主流，但对行业的可持续发展是极其不利的，这是市场经济发展过程中不可回避的。作为行业协会有责任把这个问题向政府相关部门报告，供政府分析决策，制定进一步规范市场经济秩序的政策。

（2）行业企业在技术引进、新品研发、技术改造等诸方面都存在严重的同质化现象。从微观看，企业有自主权利规划自己的发展，追求利益的最大化；但从宏观看，同质化现象不仅造成了资源浪费，低水平、低效率的重复，而且不利于向当代最新技术探索，建议政府有关部门研究加强行业正常社会化协作的问题，使企业之间能处理好竞争与协作的关系。

（3）“十五”期间气体分离设备行业取得了空前的发展，但也存在产能过剩和产业结构不合理现象，气体分离设备产品的质量问题也日益凸现。建议对这个问题加以重视并设题研究，在适当时机提出加设行业准入门槛，防止粗滥产品祸害用户，并对行业产品结构加以引导。

〔供稿单位：中国通用机械工业协会气体分离设备分会〕

行业发展概况

从生产发展情况、市场及销售、科技成果及新产品、质量及标准、基本建设及技术改造、企业结构调整等方面报道我国通用机械工业各分行业的发展情况

Reporting the Development Situation of the Branch Industries of China General Machinery Industry in Respect of Production Development, Market & Sales, Scientific/Technical Achievements & New Products, Capital Construction and Technical Transformation, and Structural Adjustment of Enterprises

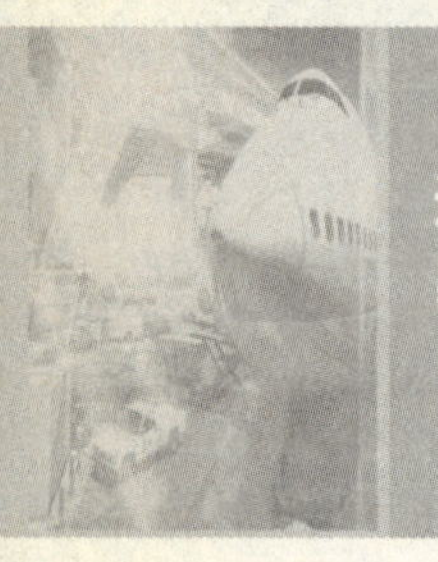

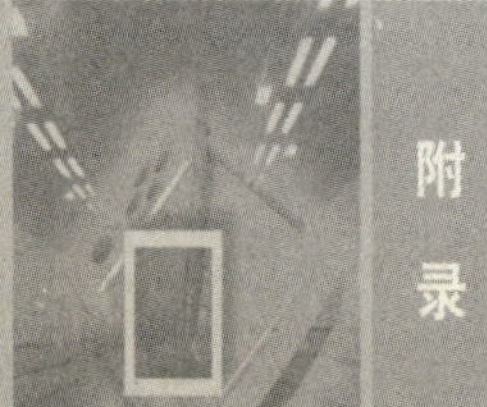

行业发展概况

泵

一、生产发展情况

2006年是“十一五”规划的第一年，在《国务院关于加快振兴装备制造业的若干意见》指导下，泵行业生产经营形势呈现出持续、快速、全面增长的势头，经济效益进一步提高。

2006年，中国通用机械工业协会泵业分会有246个会员单位，其中企业会员223个（骨干重点企业38个）、科研院所和大专院校21个、团体会员2个（永嘉县泵阀工业协会、博山泵业商会）。

泵行业协会统计的139个会员企业2006年完成工业总产值205.2亿元，比上年增长22.9%，调整可比因素，比上年增长17.4%；完成工业增加值57.5亿元，比上年增长31.2%。其中，38个骨干重点企业完成工业总产值133.3亿元，比上年增长20.5%。统计的会员企业中工业总产值超亿元的有50个，合计产值为174.1亿元，占139个会员企业总产值的84.8%。2006年139个会员企业完成工业销售产值200.2亿元，比上年增长21.2%；产销率为97.55%，比上年提高3.61个百分点。从行业地区分布看，东北地区产销率为93.02%，比上年下降1.64个百分点；华北地区产销率为94.18%，比上年提高0.88个百分点；西北地区产销率为92.11%，比上年下降5.85个百分点；华东地区产销率为98.31%，比上年提高5.89个百分点；中南地区产销率为99.19%，比上年提高0.99个百分点；西南地区产销率为99.44%，比上年提高0.56个百分点。华东地区产销率上升比较快，其主要原因是近年来华东地区的民营企业在行业中的比重在不断增长。

二、市场及销售

2006年泵行业协会会员企业在我国国民经济快速增长的宏观形势下，积极应对国内外市场的需求变化，增产适销对路的产品，大力开发和生产新产品，营销运行形势良好，继续保持较强的发展势头。协会139个会员企业实现主营业务收入200.8亿元，比上年增长26.4%，调整可比因素，比上年增长23.5%；实现出口交货值22.7亿元，比上年增长9.6%，增速比上年下降42.2个百分点。

沈阳水泵股份有限公司2006年下半年与陕西华电蒲城发电有限责任公司三期扩建工程20×600MW超临界机组合同成功签定，合同总额达7 785万元。该项目电动给水泵主电机功率高达15 000kW，是国内火电机组单台功率最大的电动机。

石家庄强大泵业集团有限责任公司2006年在保持渣浆泵市场销售的同时，重点对脱硫泵市场进行了开发，并加大了疏浚泵市场的开拓力度，对原有的电力、石化、冶金、矿山、煤炭等行业用渣浆泵、清水泵市场进行了巩固，先后取得了张家口发电厂、天津航道局、鞍钢鲅鱼圈钢铁厂、国投新疆罗布泊钾盐有限责任公司等大项目的订单。随着企业实力的增强和产品技术水平的不断提高，在国际市场上，不仅来图加工形势逐年看好，而且在国际工程项目中业务量也大幅增长，国外代理商已发展了欧洲、南美洲和非洲3个。“强大”牌渣浆泵被评为2006年“中国渣浆泵质量公认十大知名品牌”及2006年河北省“用户满意产品”。

大连大耐泵业有限公司2006年产品销售收入46 750万元。为了实现这一目标，公司领导及销售主要负责人带头抓市场，密切关注国内石油石化行业的新建项目以及改扩建项目，如新疆独山子乙烯及1 000万t炼油项目（该项目订单1 500万元）、天津100万t乙烯炼化一体化项目、四川80万t乙烯项目等。在重点关注大型国有石化企业的同时，公司也瞄准了一些新兴的民营石化企业，如大连福佳大化石油化工有限公司的联合芳烃装置。此外，公司在钢铁行业的市场开拓也有较大突破。在做好国内市场销售的同时，公司有针对性地对国际市场进行了开拓，如通过台湾中鼎公司做东南亚的石化市场，通过UPM公司做制浆纸业市场等。

长沙水泵厂有限公司2006年完成工业总产值53 860万元，比上年增长19.4%；实现销售收入53 132万元，比上年增长10.34%；货款回流58 835万元，比上年增长10.72%；实现利税4 476万元，比上年增长22.23%。按照“1235”工作方针，以市场开发为中心，抓住订货、回款两个重点，培育项目开发、驻外销售、售中售后服务3支队伍，突破挖泥船泵、脱硫循环浆液泵、南水北调、百万千瓦级火电机组、核电用泵5个项目。公司首次研制生产的316L全不锈钢循泵、国内首台国产化100MW火电机组循泵均按时交付用户使用，公司重点新产品WNB5700挖泥泵已顺利发运。通过提高新产品销售提成比例、加倍核算业绩的营销政策和机制，极大地激励了营销人员的积极性，使5大项目订货额取得了实质性突破。2006年实现挖泥船泵订货2 553万元、脱硫泵订货1 200万元、南水北调订货4 264万元、核电用泵订货850万元的业绩，2007年预计5大项目订货指标将突破1亿元大关。2006年公司出口创汇也创造了新的业绩，签订了出口印度的一批18台斜流泵的订单，外贸销售、订货额分别比上年增长30%和80%。

山东长志泵业有限公司2006年参与了多项重大项目的招投标，其中中标的几个较大工程项目：中石油东胜集团蒙古项目，山东海化集团80t重油催化项目，中石化沧州公司2座10 000m^{3}油罐工程，海南实华炼油化工有限公司8万t硫磺装置、180t酸性装置，中国石油化工股份有限公司齐鲁分公司2×25MW机组高硫焦化油项目。

辽宁恒星泵业有限公司为了进一步拓宽销售渠道，实行规范管理，经过公司领导和全体员工的不懈努力，顺利通过了美国石油学会API产品认证和体系认证（地面泵生产企业）。公司新开发的钻井泵和转盘已投放市场，在大港油田、大庆油田、塔里木油田等得到广泛使用。公司针对该新产品与俄罗斯、美国、新加坡等国进行了合作洽谈。

杭州碱泵有限公司在保持原有造纸、氯碱等行业的龙头地位的情况下，近两年在污水处理、电厂脱硫、精细化工等领域的市场占有率明显增长，公司计划在较短的时间内向石油、石化等行业拓展。

浙江新界泵业有限公司产品广泛应用于农田灌溉、生活取水、消防、建筑、矿产、污水处理、工业用水及生活用水等行业和场合。2006年公司在各个方面保持了良好的发展势头，企业进一步发展壮大。公司在提高产品大批量生产能力的同时，应对“小批量、多品种”要求的能力显著提高，确保了国内客户及国际贸易定单的准时交货，提升了顾客满意度。公司在销售过程中开展形象店建设工程，极大地提升了公司的品牌形象，促进了销售收入的上升；对经营渠道进行升级改造，建立区域经营部，主动介入市场，缩减渠道环节。

靖江市亚太泵业有限公司在巩固老用户的基础上不断发展新用户，以进一步争取更多的锅炉厂商选择公司的产品。国内有关电厂、冶金、石油、化工、高层建筑等行业的用户（如辽河油田、大庆油田、江苏苏源热电厂、江阴华美电厂、上海宝钢集团、邯郸钢铁厂、北京轮胎厂、仪征化纤公司、江苏红豆集团等）对公司生产的工业用泵的质量、诚信、服务等表示满意。

三、科研成果及新产品

2006年泵行业会员企业以市场为导向，加大科技投入力度，加快新产品开发速度，研制出一批高科技含量、高附加值的新产品，极大地促进了泵生产企业的科技进步。2006年泵行业会员企业完成新产品产值65.85亿元，比上年增长18%。

沈阳水泵股份有限公司2006年完成新产品产值17 774万元，比上年增长2%。其中与河南华能沁北电厂签约的一期工程60万kW超临界火电机组为国际先进水平，该项目于2006年6月通过了国家级验收。公司为中国原子能科学研究院中国先进研究堆（CARR）工程研制开发的主泵和应急泵为核安全二级，水冷泵为核安全三级，其他辅助泵为非核级泵。CARR工程项目用泵采用CAD、CAE技术进行设计和结构分析，各项设计指标符合相应的核规范，完全能够满足CARR工程用泵的特殊性和加工精度高的要求。

石家庄强大泵业集团有限责任公司紧紧围绕市场需要完成了几十个科技创新项目。公司2006年为水利部百船工程“新海虎”项目生产的1 000MW泵是国内口径最大的潜水挖泥泵，可以有效替代进口产品，其技术性能参数：流量16 000～25 000m^3/h，扬程23～76m，效率85%～87%；用于电厂烟气脱硫的900TL(R)型脱硫泵，其各项水力性能参数均达到国外同类产品的水平，其效率指标超过某些进口产品。900TL(R)型脱硫泵技术性能参数：流量15 000m^3/h，扬程30m，效率90%。在新材料研究方面，A05、A07等抗磨材料已得到广泛应用，抗磨抗腐蚀的A49、A33已在脱硫、磷化工行业成功应用。A31耐磨王是公司自主研发的新一代高抗磨性材料，其合金化程度和综合技术水平高于国外同类的最新一代抗磨材料A217、A218，成本也大大降低，在国内外市场上有很大的技术经济优势。双相不锈钢（奥氏体—铁素体双相不锈钢）在低应力下有良好的耐氯化物腐蚀性，在绝大多数化学腐蚀工况中使用性能优于C23(316)，并适用于有轻度冲蚀的腐蚀工况，主要应用领域为含中性氯化物的环境：炼油、石油化工、天然气、纸浆和造纸、化肥、能源与环保、轻工和食品等领域。公司自主开发的A23—V材料（合金化技术和熔炼铸造技术）是大型疏浚泵泵体专用优质耐磨钢，综合机械性能和耐磨性优良，承压能力较高（可达1.2～1.5MPa），使用安全性高，已成为大型疏浚泵泵体制造的首选材料。此外，A22、A23、A25抗磨冲击材料的研制均填补了国内挖泥船用泵材料的空白。

大连大耐泵业有限公司研制生产的RYS高温石油化工流程泵采用径向剖分、转子两端支撑的结构，其主要技术性能参数：流量6 000m^3/h，扬程430m，工作压力5.9MPa，工作温度：－45～450℃。RYS泵具有悬臂泵和多级工艺流程泵两者的流量和压力特性，为石油炼制和电力工业用泵在高温、高压工况下运行提供了安全、可靠的保证。双蜗壳中线支撑泵壳结合刚性轴设计，可确保完全符合API610标准的喷嘴负荷、震动和轴偏摆度要求；APS682尺寸标准的密封腔允许安装卡式设计的单向、双向非受压和双向受压的机械密封件；标准推力轴承的装配方式有双行、单行、紧接和角接触，可选择不同的轴承排列方式和润滑系统，该产品广泛应用于锅炉给水增压、煤气洗涤、加热器注水、烃加工、石油生产和提炼等。公司还坚持不懈地进行新材料、新技术和新工艺的研制、开发，2006年获得大连市产业技术创新资金20万元，用于开发PTFE（聚四氟乙烯）粉碎清洗装置。2006年公司新产品产值和新产品销售收入分别比上年增长36.7%和61.4%。另外，公司的技术中心被大连市经委认定为市级企业技术中心。

长沙水泵厂有限公司研制生产的WNB5700型挖泥船泵是国内最大的泥浆泵产品，已经应用于南京胜华船舶制造有限公司。产品的主要技术性能参数：流量12 000m^3/h（清水），扬程43m，效率75%，转速258r/min。此外，公司为贵州黔车电厂600MW机组脱硫岛配套生产的32DTL—24型脱硫泵，主要技术性能参数：流量10 500m^3/h，扬程32.2m，效率89%，转速495r/min；为湖北鄂州电厂300MW机组脱硫岛配套生产的24DTL—25型脱硫泵，主要性能参数：流量5 500m^3/h，扬程24m，效率86%，转速590r/min。

丰球集团有限公司2006年开发完成了4YU36、2WQ104L自吸排污泵、WQP—1.1B不锈钢潜水排污泵及1800QJB—51—2.2、1800QJB—60—3、2500QJB—78—5.5大直径推流机。WQN500—10—30内循环闭式冷却系统潜污泵完成了试制工作，通过了试验验证，泵和电机的性能全部符合设计要求，为公司今后制造同类产品积累了丰富的经验和技术数据。上述产品已批量销往美国及南美洲地区，产品销售情况良好。

广东省佛山水泵厂有限公司自行研制生产的KCC系列化工离心泵主要技术性能参数：流量6～800m^3/h，扬程5～160m；CBK系列高排压液环压缩机主要技术性能参数：排气量7～40m^3/min，排出表压≤0.4MPa。

上海凯士比泵有限公司研制生产的NLT500—570×4S凝结水泵主要技术性能参数：流量1 680m^3/h，扬程330m，效率85%，汽蚀余量4.5m，转速1 480r/min。该产品技术水平达到国内先进水平和国际同类产品水平，荣获2006年机械工业科学技术奖。

江苏大学流体机械工程技术研究中心2006年自行研究设计的主要产品：①舰船配套泵。主要技术性能参数：流量24～100m^3/h，扬程30～120m。产品适用于舰船业，技术水平处于国内领先。②雷达系统冷却用泵。主要技术性能参数：流量0.5～6m^3/h，扬程15～80m。产品适用于舰载、车载、陆用等。产品技术水平处于国内领先。③多级泵。主要技术性能参数：流量3～8m^3/h，扬程200～360m。其中，矿用多级离心泵（流量200～450m^3/h，扬程500～750m）可用于炭黑厂喷射渣油、蒽油等油料燃烧，炼油厂补加水用和矿用。产品技术水平处于国内领先。④高粘度剪切泵。主要技术性能参数：流量3～50m^3/h，扬程<20m，转速1 450r/min。产品应用范围广泛，技术水平处于国内领先。⑤新型滚柱式转子泵。主要技术性能参数：流量0.1～100m^3/h，工作压力0.2～2MPa，最高工作压力3MPa。产品可用于输送有腐蚀或无腐蚀的各种化工介质。产品技术水平处于国内领先。⑥混合器、搅拌器（桨叶外径8～1 000mm）。产品可用于腈纶、化纤、化肥、石化等行业。产品技术水平处于国际领先。⑦农田水利及市政工程用泵。主要有ZLB、ZLQ型轴流泵（口径ϕ3.5m以下）、导叶式斜流泵、HD型混流泵（口径ϕ3m以下）、HW型混流泵、HL型立式混流泵、KZ型开敞式轴流泵等，广泛应用于工农业输水、农田排灌、水利工程、城市给排水、水产养殖、船坞供水、市政工程、城市防洪、轻度污水排放等。⑧QZ型潜水轴流泵、QH型潜水混流泵、QG型潜水供水泵。主要技术性能参数：流量500～3 000m^3/h，扬程1.5～15m，口径ϕ350～1 600mm。产品为江苏大学与无锡市水泵厂联合设计研制，技术水平处于国内领先。⑨新型喷灌自吸泵。泵效率比原来提高了12%～14%，高于行业标准5%～11%，产品可广泛用于农田灌溉、节水农业工程、喷灌机组、提水系统等。产品技术水平处于国际领先。⑩新型DL、LG、DLR系列多级高层建筑给水泵。该泵重量轻、体积小、噪声低、占地面积小，主要用于高层建筑供水、消防给水等。产品技术水平处于国内领先。⑪XFDL型电动消防泵。主要技术性能参数：流量2.5～55L/s，扬程21～243m。产品广泛用于旅馆饭店、大型商场、写字楼、民用住宅及其他高层建筑、工矿企业消火栓和自动喷淋系统供水。产品技术水平处于国内领先。⑫JW系列变频调速自动给水中心。具有高效节能、运行平稳、噪声低、占地面积小、容易安装、运行经济等显著特点，适用于高层建筑、住宅小区、旅馆、医院、工厂等场合的生产、生活、消防、空调、采暖等系统供水。产品技术水平处于国内领先。⑬SB型单、双吸空调专用泵。该泵效率高，抗气蚀性能好，产品适用于制冷系统、空调系统。产品技术水平处于国内领先。⑭ZJ系列渣浆泵。卧式泵的出口直径为40～400mm，立式泵的出口直径为50～250mm。产品适用于电力、冶金、煤炭、建材等行业输送磨蚀性液体或含腐蚀性固体颗粒的浆体。产品技术水平处于国内领先。⑮3D系列电动往复泵。输送介质温度一般低于60℃，高温介质的温度≤150℃。产品主要用于石油、化工、轻工、机械工业输送腐蚀液体和高温液体。产品技术水平处于国内领先。⑯3DS型三柱塞高压泵。配备特殊结构的液缸，用于输送腐蚀性很强的、含有固体颗粒或二氧化碳的介质。产品主要用于向高压容器、储罐等供给高压液体。产品技术水平处于国内领先。⑰QBY型气动隔膜泵。主要技术参数：流量0～30m^3/h，扬程0～50m，口径ϕ10～100mm。产品广泛应用于石油、化工、电子、陶瓷、纺织等行业。产品技术水平处于国际领先。⑱J系列计量泵。输送介质温度-30～100℃、粘度0.3～800mm^2/s。产品用于石油化工、医药、饮食、火电厂、环境保护、矿山、国防等科研和生产部门。产品技术水平处于国内领先。⑲柱塞、隔膜及高温计量泵。调节流量范围≤100%，最大行程时的计量精度±1%。产品适用于化工、石油、炼油、造纸、电厂、塑料、环保等行业。产品技术水平处于国内领先。⑳喷泉喷灌系统及全射流喷头。该产品用于南京禄口国际机场声控音乐喷泉工程，产品雾化性能好、制造成本低，可靠性好。产品处于国际领先技术水平。㉑大型泵站自动控制系统。包括DYPS—2000C泵站控制系统、DYPS—2000V泵站视频监控系统、DYPS—2000T水泵变频调速装置，产品适用于南水北调工程等长距离、大流量的输送水工程。产品技术水平处于国内领先。㉒泵机合一的叶轮式心室辅助装置。该产品避免了血栓造成轴承卡死的危险，提高了工作的可靠性，延长了工作寿命。产品主要用于抢救急性心衰病人和用作心脏移植前供心期间的心室辅助循环。产品技术水平处于国际领先。

阳泉水泵厂有限责任公司自行研制生产的主要产品：①350DK型单吸双级中开式离心泵。主要技术性能参数：流量1 800m^3/h，扬程173m，转速1 480r/min，效率85%，功率1 250kW，产品填补了国内空白。②ZS直联式双级清水离心泵。主要技术性能参数：流量25～100m^3/h，扬程160～300m，效率37%～66%，转速2 950r/min，功率30～160kW，必须气蚀余量2～4.2m。产品具有国内先进水平。

上海连成（集团）有限公司研制生产的智慧型无负压稳流给水设备，主要技术性能参数：流量0～500m^3/h，扬程30～150m，压力控制精度≤0.02MPa，公共管网压力降≤0.01MPa；节能型低噪声水冷式泵机组的主要技术性能参数：流量0～1200m^3/h，扬程10～160m，功率250kW。上述两种产品为国家级重点新产品，产品技术水平处于国内领先。

安徽三联泵业有限公司研制生产的主要产品:①QWN型潜水污泥泵。主要技术性能参数:流量18~1 500m³/h,扬程7~50m,配用功率2.2~220kW,产品广泛应用于矿山、电力、冶金等行业。技术水平处于国内领先,被评为安徽省名牌产品。②HS(V)型中开蜗壳式离心泵。主要技术性能参数:流量20.4~8 064m³/h,扬程6.5~190m,配用功率2.2~2 240kW,产品广泛应用于矿山、钢厂、电力、冶金等行业。产品技术水平处于国内领先,被评为安徽省名牌产品。③YW系列液下污水泵。主要技术性能参数:流量15~1 500m³/h,扬程5~60m,配用功率:1.5~90 kW。产品适用于电力、冶金等行业,产品技术水平处于国内领先。④ASP型烟气脱硫泵。主要技术性能参数:流量720~18 500m³/h,扬程18~34m,转速420~980r/min,效率80%~90%。产品主要用于电厂烟气脱硫,技术水平处于国内领先。

淄博真空设备厂有限公司研制生产的主要产品:①JSKA系列大型节能型真空设备。该设备是集机械、电气、仪表为一体的成套设备,采用国际先进技术和自有技术相结合,以SKA型水环式真空泵为主泵,配置汽液分离器、循环换热器、测控仪表、自控系统、阀门等管件,完成获得工艺要求的真空环境,同时可以输送压缩气体,特别适用于腐蚀、易燃易爆气体输送。系统配置灵活,能在较高真空条件下自动运行和在线检测控制工艺参数,较完整地实现了基于PLC和DCS控制模式的自动控制技术。该设备主要应用于火力发电系统的凝汽器抽真空、烟气脱硫、飞灰输送等系统以及煤炭、石油、化工等行业的真空获得工艺和气体输送,产品国内市场占有率达30%。②SY(排气压力0.2~0.4MPa)、2SY(排气压力0.3~0.7MPa)系列液环压缩机。该压缩机是化工行业抽吸、压缩易燃易爆气体的理想设备,是国家重大技术装备攻关项目,为国家级新产品,特别适用于VC气体的回收,可完全替代进口设备,产品国内市场占有率达95%。③2LYG系列氯气液环压缩机。具有等温压缩气体的特点,产品广泛应用于液态氯的制备。该压缩机排出压力可达1.4MPa,入口流量200~1 800m³/h,技术指标已达到国际先进水平,可完全替代进口设备。④干式螺杆真空设备。公司通过引进韩国技术生产制造的DP、JDP系列干式螺杆真空设备对被抽系统无污染,可以有效地节约能源,清洁环境。该设备在一个大气压到133Pa的范围内具有较大抽速,极限压力达到13.3Pa,甚至更低,油或水不与工艺气体接触,实现了清洁真空,广泛应用于化工、食品、医药和航空航天等行业。⑤SKC型液环泵。该泵已完成样机试制,比普通液环泵节能5%~15%。

辽宁恒星泵业有限公司2006年与兰州理工大学共同成功研制了HX3NB1300、HX3NB1600、HXF800、HXF1000、HXF1300、HXF1600钻井用泥浆泵和HXZP175、HXZP205、HXZP275、HXZP375钻盘。HX3NB1300和HX3NB1600的额定输入功率分别为956kW和1 177kW,最大缸套直径分别为180mm和190mm,最大缸套排量分别为46.6L/s和51.9 L/s。HXZP175、HXZP205、HXZP275、HXZP375钻盘的最大静载荷分别为2 250kN、4 500kN、4 500kN、5 850kN,最高转速分别为300r/min、350r/min、250r/min、300r/min,齿轮传动比分别为3.58、3.14、3.61、3.56。

南京蓝深制泵集团股份有限公司研制生产的具有国际水平的潜水轴流泵、潜水混水泵主要技术参数:流量450~46 307m³/h,扬程1.18~16.8m,功率7.5~850kW,最高效率88.9%,电压380~10 000V,口径ϕ350~1 800mm;深水型高扬程潜水排污泵主要技术参数:流量10~5 000 m³/h,扬程8~115m,功率:22~115kW,电压380V,频率50Hz,最高效率67%,最大潜水深度100m。以上产品已经通过省级鉴定。

浙江新界泵业有限公司全力进行产品结构调整,满足顾客对水泵产品的自动化、科技化、机电一体化的要求,向高科技、高技术含量、高附加值产品转型,积极进军水处理、建筑、市政建设、工矿配套等领域。公司对QDLF不锈钢多级泵进行了系列化开发,在原有型号的基础上开发了QDLF—B便拆式不锈钢多级泵、CDL不锈钢多级泵等。公司还开发了无负压给水设备、AWZB自动自吸泵、XPS屏蔽式循环泵等产品。这些产品都具有自动化、科技化、人性化的特点,产品处于国际先进水平。

武安市宏泰机械泵业有限公司2006年自行设计开发的RY300—250—500型热油泵主要技术性能参数:流量1 000 m³/h,扬程80m;RY150—125—200型热油泵主要技术性能参数:流量300m³/h,扬程50m。RY150—150—230型热油泵主要技术性能参数:流量400m³/h,扬程50m。

山东长志泵业有限公司承担的国家火炬计划项目"XPB型超低碳镍钼旋喷泵"通过了山东省科技成果鉴定。该产品根据航天冲压发动机原理研制而成,是一种新型的节能高效泵。泵的结构是基于离心增压和滞止冲压两个物理作用而实现对流体做功原理而设计的,具有结构简单,耐蚀、耐磨、耐高温,能耗小,效率高,扬程高,重量轻,节省空间,安装维修方便等特点,其效率比同类离心泵可提高3%~5%,属国内首创。经山东省泵类产品质量检测中心检验和用户使用证明,各项性能指标均符合Q/SCZ001—2007标准要求,达到了国内领先水平。公司生产的新产品KPY型双壳体油浆泵也通过了山东省科技成果鉴定。该产品是为满足石化及电力行业对高温、高压、高磨蚀和长寿命等重要场合输送物料的需要,在吸收国内外闭式油浆泵技术的基础上而自行开发研制的。该产品结构设计合理,制造工艺精良,材质性能好,具有耐蚀、耐压、耐高温,运行经济可靠,使用寿命长,维护简单方便等特点。可广泛适用于涉及人身安全、环境安全等重要场合中,特别适用于炼油厂硫化床催化裂化流程中高温并含有催化剂固体颗粒介质的输送。

杭州碱泵有限公司自主开发研制的OCr25Ni6、Cr17改进型材,替代了原CD4MCu、Cr30,改变了其在高温、高腐蚀、高磨损的磷酸浆工况中使用寿命短的状况,并使成本下降15%,使用寿命延长30%;通过热处理工艺改进创新,实现了过流部件材质硬度≥55HRC,大大提高了其耐磨性和耐腐蚀性;开发了新产品IFK塑料泵、石化泵和液下泵,产品技术水平处于国内领先。

湖北扬子江泵业有限责任公司研制开发的MD(DKM、D)650—80×12型矿用耐磨多级泵,流量650m^3/h,扬程1 160m,转速1 480r/min,效率81%,配套功率2 240kW,解决了以前流量大则扬程低的问题;DG250—150—115R型城市建设用泵,流量400m^3/h,扬程115m,转速740r/min,效率68%,配套功率132kW,已替代进口产品。

靖江市亚太泵业有限公司研制生产的DG13—35系列多级离心泵,流量13m^3/h,扬程100~350m,压力3.5MPa。根据用户使用情况证明,其性能完全符合产品设计要求。

江苏亚太泵阀有限公司(原江苏亚太泵业有限公司)成功研制出国内第一台移动式液压泵站,用于无电源场合的各种临时排水,特别适用于防洪排涝抢险,具有操作方便、就位迅速、排水量大等优点,该产品流量300~4 000m^3/h,扬程3~13m,排出口径600mm,配套柴油机功率185kW,平地行走最大速度5km/h。

上海熊猫机械(集团)有限公司研制生产的JYWQ型自动搅匀排污泵、XBD—HY稳压缓冲多级消防泵、XMW变频无负压管网自动增压给水设备、智能化增压水箱被评为上海市高新技术成果奖;JYWQ型自动搅匀排污泵、XBD—HY稳压缓冲多级消防泵还被认定为上海市重点新产品。

山东华成集团有限公司研制生产的450TL—68脱硫泵的主要技术性能参数:流量1 800~3 000m^3/h,扬程18~25m;2BEA—403—D水环真空泵最大吸气量130m^3/min;2BEC—100水环真空泵最大吸气量1 000m^3/min;2BEY—9水环压缩机最大吸气量9m^3/min;2BEY—30水环真空泵最大吸气量30m^3/min;ZWY系列瓦斯抽放泵站吸气量6~130m^3/min。其中,2BEC80水环真空泵为国内外最大规格的水环真空泵,填补了国内空白,并通过了省级科技成果鉴定。

四、基本建设及技术改造

2006年泵行业企业共完成基本建设投资额120 037万元,比上年的97 683万元增加22 354万元。其中生产性投资63 006万元,建安工程投资68 162万元,全年更新改造措施项目完成投资额16 563万元。2006年泵行业国有控股企业大部分完成了改组和改制。通过改组和改制,使企业的组织机构和产品结构发生了较大变化,实现了产权制度的改革,生产经营状况明显好转,技术、人才优势得到了充分发挥。

石家庄强大泵业集团有限责任公司按照石家庄市城市总体规划要求,实施了“退二进三”迁建改造项目。该项目总投资46 000万元,其中:固定资产投资43 000万元,流动资金3 000万元;新征地20万m^2,厂区总建筑面积约10万m^2。根据企业发展需要主要建设渣浆泵联合厂房、清水泵联合厂房、铸钢厂房、铸铁厂房、模型厂房、机电、密封厂房和集团总部大楼等;配套建设降压站、热交换站、调压站等辅助设施。同时,新增中频感应炉、树脂砂再生线、树脂砂造型线、数控镗床、大型立车、三坐标测量仪、三维动态分析软件、计算机网络系统等工艺设备。

大连大耐泵业有限公司整体搬迁后投资295万元新建了泵试验台,截止到2006年底,试验台已全面投入运行。试验台拥有863m^{3}的实验水池,可进行开式、闭式试验;电容量达到3 200kW,启动电机2 500kW,可测流量达22 000m^3/h、功率达2 500kW的泵类设备。试泵站采用先进的计算机管理,可实现数据自动采集并进行处理(判别结果、绘制性能曲线、打印实验报告等)。在搬迁改造过程中,公司还购置了相关设备和进行了相应设施的改造。①完成试泵站部分大口径管路系统的改造,投资16万元。②增添机加工设备及运输设备:摇臂钻床1台、叉车1台。为了扩大企业生产规模,增强公司的发展能力,根据市场需求,2007年公司将实施如下技术改造项目:①喷漆室及相应配套设施,计划投资65万元。②大口径试泵管路系统,计划投资30万元。③大型测量工具,计划投资15万元。

上海东方泵业(集团)有限公司近几年发展迅猛,在上海市政府的支持下,在顾村工业园购地8万m^{2}以满足生产发展的需要,工程预计投入1.2亿元。该项目的竣工投产将使公司的生产基地面积扩大3倍,在万米厂房中建筑的水泵测试台(测试功率达2 000kW,口径达1.6m)将为企业的产品向大口径、大流量、大功率方向发展奠定坚实的基础。

辽宁恒星泵业有限公司利用国债项目二期工程占地面积10 182m^2,总投资6 760万元,主要用于铸造车间、装配车间和泵检测实验站改造,另外投资220余万元改扩建的2 160m^{2}铆焊车间已于2007年初全部竣工,设备已经全部安装调试完毕,进入正常生产阶段。

淄博真空设备厂有限公司2006年完成了3 000m^{2}综合车间建设,该车间2007年6月底投入使用,成为国内最大的真空泵专业测试台,测试仪器实现自动检测控制,模拟实际工艺参数运行。

原埃梯梯古尔兹制泵(南京)有限公司根据南京市政府关于城市中工厂迁至开发区的要求,由埃梯梯总部投资近4 000万美元在南京市六合经济开发区新建了一座水泵制造工厂,作为埃梯梯在亚洲的水泵生产基地。新建生产基地占地面积88 000m^2,建筑面积33 000m^2,于2007年6月完工。公司于2007年10月底搬迁完毕,同时更名为埃梯梯(南京)有限公司。

杭州碱泵有限公司2006年投入200万元用于技术改造,新添数控车床、铣床、钻床、切割机等设备。为了进一步提高企业的生产能力,满足市场发展的需要,公司2007年拟投资500万元增建4#生产车间。

武安市宏泰机械泵业有限公司为谋求企业发展,实现做大做强的总目标,于2006年在武安市曹公泉工业园区征地6.7万m^{2}用于建设新厂区。预计到2008年下半年具备生产条件,并完成整体搬迁,届时公司将进入发展的快车道。

山东长志泵业有限公司为了企业发展的需要,在市区新增加1 000多m^{2}的办公用地,既方便了客户,又为公司开展各项业务提供了便利,同时也进一步提高了公司的知名度。为了扩大生产,公司又新购置了一批新型机床和高频淬火设备，并对变压设备进行更新改造，确保了公司各项生产的顺利进行。

湖北扬子江泵业有限责任公司2006年在石首市工业园区首期投资4 600万元，兴建了工业泵现代化生产线和中南地区最大的铸造生产厂，为公司生产大型化泵产品和进行多种新材料的研发奠定了基础。

靖江市亚太泵业有限公司为了全面系统地保证检测设备精确齐全，公司不断更新、完善各类检测设备、仪器和仪表，新增智能流量转速测量仪、涡轮流量计、微机型转矩转速仪、转矩转感器、振动测量仪、噪声分贝仪、各类精密压力表、微机自动化处理装置等。

五、企业组织结构和产品结构调整

为适应市场经济和企业发展的需要，泵行业会员企业根据企业自身条件，通过合资合作、优化劳动人事用工制度等方面的改革，建立了现代化企业管理制度。

大连大耐泵业有限公司2006年以来在人事及行政管理方面进行了改革。①改革用工制度。完善定员定额，优化劳动组合结构，科学设置工作岗位，实行定岗定员，减员增效。②改革人事制度。精减职能部门，例如将总工程师办公室与总经理办公室合并，将培训、劳资、企管、保卫、行政职能部门合并为人事培训处，将计调、设备、安技职能部门合并为计调处，减少了管理层次。对企业内部管理人员实行公开择优聘用，定期考核并实行任期制。③改革分配制度。建立以岗位工资为主要形式的工资制度，实行以岗定薪，岗变薪变，岗位工资与企业经济效益挂钩。公司的产品结构调整是根据市场需求变化同步进行的。石化及化工行业是公司产品的主导市场，其原因之一是国家经济的发展趋势预示着该市场具有巨大的潜力，而且相关的政策给国内的企业提供了很多机会；原因之二是公司品牌的优势惯性，其中，中高端产品即API610中BB2泵型是公司在参考国外先进技术的基础上进行开发的。该泵在油田以及炼油的常减压装置、乙烯的急冷油输送泵、芳烃的塔底、重沸炉等装置中应用非常普遍，而且该泵型通常作为关键设备，技术方面的要求很高。替代原AY系列泵，发展API610 8th以上版本的BB2泵型，是公司产品结构调整的一个重要方面。

长沙水泵厂有限公司为了进一步提高企业的生产制造水平，提升对核电用泵和大型泵的研制开发能力，与美国福斯公司实现强强联合，引进福斯公司整套核电站核主泵、核二级泵、核三级泵、锅炉给水泵技术，双方共同出资成立湖南福斯湘电长泵泵业有限公司。

山东博泵科技股份有限公司2006年完成了淄博鲁山铸造有限公司大型铸造厂的建设工程。公司认识到在激烈的市场竞争中"大而全、小而全"的传统模式已经很难取得优势，实行专业化分工是市场经济发展的规律，尤其是随着企业规模的扩大，铸造生产能力和铸造人才已成为公司发展的关键。经过认真研究，公司决定与山东沂源鲁山水泥有限公司合资组建淄博鲁山铸造有限公司。淄博鲁山铸造有限公司，总投资6 000万元，产品主要以树脂砂和有色金属铸件为主，最大铸件可达30t，预计年销售收入1.5亿元，实现利税4 000万元。

2006年，山东博泵科技股份有限公司还完成了荏原博泵合资公司的建设。合资公司建有实验能力为国际一流的大型水泵实验站，实验流量达到32.5m^3/s，功率12 500kW，温度200℃，实行全过程微机化检测；建有10 270m^2的综合车间，拥有6.3m立车、数控落地铣镗床和龙门数控五面加工中心等一系列国际领先的先进设备；主要为水电、核电及超临界火电项目、南水北调等大型水力工程提供高质量、高技术含量的一流产品。

浙江新界泵业有限公司为了建设一支科学、高效的管理团队，对公司的组织结构进行了合理改革。为了推动工业泵发展，成立了独立于国内贸易和国际贸易的工业贸易部，专业从事工业泵的销售工作；成立了物资供应二部，将竞争机制引进采购活动，为进一步降低采购成本，对采购活动进行有效监督起到了积极的促进作用。同时还调整了技术研发中心，对已有产品的后续服务跟踪按照产品性质进行分组，在新产品研发上采用不固定项目经理、按照项目需要组建项目组的制度。

杭州碱泵有限公司为了进一步适应市场经济发展的需求，2006年对产品研发中心和客户支持中心进行了整合优化，使之更加趋于合理。公司2007年将扩编计划调度科和人力资源部，筹建CFD流体力学实验室，以满足市场和用户的需要。公司产品结构将逐步由以前的单机向着自动化、智能化方向发展，产品向多元化发展，如大力开发石化泵、液下泵等不同领域用泵。

〔撰稿人：中国通用机械工业协会泵业分会杨敬兵〕

风　机

一、生产发展情况

中国通用机械工业协会风机分会2006年会员总数149个，其中企业会员139个、大学5个、研究院（所）4个、联营公司1个。按企业规模划分有9个大型企业、34个中型企业、96个小型企业。2006年风机分会139个会员企业基本情况见表1。

表1　2006年风机分会139个会员企业基本情况

指标名称	单位	数值
全部职工年末人数	人	37 845
其中:工人与学徒	人	24 522
工程技术人员	人	5 173
管理人员	人	5 879
全部职工全年平均人数	人	36 988
工资总额	万元	91 692

截止到2006年底,风机分会会员企业固定资产原价为547 650万元,比上年的494 885万元增长10.7%;固定资产净值为267 577万元,比上年的257 304万元增长4%;金属切削机床7 005台,比上年的6 604台增加401台;锻压设备1 123台,比上年的1 214台减少91台。

2006年风机分会会员企业完成工业总产值1 585 653万元,比上年的1 295 709万元增长22.4%;工业销售产值1 468 767万元,比上年的1 229 337万元增长19.5%;工业增加值458 890万元,比上年的395 268万元增长16.1%;利税总额164 987万元,比上年的161 233万元增长2.3%;利润总额103 232万元,比上年的91 430万元增长12.9%;全员劳动生产率124 065元/人,比上年的102 416元/人增加21 649元/人。

2006年风机分会12个重点企业完成工业总产值994 299万元,比上年的809 529万元增长22.8%;工业销售产值917 047万元,比上年的758 261万元增长20.9%,其中出口交货值36 082万元,比上年的33 873万元增长6.5%;产品销售收入897 789万元,比上年的749 733万元增长19.7%,销售成本692 858万元,比上年的570 853万元上升21.4%;实现利润总额57 648万元,比上年的49 509万元增长16.4%。2005~2006年风机行业12个重点企业产值见表2。2005~2006年风机行业12个重点企业主要经济指标见表3。

表2　2005~2006年风机行业12个重点企业产值　　(单位:万元)

序号	企业名称	工业总产值		工业销售产值		
		2005年	2006年	2005年	2006年	其中:出口交货值
1	沈阳鼓风机(集团)有限公司	292 255	402 595	260 929	367 568	10 944
2	陕西鼓风机(集团)有限公司	251 441	300 283	238 669	26 2464	10 900
3	上海鼓风机厂有限公司	71 451	71 519	70 068	71 092	3 840
4	武汉鼓风机有限公司	14 963	13 021	14 439	12 459	334
5	重庆通用工业(集团)有限责任公司	79 590	101 530	78 602	101 136	5 986
6	长沙鼓风机厂有限责任公司	17 606	17 727	16 178	16 633	506
7	天津市鼓风机总厂	8 424	9 303	6 839	9 247	548
8	四平鼓风机股份有限公司	22 122	19 360	22 549	19 714	2 248
9	沈阳风机厂有限公司	7 529	4 041	6 410	4 050	0
10	石家庄市风机厂有限责任公司	2 753	2 773	2 294	2 691	0
11	南通大通宝富风机有限公司	11 440	14 000	11 563	13 800	0
12	山东省章丘鼓风机厂有限公司	29 955	38 147	29 721	36 193	776
	合计	809 529	994 299	758 261	917 047	36 082

表3　2005~2006年风机行业12个重点企业主要经济指标　　(单位:万元)

序号	企业名称	销售收入		销售成本		利润总额	
		2005年	2006年	2005年	2006年	2005年	2006年
1	沈阳鼓风机(集团)有限公司	279 557	350 688	228 925	297 497	1 810	3 843
2	陕西鼓风机(集团)有限公司	218 229	261 021	148 311	182 708	3 4341	35 189
3	上海鼓风机厂有限公司	70 087	71 117	60 395	56 744	1 041	2 028
4	武汉鼓风机有限公司	11 916	10 547	9 299	7 332	461	280
5	重庆通用工业(集团)有限责任公司	73 490	100 971	52 062	73 912	4 798	6 885
6	长沙鼓风机厂有限责任公司	16 510	17 478	10 588	10 593	1 029	1 206
7	天津市鼓风机总厂	7 743	8 159	6 254	6 593	-31	46
8	四平鼓风机股份有限公司	22 812	20 082	18 142	15 018	468	389
9	沈阳风机厂有限公司	5 183	3 776	4 371	3 170	58	160
10	石家庄市风机厂有限责任公司	2 323	2 773	2 023	2 120	66	696
11	南通大通宝富风机有限公司	11 875	13 780	8 162	9 471	2 106	1 985
12	山东省章丘鼓风机厂有限公司	30 008	37 397	22 321	27 700	3 362	4 941
	合计	749 733	897 789	570 853	692 858	49 509	57 648

2006年风机分会生产离心压缩机和轴流压缩机的企业有2个:沈阳鼓风机(集团)有限公司和陕西鼓风机(集团)有限公司。这两个企业2006年共生产离心压缩机179台,产值为156 168万元,占全部风机产值的14.1%;生产轴流压缩机98台,产值为134 637万元,占全部风机产值的12.2%。其中:沈阳鼓风机(集团)有限公司生产离心压缩

机129台。陕西鼓风机(集团)有限公司生产离心压缩机50台,另生产轴流压缩机98台,生产能量回收透平机组83台。

生产离心鼓风机的有沈阳鼓风机(集团)有限公司、陕西鼓风机(集团)有限公司、上海鼓风机厂有限公司、武汉鼓风机有限公司、四川鼓风机有限责任公司、天津市鼓风机总厂、湖北省风机厂有限公司、沈阳通风机有限公司、宜兴市华兴特种风机厂等十几个单位,2006年产量达35 258台,比上年增长171%。2006年离心鼓风机产值为108 254万元,约占全部风机产值的9.8%。

生产罗茨鼓风机的主要有长沙鼓风机厂有限责任公司、天津市鼓风机总厂、山东省章丘鼓风机厂有限公司、四川鼓风机有限责任公司、福建东亚鼓风机股份有限公司、上海长征鼓风机有限公司、南通市恒荣机泵厂有限公司、百事德机械(江苏)有限公司、山东海福德机械有限公司、原平鼓风机厂有限责任公司、临沂市风机厂、北海鼓风机实业公司等企业,2006年生产罗茨鼓风机25 939台,产值77 073万元,约占全部风机产值的7%。

生产叶氏鼓风机的有重庆通用工业(集团)有限责任公司和重庆鼓风机厂2个企业,2006年生产叶氏鼓风机150台,产值241万元。

其余大部分企业均以生产离心通风机、轴流通风机及其他风机为主,这部分风机量大面广,年产量达151 434台,产值为500 588万元,约占全部风机产值的45.3%。

2006年全行业完成各类风机产量合计1 572 141台,比上年的850 717台增加721 424台。其中:离心压缩机179台,比上年增加20台;轴流压缩机98台,比上年增加8台;能量回收透平机组83台,比上年增加38台;离心鼓风机35 258台,比上年增加22 249台;罗茨鼓风机25 939台,比上年增加2 279台;离心通风机355 317台,比上年减少137 102台;轴流通风机329 909台,比上年增加81 807台;其他风机825 208台,比上年增加751 975台。产品总量比上年增长84.8%。2005~2006年风机产量见表4。

表4　2005~2006年风机产量

产品名称	2005年(台)	2006年(台)	比上年增长(%)
离心压缩机	159	179	12.6
轴流压缩机	90	98	8.9
能量回收透平机组	45	83	84.4
离心鼓风机	13 009	35 258	171.0
罗茨鼓风机	23 660	25 939	9.6
叶氏鼓风机	0	150	
离心通风机	492 419	355 317	-27.8
轴流通风机	248 102	329 909	33.0
其他风机	73 233	825 208	1 027.0
合　计	850 717	1 572 141	84.8

二、重大技术装备情况

风机行业主要为我国石油、化工、冶金、大型火电站等重大技术装备提供配套的离心压缩机、轴流压缩机和大型电站风机。沈阳鼓风机(集团)有限公司、陕西鼓风机(集团)有限公司和上海鼓风机厂有限公司等骨干企业,勇于攀登科技高峰,赶超世界风机技术先进水平,不断将科技成果向生产力转化,为国家重大技术装备国产化做出了重大贡献。

当前国际上风机的发展趋势是风机容量继续增大,同时发展高压小流量压缩机,高效化、高速小型化、低噪声化及计算机集成制造系统得以广泛应用。风机行业必须根据国内外市场的需求,积极开发技术含量高的各类新产品,在满足内需的基础上,参与国际竞争。沈阳鼓风机(集团)有限公司、陕西鼓风机(集团)有限公司及上海鼓风机厂有限公司都具备了为大型乙烯、大型化肥、大型煤化工、大型空分及冶金等工业装备配套大型离心压缩机和轴流压缩机的能力。

从我国市场需求总体发展趋势看,“十一五”期间乙烯、大化肥及炼油等项目将向大型化发展。乙烯产量将从年产500万t发展到2 000万t;化肥产量将从年产2 500万t发展到2亿t;炼油装置将向年产1 000万t的规模发展;空分装置将向50 000m^3/h、60 000m^3/h和80 000m^3/h拓展;到2010年,西气东输工程的长输管线工程将建成20 000km,其中将建20几个加压站;冶金钢铁企业在“十一五”期间将新增高炉100余座。这些工程都需要离心式压缩机和轴流式压缩机,而这两类国产产品在国内市场的占有率只有50%左右,还不能完全满足国民经济各部门的需要,特别是轴流—离心复合式压缩机,国内还不能生产,应该将其列为重点发展的产品,减少该类产品的进口量。

风机用电约占全国发电总量的10%。金属矿山的风机用电量占采矿用电的30%;钢铁工业的风机用电量占其生产用电的20%;煤炭工业的风机用电量占全国煤炭工业用电的17%。由此可见,风机节能在国民经济各部门中的地位和作用是举足轻重的。通风机是风机行业中量大面广的产品,在风机产品中占很大的比例。因此,通风机的重点发展目标就是节能,既包括产品设计方面的节能,又包括风机运行中调节方式的节能。最先进的离心式通风机已采用三元流动叶轮,效率提高10%;大型离心通风机采用较大直径和较窄宽度叶轮、较高转速的高效结构,其最高效率可达87%以上;效率较高的轴流式通风机,其最高效率已达92%。沈阳鼓风机研究所于1992年为中低压离心通风机更新换代而开发成功的4—71、4—74三元流动叶轮离心通风机,就是高效节能新产品,其效率比同类型的老式风机提高4%,平均每台风机年节约用电量约为2 000kW·h。该节能风机之所以没有在全行业全面推广,一是由于其三元流动叶片制造工艺比较复杂,比普通叶片风机成本高;二是技术转让费较高。

经过近20年的努力,风机制造企业在节能产品的研制上已做了一些工作。例如,上海鼓风机厂有限公司和沈阳鼓风机(集团)有限公司分别引进了德国TLT和丹麦诺文科公司的动叶可调轴流通风机技术;成都电力机械厂和沈阳鼓风机(集团)有限公司引进了德国KKK公司的静叶可调轴流通风机技术;武汉鼓风机有限公司引进了日本三菱重工的动叶可调轴流通风机技术；广州风机厂引进了丹麦诺迪斯克通风设备公司的轴流和离心通风机技术；重庆通用工业（集团）有限责任公司和四平鼓风机股份有限公司引进了英国豪登公司的高温风机技术；石家庄风机厂有限责任公司引进了日本荏原公司的离心通风机制造技术。这些通风机技术的引进有力地促进了我国通风机节能产品的开发。

三、市场及销售

风机产品主要分为两大类，一类是量大面广的中、小型通风机；另一类是技术密集型的离心压缩机和轴流压缩机。对于量大面广的中、小型通风机，用户需求量大，生产厂家也多，90%的风机分会会员企业生产通风机，产值约占全部风机产值的50%。总体来讲，这类风机是供大于求。随着冶金工业节能改造及环保行业的发展，对烧结鼓风机和污水处理用曝气鼓风机需求量将会增大。

特殊用途的风机（如防腐风机、高温风机、耐腐风机及防爆风机等）主要是材质上较为特殊，比如采用不锈钢、玻璃钢、塑料、钛材等。随着国民经济的发展，火电厂的脱硫风机、地铁风机、隧道风机及消防排烟风机等的需求量会有所增加。

离心压缩机和轴流压缩机主要是为重大工程成套装置配套的，随着规模经济发展的要求，装置的规模不断扩大，对压缩机的性能要求越来越高，压缩机的容量越来越大。如高炉、大型化肥装置、大型炼油装置、大型乙烯装置、大型空分装置及西气东输的天然气管线都需要各类大容量压缩机。

2006年风机产品销向各主要行业的比例：空分装置占0.01%，煤炭设备占1.38%，水泥设备占2.41%，电力设备占2.41%，地铁、隧道设备占2.64%，矿山设备占3.45%，纺织设备占4.16%，船舶占4.84%，轻工机械占5.25%，冶金设备占5.35%，石油设备占5.87%，环保设备占8.66%，化工设备占11.67%，建筑机械占20.12%，其他设备占21.78%。

2006年风机行业实现销售收入1 478 755万元，比上年的1 233 844万元增长19.8%。其中沈阳鼓风机（集团）有限公司、重庆通用工业（集团）有限责任公司增长幅度较大，工业总产值、工业销售产值、销售收入均增长25%以上。2006年风机分会中有10个企业亏损，占企业会员总数的7.2%，比上年有所下降。2006年风机行业销售收入前20名企业见表5。

表5　2006年风机行业销售收入前20名企业

序号	企业名称	销售收入（万元）
1	沈阳鼓风机（集团）有限公司	350 688
2	陕西鼓风机（集团）有限公司	261 021
3	浙江上风实业股份有限公司	108 910
4	重庆通用工业（集团）有限责任公司	100 971
5	成都电力机械厂	84 026
6	上海鼓风机厂有限公司	71 118
7	山东电力设备厂	70 171
8	山东双一集团有限公司	42 315
9	山东省章丘鼓风机厂有限公司	37 397
10	江苏金通灵风机有限公司	32 653
11	威海市华阜环保（集团）有限公司	23 980
12	湖北双剑鼓风机制造有限公司	20 453
13	四平鼓风机股份有限公司	20 082
14	长沙鼓风机厂有限责任公司	17 478
15	浙江义乌星耀风机有限公司	16 806
16	湖北省风机厂有限公司	16 152
17	湘潭平安电气集团有限公司	14 320
18	南通大通宝富风机有限公司	13 780
19	浙江仨亿电器有限公司	12 990
20	百事德机械（江苏）有限公司	11 856

据国家统计局统计，2006年风机产品出口交货值为345 158万元，比上年增长24.62%。风机分会会员单位2006年29个企业有产品出口，出口交货值为50 266万元，比上年的59 959万元降低16.2%。在“十五”期间，风机分会会员单位出口交货值有很大增长，年递增51.7%。其中，2001年出口交货值为11 328万元，2002年出口交货值为12 501万元，2003年出口交货值为18 562万元，2004年出口交货值为36 109万元，2005年出口交货值为59 959万元，2006年稍有回落，但总体来讲，风机行业产品的出口量很小。

从历史情况分析，风机行业主要出口产品是中小型通风机以及风机配件，离心鼓风机、罗茨鼓风机、离心式压缩机的出口对象主要是一些工业欠发达国家。2006年风机行业产品出口额前20名企业见表6。

表6　2006年风机行业产品出口额前20名企业

序号	企业名称	出口额（万元）
1	沈阳鼓风机（集团）有限公司	10944
2	陕西鼓风机（集团）有限公司	10900
3	重庆通用工业（集团）有限责任公司	5986
4	浙江上风实业股份有限公司	5430
5	上海鼓风机厂有限公司	3840
6	浙江兴益风机电器有限公司	3500
7	台山港益电器有限公司	2264
8	四平鼓风机股份有限公司	2248
9	张家港市英德利空调风机有限公司	2110
10	湖北双剑鼓风机制造有限公司	1781
11	百事德机械（江苏）有限公司	1067
12	山东省章丘鼓风机厂有限公司	776
13	常熟市鼓风机有限公司	602
14	天津市鼓风机总厂	548
15	湖北省风机厂有限公司	520
16	长沙鼓风机厂有限责任公司	506
17	江苏泰隆风机制造有限公司	500
18	威海市华阜环保（集团）有限公司	480
19	威海克莱特菲尔风机有限公司	463
20	山东双一集团有限公司	457

四、科研成果及新产品

2006年风机行业共研制完成新产品1 004种、112 120台，新产品产值454 663万元。新产品获市级以上科技成果奖25项。

沈阳鼓风机（集团）有限公司坚持把技术创新摆在突出位置，核心技术和关键技术取得重大突破，自主知识产权成果不断扩大。2006年，公司牢牢把握发展主动权，进一步完善创新体系，着力提高自主创新能力，激发广大工程技术人员的创新积极性，提高了产品设计能力和质量，开发出一批科技成果，为企业的快速发展奠定了坚实基础。①针对产品越来越多、设计任务越来越繁重的实际情况，从提高设计效率和质量入手，改革组织机构，细化压缩机主导设计工作，分工精细，责任明确，增强了设计人员对本职工作的熟练程度，减少了设计失误。②开展PDM电子交档工作。编写PDM设计用户使用手册，建立产品设计签审流程，初步解决了设计人员在PDM交档过程中遇到的技术障碍，有十几个产品设计图样实现了PDM电子交档，交档率达到28.36%。全年承接130台产品（140个缸）的设计任务，技术准备计划兑现率由原来的65%上升到90%，扭转了技术准备工作落后于生产和市场需求的被动局面。③建立了沈鼓—大工研究院，并开始运营。确定14项科研课题进行攻关，完成2项。④与西安交通大学签订了“透平压缩机非定常流动实验基地”协议，在交大建立沈鼓试验基地，对透平压缩机转动及静止通流部件内部非定常流动进行实验研究，提高了透平压缩机内部非定常流动机理的研究能力和水平。⑤与浙江大学进行了技术交流，签署了技术分中心的合作协议。全年计划组织完成技术创新项目104项，实际完成90项，总体完成率为86%。计划组织完成产学研项目10项，实际完成14项，新签产学研合同22项。申报市级以上科技项目53项，列入市级以上科技项目12项；申请专利7项，获得批准7项。有4种新产品和1个科研项目通过了市级鉴定，61种新产品通过了公司鉴定。申报市级以上科技奖励16项，获得奖励10项。其中：国家级新产品1项，中国机械工业科学技术二等奖2项，辽宁省科技进步二等奖2项，省科技成果转化奖1项，沈阳市科技进步奖3项，沈阳市优秀新产品奖3项，沈阳市科技振兴奖1项（连续9年获得）。获得市级以上科技荣誉6项，其中包括被国家科技部确定为首批国家级企业研究开发中心（全国118个），被沈阳市命名为科技领航型企业。

陕西鼓风机（集团）有限公司为河北津西钢铁股份有限公司、涟源钢铁集团公司、河北文丰钢铁有限公司、青岛银钢炼铁有限公司等开发研制了10余台高炉配套的共用型TRT装置（高炉煤气余压透平发电装置）用风机。TRT装置是冶金行业重要的余压余热能量回收装置，它利用高炉炉顶煤气的余压和余热，把煤气导入透平膨胀机膨胀做功，驱动发电机发电。该装置不仅可以回收煤气的压力能和热能，又可净化煤气，降低噪声污染，同时装置在正常运转时，能替代减压阀组，很好地调节和稳定炉顶压力，对保证高炉运行、增产有良好的作用。公司试制完成的用于280万t/a重油催化裂化装置、28 000m^3/h空分装置、3 600m^3高炉TRT装置、30万t/a硫磺制酸装置的离心式鼓风机、用于5.6万t/a硝酸装置的氧化氮压缩机+尾气透平一体机经陕西省机械行业管理办公室鉴定，均达到国际先进水平。煤气透平与电动机同轴驱动的高炉鼓风能量回收机组（BPRT）获得中国机械工业科学技术二等奖；CCPP装置AV45—17+4E280轴流+离心煤气压缩机获得陕西省科学技术一等奖；AV63—10轴流压缩机、大型高炉煤气余压回收透平机获西安市科学技术一等奖。

上海鼓风机厂有限公司2006年拟订了12项技术开发项目，其中WA40—20—1（CWT）和WA85—45—1（AAWT）风洞风机已完成设计工作；开发的1 000MW、600MW机组单台大轮毂脱硫增压风机，已获订单；动叶可调轴流矿井风机的设计及反转反风的试验研究在进一步完善。

山东省章丘鼓风机厂有限公司不断倡导技术创新，创立了章丘市第一个省级企业技术中心。近几年来，公司自主开发了具有国内先进水平的“章鼓”、“齐鲁”牌L、3H系列罗茨鼓风机、罗茨真空泵，并已成功推向市场。此外，还生产离心鼓风机、旋涡风机、机械立窑、球磨机等产品。公司有多项产品被列入国家级星火计划、省级重点项目、国家级新产品试产计划，其中“章鼓”、“齐鲁”牌罗茨鼓风机为山东名牌产品，“齐鲁”商标被评为山东省著名商标，并获国家商务部“最具市场竞争力品牌”称号。公司制订了“拉长主业，上新创新，合资合作，发展大汇丰”的企业发展战略及培育了“做，就做到最好”的工作理念，加大了科技创新力度，重点开发和研制了电力、石化行业、环保行业用的风机。公司完成了C320—1.3、C120—1.35AS、C50—1.4、C300—1.7等新产品开发，扩大了离心鼓风机的应用范围，拓展了新的市场领域。特别是C300—1.7、C250—1.85、C320—1.3焊接叶轮离心鼓风机的成功开发，获得了明显的经济效益。成功开发了用于石化行业的C120—1.35不锈钢离心鼓风机，为下一步开发化工行业用特种风机打下了良好的基础。在西安交通大学帮助下，对炼铁高炉用高压力离心鼓风机进行了重新设计，降低了生产成本。ZSH型高压罗茨鼓风机（高真空罗茨真空泵）被列入2006年山东省重点技术创新项目，于2006年12月12日通过了由济南市科学技术局主持的技术鉴定。中国石油大学、山东科技大学、莱阳农学院等国内知名院校及山东省机械设计研究院的专家对该产品给予了很高的评价，该项目采用特殊设计的三叶复合渐开线、拥有自主知识产权的内循环式逆流冷却结构，具有效率高、压力高的优点，单级升压可达156.9kPa，单级干式负压可达-78.4kPa，单级最高压比可达4.4，具有节能降耗的显著特点。该项目主要性能指标达到国际同类产品的先进水平。此外，公司还开发了强制风冷的机械密封罗茨鼓风机；针对氧气与油脂接触有危险的特点，成功开发了NO_2四机械密封的氧气风机；专门成立隔声罩课题组，设计开发了新型系列隔声罩，创造了可观的经济效益和良好的社会效益；研制成功了TRRG—450W双级串联湿式真空泵，填补了公司大流量高真空双级串联真空泵的空白；设计开发了特殊密封、特殊结构、特殊材质、特殊表面处理的多种风机。

重庆通用工业(集团)有限责任公司2006年全面增强自我创新能力,完成10项新产品开发项目和4项新技术、新工艺攻关项目。①完成了厚壁管空心轴在大型风机中的试验与应用,可降低风机制造成本。②设计开发了双级离心通风机,对于小流量、高压力的情况,采用单级通风机无法满足,而采用双级通风机,在流量不变的情况下,可将风机压力提高1倍,满足了系统工况的要求。③大亚湾核电站制冷机组设计方案已由中国核工业第二研究设计院和使用方审查通过。④大型船用离心式制冷机的研制成功,标志着为我国大型舰船配套的国产化装备的新飞跃,设计方案已通过了舰船科研项目组相关专家的评审。⑤自主完成了BCD125型污水处理曝气风机的设计制造,并通过吸收国内外曝气风机产品的优点,对BCD125型机进行改进,设计完成了BCD150型污水处理曝气风机。

武汉鼓风机有限公司在消化吸收三菱离心通风机和动叶可调轴流通风机的基础上,2006年完成了60万kW以上电站双级轴流通风机、D3500—16型、120t转炉一次风机、D465—31柴油机驱动高速离心鼓风机、D1590—11海水脱硫离心鼓风机、高强度材料焊接试验及应用、3D叶片铸造工艺模型设计等6项新项目,共完成产品128套。公司在保证技术可靠性的前提下,结合市场实际,积极改变思路,强化成本管理,努力简化工艺,降低成本。如将整体轴改为分体轴,叶轮前盘改为锥筒式或拼接式,不仅兼顾了各类产品的通用性,而且大大降低了整体轴的锻造成本以及各种模具的制造成本,缩短了制造周期;在新材料的选用上,出口印度TATA钢铁公司的AL—R260SW和AL—R222SW两台风机采用了油脂润滑且无冷却水的结构;D450—31、D500—31、D465—31型风机分别采取三种方式制成焊接结构的高速叶轮,使产品成本不断降低。

天津市鼓风机总厂以引进技术消化吸收、样机试制为契机,提升企业产品开发、工艺保障、质量保证、产品试验与市场推介的技术水平和产品品质,产品向成套、成线方向发展。通过引进美国的罗茨鼓风机技术,消化吸收了许多国外先进的设计理念、制造细节、试验和检验方法,第一轮试制的样机就得到了美国公司的肯定,正在进一步改进和完善。

湖北省风机厂有限公司确立以市场为导向,以技术为支撑,抓大放小,抓优放劣,坚持发展大型化、环保型、高技术含量的产品结构调整战略,先后完成了单级高压硫酸鼓风机、焦炉煤气鼓风机、煤气鼓风机、电厂风机、化铁炉鼓风机、电厂增氧鼓风机等10多种鼓风机的设计和改造工作,产品投放市场后,用户反映良好。

浙江上风实业股份有限公司2006年开发的5个新产品项目被列入浙江省新产品计划项目,1个科研项目列入市重点项目,其中省级新产品项目ZLK型蒸发式冷却机组被评为浙江省、绍兴市和上虞市科学技术奖。核电用空气处理机组通过了浙江省科技厅的新产品科技成果鉴定,其性能指标完全符合核电安全标准,达到国际同类产品水平,并可替代进口。

江苏金通灵风机有限公司与西安交通大学、西安热工研究院、东南大学等院校合作,研发了GM系列单级高速鼓风机和600MW循环流化床风机,获得南通市科技局的重大立项支持。公司攻克了多级鼓风机、高压流化床风机、煤气鼓风机等焊接及机加工工艺难题,产品的一次合格率和产品使用稳定性大幅度提高。2006年公司获得各类实用新型专利11项,300MW电站循环流化床风机获得南通市科技进步奖,公司被评为南通市十强民营企业。

四川鼓风机有限责任公司坚持以市场为导向,大力推进技术创新,调整产业结构,开发新产品,加快企业科技进步。相继开发了GR350、GR400、GR450高压罗茨鼓风机,SL、SR系列双级串联高压罗茨鼓风机,DW110、DW133、DW140电石气离心鼓风机,CGY—48、CGY—29系列低泄漏风机,MF系列密封风机,使企业产品更加适应市场。

山东海福德机械有限公司在原有的HSR系列三叶罗茨鼓风机的基础上,成功开发了MJ型密集式三叶罗茨鼓风机;自行研制开发了MD型高压三叶罗茨鼓风机,使风机的排风压力达到117.6kPa,通过试验,达到了设计要求,更好地满足了用户的需要。此外,强制自循环空气冷却油箱和软接触密封式罗茨鼓风机两项新技术获得实用新型专利。

山东新风股份有限公司2006年共设计制造KF4—80后向机翼型、FBD防爆矿用型、GY高压型和DDW外转子单吸型4大系列30余种规格的轴流风机新产品。其中DWZ系列外转子轴流风机通过了山东省科技厅组织的专家鉴定。该风机设计先进,具有结构紧凑、效率高、噪声低、用途广等特点,风机各项性能指标达到国外同类产品的先进水平,可广泛应用于空调、通风等场所。

青岛风机厂有限公司在研制开发高技术、高附加值的各类船用风机上下功夫,与船舶研究院所合作,利用新材料、新工艺、新技术研制开发适用于船舶机舱、发电机舱、化学品舱以及低温冷藏舱室等各种场合的低噪声、高性能和智能化的船用通风机等配套附件产品。2006年主要开发了CGDL型、CBGD型舰船用离心通风机;先后设计了CZ30至CZ75动叶可调式风机叶轮;采用压铸方式,结束了轴流风机全部为普通铸造叶轮的历史,不仅提高了风机的外观质量,而且还节约了大量铝材。

常熟市鼓风机有限公司在新产品开发方面,研制了JMF型紧密纺纱装置配套集棉风机,改造纱锭1万多锭,项目合同额250多万元。JMF型紧密纺纱装置配套集棉风机,被认定为江苏省高新技术产品。公司与南京冠福公司进行技术合作,成功设计开发了造纸厂车间用GBK—C16型壁式空调机组和WDP—C16型屋顶排风机组。公司申请壁式空调机组、滤尘风机、紧密纺纱装置集棉风机、湿帘风机、养殖增养装置风机等产品专利9项,其中发明专利2项,实用新型专利7项。

五、基本建设和技术改造

2006年风机行业基本建设投资额92 768万元,比上年的133 928万元减少30.7%。其中:生产性投资78 102万元,比上年的110 282万元减少29.2%;建安工程51 182万元,比上年的103 658万元减少50.6%;设备工具购置32 221万元,比上年的13 071万元增长146.5%;全年更新改造措施项目完成投资额49 279万元,比上年的14 140万元增长248.5%。

截止到2006年底,沈阳鼓风机(集团)有限公司新厂区技术改造项目共筹集资金180 366万元,累计签订工艺设备、信息化设备、技术引进、土建工程、搬迁费用、铸造事业部等合同总额187 522万元,实际投入资金159 302万元。办公大楼,多功能厅,转子、齿轮、备料、铆焊、容器等主要生产车间,汽车库、材料堆场、垃圾堆场、气体站等生产辅助设施,变电所、换热站、热力站、综合管网道路等公共基础设施,食堂、招待所、独身宿舍等生活辅助设施交付使用。配送中心、污水处理站、研发中心、热处理车间主体土建工程完工。工艺设备订购284台。其中,生产设备111台,辅助生产设备173台。技术改造购置国外进口设备28台,已经到货23台,验收交付使用11台,预验收使用1台,未验收使用1台,其余10台设备正在安装调试。公司信息化工作主要围绕产品研发设计系统(CAX/PLM)、生产经营管理系统(ERP/MES)和新厂区弱电系统建设进行,构建了高水平的信息化系统,推动信息化工作迈上新台阶。2006年一季度新ERP系统切换,完成了生产系统新产品模拟投产,进行了产品数据整理,实现了新ERP系统的上线运行,全部产品均进入新系统运行投产,系统运行平稳,性能良好。PLM系统正式上线运行,已有20%的产品数据进入PLM系统,达到预期效果。为新厂区办公大楼等安装了弱电系统,解决了搬迁过程中新老厂区信息系统应用的难题。针对公司各部门的需要开发了一系列软件,完成了IBM RS6000 H50向IBM P690的软件转移工作,成功完成从IBM DB2数据库到Oracle数据库的开发,在IBM P690上运行,消除了IBM RS6000 H50设备老化的风险,提高了系统运行的性能,特别是统一了公司管理系统的运行环境及平台,推动公司信息化管理工作踏上新里程。

山东省章丘鼓风机厂有限公司在2005年实现整体搬迁的基础上,2006年进一步兴建车间、厂房等建筑设施,并购进了一系列先进的加工中心、风机生产专用机床等生产设备,使企业具备了规模膨胀、产业升级的平台和发展空间,为下一步的做大做强奠定了良好的基础。

西安西玛企业集团新乡市鼓风机厂有限公司新增650车床和10t天车,提高金工车间和装配车间大型产品的加工能力;铺设和制作3条车间的过跨轨道和配套小车,提高了转运效率,节约了铲车的油耗;重铺和调整装配车间的地面和设施,实现了装配车间的净化管理;恢复风机测试中心,提高了企业的技术实力和开发创新能力;新增振动时效仪和轴承加热器,提高了产品的制造和质量水平。

湖北双剑鼓风机制造有限公司在固定资产投入与重要技改项目中,前后3次征用土地,占地面积67 000m^2,总建筑面积21 000m^2,其中金工车间3 300m^2、冷电车间5 800m^2、总装车间5 400m^2、锻造/木工车间400m^2、标准件/半成品仓库500m^2、配电房100m^2、办公及生活用房5 500m^2。公司拥有完全自主的生产线;拥有各类切削设备236台(套),其中大型设备16台(套);拥有各类割、焊、喷设备28台(套),能满足各类型风机机壳及叶轮的制作要求;拥有各种大型检测设备16台(套),各类型风机试车台8个,机械设备总价值2 465万元,年加工能力达到2亿元。截止到2006年底,公司已完成高温风机生产线、润滑设备生产线以及化工催化剂生产线的建造。

青岛风机厂有限公司为扩大生产能力,自筹资金对企业进行技术改造,解决生产设施和生产设备落后、老化问题。另外,投资建设约4万m^{2}的新厂房,以满足企业发展的需要。针对风机产品及舾装件所需的关键设备不全的现状,新增了激光切割机、数控冲床、加工中心、平板机、大型油压机、精密铸造设备、自动焊机、涂装线等设备,并对检测手段进行了改造。

常熟市鼓风机有限公司基本建设项目投入781万元,加工设备投入130万元,信息化建设投入24万元,共投资近1 000万元,以扩大企业规模。

六、企业组织结构和产品结构调整

近年来,风机行业企业针对市场经济形势发展的变化,坚持以改革求发展,建立适应市场经济的企业管理机制。截止到2006年底,风机分会会员企业经过改制、重组,实现了多种经营体制并存的格局。在会员企业中:国有企业17个,集体企业14个,股份合作企业12个,国有独资企业1个,有限责任公司15个,股份有限公司10个,民营(独资、有限责任公司、股份有限公司)企业54个,港澳台合资企业7个,中外合资企业8个,外资企业1个。可以看出,风机行业企业改制工作仍在不断深入,民营企业的数量已超过会员企业总数的1/3。

沈阳鼓风机(集团)有限公司以较快的速度、较高的质量实施新厂区建设和重大技术改造,按计划迁入新厂区。新厂区建设、重大技术改造和三企业重组是关系到公司未来发展、振兴沈阳装备制造业、提升我国通用机械国际市场核心竞争力的一件大事,得到国家发改委、省市区各级领导以及三企业全体员工的高度重视。公司整体搬迁还使集团得到了19亿元的发展基金,更使有73年历史的老企业焕发青春,成为德国和日本企业争相合作的“香饽饽”。公司自主研制的空气压缩分离装置,彻底打破了发达国家对中国乙烯市场长达30年的垄断,公司离心压缩机制造能力已经挺进世界四强。2006年公司重点改革了生产管理考核体系,规范了生产管理,严格控制产品成套性,把生产管理水平提升到一个新高度。2006年上半年已完成全年任务的80%,全年产品合同兑现率达到90%,为中石化和中石油等提供的重点产品合同兑现率达到95%以上。公司通过消化吸收国外先进技术,使我国大型离心压缩机、大型水泵和大型往复式压缩机的设计和制造技术达到国际先进水平,一个具有世界级规模的中国最大通用机械制造基地正逐步形成。全新的沈阳鼓风机(集团)有限公司,正在探讨对国内外企业的兼并问题。2006年公司实现产值40亿元,预计到

2009年将实现产值100亿元。

西安西玛企业集团在新乡市委、市政府的大力支持下，顺利完成了对新乡市鼓风机厂的整体收购和改制工作。新乡市鼓风机厂改为西安西玛企业集团新乡市鼓风机厂有限公司后，生产经营秩序迅速恢复并且扭亏为盈，其他各项工作也取得良好开端。①设计了新公司的组织架构、重新聘用了中层以上领导干部、定编定员，编制基本制度20多个。通过合并职能，精简机构，组织机构由原先的20多个部门精简为10个；中层以上管理干部由47名精简为25名；一般管理干部（含技术和销售）由71名精简为40名。②以销售为龙头，调整销售管理机制，重建营销队伍，出台新的产品销售价格、促销政策。产品营销实行分区域管理和考核，并逐步与西玛集团销售网络联网；出台为客户服务承诺：2h回应，省内8h到达，省外24h到达，全面提高公司的产品服务质量；建立经销商网络，加大零销份额，加速资金周转。③统一企业的物资采购职能，完善和理顺物资统一采购的机制和流程。建立健全物资采购和产品销售的价格审核机制，强化了比价采购。选择合格的分供方，建立可靠的供应链，与辅机厂联合投标，减少流动资金的占用。防微杜渐，严堵跑冒滴漏，全面降低物资采购成本，采购成本平均下降10%，最高的下降30%以上。④建立原材料、外协件质量索赔制度，结束了料废不索赔的历史；重新核定了铸件的重量标准，按单件标准结算，取缔了原先按车称重结算的错误结算办法，维护了企业利益。⑤建立新的仓储管理运行机制，统一了企业库房的管理，将全厂遗留的物资全部收归库房，登帐造册，分类处置。调整材料库、半成品库和成品库的库区和库房的管理范畴，并严格领发料制度，全面适应市场需求。⑥开展质量整顿工作，重点是推行质量奖惩条例、质量索赔制度、加工尺寸的控制等。启动ISO9001：2000版的质量管理体系认证工作，2006年底通过了质量审核认证。⑦开展挖潜增效活动，重点是优化设计（突破老的设计理念，实现小代大、薄料代厚料、灰铸铁代球墨铸铁、改变结构、减轻铸件重量等）、提高材料利用率、节能降耗、废物利用、对低值易耗品的控制等。⑧强化生产管理的计划性、同步性和均衡性，将生产处的计划职能划归销售处，生产计划一次性到位，拉近生产和销售的距离，使生产进一步贴近市场。

安徽安风风机有限公司进行组织机构重建，设立了公司股东大会，选举产生了公司董事会，制订目标，调整策略，建章立规，向规范化股份制公司迈进；明确了公司的运行机制、管理体制、价值主张、文化取向等；制订了《十大组织纪律》，作为对公司中高层管理人员的一种约束。此外，逐步完善了公司各类规章制度，清除了一切障碍，理顺了工作关系，明确了工作职责，为公司管理工作打下了坚实的基础。

武汉鼓风机有限公司改制两年来，随着民营经济的入主，把建设高素质员工队伍放在首位，实行全新的战略思想和经营理念，运用目标管理、现场管理、精益生产、绩效考核等一系列先进管理手段，使企业面貌焕然一新。公司已成为外商独资企业，并通过RTO在美国OTCBB市场挂牌上市。2006年，公司为避免盲目发展，对市场定位、产品研发方向、人力资源和设备配置进行详细部署，编制了《武汉鼓风机有限公司五年战略发展规划纲要（草案）》，明确了定位和发展目标，为充分发挥自身优势，有效整合企业资源，把握机遇，规避风险，推动公司长期生存和持续发展奠定了基础。根据公司发展战略的需要，公司对经理层人员配置及分工进行了调整，外聘了2名职业经理人加盟公司管理团队；对公司组织机构进行了全面调整，新增设企业管理部和资本运作部；对重点营销片区架构进行了全面重新整合，按照“细分市场、健全网络、精耕细作、服务终端”的营销策略，打破营销片区的行业和地域局限；将公司业务划分为3条主线，即冶金行业，电力、化工行业，建材、环保等行业，将营销市场细分为14个区域向全国辐射。

四川鼓风机有限责任公司经过市政府批准，出售国有股份，企业体制发生了重大变革，由原来的国有独资企业改制为民营股份制企业，取得了公司发展历史上的重大转折和突破。随着民营体制的确定，公司所有职工将买断国有企业职工身份，重新择优聘用上岗。公司还将进一步深化劳动用工和分配制度改革，完善激励机制，促进劳动效率的提高。

银川银风风机有限责任公司以科学发展观为指导，统揽全局，全面深入推进监狱体制改革。该公司从银川监狱及银风公司的实际出发，逐步构建起既符合罪犯改造又适应市场经济发展要求的管理体制，严格遵循“全额保障、监企分开、收支分开、规范运行”十六字方针，建立了监狱与公司有效的协调机制，做到既分开运作，又有机联系、密切配合、共同发展。

〔撰稿人：中国通用机械工业协会风机分会郭绍华　审稿人：中国通用机械工业协会风机分会徐常武〕

阀　门

一、生产发展情况

2006年，阀门行业快速稳步发展，实现了“十一五”时期的良好开局。全行业经济运行良好，经济效益水平比上年有所提高。据国家统计局统计，截止到2006年底，阀门行业规模以上企业有1 438个，全行业完成工业总产值725.1亿元，比上年增长35.56%；销售收入708.59亿元，比上年增长36.04%;实现利润45.33亿元,比上年增长42.79%;出口交货值229.17亿元,比上年增长49.1%;从业人员22.45万人,比上年增加6.55万人。

据中国通用机械工业协会阀门分会统计,2006年阀门协会155个会员企业完成工业总产值153.16亿元,比上年增长15.48%,工业总产值超2亿元的企业有27个,比上年增加5个;产品销售收入146.03亿元,比上年增长14.36%;工业增加值40亿元,比上年增长28%;利润总额12.76亿元,比上年增长16.4%;出口创汇2.69亿美元,比上年增长34.7%;从业人员6.1万人,比上年增加0.84万人。2006年阀门行业工业总产值前20名企业见表1。2006年阀门行业工业增加值前20名企业见表2。2006年阀门行业利润总额前20名企业见表3。2006年阀门行业出口创汇前20名企业见表4。

表1 2006年阀门行业工业总产值前20名企业

序号	企业名称	工业总产值(万元)
1	苏州纽威阀门有限公司	82 947
2	福建省三明双轮化工机械有限公司	56 008
3	江南阀门有限公司	54 890
4	天津大站集团有限公司	49 700
5	河南开封高压阀门有限公司	42 750
6	河北远大阀门集团有限公司	41 289
7	良精集团阀门有限公司	41 116
8	环球阀门集团有限公司	38 891
9	中核苏阀科技实业股份有限公司	36 395
10	挺宇集团有限公司	36 083
11	伯特利阀门集团有限公司	35 016
12	江苏神通阀门有限公司	29 773
13	石家庄三环阀门股份有限公司	28 500
14	浙江五洲阀门有限公司	25 364
15	上海双高阀门集团有限公司	24 878
16	大连大高阀门有限公司	24 251
17	慎江阀门有限公司	23 350
18	中山铁王管阀有限公司	23 000
19	宣达实业集团有限公司	22 320
20	中泉集团有限公司	22 310

表2 2006年阀门行业工业增加值前20名企业

序号	企业名称	工业增加值(万元)
1	河南开封高压阀门有限公司	26 710
2	苏州纽威阀门有限公司	19 665
3	河北远大阀门集团有限公司	17 199
4	江南阀门有限公司	13 723
5	环球阀门集团有限公司	13 068
6	石家庄三环阀门股份有限公司	11 378
7	大连大高阀门有限公司	11 138
8	哈尔滨哈锅阀门股份有限公司	10 607
9	良精集团阀门有限公司	10 280
10	天津大站集团有限公司	9 960
11	上海双高阀门集团有限公司	9 112
12	浙江五洲阀门有限公司	8 879
13	中山铁王管阀有限公司	8 700
14	江苏神通阀门有限公司	8 696
15	伯特利阀门集团有限公司	8 604
16	中核苏阀科技实业股份有限公司	8 232
17	浙江石化阀门有限公司	7 642
18	慎江阀门有限公司	7 082
19	浙江超达阀门股份有限公司	6 962
20	株洲南方阀门股份有限公司	6 136

表3 2006年阀门行业利润总额前20名企业

序号	企业名称	利润总额(万元)
1	苏州纽威阀门有限公司	17 910
2	中山铁王管阀有限公司	6 500
3	广东明珠集团股份有限公司	5 844
4	河南开封高压阀门有限公司	5 300
5	挺宇集团有限公司	4 489
6	环球阀门集团有限公司	4 480
7	江南阀门有限公司	3 981
8	特福隆集团有限公司	3 680
9	天胜阀门有限公司	3 590
10	哈尔滨哈锅阀门股份有限公司	3 564
11	江苏神通阀门有限公司	3 360
12	中泉集团有限公司	3 050
13	株洲南方阀门股份有限公司	2 868
14	上海标一阀门有限公司	2 851
15	浙江五洲阀门有限公司	2 844
16	河北远大阀门集团有限公司	2 697
17	伯特利阀门集团有限公司	2 521
18	良精集团阀门有限公司	2 483
19	慎江阀门有限公司	2 428
20	天津大站集团有限公司	2 380

表4 2006年阀门行业出口创汇前20名企业

序号	企业名称	出口创汇(万美元)
1	苏州纽威阀门有限公司	8 733
2	特福隆集团有限公司	2 584
3	伯特利阀门集团有限公司	2 054
4	中核苏阀科技实业股份有限公司	1 486
5	浙江超达阀门股份有限公司	1 245
6	慎江阀门有限公司	930
7	天津大站集团有限公司	860
8	上海双高阀门集团有限公司	852
9	山东益都阀门厂	817
10	河北远大阀门集团有限公司	795
11	中山铁王管阀有限公司	688
12	天津百利二通机械有限公司	632
13	浙江精嘉阀门有限公司	630
14	南通高中压阀门有限公司	560
15	浙江浙东高中压阀门有限公司	479
16	苏州奥村阀门有限公司	460
17	河南省高山阀门有限公司	421
18	天津塘沽瓦特斯阀门有限公司	328
19	大连大高阀门有限公司	314
20	浙江华东阀门有限公司	300

2006年阀门协会155个会员企业主要经济指标较上年有很大的提高，经济效益综合指数100.8%，比上年增长27.68%；总资产贡献率14.2%，比上年增长2.4%；资产保值增值率103.9%，比上年增长10.07%；资产负债率51.2%，比上年下降3.8%；流动资产周转率为1.967次，比上年增加0.02次，提高10.2%；成本费用利润率8.14%，比上年增长6.5%；劳动生产率73 910元/人，比上年增长0.24%；产销率92.3%，比上年提高2%。

二、重大技术装备情况

2006年阀门全行业新产品产值达68.69亿元，比上年增长70.34%。其中155个协会会员企业完成新产品产值38.28亿元，占全行业新产品产值的55.7%。核电站关键阀门是核电站的重要配套设备，长期以来，主要依赖进口，因而也成为制约我国核电设备国产化的“瓶颈”之一。2006年3月16日，由中核苏阀科技实业股份有限公司和上海核工程研究设计院共同研制的核电站关键阀门——核一级快速启闭隔离阀、核二级快速启闭隔离阀、核一级稳压器电动卸压阀和核一级低压差旋启式止回阀，通过了由中核集团公司科技与国际合作部组织的国内权威专家的鉴定。该产品的研制成功对促进我国核电设备国产化有重要的意义。

江苏神通阀门有限公司一举中标岭澳核电站二期工程核级阀门，这也是该工程首次采用国内蝶阀产品。在这次投标中还有5个国外公司参与竞标，经过专家、业主评审，最终由江苏神通阀门有限公司一举中标。这次中标将会进一步推进岭澳核电站二期工程中泵阀国产化的进程。

除江苏神通阀门有限公司之外，沈阳盛世高中压阀门有限公司、大连大高阀门有限公司和沈阳高中压阀门有限公司也具备核一、二级核阀生产能力。

电站百万千瓦级机组WB36锻钢阀门研制成功。2006年9月，1 000MW超超临界火力发电机组用的电动闸阀Z9D60Y450W36—300在河南开封高压阀门有限公司试制成功，这不仅标志着该公司生产的高温高压电站阀门已打入1 000MW超超临界火力发电机组，还标志着该公司已成为国内第一个能够生产全锻造阀门的厂家。2006年底，公司与山东电力建设第三工程公司成功签订了用于邹县电厂2×1 000MW超超临界发电机组的26in电动吹管控制阀供货合同，标志着河南开封高压阀门有限公司电站阀门的生产能力再次迈上国内最高水平的台阶。

2006年4月，自贡高压阀门股份有限公司的19台“飞球牌”大口径全焊式锻钢管线球阀用于西气东输工程。这是该公司为西气东输工程生产的首批产品，也是西气东输工程中首次采用国产大口径全焊式锻钢管线球阀。这表明国产大口径全焊式锻钢管线球阀已达到国外同类产品的技术水平，打破了国外公司在该领域的垄断地位。

宣达实业集团有限公司开发、研制、生产的新产品450℃三偏心SO_2专用蝶阀、610℃三偏心SO_2专用蝶阀、1 200℃三偏心SO_2专用蝶阀，已成功应用在8万t/a、15万t/a、20万t/a、30万t/a、40万t/a硫磺制酸工艺中，使用效果良好，为我国硫磺制酸工艺设备国产化做出了贡献。

江南阀门有限公司生产的CKH型快速关闭抽汽止回阀被列入2006年国家火炬计划项目。防火型截止、节流、止回多功能阀获得2006年温州市重大发明奖（列首位）、浙江省科技进步三等奖；ZSQ双向金属密封球阀获2006年国家重点新产品称号。公司加快新产品开发速度，2006年已完成高性能蝶阀、TDK型自控快关调节阀、高性能直行程控制调节阀等的开发。产品广泛应用于国际著名的ABB跨国集团、首都机场、长江三峡、上海东方明珠电视塔、秦山核电站、燕山石化、扬子石化、玉门油田等国内外3 000多个大中型重点工程。此外，公司已申请核级阀门的设计与制造资格，资格审核由国家核安全局受理。

浙江超达阀门公司开发成功金属硬密封高温球阀，该阀属高新技术产品，被国家科学技术部火炬高技术产业开发中心认定为2005年的国家火炬计划项目。

良精集团阀门有限公司的信号闸阀、信号蝶阀等产品通过了国家固定灭火系统和耐火构件质量监督检测中心的型式试验，被认定为合格。这是国内为数不多通过国家固定灭火检测的阀门产品，标志着良精阀门产品在消防领域将得到广泛应用。

三、科技成果及新产品

大连大高阀门有限公司在厂区内进行技术改造，增添关键模锻、机加工、设计开发软件和测试等设备，使企业成为我国百万千瓦级压水堆核电阀门和核阀锻件毛坯的生产基地，产品主要性能达到当今国际先进水平，并能替代进口。“百万千瓦级压水堆核电机组阀门国产化产业化项目”于2006年7月通过了专家审查论证。该项目的实施将为百万千瓦级压水堆核电阀门70%以上实现国产化的目标做出贡献。该公司的核级系列阀门技术水平达到国内领先、国际同类产品水平，于2006年3月获大连市科学技术进步三等奖。

江苏神通阀门有限公司的上装式电动球阀于2006年7月获得江苏省火炬计划验收证书；焦炉烟气除尘专用超大型转换设备于2006年5月获得江苏省火炬计划项目立项证书，并获得江苏省科学技术进步贡献奖；核安全级电动空气密闭阀于2006年9月获得高新技术产品认定证书。该公司的安全级风道止回阀的安全等级达到核安全3级，质量保证等级达QA2，抗震要求：SSE，设计压力：5kPa，适用温度：≤120℃，耐辐照累计剂量：1×10G5Y，电动执行机构最大关闭时间：≤40s，使用寿命：40年，全开时阻力系数：$\delta \leq 1$，地震加速度：水平（X、Y）方向为5g，垂直（Z）方向为3.5g，其技术水平达到ASME AG—1中的Ⅰ级泄漏要求。

上海远高阀业有限公司2006年6月完成的国内最大口径的美标API闸阀，压力：150Lb，口径：64in，创造产值96万元。该公司的闸板阀座直径1 500mm，密封面采用冷堆焊工艺，每生产一套产品可节约3 000元，突破了国内堆焊工艺水平。该企业于2006年9月投资155万元购置一台4m立车，使公司生产大口径高压阀门的能力上了一个台阶。

特福隆集团有限公司及其子公司通过多种经营相结合生产的集团核心产品——智能“阀门电动执行器”，可利用电脑网络进行异地操作和控制，具有自动相位保护和修正以及缺相保护和自诊断、自动报警等功能，方便现场维护，已被列入国家级科技计划项目，于2007年完成。

浙江超达阀门股份有限公司研制的备蜡注蜡一体机居国际领先水平，获国家发明专利和国家实用新型专利，该公司特殊介质用金属硬密封球阀获国家专利，居国内领先水平。

浙江高中压阀门有限公司完成的快速切断阀（进口快闭阀），主要参数：*DN*510mm，*PN*10.0MPa，$t \leqslant 560℃$，流量 $Q = 120kg/s$，0.5s分两个动作切断，其技术水平居国际领先，填补了国内空白。公司开发的料浆阀延伸的品种，规格得到提升：2006年5月完成了特种长筒放料阀，2006年9月完成了大口径气动、电动放料阀，2006年11月完成了国内最大料浆阀（500mm口径的开发）。在军工产品方面，2006年1月完成了2套军工产品快速切断阀的开发。

环球阀门集团有限公司开发了多项新产品，公称通径为*DN*20～150mm的T969Y、T968Y、T669Y型高压差调节阀，公称通径为*DN*50～400mm的WYF9(6)68、WYF9(6)48型减温减压阀，其技术水平居国内领先并达到美国FISHER产品水平。公称通径为*DN*50～300 mm的ARCFH48Y(H)型随机再循环止回阀，其技术水平居国内领先并达到德国技术水平。该公司生产的汽轮机旁路蒸汽控制阀、电液联动快速关闭蝶阀、抽汽止回阀等新产品的技术水平均居国内领先。

乐山长仪阀门制造有限公司的ERP制造业信息化工程技术水平居国内领先，经济效益达500万元，至2006年12月已完成85%，进入试运行阶段，此项新技术荣获乐山市重大科技项目奖。该公司的多项新产品达国内领先水平，如特高抗硫阀门、电动多通阀、抗腐蚀井口阀、高压差高精度笼式调压器等。

武汉锅炉集团阀门有限责任公司完成多项新产品的研制、开发，如大口径锻焊结构闸阀、止回阀（300MW机组主给水管道）的经济效益达100万元；核二级截止阀（电动）和核二级安全阀都已完成开发，经济效益分别为200万元和250万元。汽轮机汽封装置和低流阻闸阀居国内先进水平。

吴江市东吴机械有限责任公司于2006年4月成功开发核电安全阀产品，并取得订单；研制的压水堆核电站用主蒸汽安全阀和核2、3级辅助系统安全阀继2005年7月9日通过了中国机械工业联合会和江苏省科技厅联合组织的新产品鉴定之后，于2005年11月和2006年4月又分别取得了C2项目的订单。

天津百利二通机械有限公司的智能型阀门电动装置、K1类核级阀门电动装置、SMC. R. X自动巡检阀门电动装置都已试制完成，技术水平均达到国内领先。

安徽省白湖阀门厂有限责任公司与合肥通用机械研究所合作研制的法兰式双偏心金属密封蝶阀取得良好效果。

四、企业基本建设及技术改造

中核苏阀科技实业股份有限公司的苏阀新区二期工程（退城进区搬迁改造工程）于2006年5月竣工投产。工程总投资11 000万元，完成了新区新厂房和办公用房的建设和验收、强弱电和信息化的基础建设，采用新工艺、新技术、新装备，提升了核电和核化阀门的开发能力及配套生产能力，保证了核电站阀门的产品质量，具备了核电站阀门的试验检测能力。该公司签订了资金总额为4 500万元的中核苏阀铸造分厂改造工程合同，改造后的建筑面积为8 000m^2，同时改造有机酯硬水玻璃砂造型线，电弧冶炼炉，AOD炉，退火、淬火电炉，清整设备，光谱仪等。

河北远大阀门集团有限公司投资9 000万元，征地10万m^2，用于建设年产5 000t精密铸钢项目。2006年第一期工程已完工，其中土建工程2.4万m^2，总建设期为2006～2008年。该公司还投资3 000万元引进两条日本光洋全自动生产线：一条为50V垂直全自动造型线，一条为6050R水平全自动造型线，现已全部投入生产。

江南阀门有限公司总投资360万元的大口径蝶阀设备改造项目，新增的蝶式液压阀门测试台、内圆磨床、便携式光谱仪等国产设备已到位。

江苏神通阀门有限公司投资2 500万元建造的核电阀门生产基地，已完成总投资的90%。其主要改造项目为建设核电阀门生产车间、焦炉烟气除尘超大型转换设备生产车间的厂房、办公楼及相关生活、办公设施。

良精集团阀门有限公司新增产能10 000t的高新技术阀门技改项目——温州永嘉瓯北工业园区三期工程项目，占地面积4.7万m^2。2006年完成了设计和相关项目的审批，已开始前期施工。

上海正丰阀门制造有限公司新建2 000m^2双层钢结构成品仓库，内设升降机1部，梁式起重机2部，总投资95万元，已全部投入使用。

宣达实业集团有限公司的化工用低温回收装置产业化改造项目，投资额达10 520万元，新增各种设备62台（套），新建厂房11 187m^2，将于2007年12月完工。项目达产后，低温回收装置年产能5套，年新增特种阀、特种泵924t。高温调控蝶阀项目投资3 388万元，新增加工中心、立式车床等先进设备52台（套），项目达产后将可形成新增高温调控蝶阀1 500台（1 200t）的生产能力。

阳泉阀门股份有限公司大口径新型闸阀生产基地建设项目（搬迁改造），拟新建一座年生产能力为12 000t的中大口径新型阀门工厂，并新建一座配套的铸件铸造工厂，年生产15 000t铸钢、铸铁件，投资达8 300万元，计划于2007年12月完成。

浙江石化阀门有限公司在温州市滨海园区建设“三高阀门产品”研发中心和生产基地，总投资额8 000万元，2006年已完成车间基建工程，整个项目于2007年8月完成。

株洲南方阀门股份有限公司的10万台阀门扩产工程，总投资18 000万元，在株洲（国家）高新区购地2.33万m^2，新建10 800m^2的厂房，扩大多功能控制阀、可调式减压阀、软密封闸阀和倒流防止器的生产能力，增加多层次三位偏心蝶阀和鸭嘴阀的生产线；在株洲（国家）高新区董家墩购地12万m^2，新建年产2万t的铸铁、铸钢生产基地。此外，

V 法铸造生产线和机械加工生产线已试生产;中高压阀门生产线基本建成,投入工装模具制造阶段。

环球阀门集团有限公司对年产 5 300t 电站专用阀技术进行改造,新增卧式加工中心、镗床、数控车床、钻床等设备 67 台,投资额达 2 980 万元,2007 年 6 月完工。

五、发展中存在的问题

(1)应收账款净值居高不下。2006 年应收账款净值 41.76 亿元,比上年增长 27.5%。应收账款净值占全年平均流动资产净值的 37% 以上,造成再生产投入困难,银行利息增加,从而加大了企业经营的风险。

(2)巨大的市场需求吸引了国外跨国公司进入我国阀门市场,参与市场竞争,占领高端阀门市场大部分份额,加剧了国内阀门企业之间在中低端阀门市场上的竞争,阀门市场价格体系混乱,出现了无序竞争的局面,严重影响了行业的健康发展。

(3)缺少大型的企业集团。阀门行业规模以上的企业 1 438个,工业总产值在 1 亿元以上的企业 180 个,在 5 亿元以上的企业只有 6 个。阀门行业企业规模小,具有较强竞争力的大型企业太少。

(4)技术力量薄弱是制约企业发展的一个关键因素。根据阀门协会 155 个会员企业上报的资料统计,现有工程技术人员 6 880 人,比上年增加 1 087 人。但在大部分企业中的技术创新能力不足,缺乏技术储备,新产品研发缓慢。这就要求企业广招人才,加大技术投入,加强技术储备,谋求更大的发展。

综上所述,2006 年阀门行业有了较快的发展,取得了较大的进步。随着阀门行业进一步发展,市场竞争将更加激烈,这就要求阀门生产企业提高管理水平,从产品质量入手,开发新产品,掌握先进的技术,为实现核电阀门国产化和提高阀门行业的整体水平共同努力。

〔撰稿人:中国通用机械工业协会阀门分会徐慧〕

压　缩　机

一、生产发展情况

2006 年,中国通用机械工业协会压缩机分会共有会员单位 124 个,其中:国有、国有独资、集体企业 23 个,股份制企业 40 个,民营企业 54 个,合资、独资企业 7 个。2006 年协会对 88 个会员企业进行了统计。2006 年压缩机行业 88 个企业基本情况见表 1。

表 1　2006 年压缩机行业 88 个企业基本情况

指 标 名 称	单位	数值
年末从业人员	人	31 984
其中:管理人员	人	4 784
工程技术人员	人	3 746
工人与学徒	人	21 927
固定资产原价	万元	323 441
其中:生产用固定资产	万元	273 025
固定资产净值平均余额	万元	178 396
流动资产	万元	724 527
全员劳动生产率	元/人	86 350

2006 年,协会 88 个会员企业完成工业总产值 103.9 亿元,比上年的 73.9 亿元增长 40.6%,增幅高于上年 19.1 个百分点,其中压缩机产品产值增长 40.3%,其他产品产值增长 59.8%。产值 1 亿元以上的企业由 2005 年的 23 个上升到 25 个(其中产值 3 亿元以上的企业有 10 个),合计产值达到 83.4 亿元,占协会 88 个会员企业总产值的 80.3%。重点联系企业(27 个)完成工业总产值 74.6 亿元,比上年增长 20.5%,增幅高于上年 8 个百分点。其中,浙江开山股份有限公司产值突破 10 亿元,沈阳电机股份有限公司产值达 11.3 亿元。全行业 6 个地区组中,5 个地区组的产值增长分别为:华西组 42.4%、华东二组 28.3%、华东一组 20.8%、东北组 20.3%、华北组 8.4%,中南组下降 2.4%。

2006 年,协会 88 个会员企业实现销售收入 96.8 亿元,比上年增长 35.4%,增幅高于上年 18.2 个百分点。重点联系企业实现销售收入 71.6 亿元,比上年增长 17.5%,增幅高于上年 1.5 个百分点。增长幅度较高的企业为江苏超力机械有限公司增长 118.8%,净增额为 16 298 万元;浙江开山股份有限公司增长 60.1%;南京压缩机股份有限公司增长 53.2%。销售收入较高的企业有浙江开山股份有限公司 106 564 万元,沈阳电机股份有限公司 100 140 万元,浙江鑫磊机电股份有限公司 79 651 万元,沈阳气体压缩机股份有限公司 53 500 万元,山东省潍坊生建集团 47 546 万元。6 个地区组中的 5 个组收入增长水平分别为:华西组 42.4%、华东二组为 28.9%、华东一组为 13.6%、华北组 12.4%、东北组为 1.4%,中南组下降 7.3%。

2006 年,协会 88 个会员企业实现利税总额 81 333 万元,比上年增长 44.2%,增长额为 24 925 万元。重点联系企业实现利税 63 625 万元,比上年增长 33.2%,增长额为 15 854万元。协会 88 个会员企业实现利润总额 41 399 万元,比上年增长 55%,增长额为 14 661 万元。重点联系企业实现利润 35 381 万元,比上年增长 47%,增长额为 11 312 万元。实现利润前 3 名企业:浙江鑫磊机电股份有限公司 7 073万元、上海飞和实业集团有限公司 5 332 万元、北京京城环保产业发展有限责任公司 3 564 万元,3 个企业利润之和为 15 969 万元,占协会 88 个会员企业利润的 38.6%。利润额的增长反映出行业经济效益有较大好转，利润空间有所增加，改变了多年来生产企业高产值、低利润的局面。2006年压缩机行业利税前20名企业见表2。2006年压缩机行业利润前20名企业见表3。

表2 2006年压缩机行业利税前20名企业

序号	企业名称	利税金额（万元）
1	浙江鑫磊机电股份有限公司	10 484
2	上海飞和实业集团有限公司	7 334
3	北京京城环保发展有限责任公司	5 052
4	沈阳电机股份有限公司	4 203
5	无锡压缩机股份有限公司	4 094
6	浙江开山股份有限公司	3 891
7	山东省潍坊生建集团	3 510
8	江苏超力机械有限公司	3 088
9	南京压缩机股份有限公司	2 814
10	沈阳气体压缩机股份有限公司	2 482
11	浙江鸿友压缩机制造有限公司	2 401
12	上海宝勒特压缩机有限公司	2 239
13	宁波欣达螺杆压缩机有限公司	2 209
14	安瑞科（蚌埠）压缩机有限公司	2 084
15	重庆气体压缩机厂有限责任公司	1 967
16	广州机械科学研究院	1 472
17	四川大川压缩机有限责任公司	1 185
18	上海环天机械有限公司	1 152
19	自贡通达机器制造有限公司	1 125
20	阜新金昊空压机有限公司	1 103

表3 2006年压缩机行业利润前20名企业

序号	企业名称	利润金额（万元）
1	浙江鑫磊机电股份有限公司	7 073
2	上海飞和实业集团有限公司	5 332
3	北京京城环保产业发展有限责任公司	3 564
4	无锡压缩机股份有限公司	2 201
5	江苏超力机械有限公司	1 901
6	浙江开山股份有限公司	1 812
7	山东省潍坊生建集团	1 637
8	上海宝勒特压缩机有限公司	1 604
9	南京压缩机股份有限公司	1 535
10	宁波欣达螺杆压缩机有限公司	1 416
11	安瑞科（蚌埠）压缩机有限公司	1 349
12	重庆气体压缩机厂有限责任公司	1 212
13	浙江鸿友压缩机制造有限公司	1 205
14	四川金星压缩机制造有限公司	854
15	自贡通达机器制造有限公司	814
16	上海佳力士机械有限公司	681
17	广州机械科学研究院	640
18	上海环天机械有限公司	617
19	四川大川压缩机有限责任公司	596
20	杭州杭氧压缩机有限公司	582

2006年，协会88个会员企业经济效益综合指数为134.5%，高于上年17.1个百分点。重点联系企业综合指数为144%，高于上年31.7个百分点。

另据国家统计局统计，2006年80个压缩机非会员企业共有从业人员11 745人，生产各种类型的压缩机946 061台，完成工业总产值73.05亿元，完成新产品产值5.3亿元，实现主营业务收入68.66亿元。资产总计395 934万元，流动资产平均余额304 396万元，固定资产净值平均余额96 403万元，负债总计248 135万元。

2006年台湾复盛集团在大陆投资的4个企业生产压缩机423 753台，完成工业总产值16.29亿元，实现销售收入17.13亿元，产值和销售收入均实现大幅度增长。其中：复盛实业（上海）有限公司生产压缩机349 721台，完成工业总产值8.15亿元，实现销售收入8.88亿元；北京复盛机械有限公司生产压缩机1 372台，完成工业总产值2.96亿元，实现销售收入2.93亿元；复盛易利达（上海）压缩机有限公司生产压缩机4 895台，完成工业总产值1.56亿元，实现销售收入1.49亿元；中山复盛实业有限公司生产压缩机67 765台，完成工业总产值3.62亿元，实现销售收入3.83亿元。

上海英格索兰压缩机有限公司2006年完成工业总产值77 543万元，比上年增长23.2%；实现销售收入106 972万元，比上年增长23%；利润总额26 691万元，比上年增长47.6%；利税总额31 487万元，比上年增长74.1%；出口交货值11 599万元，比上年增长19.3%。

上海康普艾压缩机有限公司2006年完成工业总值20 012万元，比上年增长18.4%；实现销售收入19 992万元，比上年增长18.3%；利润总额1 866万元，比上年增长0.7%；利税总额2 586万元，比上年增长3.3%；出口交货值2 294万元，比上年增长90.4%。

柳州富达机械有限公司2006年完成工业总产值30 563万元，比上年增长17.6%；实现销售收入31 275万元，比上年增长19.7%；利润总额5 818万元，比上年增长42.7%；利税总额7 384万元，比上年增长54.6%。

无锡阿特拉斯机械有限公司2006年完成工业总产值79 479万元，比上年增长23.7%；实现销售收入79 001万元，比上年增长18.75%；利润总额8 103万元，比上年增长43.3%；利税总额8 320万元，比上年增长20.6%；出口交货值8 198万元，比上年增长100%。

二、产品分类产量及销售

2006年，协会88个会员企业生产大中小型压缩机142 720台，销售195 151台，其中生产螺杆压缩机20 069台，销售19 432台；生产微型压缩机3 029 014台，销售3 044 483台；生产压缩机配件5 802t。重点联系企业共生产大中小型压缩机12 281台，销售181 747台；生产微型压缩机3 009 608台，销售2 984 645台；压缩机配件销售4 744t。2006年压缩机行业部分企业螺杆压缩机产销情况见表4。

表4　2006年压缩机行业部分企业螺杆压缩机产销情况

企业名称	生产数量（台）	销售数量（台）	备注
沈阳空气压缩机制造厂有限公司	132	92	
北京京城环保产业发展有限责任公司	1 798	1482	
上海宝勒特压缩机有限公司	2 925	2 925	
江西气体压缩机有限公司	55	44	
浙江衢州煤矿机械总厂有限公司	56	66	
浙江开山股份有限公司	2 875	2 708	
宁波欣达螺杆压缩机有限公司	957	957	
无锡压缩机股份有限公司	1 413	1 433	
南京压缩机股份有限公司	121	121	
安瑞科（蚌埠）压缩机有限公司	21	19	
济南压缩机厂有限公司	27	26	
柳州柳二空机械股份有限公司	36	46	
上海压缩机有限公司	12	12	
上海斯可络压缩机有限公司	1 300	1 300	
上海佳力士机械有限公司	2 146	2 103	生产单螺杆压缩机
上海飞和实业集团有限公司	3 715	3 699	生产单螺杆压缩机
广东正力精密机械有限公司	784	744	生产单螺杆压缩机
阜新金昊空压机有限公司	936	916	生产单螺杆压缩机

协会88个会员企业共生产40m^3/min以上排气量压缩机4 027台，销售3 857台；生产40m^3/min排气量压缩机383台，销售384台；生产39～21m^3/min排气量压缩机4 089台，销售3671台；生产20m^3/min排气量压缩机1 494台，销售1 447台；生产19～11m^3/min排气量压缩机5 133台，销售4 955台；生产10m^3/min排气量压缩机2 312台，销售2 160台；生产9.9～6.1m^3/min排气量压缩机6 108台，销售5952台；生产6m^3/min排气量压缩机5 009台，销售4 820台；生产5.9～3.1m^3/min排气量压缩机15 957台，销售15 853台；生产3m^3/min排气量压缩机22 871台，销售22 819台；生产2.9～1.65m^3/min排气量压缩机106 232台，销售105 992台；生产1.6～1.4m^3/min排气量压缩机3 508台，销售3 579台；生产1.39～1.05m^3/min排气量压缩机8 869台，销售8 983台；生产1m^3/min排气量压缩机3 379台，销售3 383台。

协会88个会员企业生产0.9～0.7m^3/min排气量微型空压机9 457台，销售9 384台；生产0.69～0.6m^3/min排气量微型空压机2 966台，销售2 742台；生产0.59～0.3m^3/min排气量微型空压机18 055台，销售18 025台；生产0.29m^3/min排气量微型空压机79 862台，销售80 043台。

协会88个会员企业生产其他特种气体压缩机2 360台，销售2 105台。其中：生产氢气压缩机186台，销售181台；生产氮氢气压缩机259台，销售258台；生产汽车天然气压缩机809台，销售802台；生产煤气压缩机204台，销售212台；生产氮气压缩机88台，销售68台；生产二氧化碳压缩机187台，销售176台；生产氧气压缩机118台，销售126台；生产膜式压缩机229台，销售217台；生产其他气体（如：一氧化碳、原料气、石油气、乙炔气、循环气、丙烯气、富气、液化气、燃料气、氦气、氩气、干气螺杆火炬气、回收气等）压缩机280台，销售261台。

2006年，协会88个会员企业中有29个向世界各地出口各种类型压缩机279.7万台，出口交货值12.1亿元，其中出口到加拿大7 540台、墨西哥8 730台、柬埔寨4 234台、哥伦比亚1 205台、越南10 658台、英国267 934台、阿根廷261 146台、美国506 884台、澳大利亚2 815台、韩国519 226台、巴基斯坦1 620台、荷兰411 541台、智利451台。还向巴基斯坦、孟加拉、乌克兰等国出口汽车天然气压缩机285台，出口额10 066万元。汽车天然气压缩机不仅广泛应用于国内市场，还在东南亚国家的市场上有价格和质量的优势。2006年压缩机产品出口额前20名企业见表5。

表5　2006年压缩机产品出口额前20名企业

序号	企业名称	出口额（万元）
1	浙江鑫磊机电股份有限公司	73 787
2	浙江鸿友压缩机制造有限公司	17 098
3	江苏超力机械有限公司	7 679
4	重庆气体压缩机厂有限责任公司	5 023
5	浙江开山股份有限公司	2 269
6	温州建庆实业有限公司	1 907
7	慈溪市超超空压机配件有限公司	1 747
8	南京华冠压缩机有限公司	1 646
9	浙江衢州煤矿机械总厂有限公司	1 478
10	镇江春环密封件集团有限公司	1 207
11	无锡压缩机股份有限公司	1 145
12	四川南方气体压缩机公司	1 122
13	四川金星压缩机制造有限公司	666
14	无锡力源压缩机有限公司	583
15	自贡通达机器制造有限公司	582
16	沈阳电机股份有限公司	574
17	南京压缩机股份有限公司	425
18	江西气体压缩机有限公司	405
19	上海宝勒特压缩机有限公司	362
20	武汉气体压缩机厂	360

三、科技成果与新产品

2006年，无锡压缩机股份有限公司首台DW450/212C型60m^{3}三级压缩富氧无油润滑往复式压缩机在山东洪业化工集团有限公司调试成功，各项技术参数均达到设计要求。新开发的CNG汽车售气机主要用于各类加气站的终端。LGW335/001型干式螺杆压缩机、变频螺杆压缩机、20m^{3}风冷/水冷螺杆压缩机3个产品，是无锡压缩机股份有限公司自主研究开发、拥有知识产权的产品。其中变频螺杆压缩机、干式螺杆压缩机被列为江苏省攻关计划及省重大科技成果转化资助项目，并被江苏省科技厅认定为高新技术产品。公司的“石油天然气工业用箱装回转无油空气压缩机技术标准研制”、“氦用干螺杆空气压缩机技术条件”两个项目获市政府专项资助。“60m^{3}干式螺杆压缩机的研制”项目获中国机械工业科学技术二等奖。

上海压缩机有限公司为中石化南化公司制氢改造项目生产的M—510/42型活塞压缩机，其公称活塞力1 000kN，压缩机一级吸入压力0.106MPa，压缩机最终排气压力4.3MPa，行程381mm，转速333r/min，轴功率4 641kW。该活塞压缩机的开发和运行成功，填补了国内空白，为上海压缩机有限公司的市场拓展打开了新局面。公司为内蒙古大唐国际发电有限公司年产46万t的大型煤烯烃项目装置提供的2台(套)1 000kN活塞力、4列压缩机组,将于2007年第3季度交付使用。

柳州柳二空机械股份有限公司2006年研制的20m³移动式中空压缩机,填补了广西区内空白。

浙江开山股份有限公司2006年12月自行研制的"精密螺杆副技术开发"项目通过了浙江省技术创新项目鉴定委员会的鉴定验收。该项目主要从事排气量1~60m³/min、排气压力0.5~1.3MPa的螺杆压缩机转子型线以及螺杆压缩机主机的研究设计与制造。该项目主要技术性能指标达到国际同类产品先进水平,具有良好的经济效益和社会效益。

北京汇知机电设备有限责任公司自主开发的GD134—30/160对称平衡型隔膜压缩机是国内首创的对称平衡型新结构高压大容量隔膜压缩机,相对两列的运动件质量相等,往复和旋转惯性力平衡;其嵌入式双O型密封膜头结构、双向辅助油泵等部件均是创新结构。该机各项技术性能指标达到国家有关标准,居国内领先、接近国际先进水平。该机填补了国内大容积流量隔膜压缩机的空白,性能价格比优于国内外同用途产品,可替代进口机型,能满足国内市场的急需并得到市场的认可。截止到2006年底,公司已发展了2个系列,共计60余种对称平衡型隔膜压缩机,具有良好的经济效益和社会效益。

安瑞科(蚌埠)压缩机有限公司生产的85kN活塞力、M型工艺流程用压缩机处于国内领先水平。该机排气量为3 000m³/h,进气压力0.1~0.3MPa时,排气压力25MPa;进气压力3.0~20MPa时,排气压力25MPa,属于宽进气压力范围的天然气加气站用子站压缩机,在国内外加气站领域应用前景广阔。公称容积流量13m³/min、排气压力25MPa的车装风冷螺杆—活塞串联式压缩机及排气量为1 200 m³/h、压力为25MPa的膜制氮系列压缩机在石油化工领域应用前景广阔,均达到国内同类产品先进水平。

无锡锡山安达防爆电气设备有限公司研制生产的YBQ63—355系列隔爆型三相异步电动机达到国内先进水平。

无锡力源压缩机有限公司研制生产的排气量0.3~3m³/min、排气压力0.25~5.0MPa的中压压缩机系列(三级压缩),在吹瓶、船舶、压力试验等领域应用前景广阔,该机处于国内领先水平。

上海普度压缩机有限公司研制生产的3万~30万kcal/h单螺杆制冷压缩机,其COP值达到与螺杆压缩机同规格产品的水平。公司研制的$Q=12.5m^3/min$、$P=3.0\sim3.5MPa$十字滑块压缩机,比功率达到同类产品的行业标准,广泛用作船用及吹瓶用压缩机。

济南压缩机厂有限公司研制生产的排气量为10 m³/min、12m³/min、20m³/min,排气压力为0.8MPa的煤矿用螺杆式压缩机,技术水平达到国内先进水平。

上海大隆机器有限公司自行研制的6M50—306/314型氮氢气压缩机,其电机功率为5 500kW,可年单产4.73t合成氨;6M50—328/31.4~15.4/12~42.8无油润滑空气天然气联合压缩机,是国内惟一用天然气作源头生产合成氨的压缩机;6M32—206/146型二氧化碳压缩机单机可年产25万t尿素,可替代原小机型压缩机;生产甲醇的6M25—114/34型富氢气压缩机采用无油润滑技术,其电机功率1 350 kW、排气量为8 250m³/h,该机利用甲醇可替代汽油工艺的技术属国内首创,并在四川、上海、山西等地的化工企业中得到应用。

沈阳气体压缩机股份有限公司2006年研制的6列80kN活塞力的氮氢气压缩机及3D100型大活塞力工艺氢气压缩机已完成产品设计,达到国际先进水平。

北京京城环保产业发展有限责任公司2006年隆重推出的GD4隔膜式压缩机,行程1 800mm、活塞力80kN、电机功率90kW。该机运用多项先进新技术、新工艺和新结构,运行平稳可靠,开创国内和国际隔膜压缩机史上的先河,填补了国内压缩机制造业的一项空白。

由中国人民解放军第四八一二工厂和合肥通用机械研究院共同研制的LHC—8/400型大排量高压空气压缩机组功率为160kW,经国家权威机构检测,实测数据:压力40MPa,容积流量8m³/min,振动烈度8.5mm/s,噪声88.8dB(1m处),常压露点-61.2℃,排气含油量0.006mg/m³。

四、基本建设与技术改造

无锡压缩机股份有限公司加大技术研发投入,研发经费年递增3.5%,进一步调整产品结构,产品从中小型、中高压向大中型、中高压方向发展。产值从2000年的4 000万元上升到2006年的1.8亿元;新产品产值率由2000年的35%上升到2006年的63%。该公司对天然气加气站母子站成套设备的技术改造项目,总投资4 500万元,建设期为2004年11月至2007年12月;大型中高压压缩机建设项目总投资1 000万元,建设期为2007年1月至2008年6月。

五、企业组织结构和产品结构调整

上海压缩机有限公司与上海大隆机器有限公司均隶属于上海电气集团总公司,上海压缩机有限公司具有多年专业从事各种往复式压缩机和螺杆式压缩机的设计、制造经验,上海大隆机器有限公司具有独立设计、制造大中型往复式高压泵(包括核电厂用泵、隔膜泵)、活塞式气体压缩机的丰富经验和雄厚的实力。通过整合这两大国有企业的市场资源、人才资源、装备资源,组建成立了上海电气压缩机泵业有限公司。组建后的上海电气压缩机泵业有限公司投入大量资金进行技术改造,企业核心竞争力大大加强。

浙江开山股份有限公司投资上海临港产业区,将上海临港厂区建成国家863项目研究成果产业化基地,打破国外企业对螺杆压缩机核心技术和市场的垄断,在我国更加广泛地推广螺杆压缩机。建成后的上海临港开山工业园占地面积达6 000m²。

上海飞和实业集团有限公司2006年在江苏盐城购买20万m²土地建立飞和单螺杆压缩机工业园区。该工程总投资3.2亿元,首期工程投资约1亿元,预计2~3年工程全部完工。

贺尔碧格集团已在欧洲及美洲的各生产型分公司起用了SAP软件进行企业资源管理,贺尔碧格(上海)有限公司作为贺尔碧格集团在亚洲最重要的生产设计中心,是亚洲第一个开始实施SAP项目的子公司。

浙江温岭地区经过多年的开拓与发展,已成为我国小型空压机的重要生产基地。2006年完成工业总产值60多亿元,生产小型空压机产品700多万台,其中70%以上用于出口。温岭市于2006年9月被中国通用机械工业协会批准并授牌"中国通用机械——小型空压机之都"。小型空压机产业基地被评为"浙江省小型空压机高新技术产业基地"和"国家商务部推荐空压机出口基地"。

〔撰稿人:中国通用机械工业协会压缩机分会张宝兰 审稿人:中国通用机械工业协会压缩机分会高其烈〕

真 空 设 备

2006年是我国国民经济"十一五"规划的开局之年。在我国国民经济保持持续快速发展的大环境下,在国务院振兴装备制造业纲要的引导下,中国真空设备行业重视科学管理、提高经济效益,有效利用人力资源、增强员工积极性,加强科技投入、提高核心竞争力,主要经济指标达到历史最好水平。在调整企业组织结构、强化企业资源管理、完善人才激励机制、改善工艺装备以及加强市场营销等方面,取得了较好的效果。行业企业的管理工作进一步向科学化的轨道迈进,企业自主创新能力和抗风险能力逐步提高,真空设备行业经济运行质量处于稳定发展的良好态势。

一、生产发展情况

2006年,中国通用机械行业真空设备行业协会共有会员单位80个,其中企业68个,大专院校和科研院所12个。2006年对52个重点企业进行了统计。2005~2006年真空设备行业52个重点企业基本情况见表1。

表1 2005~2006年真空设备行业52个重点企业基本情况

指标名称	单位	2005年	2006年	比上年增长(%)
年末从业人员	人	9 296	12 260	31.9
其中:管理人员	人	1 820	2 027	11.4
工人与学徒	人	5 625	7 153	27.2
工程技术人员	人	1 147	2 252	96.3
固定资产原价	万元	136 067	149 985	10.2
流动资产	万元	188 074	239 340	27.3
年末所有者权益	万元	131 784	171 645	30.2

2006年,52个重点企业完成工业总产值32.8亿元,比上年增长47.8%;销售产值30.6亿元,比上年增长38.5%;工业增加值9.9亿元,比上年增长13.8%。工业总产值增幅较上年提高33个百分点,工业销售产值增幅提高30个百分点,工业增加值增幅下降7个百分点。2006年,全行业工业总产值、工业销售产值等都达到历史最好水平。其主要原因是:①国民经济持续高速发展,市场对真空产品需求量增大,拉动了真空产业的发展。②行业各企业对国家重点发展的热区,进行市场跟踪,及时调整产品结构,生产出一批适销对路的产品,扩大了市场占有率。如开发出应用于煤矿、化工、炼油和制药等行业、特定用途的大型水环真空泵和水环压缩机;为适应真空冶金海绵钛的发展需要而生产的真空机组、真空熔炼炉、真空电弧炉等;为适应电机行业真空浸渍的发展需要而生产的大型真空压力浸渍设备等。

二、产品分类

真空设备行业产品主要有5大类:

(1)真空获得设备——产生、改善和维持真空的装置,包括获得粗、低、高和超高的各种真空泵和真空机组。如各种机械泵、蒸汽流泵和气体捕集泵等。

(2)真空应用设备——在真空环境下(低于一个大气压的气体状态)应用的各种真空设备。如各种真空冶金炉、真空热处理炉、真空镀膜机、真空冷冻干燥装置、真空包装机、真空浸渍设备、真空浇注设备、真空煤油气相干燥设备、真空蚀刻机、钢水脱气装置和空间模拟设备等。

(3)真空测量仪表——测量低于一个大气压的气体和蒸汽压力的各种仪表。如低真空计(测量范围10^5~10^2Pa)、中真空计(测量范围10^2~10^{-1}Pa)、高真空计(测量范围10^{-1}~10^{-5}Pa)和超高真空计(测量范围$<10^{-5}$Pa)。

(4)真空检漏仪器——检测真空系统、元件或漏孔位置的各种仪器。如高频火花检漏仪、卤素检漏仪和氦质谱检漏仪等。

(5)真空阀门——在真空环境下应用的各种阀门。如插板阀、挡板阀、电磁阀、球阀、蝶阀和调节阀等。

三、市场及销售

2006年,我国工业的持续增长,市场对特种材料(如海绵钛、单晶硅、钕铁硼等)的持续旺盛需求,能源领域(如煤炭、石化)的持续发展,以及电工设备领域的突飞猛进,都进一步推动了真空设备行业的发展,部分企业的滑阀真空泵、旋片真空泵,出现了供不应求的喜人局面。

2006年,52个会员企业完成销售收入24亿元,比上年增长14.29%;完成出口交货值2.42亿元,比上年增长28.04%;实现利润2.49亿元,比上年增长37.57%。

广东省佛山水泵厂有限公司2006年实现工业总产值6.89亿元,其中,真空泵和机组的销售额占全年销售额的50%以上,创造了历史最好成绩;肯富来液环真空泵出口创汇超过600万美元，产品出口澳洲、欧洲、中国香港等地，形成一个新的出口热点。

兰州真空设备有限责任公司2006年完成利税总额784万元，比上年增长46%。其中，上缴税赋454万元，税后利润330万元，比上年增长187%。

淄博真空设备厂有限公司2006年实现主营业务收入8 051万元，比上年提高30%；完成工业总产值8 620万元，比上年提高22.6%；实现利润185万元，比上年提高22.5%；利税561万元，比上年提高14%。各项经济指标均创下改制以来的最好水平。

浙江真空设备集团有限公司大型真空机组市场进一步拓宽，直排大气罗茨真空机组在化工行业及航天航空领域的销量均有大幅度增长。全年实现工业总产值7 688万元，创下历史新高。公司拥有自营进出口权，积极开拓国外市场，在北美洲、亚洲等地拥有长期固定客户。2006年外销形势良好，仅2H—70A型滑阀真空泵就销售100多台。

扬州长江水泵有限公司2006年实现销售收入5 008.3万元，其中销售真空泵系列产品202台（套），销售收入3 032.8万元，主要用于煤矿企业的瓦斯抽放，确保煤矿企业生产安全。根据用户需要设计的移动式瓦斯抽放泵站销售28台（套），受到用户好评。2006年下半年，调整产品结构，开发了2BEY72型水环真空泵，提高了企业知名度。

中山凯旋真空技术工程有限公司2006年实现销售收入5 018万元。在出口方面有很大的进展，其中，销往中国台湾煤油气相干燥设备1套、变压法真空干燥设备1套；出口缅甸变压法真空干燥设备1套；出口新加坡真空热处理炉1台；出口韩国真空浇注设备1套；为法国阿海珐集团在南非的项目提供煤油气相干燥设备及变压法干燥设备各1套。公司将成为法国阿海珐集团设备主要供应商，阿海珐集团派出专家来公司指导、完善质量保证体系。预计未来国际市场销售收入将占公司销售收入的40%以上。

国投南光有限公司真空泵分厂2006年10月各类真空泵的单月产值突破500万元，创单月产量新高。

四、科研成果及新产品

2006年，真空设备行业企业以市场为导向，以科学发展观为指导，不断加大科技开发投入，加快新产品研发速度，研制出一批适应市场需求的高附加值的新产品。新产品的开发成功不但满足了用户的需求，而且也为企业的良性发展奠定了坚实的技术保障，对于提高企业的品牌价值、核心竞争力起到了极大的促进作用。

浙江真空设备集团有限公司依托省级真空技术开发中心，追踪产品设计制造的前沿技术，强化科技进步、技术创新的引导作用，大力开发适销对路的高新技术产品，取得了良好的经济效益。2006年，公司获得省、市两项科技进步奖，石油终处理真空系统通过了省级鉴定验收。在科技进步、技术创新方面成绩斐然：①在新产品开发和改进方面，一是ZJP600B新型罗茨真空泵已经批量投产，大大提高了罗茨真空泵的可靠性和稳定性，能承受更大的泵使用压差，提高了使用寿命，同时抽气速率也有所提高；二是完成了大型罗茨泵ZJ10000图样设计，已进入制造阶段；三是根据冶金等行业的特殊要求，设计了先进的2H120滑阀真空泵，并开始批量生产，该真空泵是国内抽速最大的双级滑阀真空泵，可靠性好，寿命长；四是完成了蒸汽（气）处理系统的批量生产，满足了市场需求。②在真空抽气系统开发方面，2006年完成了系统设计及改造设计31种，大型、超大型真空抽气系统的销量增长强劲。

兰州真空设备有限责任公司2006年完成新产品设计11项，其中完成了省、市技术创新产品4项（ZRT—280—9/4L真空除应力设备、ZR—906—13W不锈钢真空钎接炉、ZRJ—300—23W真空烧结炉、K—630高真空油扩散泵），企业研发新产品7项（航天试验舱真空抽气系统、ZZL—2200/2.5高真空卷绕镀膜机、ZR—350—13WA真空钎焊炉、ZR—300—12W真空退火炉、ZRYS—25—8LS真空预烧炉、ZR—415—$13W_3$真空钎焊炉、ZRWT—240—8W真空提纯炉）。ZZL—2200/2.5高真空卷绕镀膜机、JP—3000磁控溅射镀膜机通过了省级新产品鉴定。

淄博真空设备厂有限公司WLW—300立式往复泵经过重新设计整改，已可满足客户的使用要求。JDL353改进型电力机组、SKC—3000型锥体真空泵、2LG—10型高压氯气压缩机也都进入试制阶段。2LG系列产品被列入国家火炬计划，公司也将成为国家火炬高新技术企业。

中国科学院沈阳科学仪器研制中心有限公司为在IC成膜PECVD设备的国产化研发方面尽快取得突破，与美国诺发公司签署了授权协议书，引进了第一代6in PECVD设备的研制技术，力争通过引进—消化吸收—再创新，研制具有自主知识产权的PECVD设备。公司成功引入一支IC装备成膜方面的海外专家技术团队，并以此为骨干组建了PECVD事业部。该项目被国家发改委列为“高新技术产业化示范工程项目”以及辽宁省、沈阳市、沈阳高新技术产业开发区的“十一五”重大项目。罗茨干泵（机组）由一个五级直排大气的干泵和一个罗茨增压泵组成，以其洁净无油、抽速大、振动小等特点，被大量应用于IC生产线上。该项目是国家“十五”863项目重大专项子课题。2006年，公司完成了罗茨干泵（机组）的图样和工艺设计，攻克了“8”字轴“心形”型线方程设计关键技术，设计了新型油胀装配结构，研制成功新型动密封材料和热膨胀系数小、耐磨性好、防腐性强的铸件材料，解决了转子轴屏蔽电机的技术难题。经过对样机测试，证明各项技术指标完全达到设计要求，目前正在进行寿命试验，该项目已申报3项专利。公司对“超洁净真空气动闸板阀”进行了工程化研发，已获得2项专利授权，其中实用新型“超高真空闸板阀”得到了市专利局的择优支持，并被评为沈阳市2006年度专利优秀奖。

广东省佛山水泵厂有限公司的2BW4系列凝汽器抽真空成套装备获广东省机械工业科技进步一等奖，被国家电力公司规划设计总院和国家电力公司成套设备部认定为600MW、300MW、200MW火力发电机组的配套设备。抽气能力与凝汽器背压同步变化，始终能保证发电机组具有最佳的出力，在新建电厂和已有电厂的技改中，不但运行可靠，还会提高机组的运行效率。2BW 成套装置是广东省技术创新专项资金项目，该项目是融合了当代微机、数控等先进电控技术的高档次大型成套装备的泵类产品。公司生产的真空/压缩机电一体化成套装备，具有运行安全、结构紧凑、节能效果显著等特点，产品达到国际先进水平。国内氯碱、VCM、聚酯、尼龙、PTA、尿素、炼油、酮苯脱蜡等行业用的液环泵成套机组的国产化，不仅打破了国外设备供应商的长期垄断，而且能为国内石化行业节约大量的资金，同时以此为契机，还可提升国内相关装备的制造水平。该机组已出口到印度、巴基斯坦等国家。

淄博水环真空泵厂有限公司 2006 年开发了 2BEC80 型水环真空泵，抽气量800m^3/min，配套电机功率1 000kW，同时开发了 2BEC100 型水环真空泵，抽气量1 000m^3/min，配套电机功率1 250kW。经过检索，两种产品国际尚无此大规格。公司 2006 年销售 2BEC100 大泵 10 台，销售额2 000万元。抽气量 6 ~ 120m^3/min 的 ZWY 系列移动瓦斯真空泵站的试制成功，可满足煤矿井下作业的安全要求，已取得安全标志证书；2BEC80 型水环真空泵通过了山东省科技厅组织的专家鉴定，产品达到国际先进水平；2BEC 系列水环真空泵获得中国机械工业联合会科学技术三等奖。

扬州长江水泵有限公司 2006 年通过群众性技术创新和技术人员攻关，共获得科技成果 15 项，直接创造经济效益22.8万元，其中，申报国家专利产品 3 项，获得江苏省高新技术产品称号 2 个。开发了 2BEY67、2BEY72 大型水环真空泵新产品，对泵的过流部件作了优化设计，泵效率与其他同类产品相比，提高了 10% ~20%，尤其是中低真空、大气量的产品节能效果更为显著，其主要技术指标与国外同类产品接近，而价格只有其 2/3，能替代进口，节约外汇，在国内具有很大的发展空间。2BEY67 和 2BEY72 大型节能高效真空泵的开发，使公司迈上了一个新台阶，两种产品的销售额占总销售额的30% 以上。

北京中科科仪技术发展有限责任公司的新产品 F—400/3500 涡轮分子泵的销售呈现爆炸式增长，比上年增长256%。

北京北仪创新真空技术有限责任公司2006 年太阳能电池生产线研制成功，开启了更广阔的市场前景。

广东中环真空设备有限公司 2006 年共开发 10 项新产品，其中 JP—L1500 立式磁控溅射镀膜生产线和 Z—600 油增压泵通过了广东省科技厅组织的技术鉴定。新产品销售收入达1 300万元。

成都南光机器有限公司研制的“JC400—1/D 型直线式多室磁控溅射系统”在中国人民解放军某部于北京召开的部分型谱项目设计定型鉴定、成果展示及应用推广会上，顺利通过了设计定型鉴定。该系统被评定为“填补了国内同类产品空白，设备总体性能接近世界先进水平”。该系统于2002 年4 月承接研制，于 2006 年9 月完工交付使用。

承德真空设备制造有限公司研制的试验设备——LJD—Ⅲ型磁控溅射镀膜机，选用干泵和分子泵组成的抽气机组，极限真空 7×10^{-4}Pa，工作温度 350℃，基片行走速度0.8 ~5m/min，采用触摸屏组成的 PC + PLC 控制系统，全不锈钢真空室体，并且配备可同时工作或交替工作的脉冲直流、中频、射频三种磁控靶，解决了近距离上不同磁控靶同时工作而产生的干扰问题。该设备可完成单质金属膜、非金属膜、氧化物膜的同时溅射或交替溅射，可以完成各种膜层的单独沉积及相互混合，并可通过控制而得到不同的混合比例，是表面材料、多层膜系以及非硅太阳能电池板等研究领域的理想试验设备。

上海阀门二厂有限公司 2006 年开发设计的第三代DDC—JQ—C 和 GDC—J—C 型电磁阀，与原产品相比，其特点为结构小巧、紧凑，节约铜线原材料，电器部件直接连在阀门上，操作性能稳定。对具有反顶大气性能的 *DN*50 ~320mm 的 GDQ 型真空挡板阀系列的补充开发，扩大了阀门的使用范围。将老产品 CCQ 型插板阀和 GIQ 型蝶阀的气动部件改制成外购件，不但大大降低了制造成本，同时也提高了产品外观质量。

五、技术改造及合作

为了企业的生存发展，就要不断提高企业的自主创新能力和核心竞争力，提高真空产品的质量。2006 年各企业不断加大科技投入和设备更新改造力度，改善研发手段，加强与外部的合资合作，引进资金，扩大生产规模，不断做大做强主营业务。

兰州真空设备有限责任公司 2006 年购进关键设备和检测仪器 5 项：阿尔卡特高性能氦质谱检漏仪、大型全自动 CO_2 气体保护焊机、厚板四辊卷板机、自动罐体外壁及焊缝抛磨机、大功率铣削加工单元，大大改善了生产条件和检测手段，进一步提升了产品竞争力。

浙江真空设备集团有限公司 2006 年投入大量资金进行设备的大幅度更新改造，对偏心轮夹具和端面夹具进行改进设计，完成了泵体两缸孔镗模项目及滑阀数控龙门刨削项目的改进，并进一步搞好常规工艺、工装设计的改进工作，以提高现场控制的有效性，更好地提高产品质量，服务客户。

淄博真空设备厂有限公司成功完成了对原双力铸造公司的资产重组工作，利用原有的资产加上自然人投资组建了具有独立法人资格的淄博坤阳泰铸造有限公司，使公司的铸件供应量和铸件质量可靠性有了保障；综合车间土建及基础施工已经全部完工，待设备安装完毕后，将投入使用，这必将大大提高公司产品的质量水平。

浙江兴华真空设备有限公司 2006 年投资2 500万元，在江苏盱眙工业开发区征地66 600m^2，新建厂房18 000m^2，其中设备投资1 300万元，建成了以 8 台数控加工中心为主的罗茨泵、滑阀泵主要零件的精加工生产线。公司还购置 1台国际一流的大型三坐标测量仪，用于零件的自动测量。这次技改添置和改造的机床装备处于国内领先水平，为公司产品质量的持续提升提供了可靠的保障。

广东省佛山水泵厂有限公司 2006 年共投入1 600多万元进行技术改造，其中，投入986万元购置数控铣镗床、MC数控双柱立式车铣加工中心等大型先进设备，以提高大型泵的制造能力；投入538万元新建金属模具车间，扩建锻铆车间、钢结构模具仓库等，以缓解生产场地的不足；投入118万元进行电气技术和安全改造，更新计算机设备等。

为了加快技术创新，广东省佛山水泵厂有限公司利用高等院校的技术优势和自身的技术消化和转化能力，把高等院校的研究成果向生产应用一线转移，先后与江苏大学联合开发了S型双吸泵和QW新型潜水泵系列，与华中理工大学共同开展铸件裂纹与桔皮缺陷的研究，与国家金属腐蚀控制工程技术研究中心共同建立了SEBF工业防腐蚀技术华南地区研究开发应用基地，合作开发与推广SEBF系列涂料在腐蚀性与磨蚀性流体介质（包括液体和气体）输送工程与设备中的应用等。产、学、研相结合使公司的产品研究开发处于技术的高起点，公司与清华大学合作，采用三维CAD设计手段和CFD叶轮机械设计技术，不仅全面革新了泵产品的设计理念和设计手段，同时该技术已成为企业的核心技术，使企业的设计技术含量不断提高，自主知识产权开发能力得到进一步提升。

淄博水环真空泵厂有限公司2006年购买M1380/4000H磨床、数控车床、数显坐标龙门铣床等大型机加工设备7台（套）；新增1 600kW泵性能试验中心1套；购买德国GS1000直读光谱仪1套。公司的装备达到国内泵类行业一流水平。

中国科学院沈阳科学仪器研制中心有限公司新厂区的正式启用扩大了公司的生产规模，2006年筹资300余万元，购进动平衡检测仪、数控车床、电解生产线等先进的加工、检测、清洗设备，提升了公司的生产能力和检测水平。

山东博山真空泵厂有限公司2006年投入500余万元，扩建综合车间一处，面积2 600m^2，新增3.15m立式车床1台，为企业今后的发展奠定了坚实的基础。

上海阀门二厂有限公司是2005年由创建于1935年的上海阀门二厂转制而成的民营企业。公司成立后投资近50万元，把600m^{2}的真空装配车间改造成基本符合真空卫生要求的封闭式车间，增添了2台超声波清洗机，2台质谱检漏仪等必要的生产和检测设备；改善了厂区环境，新建135m^{2}坯件仓库，包括焊接工序操作室及焊材一级储存库；投资62万多元增添、改造的生产设备有加工机床、真空阀检漏测试排气台、烘箱、电脑等。改制后，企业精神面貌发生了较大变化，生产和销售稳步上升，得到了不少国内外商家的重视，美国、法国、瑞士、日本、韩国等国的著名真空设备厂商多次光临，洽谈交流。公司也组织技术人员外出参加学术交流，举办各类产品展示会等。

扬州长江水泵有限公司2006年共投入固定资产214.35万元，添置数控机床1台，大型双柱立式车床1台，龙门刨铣床1台，动平衡试验机1套及普通车床5台，提高了技术装备能力，扩大了生产规模。公司与江苏大学签订了技术合作协议，建立江苏大学研究生实习基地，成立了江苏大学扬州长江水泵研究所、扬州长江水泵上海研究中心。

中山凯旋真空技术工程有限公司2006年完成了1 461.58m^{2}生产车间的扩建及1台30t行车的安装；新购3套CO_2气体保护焊及1套氩弧焊、2套自动切割机、1台柴油发动机叉车。2007年计划再添置卷板机1台、剪板机1台、数控铣床1台、普通车床1台。

六、管理及改革

企业综合竞争力的提高，很大程度上取决于管理水平。2006年，行业企业进一步落实科学发展观，不断总结经验，学习吸收当代先进的管理理念，运用先进的管理手段，不断提高企业管理水平，不断增强企业的核心竞争力，促进企业持续发展。

成都南光机器有限公司为整合资源，精简机构，将镀膜分厂、专用设备分厂、机加工分厂合并成立真空镀膜设备分厂，同时保留专用设备分厂的产品和业务，对外保留专用设备分厂厂名。

北京中科科仪技术发展有限责任公司2006年11月7日在北京市产权交易所摘牌，取得代表国有大股东的中科集团24.31%的股权，公司的股权结构由转改制之初的国有股权89.31%、自然人股权10.69%，调整为国有股权65%、自然人股权35%。

兰州真空设备有限责任公司按照兰州市百户企业资产重组的要求，分别与中国船舶重工集团上海七一一所和上海电气集团股份有限公司进行洽谈，两个单位对公司完成了尽职调查。2006年8月上旬，兰州市国资委组织了重组方案评价，公司履行了相关程序——补充审计、征求意见、拟定协议等。

广东省佛山水泵厂有限公司运用竞争和激励机制，努力建立“引得进、用得好、留得住”的人力资源管理体系。在公司内部建立和健全了科学严格的绩效考核制度、员工培训体系，形成了科学有效的激励机制和约束机制；制订了《工程技术人员招聘、考评及激励制度》，公开招聘技术类的主任工程师和项目工程师，实行公平竞争、择优上岗，按岗位给予相应薪酬。

2006年，中国科学院沈阳科学仪器研制中心有限公司在安信咨询公司指导下，设计实施了更具科学性和合理性的薪酬分配和绩效考核体系。新的薪酬体系中，首先拉开了员工的薪酬差距，使收入水平向岗位价值、人员素质、工作贡献方向倾斜；其次，根据岗位的特点调整了固定收入与变动收入的比例，增强薪酬的激励效应，真正体现出多劳多得；第三，简化了薪酬结构，取消了不必要的或起不到激励作用的薪酬构成要素，使薪酬结构趋于简单化，合理化。

淄博真空设备厂有限公司的生产部门以市场订单为重点，按产品系列建立了专项订单专人负责制，使订单管理分解工作走上了一个规范的轨道。公司认真做好生产计划、生产储备、生产加工工作，加大生产调整力度，打破常规，充分调动各车间的劳动积极性和生产能力，以最快的速度满足市场需求。经过公司上下的共同努力，产品结构调整已经基本完成了由低端向高端的初步转变，低端常规产品的生产量已经大幅度下降，以SKA、SY、2SY、WLW系列产品，以及不锈钢泵、真空机组、真空应用产品和干泵等高技术含量的产品为主体的新的主导产品体系已经确立，使公司产品的竞争由低层次迈向了高层次。此外,完成了计算机企业资源计划管理系统(ERP)全面换版升级工作;成立了高斯帕干泵事业部,实现了干泵市场新突破。

北京北仪创新真空技术有限责任公司将预算指标和重点任务进行分解,明确内容及责任人,做到预算有目标,执行有标准,事后有分析,提高了制订预算的科学性、严谨性;加大了预算目标的监控力度;扩大了对采购预算、外协外购预算的编制范围。现在全面预算工作已经成为公司日常工作的重要组成部分和考核的主要依据。同时,修订、完善了财务管理办法。根据实际业务流程补充了资金管理、采购管理、销售管理流程图,进一步理顺了会计核算业务流程;制订了出入库核算与管理办法,完善并印制了新的出、入库单,调整了库房核算管理办法;启动了ERP财务总账管理系统,初步实现了财务核算电算化,切实提高了公司的财务管理水平。

扬州长江水泵有限公司推行"绩效管理"制度,建立了一整套行之有效的岗位工作标准,每月进行纵向+横向管理考核;加强人力资源管理,制订了激励机制,充分发挥员工潜能。公司与江苏大学、扬州大学、中国矿业大学等大专院校建立毕业生信息互通机制,定期参加毕业生招聘会,2006年共招收本科毕业生11名,充实了生产、管理、技术等部门,培养后备人才。公司还成立了研究中心,从技术部分离出来,专业从事泵产品研究设计与开发,制订研究开发计划,落实目标和任务。

〔撰稿人:中国通用机械工业协会真空设备分会王庆伟
审稿人:中国通用机械工业协会真空设备分会李春影〕

干燥设备

一、生产发展情况

2006年是"十一五"发展规划的开局之年。面对原材料和能源价格的上调以及国家宏观调控等一系列因素的考验,干燥设备行业企业坚持科学发展观,加快自主创新与产业结构调整的步伐,积极转变经营方式,行业经济实现持续稳定增长,企业参与国际市场的竞争能力也越来越强。

据干燥设备行业协会统计,2006年42个会员单位共生产各种干燥设备约3 000台(套)。其中:通用设备1 000台(套),非标设备2 000台(套)。从产值与生产的设备数量看,产品从小型、单机向大型、成套化方向发展,单台(套)的均价有所提高;从产品类型看,产品多为非标产品。2006年统计的42个企业生产的干燥设备对外出口贸易总额为9 600多万元,较上年大幅增加。2006年干燥设备行业42个企业主要经济指标见表1。

表1 2006年干燥设备行业42个企业主要经济指标

指标名称	单位	数值
工业总产值	万元	186 307
其中:新产品产值	万元	44 295
工业增加值	万元	49 693
销售产值	万元	175 585
其中:出口交货值	万元	9 621
销售收入	万元	158 753
利润总额	万元	7 999
产品销售率	%	92
经济效益综合指数	%	157
全员劳动生产率	元/人	98 194
资产负债率	%	56

1.2006年干燥设备行业基本生产情况

(1)经济稳定增长。2006年统计的42个干燥设备企业共完成工业生产总值186 307万元,比上年增长11.2%,工业增加值49 693万元;工业销售产值175 585万元,比上年增长13.3%;产销率92%,比上年略有下降;经济效益综合指数平均值为157%,比上年略有下降,这主要是新增亏损企业造成的。2006年干燥设备行业42个企业工业总产值见表2。2006年干燥设备行业42个企业工业销售产值见表3。

表2 2006年干燥设备行业42个企业工业总产值

序号	企业名称	工业总产值(万元)
1	锦西化工机械(集团)有限责任公司	55 023
2	开原凯尔烘干设备有限公司	11 380
3	山东天力干燥设备有限公司	11 000
4	天津华能集团能源设备有限公司	10 909
5	东台市食品机械厂有限公司	9 200
6	沈阳东大粉体工程技术有限公司	8 996
7	上海远东制药机械总厂	8 664
8	常州一步干燥设备有限公司	7 556
9	石家庄工大化工设备有限公司	7 376
10	无锡林洲干燥机厂	5 500
11	泰安市东方干燥设备制造有限公司	4 200
12	常州市第二干燥设备厂	4 083
13	江苏星轮高速机电设备制造有限公司	3 890
14	靖江市天和干燥机械制造有限公司	2 445
15	常州市震华干燥设备有限公司	2 252
16	常州先锋干燥设备有限公司	2 250
17	杭州钱江干燥设备有限公司	2 198
18	上海大川原干燥设备有限公司	1 911
19	哈尔滨东宇农业工程机械有限公司	1 902
20	上海浦东冷冻干燥设备有限公司	1 805
21	辽宁立达集团有限公司	1 753

（续）

序号	企业名称	工业总产值（万元）
22	青海三四一九干燥设备有限公司	1 650
23	铁岭精工机械有限公司	1 521
24	常州市宇通干燥设备有限公司	1 500
25	成都精工干燥设备有限公司	1 487
26	无锡市现代喷雾干燥设备有限公司	1 450
27	三门峡昊博化工工程有限公司	1 422
28	常州市双华干燥设备有限公司	1 420
29	苏州自力化工设备有限公司	1 338
30	无锡市昂益达机械有限公司	1 330
31	常州市星星干燥设备有限公司	1 200
32	常州市金陵干燥设备有限公司	1 140
33	常州市星干干燥设备有限公司	1 000
34	常州明星干燥设备有限公司	858
35	开原市丰达粮食机械厂	850
36	常州市益民干燥设备有限公司	830
37	鞍山市衡逸干燥设备有限公司	800
38	常州市科龙干燥机械有限公司	720
39	常州市长江干燥设备有限公司	540
40	成都望江干燥器厂	423
41	常州市干燥设备有限公司	417
42	延边新兴干燥设备有限公司	119

表3　2006年干燥设备行业42个企业工业销售产值

序号	企业名称	工业销售产值（万元）
1	锦西化工机械（集团）有限责任公司	52 520
2	开原凯尔烘干设备有限公司	11 200
3	上海远东制药机械总厂	9 089
4	东台市食品机械厂有限公司	9 000
5	沈阳东大粉体工程技术有限公司	8 996
6	天津华能集团能源设备有限公司	8 560
7	山东天力干燥设备有限公司	8 000
8	石家庄工大化工设备有限公司	7 376
9	常州一步干燥设备有限公司	7 356
10	无锡林洲干燥机厂	5 500
11	泰安市东方干燥设备制造有限公司	4 200
12	常州市第二干燥设备厂	4 166
13	江苏星轮高速机电设备制造有限公司	3 680
14	靖江市天和干燥机械制造有限公司	2 354
15	常州市震华干燥设备有限公司	2 306
16	常州先锋干燥设备有限公司	2 250
17	杭州钱江干燥设备有限公司	2 012
18	上海大川原干燥设备有限公司	1 911
19	哈尔滨东宇农业工程机械有限公司	1 832
20	上海浦东冷冻干燥设备有限公司	1 558
21	辽宁立达集团有限公司	1 535
22	成都精工干燥设备有限公司	1 487
23	无锡市现代喷雾干燥设备有限公司	1 450
24	三门峡昊博化工工程有限公司	1 380
25	常州市宇通干燥设备有限公司	1 380
26	常州市双华干燥设备有限公司	1 360
27	铁岭精工机械有限公司	1 315
28	苏州自力化工设备有限公司	1 298
29	青海三四一九干燥设备有限公司	1 250
30	无锡市昂益达机械有限公司	1 195
31	常州市金陵干燥设备有限公司	1 071
32	常州市星星干燥设备有限公司	1 065

（续）

序号	企业名称	工业销售产值（万元）
33	开原市丰达粮食机械厂	850
34	鞍山市衡逸干燥设备有限公司	820
35	常州明星干燥设备有限公司	800
36	常州市星干干燥设备有限公司	780
37	常州市科龙干燥机械有限公司	690
38	常州市益民干燥设备有限公司	678
39	常州市长江干燥设备有限公司	540
40	常州市干燥设备有限公司	417
41	成都望江干燥器厂	358
42	延边新兴干燥设备有限公司	0

干燥设备行业经济虽继续保持两位数增长，但增幅较上年有所放缓，工业生产总值与销售产值的增幅分别比上年下降13个百分点和10个百分点，整个行业由快速增长时期进入稳定增长阶段。

（2）产量增速平稳。2006年42个生产企业共生产各类干燥设备3 000台（套），比上年增长8.2%，产量增速平稳。其中，非标设备2 000台（套），比上年增长11.1%。

（3）经济效益增加。从财务指标看，2006年42个干燥设备生产企业共完成产品销售收入15.9亿元，比上年增长10.9%；实现利税总额1.39亿元，比上年增长17.2%；实现利润7 999万元，比上年增长15.2%。

统计内的企业利税总额在500万元以上的企业有8个（2005年为2个），完成工业总产值11.4亿元，占全行业工业总产值的61.3%，大型企业继续保持“又好又快”的经济运行态势。

（4）出口大幅增长。2006年统计的42个企业共完成出口产值9 600多万元，出口额大幅增长，出口企业数量也略有增加。2006年干燥设备行业部分企业出口产值见表4。

表4　2006年干燥设备行业部分企业出口产值

序号	企业名称	出口产值（万元）
1	东台市食品机械厂有限公司	3 400
2	常州一步干燥设备有限公司	2 603
3	锦西化工机械（集团）有限责任公司	1 230
4	江苏星轮高速机电设备制造有限公司	960
5	无锡林洲干燥机厂	800
6	上海远东制药机械总厂	333
7	杭州钱江干燥设备有限公司	195
8	常州明星干燥设备有限公司	100

2.2006年干燥设备行业生产发展主要特点

（1）产值区域分布发生变化，产业集中度提高。2006年，干燥设备行业生产企业虽大部分依然集中在浙江、江苏地区，但随着全行业产业规模的进一步扩大，江浙地区以外的企业，如山东天力干燥设备有限公司和石家庄工大化工设备有限公司总产值产值大幅增长，分别达到1.1亿元和0.74亿元，致使产值地域分布趋于分散。

2006年浙江及江苏地区的干燥设备生产企业工业生产总值为5.5亿元，比上年增长10.7%，占我国干燥设备行业工业总产值29.6%。

2006年统计的42个企业中,产值在500万元以上的企业有39个,较上年的28个增长39%;产值在5 000万元以上的企业10个,较上年的7个增长43%;产值亿元以上的企业4个,实现了产值过亿元企业零的突破,共完成工业总产值8.7亿元,占42个企业工业总产值的46.8%。企业规模日益扩大,生产集中度进一步提高,行业整体实力增强。

(2)民营经济更加活跃。在国内石油化工、医药等行业的积极推动下,干燥设备行业民营企业生产蓬勃发展,山东天力干燥设备有限公司、常州一步干燥设备有限公司、石家庄工大化工设备有限公司、东台市食品机械厂有限公司等优秀民营企业成为了国内干燥设备行业的领头羊。2006年42个干燥设备生产企业中民营企业共完成工业生产总值12亿元,比上年增长20%,占42个企业工业总产值的64.5%,其中产值在5 000万元以上的民营企业7个,产值过亿元的民营企业3个。

二、市场及销售

2006年统计的42个干燥设备生产企业产品销售收入158 753万元,产品销售成本近13亿元。

(1)国内市场稳健发展。2006年,我国化工、医药等行业的蓬勃发展推动了干燥设备制造业的发展。加上企业的自主创新能力不断加强,产品品质不断提升,品牌知名度逐步提高,使得国内市场稳健发展。2006年我国干燥设备内销16亿元,比上年增长13.3%,占总销售产值的94.5%;出口交货值9 621万元,比上年增长91.8%,占总销售产值的5.5%。可见,我国干燥设备的销售仍以内销为主,外销规模和增长速度都有待提高。

(2)国际市场竞争力急需加强。2006年,干燥设备出口企业仍是几个老企业,虽然出口额增加较多,但在全部销售额中所占比例仍然太小,国际市场的开拓仍然十分艰巨。

(3)新品开发力度加大。2006年各企业均不同程度地加大了新产品的研制与生产力度,完成新产品产值5亿多元。我国干燥设备行业产品研发创新已由“引进吸收”发展到“自主创新”的阶段,高附加值的成套产品以及各种辅助设备成为行业产品的研制方向;功能化,多样化成为企业产品研发的主旨。新产品研发更加注重绿色节能环保,以及产品的效率和产品质量,同时更加注重产品的市场竞争力。2006年干燥设备行业部分企业新产品产值见表5。

表5 2006年干燥设备行业部分企业新产品产值

(续)

序号	企业名称	产值(万元)
1	锦西化工机械(集团)有限责任公司	9 210
2	山东天力干燥设备有限公司	8 000
3	东台市食品机械厂有限公司	6 500
4	石家庄工大化工设备有限公司	5 163
5	上海远东制药机械总厂	4 709
6	无锡林洲干燥机厂	3 500
7	常州一步干燥设备有限公司	2 780
8	杭州钱江干燥设备有限公司	1 315
9	江苏星轮高速机电设备制造有限公司	1 250
10	哈尔滨东宇农业工程机械有限公司	1 144
11	苏州自力化工设备有限公司	396
12	常州明星干燥设备有限公司	300
13	青海三四一九干燥设备有限公司	28

三、科技成果及新产品

2006年干燥设备行业部分企业新技术开发项目见表6。

表6 2006年干燥设备行业部分企业新技术开发项目

序号	企业名称	项目名称
1	哈尔滨东宇农业工程机械有限公司	5HSH—25型复合工艺水稻干燥机
2	东台市食品机械厂有限公司	马铃薯颗粒全粉生产线
3	无锡林洲干燥机厂	卧式喷淋薄膜蒸发器
4	青海三四一九干燥设备有限公司	GLPZ—5kg高速离心造粒喷雾干燥机
5	常州一步干燥设备有限公司	底喷包衣设备

山东天力干燥设备有限公司完成了具有国际先进水平的新型浆叶干燥机实验机的制作,迈出了大型PTA干燥设备国产化的第一步;完成了热管技术在干燥系统应用的实验台建设,在干燥设备节能方面开辟了一个新方向。该公司的旋转快速干燥技术与装置获2006年“山东省科技进步奖”三等奖。公司为中石油某分公司提供的己二酸成套干燥输送系统,为国内首创,替代了进口产品;为山东海化集团提供的重达180t的国内最大的内加热流化床干燥机,高度达18m,以该装置为主体设备的纯碱煅烧/干燥系统,初投资和运行成本低,达到了国际先进水平;为山东某矿业集团提供的石膏煅烧/冷却成套工程,其中蒸汽回转煅烧机直径3m,长30m,重量达270t,与德国产的同类设备相比,投资低,可替代进口。公司研制的直径4m、长48m的蒸汽回转干燥机是国家支持的重大装备国产化项目。

哈尔滨东宇农业工程机械有限公司认真落实全国科技大会精神,切实加强自主创新工作,坚持三落实、两结合。三落实是:①落实从事研发的专职人员。从事产品研发共13人,占员工总数的11%。②落实研发资金。从销售收入中提取4%的研发经费,专项用于新产品研发。③落实从事研发的激励政策。按新开发产品投入市场后实现纯收益的15%奖励直接从事研发的技术人员。两结合是:①自主研发与国内有关高等院校合作研发相结合。②产品研发与市场开发利用相结合。为增强企业竞争能力和开发后劲,根据市场需求,组织科技人员自主研发出10种新产品,其中,5HSH—25型复合工艺水稻干燥机每小时可干燥稻谷达25t,具有生产率高、爆腰增率低、降水幅度大等特点;5C20.8×21金属粮仓单体储粮能力达5 000t;适应北方寒地干燥种子的5HZ—5型玉米种子干燥机能显著提高玉米色泽及品质等级。

东台市食品机械厂有限公司生产的马铃薯颗粒全粉生产线获“江苏省高新技术产品”和“国家级新产品”称号,并被认定为我国援助非洲项目。在2006年召开的中非首脑峰会上,尼日利亚总统阿巴桑乔对该公司马铃薯全粉设备给予了高度评价,并与公司达成了长期合作意向。2006年,公司生产马铃薯全粉生产线10套,辊筒干燥机50套。产品先后出口到越南、巴西、墨西哥等国家。

无锡林洲干燥机厂开发研制的卧式喷淋薄膜蒸发器处于国内领先地位,获江苏省科学技术厅颁发的江苏省高新技术产品奖,实现经济效益500万元,主要技术参数:蒸发面积100m^2,蒸发强度16~25kg/(m^2·h),真空度30~95kPa,装机容量460kW;高速离心喷雾干燥机被评为江苏省著名商标;"唐灵牌"系列喷雾干燥设备被江苏市场产品质量调查办公室、江苏名牌事业促进会、江苏315维权投诉调查办公室联合评为江苏市场公认名牌产品。

青海三四一九干燥设备有限公司开发的GLPZ—5kg高速离心造粒喷雾干燥机水分蒸发量达到5kg/h,已投入生产并产生了效益;蒸发量为1kg/h的高速离心喷雾干燥机也进入了试验期。公司承接的为国家重点工程项目配套的设备包括:为抚顺高科电磁电气制造公司设计制造的DTP—2000kg压力喷雾造粒干燥设备,为唐山高压电磁有限公司设计制造的DTP—17000kg压力喷雾造粒干燥设备,为北京航天赛德科技有限公司设计制造的GLP—2008kg高速喷雾干燥设备,均运行良好,受到用户的好评。公司开发的粒化保护渣专用喷雾干燥设备获国家科技部、税务总局、商务部、质检总局、环保总局评选的国家新产品奖;新型机电一体变频雾化器获青海省科技厅评选的省级科技成果奖;粒化保护渣专用喷雾干燥设备被西宁市科学技术委员会评为科技进步奖;喷雾干燥法制亚麻胶设备的工艺研究被青海省科技厅评为省级科技进步奖,同时该项目被中国食品工业协会评为食品工业科技进步奖。

常州一步干燥设备有限公司与华南农业大学合作,为缓释肥料行业开发研制的产品取得了突破。公司开发的底喷包衣设备通过了国家级鉴定,并已应用于实际生产当中,市场前景看好。

三门峡昊博粉体机械有限公司与抚顺石化公司共同开发的一种属国内首创的占地面积小、热效率高,同时不破坏物料结晶颗粒、不污染物料、尾气较少且粉尘量较小的新工艺干燥设备,采用以潜热更高的饱和水蒸汽直接作为加热介质,以间接传导加热的干燥方式处理EDTA、EDTA. Na2、EDTA. Na4物料。该试验装置由饱和蒸汽发生器、温度控制装置、干燥器、水分鉴定仪、泰勒网等组成。其中,干燥器是具有将物料加热、干燥、输送、粗碎功能的间接传导型干燥器。该干燥系统已成功应用于抚顺石化公司2 000t/a的EDTA装置中,产品终含水量为0.1%以下,而且白度、外观等指标均优于国外样品,满足了工业化装置的需要,取得了较好的经济效益和社会效益。

浙江尔乐干燥设备有限公司先后与沈阳化工研究院、大连理工大学、华东理工大学化工学院、上海第九设计院、浙江大学等合作开发了YPG I型压力式喷雾干燥机、CS型中药喷雾干燥机、GLP型离心式喷雾干燥机、XPG型闪蒸干燥机、SB型砂磨机。产品荣获国家级新产品、浙江省"省优产品"称号,以及全国星火计划银奖、温州市科学技术进步一等奖等。

石家庄工大化工设备有限公司是河北工业大学的产学研基地、河北工业大学化工机械系的教学研究实验厂。公司以河北工业大学化机教研室为技术依托,先后完成了盘式连续干燥器、文丘里干燥器的产品和技术鉴定,科研成果得到了与会专家的一致好评。主导产品盘式连续干燥器是吸收国外先进技术,自主开发的一种新型干燥设备,与传统干燥设备相比,具有热效率高、能耗低、占地面积小、配置简单、操作控制方便、操作环境好等特点,已广泛应用于化工、制药、农药、食品、饲料、冶金、建材等行业。该产品通过了河北省科技厅的鉴定,其主要技术指标和性能达到了国际先进水平。该产品获石家庄市科学技术进步一等奖、河北省科技进步三等奖;获国家科技部中小企业创新基金资助,被国家科技部、税务总局、商务部、质检总局、环保总局五部委授予"国家重点新产品"称号。河北工业大学化工设备设计研究所研发的降膜蒸发器是一种高效单程膜式蒸发设备,其膜式蒸发原理决定了它具有传热效率高、温差损失小、物料加热时间短、不易变质、能耗低、设备体积小等特点,广泛适用于化工、医药、轻工、食品、石化、冶金等行业。该新型高效蒸发设备,通过了河北省教育厅组织的技术鉴定,获部级科技进步二等奖,拥有发明专利一项,实用新型专利三项。公司与河北工业大学合作将这一科研成果开发成工业品,推向了社会,得到了顾客的好评。现已形成单效、双效、三效、四效、五效不带热泵和带热泵的10大类型,A(碳素钢)、B(接触物料部分为不锈钢)、C(除结构件外均为不锈钢)、T(钛材)、S(石墨和搪瓷等非金属)5类材质,共600余种规格的系列产品。

四、质量管理

企业将产品质量达到用户满意作为追求的目标,把增加产品科技含量,提升产品质量档次,优化销售服务作为企业逐鹿国内外市场的宗旨,培植竞争优势,提供诚信服务,从而促进企业发展。会员企业陆续通过了ISO9000质量管理与质量保证体系的认证,为提高产品质量提供了可靠的保证。

山东天力干燥设备有限公司视产品质量为企业的生命,开展全面质量管理,确保企业运行质量和产品质量零缺陷,提倡讲规矩、讲效果、严谨工作的人才能创造优质产品的质量理念,在干燥设备行业内打造了一个精良的品牌,带动了行业发展。

中外合资正昌干燥设备有限公司于1997年通过了ISO9001国际质量体系注册认证,公司以"创新无限、诚信永远"的经营理念取信市场,先后与国内正大集团、江苏农垦米业有限公司、哈尔滨光丰饲料厂、山西忠民集团有限公司、安徽安丰油脂股份有限公司、中谷粮油集团公司、山东泉林纸业有限责任公司等大型企业集团建立了长期友好的合作关系。2006年为西安市坤伯工程技术有限责任公司提供的1 400t/d大豆烘干工程,是公司以质量取胜的一个典型。

杭州钱江干燥设备有限公司以质量求生存,以信誉求商机。长期以来,公司在保证产品质量的同时,更注重服务质量。每个员工按照"专业、高效、优质"的服务标准,以"诚恳、负责、热情”的态度，竭诚为用户提供“诚心、贴心、放心”的服务。

东台市食品机械厂有限公司通过制订详细的服务守则来保证产品质量的稳定，具体实施过程为前期：①向客户介绍工厂产品的性能、售价，提供投资可行性论证所需的一切资料，并对特殊产品的配方、工艺、产品小样进行试验生产。②派员工协助客户进行土地、厂房、公用设施的测量及规划建设。③与客户做详尽讨论，修改规划方案，直至客户满意。中期：①根据合同规定的不同要求进行设备生产和包装。②在实验工厂和生产基地为客户培训技术工人、生产检验及管理人才。③代办运输。后期：①现场协助安装，组织设备调试、交验和试投产。②质保期一年。质保期内的产品如有质量问题予以免费维修或更换。③对客户报修电话，于24h之内回复，派员工上门维修。④对客户的购配件电话、传真等，24h内根据运输情况协商组织供应。在出厂后15年内因一切非人为违章操作而引发的损坏，予以免费包修或包换。

石家庄工大化工设备有限公司于2003年1月取得了ISO9001质量管理体系认证证书，有一套专门针对化工设备生产过程建立的质量保证体系，对顾客要求、图纸设计、原材料采购、生产过程等各个环节的质量进行控制，以确保为顾客提供优质的产品和服务。公司被石家庄市政府评为“优秀科技企业”和“重合同守信用单位”，获中国民营科技企业创新奖，“工大”牌注册商标被河北省工商行政管理局评为“河北省著名商标”。

无锡市昂益达机械有限公司获中华人民共和国特种设备制造许可证(压力容器)，为保证质量配备了自动埋弧焊机、气体保护焊机、等离子切割机等，拥有物理实验室、化学分析室、无损探伤室、焊接实验室及压力实验场地。

〔撰稿人：中国通用机械工业协会干燥设备分会杨怀宇〕

减 变 速 机

一、生产发展概况

截止到2006年底，中国通用机械工业协会减变速机分会共有会员单位76个。其中：企业71个、专业减速机信息网1个、大专院校2个、研究所2个。根据2006年上报的58个企业资料统计，现有职工17 832人，比上年增加2 648人。其中：工程技术人员3 512人，比上年增加344人；工人与学徒11 383人，比上年增加1 386人。拥有固定资产(原价)195 504万元，比上年增加21.9%。拥有金属切削机床5 949台，比上年增加1 407台；锻压设备171台，比上年增加12台。2006年减变速机分会58个企业基本情况见表1。

表1　2006年减变速机分会58个企业基本情况

全部职工年末人数(人)					全部职工全年平均人数(人)	工资总额(万元)
总计	其中					
	工人与学徒	工程技术人员	管理人员	其他		
17 832	11 383	3 512	1 916	1 021	17 138	25 706

2006年是“十一五”的第一年，《国务院关于加快振兴装备制造业的若干意见》的出台倾注了国家对机械制造业的关注，重大装备的国产化以及良好的市场环境为减变速机行业提供了绝佳的发展机会，为产品销售提供了更加广阔的空间。2006年，减变速机行业实现计算机网络信息化管理的企业越来越多，58个企业拥有计算机1 947台，比上年增加539台，使企业管理进一步科学化、规范化，企业的创新能力及抗经营风险能力逐步加强，经营管理效率和经济效益大大提高，行业经济运行继续保持稳定的发展势头。2006年减变速机行业主要经济指标再创新高。

2006年减变速机分会58个企业完成工业总产值516 880万元，比上年增长36%；工业增加值116 627万元，比上年增长33.5%；实现利润31 417万元，比上年增长11.2%；产值超亿元的企业有10个，比上年增加3个，其中有两个企业产值已超10亿元。2006年减变速机分会58个企业经济指标见表2。2006年减变速机分会工业总产值前10名企业见表3。

表2　2006年减变速机分会58个企业经济指标

工业总产值			工业增加值(万元)	主营业务收入(万元)	主营业务税金及附加(万元)	利润总额(万元)
2005年(万元)	2006年(万元)	比上年增长(%)				
379 126	516 880	36	116 627	490 661	3 598	31 417

年末固定资产		流动资产		流动负债(万元)
原价(万元)	净值年平均余额(万元)	合计(万元)	年平均余额(万元)	
195 504	134 124	205 557	192 984	217 959

年末所有者权益(万元)	全员劳动生产率(元/人)
177 070	68 052

表3　2006年减变速机分会工业总产值前10名企业

序号	企业名称	工业总产值（万元）
1	泰星减速机股份有限公司	114 640
2	江苏泰隆机械集团公司	100 629
3	国茂减速机集团有限公司	46 482
4	江苏鸿泰机电股份有限公司	39 025
5	江苏锡安达防爆股份有限公司	26 071
6	天津减速机股份有限公司	19 701
7	浙江通力减速机有限公司	15 252
8	常州减速机总厂有限公司	14 728
9	博能传动有限公司	12 992
10	荆州市巨鲸传动机械有限公司	12 091

通过对2006年减变速机行业企业的统计资料分析，截止到2006年末，全行业工业总产值、工业增加值、利润总额，已连续第5年呈两位数增长，2006年仍处于稳定上升的势头。不应忽视的是行业亏损企业由2005年的4个（占所统计49个企业的8%，亏损590万元）上升至2006年的9个，占所统计58个企业的16%，亏损额622万元，增亏32万元，其中个别企业甚至连年亏损。亏损企业中有1/2是国有或国有控股企业。主要原因：一是产品单一，产品开发跟不上市场需求，设备更新缓慢，加工手段老化等。二是经营机制不灵活，内在的动力不足，产品在市场上缺乏竞争优势。要改变企业的亏损状况，一方面要开展自主创新，调整产品结构，改善经营管理，挖掘内部潜力，提高生产效率。另一方面，转变机制，优化资源配置，引进人才，实现引进、吸收、再创新的良好循环，寻求企业的发展方向。除亏损企业外，2006年减变速机行业企业在国家实施宏观经济调控、原材料价格居高不下、减变速机产品的价格降低的情况下，还是取得前所未有的发展，经济效益大幅度提高，预计2007年的发展速度还会以两位数增长。

近几年，减变速机行业企业经过企业改制，在提高管理水平、转变经营方式、调整产品结构以及增强自主创新能力等方面取得很好的成效。行业领头企业相继积极争创名牌产品，如泰星减速机股份有限公司、江苏泰隆机械集团公司争创中国名牌工作始自2005年，2006年继续积极争创中国名牌。天津减速机股份有限公司、浙江通力减速机有限公司、国茂减速机集团有限公司也在积极准备争创中国名牌。减速机产品已被国家列入2007年的名牌产品目录。泰星减速机股份有限公司、江苏泰隆机械集团公司、天津减速机股份有限公司、国茂减速机集团有限公司资料已上报国家统计局，争创2007年中国名牌。另外，天津减速机股份有限公司、泰星减速机股份有限公司还同时申报国家驰名商标。

另外，减变速机行业企业积极进行设备的更新换代，研制开发高技术含量、高附加值及适应市场需求的产品，不断提升产品的档次和水平，使企业在激烈的市场竞争中成长、发展、壮大。

二、产品结构调整及发展情况

1. 产品结构调整

近几年，随着国家整体经济的快速发展，减变速机行业的发展速度也加快。企业的产品结构因市场需求的改变，也发生很大变化，产品由原有的单一摆线减速机发展到现有的5大类产品，即：摆线减速机、无级变速器、齿轮减速机、蜗轮蜗杆减速机、电动滚筒。各种减变速机产品发展的势头连年提高，特别是齿轮减速机成为近几年行业产品调整的一个重点。随着我国改革开放的深入及加入WTO，欧洲一些企业纷纷登陆中国。由于欧洲产品是以齿轮减速机配套为主，因此，进口设备的配套减速机多是硬齿面齿轮减速机，这就使得硬齿面齿轮减速机在国内的使用日益增多，形成了一个齿轮减速机市场。另外，齿轮减速机的安装形式多样，结构紧凑，运转平稳，减速范围系列化，有其独特的性能，这个市场的前景是广阔的。鉴于外资企业是以齿轮减速机与摆线减速机争夺中国市场，行业企业关注这一态势，及时调整产品结构，加快创新开发，加大技术改造力度，增添先进设备和检测手段，开发、制造了一批齿轮减速机，其中包括大型硬齿面减速机及中、小功率的减速机。如浙江通力减速机有限公司、博能传动有限公司生产的齿轮减速机产品质量已达到外资企业同类产品的水平，但价格比外资企业低1/3或更多，竞争优势明显。另外，生产大型齿轮减速机产品竞争对手少，效益明显。如荆州市巨鲸传动机械有限公司、常州减速机总厂有限公司等企业购置大型生产设备，生产大型硬齿面齿轮减速机。

2. 产品分类

减变速机行业产品分5大类：摆线减速机、无级变速器、齿轮减速机、蜗轮蜗杆减速机、电动滚筒。这5大类产品都有自身不同的系列，每个系列中都有众多的型号，各型号下又有相当多的速比，输入方面再配上不同极数的电动机及制动装置。在安装形式和安装方位上突破了卧、立两种形式，高达数十种。不仅如此，上述5大类产品除电动滚筒外，还可以互相组合又衍生出很多系列。具体分类情况如下：

（1）平行轴类。包括斜齿轮类（如P系列、C系列、TF系列等），其他类（如JZQ圆柱齿轮减速机、硬齿面齿轮减速机、悬挂式齿轮减速机等）。

（2）同心轴类。包括摆线减速机、机械无级变速器、CE斜齿轮减速机、C（CF）系列斜齿轮减速机。

（3）垂直轴类。包括B系列斜齿锥齿轮减速机、斜齿蜗轮蜗杆减速机、W系列蜗杆减速机、TS系列斜齿—蜗轮蜗杆减速机、TK系列螺旋锥齿轮减速机、R系列蜗轮减速机、S系列斜齿蜗轮减速机、K系列斜齿锥齿轮减速机。

（4）直交轴类。包括T系列螺旋锥齿轮转向箱、Z系列螺旋齿轮减速机。

3. 产品产量

2006年减变速机分会58个企业共生产减变速机1 168 218台，比上年增长76.5%。2006年减变速机分会58个企业产品分类及产量见表4。

表 4 2006 年减变速机分会 58 个企业产品分类及产量

产品名称	2005 年（台）	2006 年（台）	比上年增长（%）
摆线减速机	305 984	532 840	74.1
无级变速器	74 689	110 236	47.6
齿轮减速机	150 338	262 017	74.3
蜗轮蜗杆减速机	118 658	245 325	106.7
电动滚筒	12 221	17 800	45.7
合 计	661 890	1 168 218	76.5

从表 4 中可以看出，2006 年减变速机行业 5 大类产品的生产量均呈现出高速增长的态势，蜗轮蜗杆减速机增长幅度超过 100%；摆线减速机、齿轮减速机产量增长 70% 以上；无级变速器、电动滚筒的产量增长也接近 50%。这说明 2006 年减变速机行业的发展又上了一个新台阶。

三、市场及销售

2006 年，减变速机分会 58 个会员企业实现工业销售产值 504 966 万元，比上年增长 36%；实现主营业务收入 490 661万元，比上年增长 34.1%。2006 年减变速机分会产品销售收入前 10 名企业见表 5。

表 5 2006 年减变速机分会产品销售收入前 10 名企业

序号	企业名称	产品销售收入（万元）
1	泰星减速机股份有限公司	110 107
2	江苏泰隆机械集团公司	91 235
3	国茂减速机集团有限公司	46 492
4	江苏鸿泰机电股份有限公司	38 927
5	江苏锡安达防爆股份有限公司	26 032
6	天津减速机股份有限公司	18 679
7	浙江通力减速机有限公司	15 046
8	常州减速机总厂有限公司	14 715
9	博能传动有限公司	12 980
10	荆州市巨鲸传动机械有限公司	9 344

根据减变速机分会对行业企业的调查及统计资料分析，总体上减变速机产品市场销售形势良好，供需均衡，产、销两旺，行业经济效益大幅度提高，总资产贡献率为 14.9%，资产保值增值率 112.6%，资产负债率 56.8%，流动资产周转率 2.5 次，成本费用利润率 6.9%，产品销售率 97.7%，经济效益综合指数 161.5%。

行业企业产品在质量上瞄准国外同行业产品，在价格上远远低于国外同行业产品，已在国内重大建设项目中多次中标并运行良好。

通过对 2006 年 58 个会员企业及 2005 年 44 个会员企业统计数据对比分析，销售产值和主营业务收入有 30 个企业上升，14 个企业下降。其中增幅较大的企业有：泰星减速机股份有限公司、浙江通力减速机有限公司、温州三联集团有限公司、江苏泰隆机械集团公司、台州市通宇变速机械有限公司、常州减速机总厂有限公司、博能传动有限公司、河北北方减速机有限公司等 17 个企业。

近几年，减变速机行业企业连续高速运行，发展速度很快，产品畅销国内市场。但减变速机产品出口的步子一直迈得不大。2006 年产品虽销往韩国、东南亚、伊朗、阿联酋、西班牙、澳大利亚、英国、美国等多个国家和中国台湾地区，但出口交货值只有 12 417 万元，比上年增加2 647万元，仅占全行业销售产值的 2.5%。因此，减变速机行业企业应重视出口问题，突破这一“瓶颈”，在竞争国内市场的同时走出国门，挺进国际市场，是行业企业要做的一项重要工作。

天津减速机股份有限公司抓住上海振华港机公司扩大生产规模的信息，积极与上海振华港机公司接触，最终以产品质量取胜于用户，签下近 2 000 万元的订单。客户至上是公司厉行以人为本的外延和主旨。在“企业与市场的对接，是人与人的交往，诚与信的沟通，利与益的互赢”这种认识的引领下，公司把“以客户为中心、对客户讲诚信、为客户创价值”作为企业理念，并将其植入投入产出全过程，创建了一条全员行动、环环连动的客户价值服务链。

2006 年 11 月，天津减速机股份有限公司开展了“天星质量行”活动，公司领导亲自带队，带领技术、营销人员走访客户，征询对“天星”产品质量和服务质量的意见，进而了解客户的需求。对营销人员实行从销售、回款、服务到市场信息反馈的一对一承包制。公司通过计算机网络管理对于整体为客户服务的动态进行监控，还开通了 4006111118 全国免费服务热线，针对客户的征询和投诉，本地在 24h 内，外埠在 48h 内拿出解决方案，并付诸实施。

江苏泰隆机械集团公司在保持原有产品产、销不断扩大的基础上，2005 年与意大利布雷韦尼公司合资，组建江苏泰隆布雷韦尼行星减速机有限公司。宗旨是依靠合资双方的共同努力，创造和培育我国传动设备应用领域的中高端市场。2006 年江苏泰隆布雷韦尼行星减速机有限公司已开始生产产品，同时进军国际市场与国内市场。

四、新产品

2006 年减变速机行业根据市场需求，进行自主研发新产品，开展创新设计的企业不断增加，企业在新产品开发方面的资金投入逐年加大。58 个上报的企业中 14 个企业有新产品投产，新产品产值合计 77 446 万元，比上年增长 129.5%，取得了良好的经济效益。

2006 年，泰星减速机股份有限公司完成新产品产值 40 226万元，占全年工业总产值的 37%；浙江通力减速机有限公司完成新产品产值 12 203 万元，占全年工业总产值的 80%；博能传动有限公司完成新产品产值 6 630 万元，占全年工业总产值的 51%；温州三联集团有限公司完成新产品产值 2 600 万元，占全年工业总产值的 37%；浙江午马变速机械有限公司完成新产品产值 1 962 万元，占全年工业总产值的 55%；温州良精传动机械有限公司完成新产品产值 500 万元，占全年工业总产值的 44%。

天津减速机股份有限公司自主创新，自行开发的粉尘防爆、隔爆电动滚筒取得 4 项国家专利。开发的硬齿面渐开线齿轮减速机采用国内先进的齿轮设计软件，对参数进行优化，并采用 Pro/E 三维设计软件进行整机设计。该齿轮减速机外形安装尺寸与国外 SEW、邦飞利等公司产品相同，可进行整机互换。2006 年开发的 26 项新产品申报专利 12 项，其中，体现技术实力的单级 121 大速比摆线减速机，可以一级代替双级减速机，达到国际当代先进水平，填补了国家空白。在国内首家推出的沥青搅拌专用减速机，博采世界众长，从结构到设计参数等大胆创新，产品性能优于国际同类产品。随着新产品的不断开发，天津减速机股份有限公司形成了以摆线减速机为主体，以齿轮减速机、电动滚筒为两翼的3大系列上万个规格的产品群。

五、基本建设及技术改造

2006年减变速机分会的20个企业进行了固定资产投入，共投资22 147万元，比上年减少84万元。用于基本建设投资额为18 469万元，比上年增加3 072万元。其中用于建安工程投入2 741万元；用于设备工具的购置15 728万元，比上年增加4 826万元。有9个企业更改措施项目完成投资额8 954万元，比上年增加1 364万元。有16个企业在计算机与网络建设上投入545万元，比上年增加212万元。

江苏泰隆机械集团公司2006年完成基建投资额4 578万元，其中增添先进设备和工具投入3928万元，建安工程投入650万元。另外，在计算机与网络建设上又投入22万元，完善计算机系统与网络，运用先进的现代化管理手段管理企业。

博能传动有限公司在前几年建新厂房、更新设备的基础上，2006年又投入2 224万元增添先进的设备，使企业的生产能力逐年提高，2006年主营业务收入超过亿元。

国茂减速机集团有限公司2006年完成基建投资额5 161万元，其中用于设备工具购置2 800万元。

荆州市巨鲸传动机械有限公司2006年完成固定资产投资额为3 611万元，其中：建安工程建设525万元，设备工具购置2 400万元。同时，全年更改措施项目完成投资额686万元。另外，在计算机与网络建设上还投入了121万元。

常州减速机总厂有限公司2006年完成基建投资额为3 000万元，其中：建安工程建设500万元，设备工具购置2 500万元。在计算机与网络建设上投入了100万元，加强企业管理和技术设计、生产能力。

江苏锡安达防爆股份有限公司2006年投资200万元进行基本设施建设，用于设备工具购置。全年更改措施项目完成投资额2 100万元。另外，在计算机与网络建设上投入32万元。

泰星减速机股份有限公司在2006年完成更改措施项目投资4 684万元。完成基建投资额328万元，其中：用于建安工程306万元，设备工具购置22万元。在计算机与网络建设上投入108万元，完善网络建设，加强企业管理。

江苏鸿泰机电股份有限公司在2006年完成更改措施项目投资500万元。计算机与网络建设投资15万元。

温州三联集团有限公司2006年完成基建投资额500万元。另外，完成全年更改措施项目投资410万元。计算机与网络建设的投资10万元。

此外，浙江通力减速机有限公司、石家庄科一重工有限公司、淄博博山三联减速机厂、浙江东方传动有限公司、佛山市星光传动机械有限公司、杭州嘉诚机械有限公司等10个企业2006年购置工具设备投入1 654万元，用于增强生产能力。

六、企业管理及改革

天津减速机股份有限公司从2006年下半年开始，进一步完善了法人治理结构，量化了高管层执行目标责任制；为对市场做出快速反应，重新设定了技术、生产、营销3条线的管理机构及职责范围，对关键部门实行负责人竞聘上岗；为规范人的行为和调动广大员工的积极性，修订了企业管理的各项制度。通过这些举措，把员工融入了一个趋于规范化、系统化和高效化的工作氛围中。此外，公司将每个月的生产经营情况公布于众，用以鼓舞员工；号召员工提励志语言，并将其归纳为企业理念用来自勉；通过工会系统开展全员参与的合理化建议活动，并将员工的建议进行归纳梳理，组织员工搞了40多项改革措施。公司在加强企业管理的同时，以尊重人、理解人、关心人的人格力量善待员工，激发了员工对企业价值的认同感和对自身价值的成就感，呈现出人和业旺的新气象。

浙江通力减速机有限公司拥有一支优秀的管理团队，定期开展管理培训，以提高每一位管理人员的管理水平。近几年结合企业的发展，采取走出去请进来的方法培养人才，使企业的形象、产品品牌在社会上的知名度日益提高。公司连年被评为"浙江省质量管理先进企业"。

2006年，山东博机集团公司改制为山东淄博博机机械制造有限公司。通过资产评估、清算核资、处置不良资产、公开竞价等程序，明确了公司责任权力，建立起公司董事、监事会和经理管理层，实现了向现代化企业制度的转变和法人治理结构的转移。2006年公司生产设备、配件、零部件近6万台（套），实现产值1.08亿元，销售收入1.03亿元。公司坚持科学发展观，秉承"为客户创造价值，为社会贡献力量"的价值理念，重视科技创新，在产品质量、售后服务等各方面深受社会好评，2006年被淄博市政府授予"市级信用社区"称号。

〔撰稿人：中国通用机械工业协会减变速机分会李春丽
审稿人：中国通用机械工业协会减变速机分会王远征〕

分 离 机 械

2006年是国家“十一五”计划的开局之年，也是分离机械行业发展的关键一年。分离机械制造业在国家宏观经济持续快速健康发展的宏观背景下，经济效益总体水平明显提高，重大技术装备国产化取得显著成效，主要经济指标刷新历史记录。

一、生产发展情况

2006年，分离机械行业协会50个会员企业共完成工业总产值584 666万元，其中分离机械产值386 647万元，新产品产值195 407万元；完成工业增加值141 224万元；实现产品销售收入387 393万元，出口交货值93 479万元，其中分离机械销售收入243 552万元；完成利润总额37 912万元。在2006年386 647万元分离机械产品产值中，离心机类产品产值101 838万元，占分离机械产值的26.3%；分离机类产品产值20 118万元，占分离机械产值的5.2%；过滤机类产品产值60 407万元，占分离机械产值的15.6%；压滤机类产品产值160 491万元，占分离机械产值的41.5%。2002～2006年分离机械行业工业总产值走势见图1。2005～2006年分离机械协会24个主要会员单位主要经济指标对比见图2。

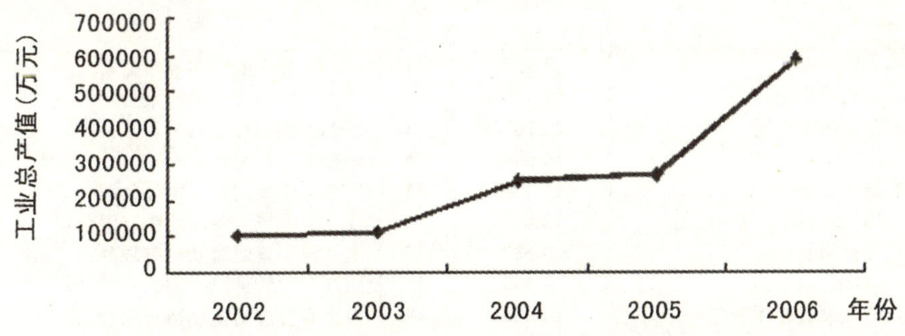

图1　2002～2006年分离机械行业工业总产值走势

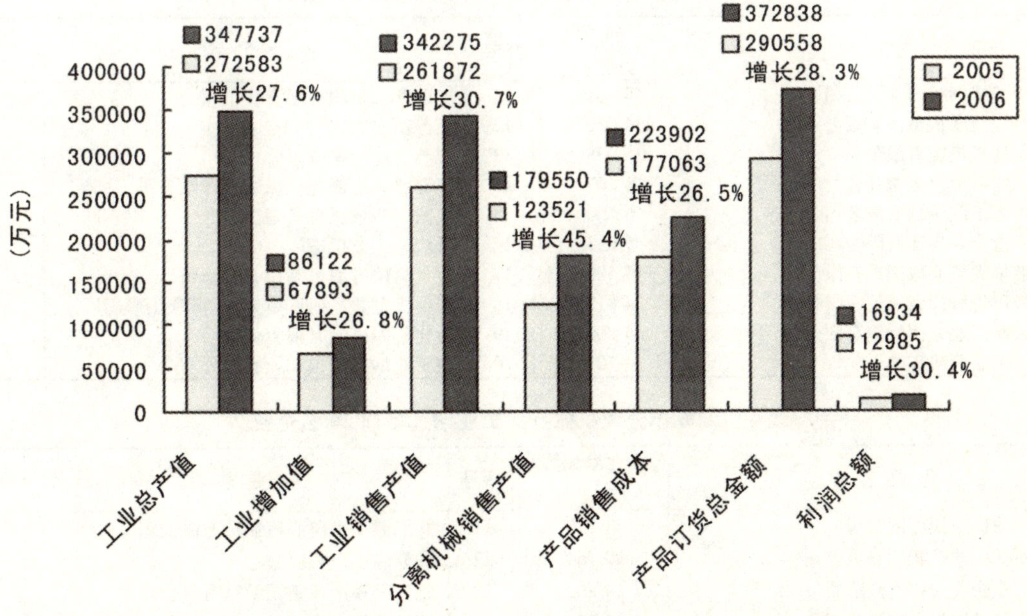

图2　2005～2006年分离机械协会24个主要会员单位主要经济指标对比

2006年分离机械行业产值超5 000万元的企业从2005年的11个增加到24个。其中产值超9 000万元的企业由2005年的6个增加到15个，产值超亿元的企业由2005年的5个增加到12个。2006年分离机械行业工业总产值前20名企业见表1。

表 1　2006 年分离机械行业工业总产值前 20 名企业

序号	企业名称	工业总产值（万元）	序号	企业名称	工业总产值（万元）
1	南京中船绿洲机器有限公司	98 612	11	江苏赛德力制药机械制造有限公司	10 980
2	景津压滤机集团有限公司	83 125	12	杭州兴源过滤机有限公司	10 100
3	衡水海江压滤机集团有限公司	63 140	13	张家港华大离心机制造有限公司	9 730
4	广州广重企业集团有限公司	46 877	14	湘潭离心机有限公司	9 256
5	海申机电总厂（四八〇五工厂象山修船厂）	29 003	15	威海市海王旋流器有限公司	9 254
6	江苏新宏大（集团）公司	28 828	16	上海远东制药机械总厂	8 664
7	核工业烟台同兴实业有限公司	20 000	17	自贡高精过滤机制造有限公司	8 000
8	江苏巨能机械有限公司	19 800	18	广西苏氏集团有限责任公司	7 321
9	吉化集团机械有限责任公司	16 492	19	辽宁天泽产业集团纺织有限公司	7 200
10	重庆江北机械有限责任公司	13 600	20	浙江建华集团过滤机有限公司	6 742

2006 年分离机械行业分离机械产值超 5 000 元的企业由 2005 年的 7 个增加到 22 个，分离机械产值超亿元的企业由 2005 年的 3 个增加到 9 个。2006 年分离机械行业分离机械产值前 20 名企业见表 2。2006 年分离机械行业新产品产值前 20 名企业见表 3。2006 年分离机械行业工业增加值前 20 名企业见表 4。2006 年分离机械行业产品出口交货值前 20 名企业见表 5。

表 2　2006 年分离机械行业分离机械产值前 20 名企业

序号	企业名称	分离机械产值（万元）	序号	企业名称	分离机械产值（万元）
1	景津压滤机集团有限公司	83 125	11	广州广重企业集团有限公司	9 630
2	衡水海江压滤机集团有限公司	63 140	12	威海市海王旋流器有限公司	9 254
3	核工业烟台同兴实业有限公司	20 000	13	江苏巨能机械有限公司	8 390
4	江苏新宏大（集团）公司	14 844	14	湘潭离心机有限公司	8 200
5	重庆江北机械有限责任公司	12 900	15	广西苏氏集团有限责任公司	7 321
6	海申机电总厂（四八〇五工厂象山修船厂）	12 854	16	辽宁天泽产业集团纺织有限公司	7 200
7	南京中船绿洲机器有限公司	10 687	17	浙江建华集团过滤机有限公司	6 742
8	杭州兴源过滤机有限公司	10 100	18	浙江青田特种设备制造有限公司	6 700
9	江苏赛德力制药机械制造有限公司	10 080	19	自贡高精过滤机制造有限公司	5 890
10	张家港华大离心机制造有限公司	9 730	20	江苏牡丹离心机制造有限公司	5 829

表 3　2006 年分离机械行业新产品产值前 20 名企业

序号	企业名称	新产品产值（万元）	序号	企业名称	新产品产值（万元）
1	南京中船绿洲机器有限公司	56 761	11	广西苏氏集团有限责任公司	4 612
2	衡水海江压滤机集团有限公司	34 680	12	江苏新宏大（集团）公司	4 053
3	景津压滤机集团有限公司	25 938	13	江苏巨能机械有限公司	3 980
4	重庆江北机械有限责任公司	8 207	14	江苏赛德力制药机械制造有限公司	3 730
5	威海市海王旋流器有限公司	6 500	15	杭州兴源过滤机有限公司	3 321
6	广州广重企业集团有限公司	5 693	16	重庆轻工业机械厂	3 200
7	张家港华大离心机制造有限公司	5 500	17	自贡高精过滤机制造有限公司	2 800
8	浙江青田特种设备制造有限公司	4 817	18	海申机电总厂（四八〇五工厂象山修船厂）	2 390
9	辽宁天泽产业集团纺织有限公司	4 800	19	吉化集团机械有限责任公司	2 025
10	上海远东制药机械总厂	4 709	20	核工业烟台同兴实业有限公司	2 000

表 4　2006 年分离机械行业工业增加值前 20 名企业

序号	企业名称	工业增加值（万元）	序号	企业名称	工业增加值（万元）
1	景津压滤机集团有限公司	31 350	11	张家港华大离心机制造有限公司	2 870
2	衡水海江压滤机集团有限公司	29 460	12	湘潭离心机有限公司	2 870
3	广州广重企业集团有限公司	14 863	13	辽宁天泽产业集团纺织有限公司	2 700
4	南京中船绿洲机器有限公司	11 076	14	威海市海王旋流器有限公司	2 310
5	海申机电总厂（四八〇五工厂象山修船厂）	7 438	15	浙江青田特种设备制造有限公司	1 834
6	吉化集团机械有限责任公司	4 950	16	重庆轻工业机械厂	1 750
7	湘潭县离心机厂有限公司	3 721	17	浙江轻机实业有限公司	1 612
8	重庆江北机械有限责任公司	3 649	18	江苏牡丹离心机制造有限公司	1 574
9	江苏新宏大（集团）公司	3 205	19	浙江建华集团过滤机有限公司	1 347
10	杭州兴源过滤机有限公司	3 050	20	杭州防腐设备有限公司	1 340

表5　2006年分离机械行业产品出口交货值前20名企业

序号	企业名称	出口交货值（万元）	序号	企业名称	出口交货值（万元）
1	南京中船绿洲机器有限公司	64 689	11	广西苏氏集团有限责任公司	520
2	衡水海江压滤机集团有限公司	6 748	12	海申机电总厂（四八〇五工厂象山修船厂）	349
3	景津压滤机集团有限公司	6 107	13	重庆江北机械有限责任公司	341
4	广州广重企业集团有限公司	4 239	14	上海远东制药机械总厂	333
5	江苏巨能机械有限公司	2 860	15	杭州兴源过滤机有限公司	307
6	上海化工机械厂有限公司	2 101	16	威海市海王旋流器有限公司	300
7	浙江轻机实业有限公司	925	17	湘潭县离心机厂有限公司	300
8	杭州贝特过滤机有限公司	811	18	浙江建华集团过滤机有限公司	285
9	核工业烟台同兴实业有限公司	777	19	浙江青田特种设备制造有限公司	280
10	张家港华大离心机制造有限公司	763	20	无锡市中达离心机械有限公司	155

2006年分离机械行业总资产贡献率8.78%，比上年增长14.77%；资本保值增值率109.02%，比上年增长2.52%；资产负债率64.78%，比上年下降0.58%；流动资金周转率1.18次，比上年提高0.14次；成本费用利润率6.13%，比上年增长0.49%；全员劳动生产率76417元/人，比上年增长17.75%；产品销售率98.43%，比上年增长2.24%。2006年分离机械行业经济效益综合指数前20名企业见表6。

表6　2006年分离机械行业经济效益综合指数前20名企业

序号	企业名称	综合指数（%）	序号	企业名称	综合指数（%）
1	威海市海王旋流器有限公司	421.06	11	自贡高精过滤机制造有限公司	166.79
2	张家港华大离心机制造有限公司	348.66	12	湘潭离心机有限公司	162.90
3	杭州兴源过滤机有限公司	233.75	13	广州广重企业集团有限公司	160.20
4	石家庄新生机械厂	219.73	14	杭州防腐设备有限公司	139.83
5	江苏牡丹离心机制造有限公司	214.76	15	上海远东制药机械总厂	133.31
6	浙江青田特种设备制造有限公司	210.55	16	自贡川滤设备制造有限公司	130.07
7	浙江轻机实业有限公司	186.51	17	浙江建华集团过滤机有限公司	112.79
8	景津压滤机集团有限公司	182.92	18	南京中船绿洲机器有限公司	101.41
9	江苏赛德力制药机械制造有限公司	181.68	19	重庆江北机械有限责任公司	98.99
10	上海航发机械有限公司	173.16	20	蚌埠轻化药机有限责任公司	79.11

重庆江北机械有限责任公司在生产、销售、经济效益等方面上了一个新台阶，为企业实现“十一五”规划开了一个好头。公司结合市场需求，经济运行总体思路是：顺应发展，开拓市场；产品开发，适应市场；理智竞争，抓住市场；力排万难，服务市场。公司2006年完成的主要经济指标较往年有一定幅度增长，订货额19 309万元，累计订货额23 955万元，创下历史新高。公司主要产品有三足式离心机、活塞推料离心机、刮刀卸料离心机、螺旋卸料沉降离心机、通用机械配件、粗钢等。2006年生产离心机450台（套）；完成工业总产值13 600万元，比上年增长20.92%；完成工业增加值3 649万元，比上年增长15.47%；实现销售收入12 295万元，比上年增长12.95%；利润总额460万元，比上年增长57.53%。

景津压滤机集团有限公司是专业生产压滤机的股份制企业。2006年生产整机4 492台，完成工业总产值83 125万元，实现销售收入82 978万元，出口交货值6 107万元，实现利润总额6 725万元，工业增加值31 350万元。产品销售率达到99.82%，比上年增长32%。2006年5月，在德国法兰克福第28届阿赫玛国际化工展览会（ACHEMA2006）上，公司展出的具有自主知识产权的压滤机得到了世界各地客商的青睐。实现了我国分离机械产品在国际著名ACHEMA展览会上零的突破。

南京中船绿洲机器有限公司2006年完成工业总产值98 612万元，为计划产值的116%，比上年增长23.6%；实现销售收入53 965万元，为计划销售收入的107.9%，比上年增长11.4%。公司主要产品产量达3 300台（套），其中，分离机械类产品1 450台（套），占产品总量的43.9%。

衡水海江压滤机集团有限公司2006年完成工业总产值63 140万元，工业增加值29 460万元。公司2006年生产压滤机3 000台，产值3亿元；生产加压过滤机60台，产值1.2亿元；生产真空过滤机300台，产值0.4亿元。公司申报压滤机一次拉开装置、自动差动阀、压滤机卸料装置、新型快速卸料压滤机、加强型复合式隔膜滤板、耐用型复合式隔膜滤板等6项实用新型专利。

浙江轻机实业有限公司2006年主要生产双级推料离心机和碟式分离机共计175台（套），完成工业总产值4 908万元，工业增加值1 612万元；实现产品销售收入5 023万元，利润总额784万元。公司引进瑞士苏尔寿埃瑟维斯技术生产的双级推料离心机在真空制盐（包括海盐）、氯化钾、硫酸钾、碳酸钾、硫酸钠、氯乙酸、氯化铵、硼酸、醋酸纤维、硝化纤维、氯酸盐等产品的生产中得到广泛应用。碟式分离机的销售势头也很好，尤其是乳胶分离机的国际市场占有率较 ALFA LAVAL 公司、WESTFALIA 公司都要高。

杭州兴源过滤机有限公司 2006 年完成工业总产值 10 100万元，新产品产值 3 321 万元；实现销售收入 9 390 万元；上缴税金比上年增长 127%，利润比上年增长 383%。

苏州优耐特机械制造有限公司 2006 年主要产品产量 475 台，完成工业总产值 1 505 万元，比上年增长 6.3%；完成工业增加值 376 万元，比上年增长 6.6%；实现销售收入 1 432万元，比上年增长 17.7%；实现利润总额 19 万元，比上年增长 127%。

浙江建华集团过滤机有限公司 2006 年生产压滤机 1 053台，比上年增加 99 台。完成工业总产值 6 742 万元，工业增加值 1 347 万元；实现产品销售收入 7 179 万元。

上海市离心机械研究所有限公司主要产品有高速管式离心机、生物工程与实验室离心机和大长径比（环保）卧螺离心机。其主要产品的技术水平达到国内领先水平，污泥脱水环保装备达到国际先进水平，在污水处理环保产业、生物工程和制药领域中的地位和知名度进一步提高。2006 年销售收入比上年增长 22%，超过年初预算的 6%；实现净利润 431 万元，比上年增长 114%。

安徽赛而特离心机有限公司是一个以研制、生产碟式离心机为主的高新技术企业。公司主要产品有 DPF530 型、DPF800 型淀粉分离机和浓缩机，DPF1000 型淀粉分离机，KYDH204 型碟式船用分离机。2006 年生产各类分离机 113 台，完成工业增加值 448 万元，实现销售收入 1 908 万元，比上年增长 81.7%。实现利润总额 95 万元，比上年增长 137.4%。

二、市场及销售

2006 年分离机械产品销售地区仍主要集中在华北、华东、中南、西北地区，其次是东北、华南地区。分离机械产品主要服务于化工、医药领域，其次是食品、环保、煤电、冶金等领域。2006 年分离机械产品产销量及销量的地区和行业分布见表 7。2005～2006 年分离机械协会 24 个主要会员单位分类产品产销量对比见图 3。

表 7　2006 年分离机械产品产销量及销量的地区和行业分布

产品名称	产量（台）	销量（台）	销量地区分布（台）								
			东北	华北	西北	华东	西南	中南	华南	出口	其他
离心机类合计	**6 839**	**6 621**	**550**	**797**	**1 028**	**1721**	**265**	**581**	**442**	**21**	**19**
离心机小计	1 987	1 981	218	223	86	714	101	359	284		
三足式小计	2 945	2 894	181	296	838	570	82	86	102	4	10
上悬式小计	341	264	17	59	30	93		40	15	12	
活塞推料小计	214	225	25	31	29	79	27	20	5	2	9
刮刀卸料小计	687	643	52	117	10	133	22	22	18		
离心卸料小计	100	95	12					2	1		
螺旋沉降小计	354	358	20	42	23	77	22	34	6	3	
其他	211	161	25	29	12	55	11	18	11		
分离机类合计	**19 162**	**18 584**	**962**	**1 557**	**11 567**	**1 277**	**1 270**	**540**	**1 120**	**105**	**186**
管式小计	11	13		4		5		1	3		
碟式小计	11 651	11 353	34	97	9 017	894	550	59	597	105	
其他	7 500	7 218	928	1 456	2 550	378	720	480	520		186
压滤机类合计	**6 520**	**6 383**	**637**	**2 594**	**612**	**1 015**	**465**	**381**	**336**	**234**	**82**
板框式小计	1 409	1 331	142	400	204	178	177	78	90	14	21
厢式小计	5 111	5 052	495	2 194	408	837	288	303	246	220	61
过滤机类合计	**560**	**555**	**26**	**132**	**155**	**25**	**116**	**27**	**41**	**0**	**33**
转鼓真空小计	15	12	2	2	1			1	6		
盘式真空小计	5	5	5								
带式真空小计	17	17				17					
真空净油机小计	465	465	17	124	152		95	21	35		21
其他	58	56	2	6	2	8	21	5			12

产品名称	销量行业分布（台）													
	化工	轻纺	冶金	煤电	石化	医药	食品	环保	农牧	交运	物储	机械	出口	其他
离心机类合计	**3 882**	**90**	**150**	**155**	**141**	**1 241**	**643**	**175**	**0**	**0**	**5**	**33**	**21**	**8**
离心机小计	1 218	40	128	125	53	221	141	56						
三足式小计	1 698	50	12	14	33	804	238	5			4	24	4	8
上悬式小计	100		2	5		4	82						12	
活塞推料小计	208		1										2	
刮刀卸料小计	328		5	6	43	170	78					7		
离心卸料小计	80				12		2				1			
螺旋沉降小计	185		2	5		20	28	114				2	3	
其他	65					22	74							

（续）

产品名称	销量行业分布(台)													
	化工	轻纺	冶金	煤电	石化	医药	食品	环保	农牧	交运	物储	机械	出口	其他
分离机类合计	**14**	**6**	**0**	**1 600**	**6**	**284**	**452**	**480**	**9 612**	**831**	**7**	**105**	**105**	**5 082**
管式小计	7					2	2				2			
碟式小计	7	6			6	226	450		9 612	831	5	105	105	
其他				1 600		56		480						5 082
压滤机类合计	**1 478**	**362**	**545**	**1 971**	**380**	**498**	**548**	**523**	**14**	**0**	**0**	**0**	**53**	**8**
板框式小计	370	201	30	164	141	188	121	55						8
厢式小计	1 108	161	515	1 807	239	310	427	468	14				53	
过滤机类合计	**29**	**22**	**28**	**390**	**31**	**0**	**1**	**24**	**0**	**0**	**1**	**0**	**0**	**29**
转鼓真空小计	4				6		1				1			
盘式真空小计		5												
带式真空小计		17												
真空净油机小计	25		28	365	25									22
其他				25				24						7

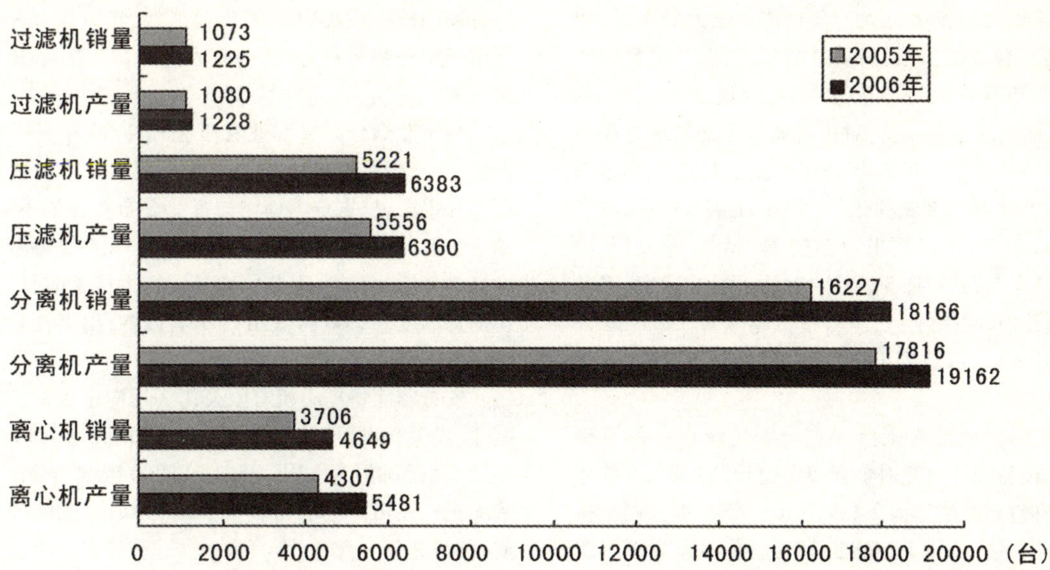

图3 2005～2006年分离机械协会24个主要会员单位分类产品产销量对比

2006年分离机械行业协会50个会员企业产品销售率为98.43%，比上年增长2.24%。2006年分离机械行业产品产销势头较好，不少企业销售收入再创新高。2006年分离机械行业产品销售率前20名企业见表8。2006年分离机械行业产品销售收入前20名企业见表9。

表8 2006年分离机械行业产品销售率前20名企业

序号	企业名称	产品销售率(%)	序号	企业名称	产品销售率(%)
1	杭州化工机械有限公司	105.07	11	江苏牡丹离心机制造有限公司	99.66
2	上海远东制药机械总厂	104.91	12	张家港华大离心机制造有限公司	99.65
3	上海航发机械有限公司	103.87	13	自贡高精过滤机制造有限公司	98.47
4	杭州初阳压滤机实业有限公司	102.40	14	江苏赛德力制药机械制造有限公司	97.81
5	浙江轻机实业有限公司	102.34	15	广州广重企业集团有限公司	97.15
6	南京中船绿洲机器有限公司	100.75	16	杭州防腐设备有限公司	96.50
7	湘潭离心机有限公司	100.68	17	浙江青田特种设备制造有限公司	94.73
8	自贡川滤设备制造有限公司	100.11	18	石家庄新生机械厂	92.19
9	上海化工机械厂有限公司	100.00	19	重庆江北机械有限责任公司	91.84
10	景津压滤机集团有限公司	99.82	20	杭州兴源过滤机有限公司	91.23

表9　2006年分离机械行业产品销售收入前20名企业

序号	企业名称	产品销售收入（万元）	序号	企业名称	产品销售收入（万元）
1	景津压滤机集团有限公司	82 978	11	威海市海王旋流器有限公司	7 712
2	南京中船绿洲机器有限公司	53 965	12	浙江建华集团过滤机有限公司	7 179
3	广州广重企业集团有限公司	47 000	13	浙江青田特种设备制造有限公司	6 347
4	江苏新宏大(集团)公司	27 196	14	广西苏氏集团有限责任公司	6 047
5	海申机电总厂(四八〇五工厂象山修船厂)	26 752	15	自贡高精过滤机制造有限公司	5 820
6	重庆江北机械有限责任公司	12 295	16	江苏牡丹离心机制造有限公司	5 809
7	江苏赛德力制药机械制造有限公司	10 706	17	浙江轻机实业有限公司	5 023
8	张家港华大离心机制造有限公司	9 658	18	杭州防腐设备有限公司	4 646
9	杭州兴源过滤机有限公司	9 390	19	江苏省仪征无纺布厂	4 500
10	湘潭离心机有限公司	8 256	20	自贡川滤设备制造有限公司	4 096

景津压滤机集团有限公司坚持科技创新，竭诚为世界各地的固液分离用户提供完善的过滤技术和服务，取得了用户的信任，市场得到了进一步的拓展。2006年销售整机4 321台，销售收入82 978万元。公司依靠强大的实力，优质的产品性能，合理的价格，高质量的保证，以及完善的售后服务来占领市场。公司2006年在全国设立19个办事处，配有专业的售后服务人员，对边远地区和交通不方便地区，实行上门销售服务。2006年公司产品的国内市场占有率在31%以上，产品主要销往化工、矿山、洗煤等行业，占产品销售总量的68%；产品还出口至美国、德国、意大利、法国、俄罗斯、乌克兰、克罗地亚、日本、韩国、泰国、印度、巴基斯坦、沙特阿拉伯、刚果(金)、津巴布韦等国家。预计2007年底，公司销售收入可达到10亿元，出口创汇2 000万美元。

南京中船绿洲机器有限公司在巩固传统市场的基础上，加大对工程船和贝克舵两个新市场的开发力度，2006年船用油分离机销售产值达到9 489万元。2006年公司承接合同总额突破9亿元，比上年增长18%。公司还在国际市场寻求新的经济增长点，海底布缆用绞车等产品先后出口挪威、德国，2006年出口创汇近8 400万美元，比上年增长44.5%。产品的市场覆盖面逐步扩大，市场占有率在国内同类产品中处于领先地位。

杭州兴源过滤机有限公司坚持“全国性的营销网络、规范化的市场运作、全方位的技术支持、及时周到的客服体系”的营销理念，把销售人员依据区域分工的模式逐步向以行业分工模式过渡，逐步形成由行业专家组成的营销团队。在市场拓展方面，公司每年至少在20种以上专业刊物上作特殊版面的彩色广告宣传，参加10次以上大型专业展览会和5次以上行业会议。公司建设了水平居全球压滤机行业一流的企业网站，并在Google、百度、Yahoo、中搜等主要搜索引擎上做竞价排名网络推广，在各种专业网站上发布信息(2006年共注册33个网络网址、域名等)。公司2006年经济指标与2005年相比，销售额增长42%，上缴税金增长127%，利润大幅增长。

重庆江北机械有限责任公司2006年销售离心机396台、通用机械配件130t、粗钢1 568t，实现销售收入12 295万元。2006年5月公司接受13台GKHl800—N虹吸刮刀卸料离心机和11台LZMl000—N冲击磨的单笔订货，创公司最高历史记录。

浙江建华集团过滤机有限公司采取促销政策，搞好售前服务，强化售后服务，跟踪全程服务，拓展销售渠道，在全国各使用压滤机集中地区开设销售、售后服务网点。2006年市场销售势头良好，销售收入为7 179万元，比上年增长10.4%。

核工业烟台同兴实业有限公司2006年是业绩大幅增长的一年，产品呈现供不应求的局面。公司引进现代营销理念和手段，根据全国地域与行业分布特点的不同，采取直销、代理、分销等销售模式。2006年公司在新疆罗布泊一举中标1.2亿元合同，引起国内外同行的极大瞩目，提升了公司的知名度。2006年共出口5套设备，出口交货值777万元。

安徽赛而特离心机有限公司为适应玉米淀粉企业朝大型化、规模化发展，及时开发生产DPF800及DPF1000型淀粉分离机和麸质浓缩机，其中DPF800型淀粉分离机和麸质浓缩机已在市场上取得较好业绩，并出口到韩国的食品企业，获得充分的肯定。

此外，石家庄新生机械厂2006年生产的500m^{2}大型压滤机成功打入国际市场，并研制成功全密闭防燃防爆型GM10—N转鼓真空过滤机；衡水海江压滤机集团有限公司2006年过滤机与压滤机销售产值超过6.3亿元，成为分离机械行业销售产值位居第二的制造企业；江苏新宏大(集团)公司2006年成为我国翻盘式真空过滤机最大销售商，仅此一项实现销售收入1.33亿元；广州广重企业集团有限公司2006年离心机新产品产值占总产值的70%，其中上悬离心机定单逾7 000万元；江苏赛德力制药机械制造有限公司2006年销售收入首次突破亿元。

三、科技成果及新产品

重庆江北机械有限责任公司技术中心以市场为导向，以满足用户需求为目标，全年完成新产品设计9项，投入试制4项，老产品改进设计6项；完成新工艺、新技术、新材料推广应用5项；完成客户化产品技术准备160项；完成双革四新、节能降耗项目224项；处理特殊订货450余项；全年新产品产值率达到60%。

景津压滤机集团有限公司2006年根据化工行业不同过滤工艺的要求，以传统滤板结构为基础，采用进口TPE—8427聚丙烯为主体原料加新材料配方，经结构创新设计，数控加工中心高精度加工，成功开发出化工行业过滤含硫氰酸钠(NaSCN)滤液的耐强腐蚀的专用滤板，这种滤板过去一直被日本一个公司所垄断。经检测试验技术参数达到：拉伸强度35.6MPa，弯曲强度21.4MPa，悬臂梁缺口冲击强度56.8kJ/m²(23℃)，悬臂梁缺口冲击强度6.2 kJ/m²(-20℃)，完全符合客户的技术要求。产品经用户在线连续工作达到1100h，温度90℃，粘度4.8～9Pa·s，承受工作过滤压力1.6MPa，瞬间冲击压力2.5MPa，现场使用效果良好，达到了用户的使用要求，为用户节省了外汇。该产品已申报实用新型专利，申请号：200720103265.X，同时获河北省科技成果奖，证书号：冀科鉴字(2006)第10389号。

景津压滤机集团有限公司经结构创新研制成功新型压滤机滤板把手。其结构为两端面有支撑台，当拉板受力时支撑台与另一块滤板上的支撑台相互支撑提高抗拉强度，保护了使用安全；在滤板把手的90°平面处，镶有耐磨材料滑块，当磨损超差时，可以更换滑块；紧固滤板把手的螺栓起到定位与强固的作用，当拉板机械手拉板时，3只螺栓紧固不会松动，结构合理，坚固耐用，操作方便，保证了人身安全。该产品已申报专利，实用新型专利申请号：200620023024.X。

景津压滤机集团有限公司生产的压滤机自动变频电机拉板装置，采用变频电机拉板技术，运行稳定、耗能低、功率小、节能环保、操作维修方便，通过减速电机传动扭矩，进一步优化了产品性能。该产品已申请专利，实用新型专利申请号：200620131371.4。公司研制的整体式高压隔膜滤板解决了滤板加工制作中的技术问题，达到国外同类产品的性能质量，滤板的鼓膜压力可达到3.5MPa。该产品已申请专利，发明专利申请号为：200610111735.7。另外，在2006年研发的新一代产品LXZ—1500型立式压滤机和经完善优化设计的XGZ—2000型高悬梁式压滤机、KGXZ—2000型快开式压滤机，可对选配进料、过滤、压榨、洗涤、快速拉板、无障碍卸料、自动清洗滤布、自动翻板、自卸储料斗、二次干燥等全过程进行智能控制，安全保证及自动化程度得到了进一步提高。以上产品都已交付客户使用。公司通过自主研发设计的具有世界领先水平的快开式高压隔膜压滤机，在结构创新和节能方面做了更加完善的设计，比传统的快开式压滤机自动化程度高出25%以上，产品性能进一步优化。

景津压滤机集团有限公司对800型至2000型厢式压滤机产品在自动化控制、技术性能、节省能源和安全操作方面进行了完善设计。将液压站电机功率5.5kW调为4.0kW，拉板电机为1.1kW，拉板系统装置节省功率0.4kW。将控制系统分项操作，既节省能源又便于维修，操作安全方便。还将电器控制调整为机电液一体化程序控制和手动控制，PLC可编程控制器选用德国西门子产品，可运行30万次无故障，预留DCS远程集散接口，可自动控制进料、压紧松开、保压、补压、拉板、卸饼、接液翻板移动，也可手动操作。此外，还可以根据用户要求加装安全光幕保护程序，节省能源，操作安全方便。

景津压滤机集团有限公司引进意大利迪美(DIEMME)公司的技术，将压滤机的主梁结构设计为复合式，中板经ZSE—2500型数控等离子切割机自动下料，采用埋弧焊接工艺加工而成，再经调质处理，具有强度高、抗侧弯优点，经高速离心抛丸防腐喷涂处理后，具有很强的表层附着力和防腐能力。公司还对压滤机的拉板系统进行了创新，简化了原液压系统的复杂换向及动力转换功能，从而降低了液压系统的故障率，提高了设备运行的可靠性；拉板系统的电机采用日本富田公司的低能耗小功率变频调速电机，节能环保，且提高了传动扭矩。变频电机的调速范围广，可在10～150Hz范围内任意调节。变频电机的驱动器为西门子公司产品。该产品可在运行过程中自动检测电机的电流及运行速度，变频电机带动拉板器自动检测变频电机的电机过载信号，该过载信号可自动控制变频电机改变旋转方向，完成自动拉板的过程，变频电机的运行转矩可根据滤板的运行阻力而自行设定，拉板器及滑道均有防护装置，上下链密封，保证了拉板系统的清洁性和灵活性，符合环境保护的要求。

南京中船绿洲机器有限公司发挥技术集中优势，加大自主技术开发力度，设计开发出为5 000～13 500m³ 4种挖泥船配套的锚绞机；成功研制出265kN拖缆机及其系统；完成了3万t/d淀粉机、酒糟卧螺机等12种新产品的设计或改型设计以及13种机组的技术设计，其中新型10t/h净乳剂样机已试验成功，同时还完成了一项专利的申报并获得受理。

杭州兴源过滤机有限公司2006年坚持“大型化、专业化、自动化、工程化”的产品发展策略，加快技术创新的步伐，推出了钛白粉专用悬挂压滤机、一体式高压隔膜压滤机、全自动水冲洗压滤机、淀粉专用压滤机等新产品，并申请33项国家专利，其中发明专利达15项，创造了公司年申请专利数量的记录，也在中国压滤机行业中独占鳌头。

浙江建华集团过滤机有限公司根据国内压滤机技术向高效能、专业化、程控化方向发展，以及用户需求的多样化，及时调整技术发展策略，注重收集用户信息，汲取国内外压滤机先进技术，应用国际先进的SolidWorks三维绘图软件进行高新产品设计。以超前的技术储备，满足市场的多样化的需求，取得了明显效果：①滤板专用料生产线，效益明显、品质可靠。筹建造粒车间生产滤板专用料，减少中间采购费用，将节省下的费用用于企业品质再改进。普通料稳定指标达到和超过JB/T4333.3—2005行业标准。经权威机构检测，其主要指标：抗拉强度达25MPa、抗弯强度达41MPa，热变形强度4.6MPa(134.1℃)，缺口冲击强度6.2 kJ/m²。②提高PP隔膜滤板品质并向系列化方向发展。隔膜滤板是压滤机中的重要过滤元件，其板芯与膜片质量直接影响压滤机的效率和寿命。公司采用的膜片材料为聚丙烯与合成橡胶混合的新型材料及新的配方，具有优良的耐蚀性、抗疲劳性，耐温可达到120℃，弯曲强度32MPa(国家标准26MPa)，屈服挠度6万次无痕迹、弯曲90°不白化，性能达到国际隔膜片优质材料的水平。隔膜板芯及厢式配板的原材料为 RA130—HP 配方的专用新材料，经试验：抗拉强度为 36MPa（国家标准 26MPa），简支梁缺口冲击值为 13.3kJ/m^2（国家标准为 6.85 kJ/m^2，德国标准为 9 kJ/m^2），使用温度达 100℃不变形。③开发全自动悬梁式压滤机系列。悬梁式压滤机包括随机洗布机构在内，整个操作过程自动化程度较高。公司在 2004 年设计立项，2005 年开发，是国内最早成功开发悬梁式压滤机的厂家之一。2006 年根据制造和应用实践，对结构设计和制造工艺进行了改进，完成了系列化开发，经小批量试制，已具备生产供应能力。④开发快开式压滤机。快开式压滤机能够大幅度缩短过滤周期，提高工效。公司在早年设计储备的基础上按客户需要在产品性能及操作灵活性方面进行了改进，该产品已进入市场推广阶段。⑤丰富压滤机附属机械装置的设计库。如充实了洗布机构、工程塑料手柄、拉板机构、出渣排液机构、液压组合阀体等设计资料，为用户提供了充分的选择空间。其中随机的洗布机构的各项动作全编入 PLC 程序控制过程，具有自动、高效、节水、可靠等特点，受到用户的高度肯定和欢迎。⑥提高压滤机程控操作性能。为提高产品的自动化控制水平，公司的中高档压滤机产品，普遍采用 PLC 智能控制技术，并在设计中不断改进、完善和提升自动控制水平，方便用户操作，以更好地满足用户需求。

核工业烟台同兴实业有限公司是依靠技术创新发展起来的企业。公司 2006 年加大对新产品和新技术的研发投入，开发出 TC 型精密陶瓷真空过滤机、LXD 型自动连续卸料导流式离心机，这两项产品均通过了山东省科学技术厅的鉴定，被认定为填补国内空白项目。公司自 2001 年开发出橡胶带式过滤机以来，市场占有率逐年增高，产量已居于行业首位。但是该机的主要部件橡胶过滤带一直依靠进口或者外协，制约了公司的生产和发展。2005 年公司引进中国最宽的橡胶过滤带生产线，解决了这一瓶颈约束。2006 年 1 月，第一条无接缝、宽 3.3m 的橡胶带成功下线，标志着国内首条无接缝专业过滤用橡胶带开发成功。2006 年 12 月，该项目通过了科技成果鉴定，确认为填补国内空白项目。2006 年，核工业烟台同兴实业有限公司技术中心被列为烟台市级技术中心，成为烟台市制造装备业重点支持的企业技术中心。

上海市离心机械研究所有限公司 2006 年投入 900 万元用于科研项目，主要项目有：大型污泥脱水卧螺离心机成套设备、大扭矩小差速自动反馈液压差速器、LW760 大型污泥脱水环保卧螺离心机、污泥浓缩脱水一体化离心机，其中“大型污泥脱水卧螺离心机成套设备”和“污泥浓缩脱水一体化离心机”在 2007 年 1 月通过了上海市科学技术委员会的验收。2006 年根据新的实施细则，公司重新修订了知识产权管理办法，从 2000 年开始已申请专利 35 项（其中发明 5 项），已授权 27 项（发明 1 项）。公司连续被评为徐汇区市级专利试点企业。

上海市离心机械研究所有限公司还制订了技术创新中长期战略目标，加大科研费用投入，计划 2007 年投入 480 万元，2008 年投入 960 万元，2009 年投入 1 500 万元，在系统集成创新上有所突破。根据公司卧螺离心机规格品种多（6 个规格，近 18 种常用品种）的特点，不断改进和完善现有产品特别是大型卧螺离心机的技术性能，使产品做进入一个行业就打下一块阵地。根据公司的实际情况，计划做好下列工作：①开发一个新的液压泵站，把产品的质量提高一个层次。②试制一台试验离心机，继续探索离心机的各种机械性能，为提高公司的生产技术水平提供可靠的依据。③完成 8t 污泥脱水成套设备移动车的研制，以满足产品售前的试验工作，同时达到宣传、推广产品的目的。④研制高速管式离心机，攻克自动卸料、高速旋转的难题，以提升产品的能级。⑤进一步提升大容量离心机的能级，改进外形、改进控制，为拓展生物制药产品市场提供技术支撑。根据上海电气环保集团对水处理产业的要求和公司制定的“十一五”发展战略目标，上海市离心机械研究所有限公司将做到：①以城市污水处理厂工程项目总承包为技术发展重点，不断扩大产品品种，向上下游延伸污泥脱水成套设备，做好污泥脱水前后处置设备的研发工作，集成创新污水处理的整个工艺过程，通过项目的实施带动企业技术水平的提高。②重点发展工业废水、特种废水处理技术，提升已有技术的深度和广度，进一步拓展产品的应用领域。③发展和研究中水回用系统技术，形成系列化、标准化技术体系。④重点研究反渗透法、多级闪蒸法海水淡化技术，以上海电气品牌，形成海水淡化和海水资源利用的综合系统技术体系，形成海水资源利用关键装备的研发制造基地。

张家港华大离心机制造有限公司开发的符合 GMP 要求的 GKF1250 隔墙式卧式刮刀离心机被评为江苏省高新技术产品。AUT1250 型上悬式刮刀、下部卸料离心机被列入江苏省级、国家级火炬计划项目，并被评为国家级重点新产品。

安徽赛而特离心机有限公司生产的 DPF530 型淀粉分离机荣获安庆市科学技术二等奖。自主开发的 DPF800 型淀粉分离机产品技术先进，性能稳定，工作可靠，填补了国内空白，技术达到国内领先水平，2006 年 1 月公司荣获安徽科技技术研究成果证书。2007 年公司将研制出 DPF1000 型淀粉分离机和年产 5t 以上的乳品机。

连云港市德邦化工机械有限公司根据市场需求和通用机械“十一五”发展规划的要求，充分发挥公司科技开发的优势，2006 年 5 月研发出翻仰式 FD 系列离心机，并交付用户试用。FD 离心机的开发填补了国内空白，是继公司 20 世纪 70 年代国内首创 SGZ 和 SG 离心机之后的又一硕果，开拓了离心机使用新领域。

浙江轻机实业有限公司 2006 年开发的 DBP—420 型、DBP—680 型碟式分离机，已成功地在泰国、南非等国的生物柴油和葡萄酒分离项目上得到应用，获得用户好评。公司 2007 年开始小批量生产并进入国际市场。

四、基本建设及技术改造

重庆江北机械有限责任公司 2006 年固定资产投资额为 448 万元，其中基本建设投资 153 万元，技术更新改造投资 295 万元。

景津压滤机集团有限公司为了满足生产的需要，2006年8月在德州市经济开发区征地20多万m^2，其中建筑面积4.3万m^2。建设5条压滤机装配生产线，设计年生产能力6 500台压滤机的流水线。公司将成为压滤机行业产品规格最全、产量最大、品质最优的压滤机生产商、销售商和服务商。公司还修建一个新型压滤机试验车间，建筑面积3 000m^2，专用于新产品的开发与实验，该项目计划在2007年10月投产，同时还扩建1.2万m^2的配件车间，生产各种机型的易损零配件。2006年公司为扩大生产规模购置中国台湾的CNC—326L/3190L加工中心4台，用于加工压滤机止推板、压紧板、油缸座等关键部件。

南京中船绿洲机器有限公司的船舶配套钢结构生产线1 000m^2厂房的2台关键设备已调试完毕，正式投入使用。二期10 000m^2厂房正在按新厂房建设设计抓紧施工，主要设备TK6916数控落地铣镗床、75t双梁桥式起重机已公开招投标，为厂房竣工投产做好准备。

杭州兴源过滤机有限公司2006年建造了喷漆车间、喷砂车间和装配车间；添置了自动热板式电脑焊接机、三轴联动数控龙门铣床、双螺杆混炼挤出造粒机、电动单梁桥式起重机、液压牛头刨床、立式铣床、弹簧上料机等设备，生产能力进一步增强。2007年，公司将完成厂房扩建，配置新的生产加工设备，到2007年第4季度，可达到年生产压滤机产值两亿元的生产能力。

浙江建华集团过滤机有限公司进行了多项技术改造：①建立了滤板专用料生产线。公司为了在滤板专用料上握有质量控制和品质改进的主动权，在确保其性能的前提下控制成本、提高性价比，以便按用户不同过滤工况（高压、高温等）将专用料分档。公司于2005年立项筹建滤板专用线生产，2006年项目进入实质性运营阶段，包括购置整套塑料性能分析测试仪器，进行大量的工艺配方实验和试生产。2007年已进入了稳定的生产阶段，还准备在适当时机，再添置设备，扩大生产能力。②扩建PP隔膜压榨板生产线。公司是国内隔膜压榨板立项最早的企业之一。2004年为开发X1250镶嵌式橡胶隔膜压榨板，形成了以数控铣切中心为关键设备的生产线，很快赢得了市场，当年就收回投资，还为开发PP隔膜压榨板提供了一定的条件。公司2007年继续添置和自制关键技术装备，以进一步增加品种，扩大生产规模和提高服务市场能力。③添置、自制数控专用设备及其他专用技术装备。为满足压滤机生产工艺专项要求，在技术改造能力上有充分的主动权，公司在外购数控设备的同时，在自制、改造新旧生产设备中应用数控技术，使企业的技术装备能力适应当代科技、市场和企业发展要求。④完善压滤机性能、滤板材质结构，以及过滤介质的实验、试验手段。在原有出厂水试检验专用成套试验装备的基础上，近年又新建了塑料理化实验室，用于检测滤板各项理化指标；逐步完备了PP高压隔膜板强度和密封试验设备。⑤为使公司产品更具有市场竞争性，与德国科研机构合作“工业机械外观技术改造”项目。

核工业烟台同兴实业有限公司为扩大企业生产规模，按照培育国内带式过滤机生产基地的目标制定发展规划。2006年，在烟台、栖霞两市的经济技术开发区合计征地7.4m^2，新建厂房面积2.3万m^2，办公楼面积3 500m^2，企业技术中心1 200m^2，共投入基建资金2 600万元。公司从老厂区搬迁至工业园，购置先进的机加工设备共计76台（套），设备购置资金1 700万元。2006年，公司成功实现技改和搬迁同步完成，被列为烟台市重点骨干企业。

连云港市德邦化工机械有限公司2006年6月签订新厂址购买土地合同，新工厂建设启动。项目计划总投资1 000万元，厂区占地面积2万m^2，主厂房面积5 600m^2，辅厂房面积1 100m^2，办公楼面积1 500m^2，生活设施面积1 300m^2，简易库房面积2 000m^2，主厂房高13m，最大起吊量30t。公司2006年完成投资200万元，建成后生产规模将达5 000万元/a。

张家港华大离心机制造有限公司新增2.5m立式车床1台，4m立式车床1台，T6213数控镗铣床1台，设备总投资438万元。

蚌埠轻化药机有限责任公司与韩国（株）东西离心机制造公司达成经济技术合作协议，共同研发销售具有国际先进水平的卧式螺旋筛网过滤分离机。在此基础上，根据双方协议，公司拟出资6 000万~8 000万元，在高新区征购土地10万m^2建设新厂区。公司计划两年内建成年产值1亿元、利税1 000万~3 000万元，集化机、药机、食品机械、压力容器于一体的新型机械制造加工企业。力争在2010年前后将公司发展成为大中型高新技术企业。

五、企业组织结构和产品结构调整

重庆江北机械有限责任公司按照重庆市机电集团改革的要求，努力探索企业改革新途径。2006年撤消温江分厂，重组成立SS系列离心机产品事业部。铸钢分厂的改制完成了前期准备工作。

景津压滤机集团有限公司2006年增设人力资源部和市场信息部。市场信息来源于市场销售业务经理、信息网络及用户。公司改变过去的综合管理方式，将市场信息与销售分开管理，具体方案为：在全国划分19个区域，每个区域设区域经理1人，根据地区的大小和经济发展状况来确定人员的数量，对每一个信息销售员实行岗位责任制，定计划、定目标、定任务，并根据贡献大小实行奖惩。

2006年，景津压滤机集团有限公司根据市场的需求和客户的使用反馈意见对产品结构进行调整。将630型、800型、900型厢式压滤机由手动控制改为自动控制，增加自动拉板，可以自动冲洗、自动进料、自动反吹。压滤机主梁为关键受力部件，原来主梁与止推板和油缸座接口为侧式单挂，经设计调整为上下双挂，极大地增加了安全性和牢固性。对过滤液的出液孔进行改进，防止过滤液有害气体对环境的污染，产品结构进一步优化，整体结构水平大幅提高，节能降耗、环境保护取得实质性的效果。

南京中船绿洲机器有限公司采取以“五统一”为特征的集权为主，适度放权的新管理体制。为支撑新管理体制的有效运行，组织制订了《公司管理体制改革总体方案》等17

项基础管理制度，基本明确了新体制下各项工作的运行流程。与此同时，加强与科研院所合作，通过项目合作进行技术攻关，调整产品结构，填补技术空白，增强技术含量。企业技术中心通过了南京市级技术中心的评审。公司社会化、开放型的技术研发体制建设取得了初步成效。

核工业烟台同兴实业有限公司确立了以带式过滤机为核心产品，开发各类高端过滤与分离机械产品的企业发展与创新目标。公司以集团化方式运作，在重组原核工业华东烟台机械厂、自动化仪器厂等企业的基础上组建了集团公司。公司根据产品属性的不同，下设4个产品事业部、1个市级技术中心、1个财务中心、1个供应中心，融合企业的财务、技术、物流供应资源，优化产品结构和企业运营模式，其中“三线、两条、一综合”的作业方式为企业独创。公司被山东省技术监督局评为“卓越绩效管理先进单位”，2006年底还获得山东省“质量管理先进单位”称号。

上海市离心机械研究所有限公司以优势产品为核心，以产品两头延伸为方向，以水处理工程总承包为突破口，以新领域、新技术拓展为目标，实施“技术领先、市场抢先”战略，全面凸现SCI的品牌优势、技术优势、服务优势、人才优势、文化优势。公司围绕“十一五”发展战略与目标，坚持以“总量不变，结构调整”作为开展人力资源工作的主线，优化人才结构，完善人才机制。到“十一五”期末，人才队伍建设的预期目标是：在编人员总量控制在200人左右，“三高”人员比例占公司在编人员总数的50%以上，中层以上干部占在编人员总数的10%以下，核心产业人均销售收入比2005年增长100%，新技术、新领域产业的人均销售收入达到250万元。

上海化工机械厂有限公司于1958年建厂，是我国分离机械行业中专业生产各类离心机和过滤机品种规格较多、较齐全的厂家。Rousselet Robatel集团作为全球工业离心机领域的领先者，于2005年收购了上海化工机械厂的整体产权。上海化工机械厂有限公司2006年正式成为Rousselet Robatel集团全球营销战略在中国具有独立法人资格的运营基地。

浙江轻机实业有限公司于2006年9月成功地完成第二次改制工作，国有资本由第一次转制时的10%扩大到27.3%，同时引入了浙江的民营资本，占股本的45%，溢价收购了职工持股会的股份，扩大了总股本，有力地增强了企业经济实力。

〔撰稿人：中国通用机械工业协会分离机械分会戴明〕

气体分离设备

一、生产发展情况

2006年，气体分离设备行业认真贯彻科学发展观和可持续发展战略，强化生产管理，科学组织生产，适应市场变化，不断开发新产品，抓住机遇开拓国内外市场，推动了全行业经济的快速发展，2006年全行业主要生产指标持续增长。

1. 生产持续增长

截至2006年底，气体分离设备行业资产总计910 643万元，其中固定资产139 953万元，流动资产646 270万元；大型、重型金属切削机床、锻压设备等1 881台；从业人员14 024人，其中工程技术人员2 013人。

据行业中13个企业上报的资料统计，全行业完成工业总产值664 841万元，比上年增长24%；完成新产品产值307 052万元，比上年增长15.84%；完成工业增加值194 806万元，比上年增长26%；完成工业销售产值651 848万元，比上年增长23.82%；实现产品销售收入674 369万元，比上年增长23.4%。2003～2006年气体分离设备行业主要经济指标见表1。2006年气体分离设备行业主要经济指标前5名企业见表2。

表1　2003～2006年气体分离设备行业主要经济指标

（单位：万元）

年份	工业总产值	新产品产值	工业增加值
2003	326 814	138 851	105 402
2004	445 231	234 621	147 325
2005	546 119	260 780	159 607
2006	664 841	307 052	194 806

表2　2006年气体分离设备行业主要经济指标前5名企业

序号	企业名称	工业总产值（万元）
1	杭州制氧机集团有限公司	303 987
2	四川空分设备（集团）有限责任公司	130 351
3	河南开元空分集团有限公司	48 015
4	液化空气（杭州）有限公司	47 690
5	开封空分集团有限公司	46 189
序号	企业名称	工业增加值（万元）
1	杭州制氧机集团有限公司	82 451
2	四川空分设备（集团）有限责任公司	49 293
3	液化空气（杭州）有限公司	19 027
4	开封空分集团有限公司	13 575
5	开封东京空分集团有限公司	9 296

（续）

序号	企 业 名 称	产品销售收入（万元）
1	杭州制氧机集团有限公司	306 926
2	四川空分设备（集团）有限责任公司	122 587
3	开封空分集团有限公司	50 053
4	液化空气（杭州）有限公司	47 978
5	河南开元空分集团有限公司	41 039
序号	企 业 名 称	利税总额（万元）
1	杭州制氧机集团有限公司	52 476
2	四川空分设备（集团）有限责任公司	22 937
3	液化空气（杭州）有限公司	8 683
4	开封空分集团有限公司	3 734
5	开封东京空分集团有限公司	2 827
序号	企 业 名 称	经济效益综合指数（%）
1	液化空气（杭州）有限公司	458.20
2	开封东京空分集团有限公司	275.56
3	杭州制氧机集团有限公司	254.33
4	北大先锋科技有限公司	250.35
5	四川空分设备（集团）有限责任公司	239.01

2006 年，全行业共生产空分设备 201 套，比上年减少 39 套，制氧总容量 173 万 m^3/h，比上年增长 20.7%。其中，生产大中型空分设备 102 套，比上年增加 12 套，氧容量 168.94 万 m^3/h，比上年增长 21.6%；生产小型空分设备 83 套，比上年减少 11 套，氧容量 1.79 万 m^3/h，比上年增长 9.15%；生产制氮设备 23 套，比上年减少 13 套，氮容量4.53 万 m^3/h，比上年减少 14.7%。在生产的空分设备中，带全精馏制氩的设备 63 套，与 2005 年持平。此外，生产低温液化设备 2 台，生产低温液体贮运设备 1 008 台（辆），生产主要单机、单销产品 2 811 台。

2006 年全行业生产情况有以下特点：

（1）行业生产任务饱满。工业总产值和工业增加值以 24% ~26% 的速度增长，全行业仍处于快速发展阶段。2003 ~2006 年，全行业工业总产值每年递增 10 亿 ~12 亿元，工业增加值与工业总产值同步增长。从生产角度看，空分设备市场形势良好。

（2）全行业产销两旺。2006 年，工业销售产值与产品销售收入均以 23% 的速度同步增长，产品销售率达 98%。

（3）产品结构有所调整。随着国民经济的发展和市场需求的变化，不断调整产品结构，新产品开发力度增强，产品规格大型化，产品种类多元化，这是支撑全行业 2006 年经济快速增长的重要因素。

2006 年，全行业生产的空分设备总数有所下降，但大中型空分设备数量增加。其中，杭州制氧机集团有限公司（以下简称杭氧）为中石化湖北化肥分公司、安庆石化公司提供的 2 套 48 000m^3/h 空分设备，为包钢提供的 40 000m^3/h 空分设备投入运行；林德工程（杭州）有限公司、液化空气（杭州）有限公司为国内冶金、石化行业提供的 11 套“3 万 ~6 万 m^3/h”级大型空分设备投运或在安装过程中；开封空分集团有限公司（以下简称开空）、四川空分设备（集团）有限责任公司（以下简称川空）多套“3 万 m^3/h”以上级空分设备也在制造中；开封东京空分集团有限公司、河南开元空分集团有限公司生产的“1 万 m^3/h”以上级空分设备产量也在增加；苏州制氧机有限责任公司（以下简称苏氧）过去以生产小型空分设备为主，2006 年有多套中型空分设备投入运行。2006 年，全行业生产的大中型空分设备占空分设备总数的 50.7%，由于空分设备的大型化，2006 年空分设备制氧总容量比上年增长 20.7%。

邯郸制氧机厂虽以生产小型空分设备为主，但产品种类增加，更加适应市场需求。川空、江西制氧机有限公司（以下简称江氧）生产的低温贮运设备种类、产量比上年也有增加。温州瑞气空分设备有限公司（以下简称瑞气）、北大先锋科技有限公司（以下简称北大先锋）生产的变压吸附空分设备种类、规格均呈多元化，而且工业总产值也有较大幅度增长。其中瑞气工业总产值达 1.5 亿元，比上年增长 24%；北大先锋工业总产值 9 000 多万元，比上年增长 94%。

2. 经济运行情况

2006 年，全行业利润盈亏相抵后实现利润总额 68 545 万元，比上年下降 13.53%；经济效益综合指数为 194.78%，比上年下降 24.28 个百分点；销售成本 556 177 万元，比上年增长29.7%；销售费用 13 898 万元，比上年增长 31.2%；销售利润 101 061 万元，比上年减少 5.4%；管理费用 43 765 万元，比上年增长 7.2%；财务费用 1 904 万元，比上年减少 12.3%。2006 年，全员劳动生产率 129 582 元/人，比上年增长 7%。

2006 年，全行业经济运行的一个突出问题是经济效益下滑，这应引起全行业的高度重视。造成全行业经济效益下降主要有以下几个因素：①原材料涨价，人工费用增加。这几年钢材、铝材价格不断上涨，全员人均收入比上年增长 4.8%，从而造成成本上升。②市场竞争激烈，致使空分设备的利润空间减少。③大型空分设备的生产周期较长，导致原材料库存量增加，平均存货成本和产品库存率比上年增长 11%，从而占用了较多资金。④固定资产增加较快，2006 年固定资产比上年增长 11.7%。⑤应收账款比上年增长 27%。⑥企业内部管理水平有待提高。⑦行业发展不平衡，部分企业由于多种因素，发展速度较慢或存在亏损。由于以上原因，全行业净资产收益率下降 15 个百分点。造成行业效益下滑，有客观因素，也有主观因素，应理性地分析原因，有针对性地采取措施，努力提高全行业经济运行质量。

二、市场与销售

2006 年，空分设备市场形势较好，新订合同和订货额比 2005 年有大幅度增长。2006 年，新订合同额 1 054 119 万元，比上年增长 63.2%，新订合同中，大中型空分设备 159 套，比上年增加 67 套。其中，杭氧签订大中型空分设备 41 套，合同金额 422 913 万元；川空签订大中型空分设备 34 套，合同金额 241 782 万元；河南开元空分集团有限公司签订大中型空分设备 35 套，合同金额 81 788 万元；开空签订大中型空分设备 17 套，合同金额 79 012 万元；开封东京空分集团有限公司签订大中型空分设备20套，合同金额42 058万元。2006年，全行业累计订货额1 531 581万元，是全行业有史以来订货额最高的一年，这不仅保证了2006年全行业经济的快速增长，也为2007年行业发展奠定了基础。

从2006年订货情况看，空分设备市场呈现以下特点：

(1)大型空分设备市场需求增加。这一点在2006年订货合同的数量和订货额上得到明显体现。这主要是由于冶金行业联合重组、技术改造；石油、化工、化肥行业的发展，煤化工、大化肥、煤制油、大型乙烯项目上马，使大中型空分设备市场需求增加。另外，国家对空分设备国产化的政策支持、国产化大型空分技术的成熟以及大型空分设备在节能降耗中的优势等因素，也是培育和推动我国大中型空分设备市场发展的重要因素。

(2)“4万m^3/h”级以上大型空分设备国产化进程加快。由于市场需求的变化，为我国“4万m^3/h”以上级空分设备的发展创造了有利条件。杭氧继2005年签订出口伊朗的2套63 000m^3/h空分设备后，2006年又签订大唐国际发电股份有限公司3套58 000m^3/h空分设备和上海宝钢集团1套61 000m^3/h空分设备。2007年2月，杭氧又签订神华包头煤化工有限公司4套60 000m^3/h空分设备。短短1年半时间，杭氧已签订10套“6万m^3/h”级的大型空分设备，实现了同国外同行业大公司同台竞争的宿愿，为我国空分设备行业发展史谱写了新篇章。杭氧在2006年还签订多套“4万m^3/h”、“5万m^3/h”级大型空分设备，企业的综合实力得到进一步加强。开空继签订山东德州华鲁恒升化工股份有限公司40 000m^3/h空分设备、河南永城煤电集团52 000 m^3/h空分设备后，2006年签订了一套山东滕州凤凰化肥有限公司40 000m^3/h空分设备，2007年3月签订了柳钢1套40 000m^3/h空分设备。川空2005年在唐钢实现了“4万m^3/h”级空分设备的突破，2006年又同河北新能化工有限公司签订2套45 000m^3/h空分设备合同。中国空分设备有限公司2006年承接多套“2万m^3/h”、“3万m^3/h”级空分设备的技术咨询、服务项目。到2006年底，国内已有5套“4万m^3/h”以上级空分设备投入稳定运行(杭氧4套，开空1套)。国内“4万m^3/h”以上级空分设备经受了实际运行的考验，表明国内空分设备制造业的整体技术水平和研制能力，上了一个新台阶。

(3)小型空分设备和低温液体贮运设备、变压吸附设备、水电解制氢设备等市场呈多元化发展趋势，发展前景可观。由于小型空分设备、变压吸附设备、水电解制氢设备在冶炼、化工、电力、电子、建材、造纸、医用氧等领域有广泛的市场，一些制造企业为适应市场变化，加大了市场调研、新产品开发和市场开拓的力度，2006年订货合同额有较大幅度的增加，成为气体分离设备行业一个重要的经济增长点。

(4)气体市场和天然气液化、冷能源利用市场在2006年有了稳定发展。虽然这些市场领域开拓得还不够，但不少企业(如川空、中国空分设备有限公司等)已开始加大对这些市场的拓展力度。

(5)开拓国际市场有了新突破，出口创汇增加。由于国内市场竞争激烈，促使企业加强了开拓国际市场的力度。突出表现在以下几个方面：①各企业与国外客商的互访、交流、考察活动更加频繁。如川空2006年先后接待了美国、伊朗、南非、沙特、印度气体协会、BOC亚洲会议代表等国家和团体来公司考察。杭氧、开空、苏氧等企业也通过多种形式向外商宣传企业，使外商对我国气体分离设备行业有了进一步了解，为我国空分设备更广泛地进入国际市场创造了条件。②全行业出口产品项目和合作方式增加。2006年，出口产品中不仅有各种规格的成套空分设备、低温液体贮运设备，还有各种单机及分子筛等产品。杭氧、川空、苏氧等企业还以长期合作、地区代理、在国外设办事处等方式同外商建立稳定的合作关系。③出口的国家和地区更加广泛。全行业产品出口到东南亚、印度、朝鲜、美国、苏丹、俄罗斯等20多个国家和地区。目前产品主要出口至东南亚，同时向欧洲国家扩展。由于全行业对外合作的加强，2006年出口创汇4 771万美元，比上年增长37.1%。

三、科技成果与新产品

2006年，气体分离设备行业坚持技术创新，不断推进企业、行业技术进步，在新产品开发、新技术应用上有了新的突破。突出的成果是在大型空分设备国产化项目中，采用了国际最新空分流程和多项先进技术，缩小了我国成套空分设备同国际先进空分设备技术水平的差距。

2006年，杭氧为中石化湖北化肥分公司和安庆石化公司提供的2套48 000m^3/h空分设备顺利开车，这两套空分装置采用分子筛净化空气、氮气循环增压、氧气产品内压缩、带中压透平膨胀机、氮膨胀循环、规整填料和全精馏制氩工艺流程。为包钢提供的40 000 m^3/h空分设备采用分子筛净化空气、氧气外压缩、部分氩气内压缩、膨胀空气进上塔流程，采用规整填料上塔和全精馏制氩工艺流程。2006年，投运的这3套“4万m^3/h”以上级的空分设备经运行考核都达到和超过设计指标，使“4万m^3/h”级以上空分设备国产化项目经受了考验。

2006年，杭氧承接了4套“6万m^3/h”级的大型空分设备。其中3套大唐国际发电股份有限公司58 000 m^3/h空分设备是用于为内蒙古多伦地区年产46万t煤基烯烃项目配套的大型内压缩空分设备项目。该项目对安全性要求非常高，经多种方案选择，采用了特殊的安全、节能工艺，其能耗还略低于国外公司的同类设备。为宝钢集团提供的60 000m^3/h空分设备是目前我国用于冶金行业的最大的空分设备。该设备采用常温分子筛吸附、氧气自增压流程、增压透平膨胀机、规整填料上塔和全精馏制氩等先进空分技术，具有液体比例大、能耗低、产品提取率高等特点。通过多套“3万~6万m^3/h”级大型空分设备的流程设计实践，使杭氧拥有了“4万m^3/h”级以上大型空分设备设计、制造的独立自主知识产权。

杭氧一向重视流程软件和计算机控制系统(DCS)软件的应用性开发，对空分设备的流程和控制系统进行优化设计，确保了“3万~6万m^3/h”级空分设备设计性能指标的先进性。根据化工用大型空分设备要求内压缩压力高的特点，杭氧研制的空分设备最高氧压力达到9.8MPa。

在研发大型空分设备过程中，杭氧获组合式全精馏制氩工艺及制氩设备等5项发明专利。2006年，杭氧“冶金型3万m^3/h”级内压缩空分设备通过了浙江省科技成果鉴定；中压循环液体空分设备通过了专家技术鉴定；用在本溪北台钢铁集团的50 000m^3/h空分设备获首届浙江省工业设计大奖赛特等奖；大中型空分设备再获“浙江省名牌产品”称号；公司继续保持“全国机械行业质量效益型先进企业”称号。

2006年，开空承接了滕州凤凰化肥有限公司一套42 000m^3/h空分设备，这是开空继为德州华鲁恒升提供40 000m^3/h空分设备和为河南永城煤电集团提供52 000万m^3/h空分设备之后，又一套“4万m^3/h”级的空分设备。开空多年来在“3万m^3/h、4万m^3/h”级空分设备研制中对多项课题进行了研究攻关，并在大型空分分子筛吸附器、高压绕管换热器、中高压板式换热器、大型高压带液透平膨胀机、大型规整填料塔、特殊低温阀、变负荷智能型集散控制系统等分课题研究和单体设备的研制上取得成果，为“4万m^3/h”级以上大型空分设备研制提供了技术支持。腾州凤凰化肥公司的42 000m^3/h空分设备是30万t甲醇项目的配套设备，采用了常温分子筛预净化、空气增压透平膨胀、双塔精馏、内压缩流程，设有全精馏无氢制氩、液体贮存系统，采用DCS控制，其中空气压缩采用ECS控制等一系列先进技术。2006年6月，因在“4万m^3/h”级空分设备国产化过程取得重大成果，开空在国务院召开的振兴装备制造业工作会上获“在振兴装备制造业工作中做出重要贡献奖”。

2006年，开空成功研制的鄂钢10 000 m^3/h空分内压缩高压板式换热器，水压强度试验压力达到7.4MPa，为在大型空分设备上采用高压板式换热器创造了条件。

开空为进一步推进技术创新、科技兴企，2006年4月18日成立了开封空分集团设计研究院。开空被市委、市政府授予“科技创新先进集团”；为柳钢提供的28 000m^3/h、15 000m^3/h空分设备通过了科技成果和新产品鉴定，并列入河南省的科技成果；公司获“河南省工业创新优秀奖”。

2006年，开封中环环保公司在城市污水和工业废水处理方面取得可喜成果，把国际最先进的富氧曝气技术广泛应用到工程项目上，其城市污水和工业废水富氧曝气工艺通过了省级鉴定，并被确定为“河南省科学技术成果”。公司获得国家环境保护总局的“甲级环境保护设施运营资质证书”，其实验室被市科技局评为“开封市水污染防治工程技术重点实验室”。

2006年，川空在“4万m^3/h”级空分设备研发中有新的突破。2006年川空与河北新能化工有限公司签订2套45 000m^3/h空分设备。该设备采用液氧内压缩流程，其氧气压力达8.5MPa，同时生产中压氮、低压氮及液氮、液氧、液氩等产品，是一种典型的化工型大型空分设备。为解决大件设备受运输条件限制的问题，川空采用了新型侧置式卧式主冷凝蒸发器关键技术，属国内首创，具有自主知识产权。

川空通过引进、消化吸收和自主开发，已拥有多种先进的大型空分设备流程设计和设备设计软件及CAE计算机辅助分析软件，使川空的关键单元设备设计和冷箱配管设计水平大大提高。通过引进多种关键制造设备，建成多个适应大型空分设备生产的新车间，川空已具备生产“6万m^3/h”级空分设备的能力。

2006年，川空对中高压板式换热器的研发有了进展，工作压力7.0MPa的高压板式换热器已成功运行。

2006年，川空签订了3 850m^3、10 000m^3LNG低温液体贮槽合同，10 000m^3LNG贮槽采用吊顶式新结构等多种新技术，以保证贮槽的安全性和可靠性。

2006年，中国空分设备有限公司与邯钢签订1套20 000m^3/h空分技术设计及设备成套服务合同，这是该公司第一次自行设计空分设备的预冷、纯化和分馏塔系统。为了拓展低温冷能利用市场，成立了低温与天然气工程部，积极做好LNG中转站项目和煤层气液化项目的准备工作，与南京龙翔液体化工储运码头公司签订了20 000m^3低温乙烯储存装置工程总承包合同。这是公司在石油化工和天然气领域取得的一次突破。

2006年，中国空分设备有限公司在废水处理工程方面有了长足发展，依靠先进技术开拓了印染、给水、市政、化工等4类废水处理工程。于2006年8月取得了国家建设部环境工程(废水)甲级设计资格。

林德工程(杭州)有限公司为首钢集团提供的75 000m^3/h空分设备采用了目前国际上快速负荷流程、稀有气体全提取等先进技术。

苏氧在出口俄罗斯的1 500m^3/h空分设备中采用了公司自主开发的油轴承透平膨胀机技术，该设备具有压力等级高、膨胀比大的特点。

邯郸制氧机厂根据市场需求与中科院合作开发了8种型号9个系列的氨回收装置，并研发成功煤层气回收项目，逐步推向市场后，会产生很大的社会效益。

河南开元空分集团有限公司的KDON—6500型空分设备获“开封市优秀产品新技术一等奖”。

北大先锋研制的“单层分散型CuCl分子筛吸附剂分离CO技术”获国家发明二等奖。

瑞气的医用分子筛获“温州市名牌产品”称号，并获5项国家专利，其中一项获国家发明奖。节能型氮氧纯化装置被列为“2006年国家级火炬计划项目”，该项目同时也是国家创新基金项目，并获“浙江省科技进步奖”二等奖和“国家机械工业科学技术奖”三等奖。

四、基本建设及技术改造

随着近几年空分设备市场形势变化，不少企业为提高生产能力，追求规模效益及提高企业自我发展能力，加大了对固定资产的投入，用于建厂房、车间，添置先进设备，进行计算机网络建设和技术改造等，2006年，完成基本建设投资21 483万元。

川空是行业中投入基建项目最多的企业，2006年投入11 525万元基本建设资金，主要用于天然气液化分离装置和大型低温液体贮槽国产化技术改造，大型空分冷箱和低温机械国产化改造，钢制容器及钢结构车间技术改造，封头生产线和板翅式换热器生产线扩建技术改造。

川空新建两个低温超级绝热器车间，低温机械车间、钢结构车间、机电仪成套车间等50 000m^2 现代化厂房在建或陆续投入使用，同时还购置行车、4 000t 油压机、大型真空钎接炉等重大设备，这些技改项目完成后，将大大提高企业的生产能力。

杭氧在2006年启动搬迁工程项目，此项目总投资预计20多亿元，当年已完成基本建设投资4 600万元。

开空正式启动了"超大型空分及石化装置冷箱本地化"项目，当年投入345万元。

林德工程（大连）有限公司靠近海港码头的生产基地已投入使用，使林德工程有限公司具备制造"15万 m^3/h"级空分装置的能力。

哈尔滨哈氧制氧机有限公司（以下简称哈氧）和开封黄河空分集团有限公司分别实施了整体迁址工程的兴建，预计在2007年下半年完成搬迁。

河南开元空分集团有限公司投资近千万元建成的重型车间和75t行车已投入使用。

开封东京空分集团有限公司完成厂址搬迁，两个新车间已启用，同时又征地93 000m^2，用于建设换热器设计制造基地。

瑞气新建的绍兴瑞气压缩机有限公司正式投入营运。

北大先锋加大对科研开发资金的投入，重点对PU—8分子筛生产装置进行全面改造和扩建，同时还投入资金对APS制CO工艺流程和1500型以下的小型PSA制氧机的单塔工艺进行技术改造。

2006年，气体分离设备行业各企业面对较好的市场形势，从企业发展战略角度出发，不断加大对技术改造的立项和资金投入，扩大规模，增强生产能力，为行业的可持续发展奠定了基础。

五、企业管理与企业改制改革

2006年，气体分离设备行业企业进一步深化改革，稳妥地进行企业改制，强化内部管理，使企业增添了新的活力。

（1）企业改革、改制情况。杭氧为了巩固改制成果，在保证员工作为股东的权益、利益基础上，通过引进外来投资或合理调整资本结构，使职工持股会及员工从股东的身份顺利退出。转让了小空压机公司、塑机公司部分国有股权；铸造公司、透平公司职工持股会的股东身份顺利退出；股份公司下属的专业厂先后改制，成立了杭州杭氧换热设备有限公司、杭氧低温液化设备有限公司和杭氧填料有限公司。杭氧还以改制和资产受让形式于2006年底收购了江西制氧机厂全部有效资产，组建了江西制氧机有限公司。川空将下属二级单位机器分厂改组为压缩机分公司，扩大了分公司的经营权限，进一步增强了产品开发、市场开拓能力。开空实行产权制度改革以后，完成了对子弟学校的移交社会工作，对医院、宾馆等非主业部门实行资产租赁经营。哈尔滨制氧机厂于2006年6月完成了改制工作，原国有资产退出，由经营者和职工共同持股组建哈尔滨哈氧制氧机有限公司，企业整体搬迁到哈西新经济开发区。2006年，中国空分设备公司同北京凯姆克国际贸易有限责任公司、浙江省海天气体有限公司及24名自然人股东出资组建了中国空分设备有限公司，2006年8月1日完成注册，2006年8月16日挂牌。中国空分设备公司改制是中农机系统实施主辅分离、辅业改制的首家试点公司，为农机系统推进下属企业改制积累了经验。

（2）企业管理情况。2006年，各企业以改制为契机，不断深化内部改革，强化企业管理，使企业管理水平上了一个新台阶。各企业按照建立现代企业制度的要求，完善法人结构，建立科学决策机制。

杭氧资产公司与杭氧集团公司合并后，集团总部认真行使并履行股东及国有资产出资人的权力和义务，加强了资产运营、效益分配等方面的管理，完善了固定资产管理办法、财产损失审批制度、对外担保管理制度等；建立和完善了母子型公司管理体制，采用委派董事、监事的管理办法，通过召开各种例会加强了上下、纵横之间的沟通与协调，提高了决策的科学性和公司决议的执行效率。中国空分设备有限公司改制后，设立了规范的法人治理结构，形成了权力机构、决策机构、监督机构和经营管理者的权力分置；制订了董事会议事规则、监事会议规则等，使公司进入正常运作。川空、开空、哈氧、江氧都根据企业具体情况按照公司法的要求建立适合本企业的管理模式，形成了决策科学、管理有效的内部管理机制，实现了由原来的工厂制向公司制的转变。

2006年，各企业进一步加强内部管理，制订和完善了财务、分配、人事、安全生产、质量、工艺、纪律、物资采购等各项规章制度，采取多种有效措施保证各项制度的贯彻落实。如在产品质量管理方面，各企业修订完善了质量保证体系、质量责任条例、质量责任追究制等，通过开展全员质量教育、职工技术培训；定期召开月（季）质量分析会，开展质量月活动、劳动竞赛活动，以及评选质量优胜班组等，提高了全员职工的质量意识。质量保证体系在全员、全过程得到了贯彻，各企业的产品质量有了新的提高，2006年全行业质量损率为0.2%。

总的来说，2006年，气体分离设备行业市场形势较好，经济发展快，行业整体素质得到了提高。2007年，全行业仍会继续保持较高的发展速度。各企业要抓住行业加快发展的良好机遇，不断进行体制创新、技术创新、管理创新；不断采用新技术，开发新产品，拓展国内外市场；不断加强职工队伍建设、干部队伍建设。全行业共同努力，谱写振兴我国空分设备行业的新篇章。

〔撰稿人：中国通用机械工业协会气体分离设备分会王令卿〕

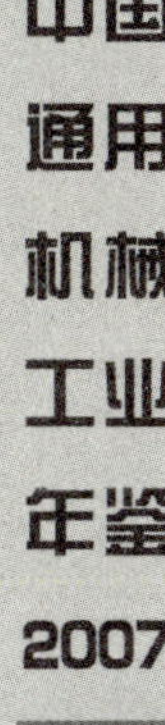

分析2006年石化通用机械产品进出口情况，对行业需要关注的几个问题提出建议，公布2006年部分通用机械产品进出口数据

Analyzing the Import/Export Situation of Petrochemical and General Machinery Products in 2006, Making Suggestions on Some Problems Needed to Be Concerned by the Industry, Announcing the Import/Export Data of a Part of General Machinery Products in 2006

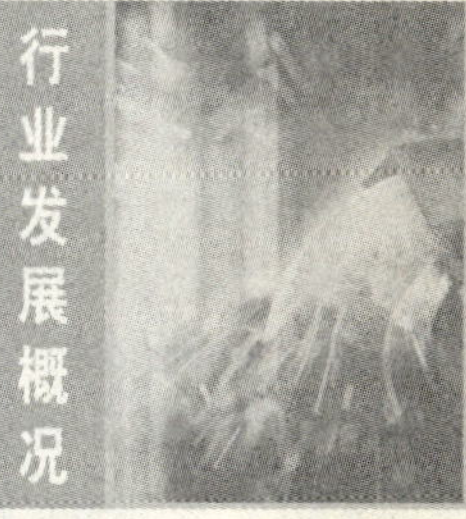

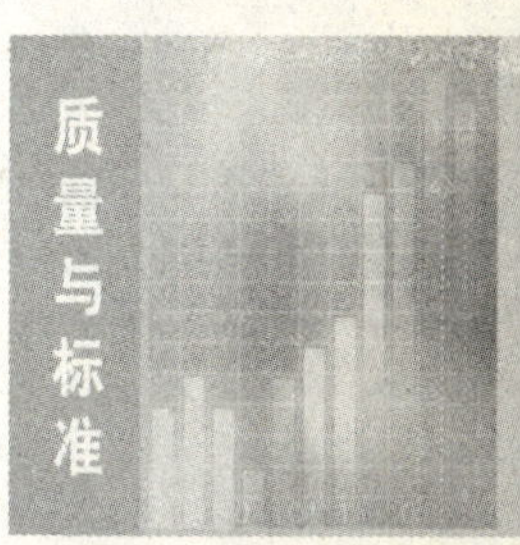

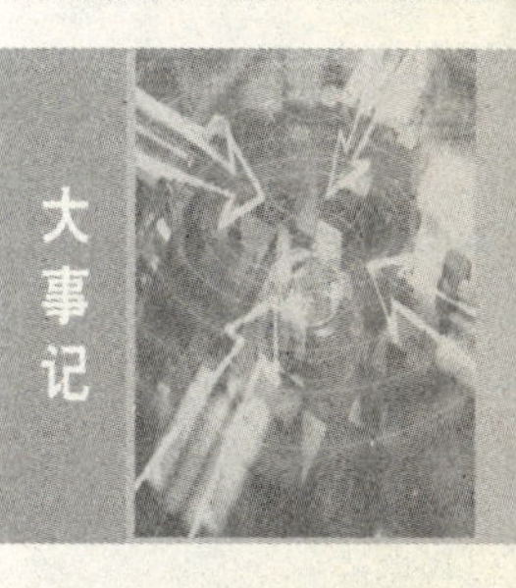

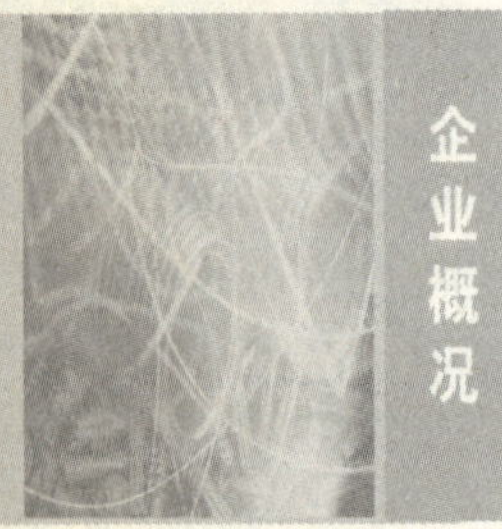

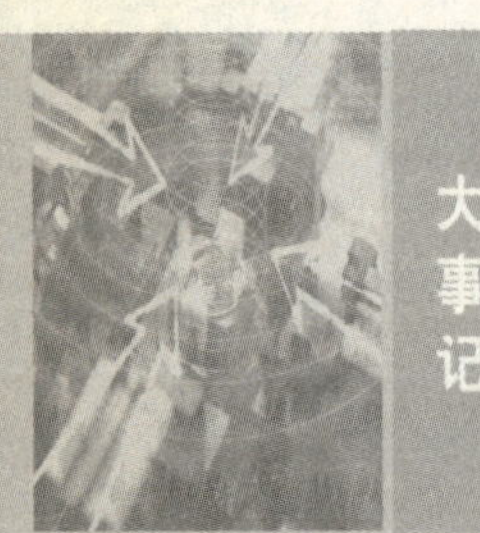

进出口

2006年石化通用机械产品进出口分析与需要关注的问题

一、2006年石化通用机械产品进出口情况与特点

1. 2006年进出口发展良好，顺差进一步扩大

近4年来，石化通用机械产品进出口连年增长，2003～2006年石化通用机械产品进出口汇总见表1。

表1　2003～2006年石化通用机械产品进出口汇总

年份	进出口合计		进口		出口		顺差（亿美元）
	金额（亿美元）	比上年增长（%）	金额（亿美元）	比上年增长（%）	金额（亿美元）	比上年增长（%）	
2003	202.10		113.78		88.32		-25.46
2004	284.24	40.64	153.78	35.15	130.46	47.71	-23.32
2005	322.77	13.56	154.41	0.41	168.36	29.05	13.95
2006	404.31	25.26	171.63	11.15	232.68	38.20	61.05

由上表可以看出，2004年进出口高速增长，进口额比上年增长35.15%，出口增长47.71%，逆差有所缩小。从2005年开始出现顺差，2006年顺差进一步扩大为61.05亿美元。整个石化通用机械行业进出口发展情况良好。

2. 出口快速增长，石油设备、制冷机械、印刷装订机械、过滤净化设备、阀门等产品出口高速增长

2006年石化通用机械产品出口总额232.68亿美元，比上年增长38.2%，增幅比上年（29.05%）高9.15个百分点。各主要产品中，除空气分离设备出口下降外，其他产品出口普遍快速增长，发展势头良好。2006年石化通用机械主要产品出口情况见表2。

表2　2006年石化通用机械主要产品出口情况

序号	产品名称	出口额（亿美元）	比上年增长（%）
1	石油设备	15.79	130.84
2	化工设备	6.59	54.87
3	泵	18.90	35.99
4	制冷或空气调节用压缩机	8.62	37.27
5	风机、压缩机	9.55	21.32
6	空气调节器	53.32	11.50
7	制冷机械	36.36	47.53
8	干燥、蒸馏设备	2.00	52.06
9	空气分离设备	1.57	-11.09
10	过滤净化设备	2.92	52.76
11	印刷装订机械	5.21	38.16
12	塑料机械	7.88	36.59
13	阀门	57.09	51.35

石油设备出口总额15.79亿美元，比上年增长130.84%，是行业内各类设备中增长最快的。其中，钻探深度≥6 000m的石油及天然气钻机出口23台，出口额1.17亿美元，比上年增长132.56%；其他石油及天然气钻机出口477台，出口额4.2亿美元，比上年增长199.74%；其他采油机械出口7 333台，出口额1.71亿美元，比上年增长160.74%；石油及天然气钻机零件出口额6.31亿美元，比上年增长101.89%。另外，浮动或潜水式钻探或生产平台出口7台，出口额6 530万美元，比上年增长63.47%。

化工设备（包括各种金属容器）出口总额6.59亿美元，比上年增长54.87%。其中容积>300L的金属容器出口额1.73亿美元，比上年增长134.19%；容积<50L的钢铁容器出口额2.15亿美元，比上年增长34.71%；加氢反应器出口16台，出口额95.86万美元，比上年下降71.24%。

各种泵出口总额18.9亿美元，比上年增长35.99%。其中离心泵出口额2.5亿美元，比上年增长22.93%；潜油电泵及潜水电泵出口额2.29亿美元，比上年增长22.92%；液体泵零件出口额5.41亿美元，比上年增长44.59%；往复式排液泵（含气动、电动、液压）出口额1.16亿美元，比上年增长106.74%。

风机和压缩机出口总额9.55亿美元，比上年增长21.32%。其中风机出口额1.82亿美元，比上年增长6.5%；二氧化碳压缩机出口额117.11万美元，比上年增长10倍；气体压缩机出口额6.13亿美元，比上年增长20.74%。

空气调节器出口总额53.32亿美元，比上年增长11.5%。其中独立窗式及壁式空调器出口额15.61亿美元，比上年增长7.66%；制冷量≤4 000kcal/h分体式空调器出口额12.23亿美元，比上年下降1.98%；制冷量>4 000kcal/h分体式空调器出口额6.18亿美元，比上年增长32.18%；制冷量>4 000kcal/h装冷热换向阀空调器出口额1.25亿美元，比上年下降25.39%。

制冷机械出口总额36.36亿美元，比上年增长47.53%。其中增长最快的是冷藏—冷冻组合机，容积500L以上的出口额1.06亿美元，比上年增长5倍多；200～500L的出口额3.68亿美元，比上年增长88.16%。出口量最多的是带热交换器的压缩式制冷机组及热泵，出口额5.45亿

美元,比上年增长50.69%。

空气分离设备出口总额1.57亿美元,比上年下降11.09%。其中1.5万m^3/h及以上的制氧机出口1 299台,出口额571.42万美元,比上年增长24倍多;其他制氧机出口4 749台,出口额1 612.74万美元,比上年增长21.43%。

干燥、蒸馏设备出口总额2.00亿美元,比上年增长52.06%。其中出口增长最快的是木材及纸浆干燥器,出口3 052台,出口额2 193.57万美元,比上年增长2倍。

过滤净化设备出口总额2.92亿美元,比上年增长52.76%。其中工业用除尘器出口4.48万台,出口额5 045万美元,比上年增长75.72%;脱水机出口9.1万台,出口额754.34万美元,比上年增长87.36%。

印刷装订机械出口总额5.21亿美元,比上年增长38.16%。喷墨印刷机出口最多,达1.6万台,出口额1.06亿美元,比上年增长34.45%;平张纸胶印机出口546台,出口额1 120.88万美元,比上年下降3.24%;卷筒纸胶印机出口202台,出口额3 416.5万美元,比上年下降11.15%。

塑料机械出口总额7.88亿美元,比上年增长36.59%。出口最多的是注塑机,达1.42万台,出口额3.46亿美元,比上年增长35.32%;其次是其他挤出机出口3 419台,出口额1.05亿美元,比上年增长39.4%。

各种阀出口总额57.09亿美元,比上年增长51.35%。最多的是龙头、旋塞及类似装置,出口18.39亿美元,比上年增长44.33%;其次是阀门零件出口额10.74亿美元,比上年增长38.56%。

以上石化通用机械产品出口情况反映了几个显著特点:①出口产品中,石油设备、制冷机械、各种泵和阀门出口量大,且增长幅度都在35%以上。②低附加值产品仍占主导地位。如一般离心泵及零件、家用空调器、普通印刷机、龙头、旋塞及零件等占很大比重。③技术含量较高的石油设备、化工设备、大型空气分离设备、大型压缩机和鼓风机、高档胶印机出口所占比重低,尚待进一步改善出口结构,挖掘潜力扩大出口。

出口继续保持高速增长的主要原因:①世界经济和国际贸易继续保持增长;②国际石油化工通用机械制造业向我国转移加快,外资企业出口迅速增长;③我国入世后的积极效应,一大批私营企业成为出口的主力军;④石化通用机械产品出口中,加工贸易出口增长迅速;⑤我国政府采取多项符合WTO规则的鼓励政策,在信贷、保险等方面对出口产品给予支持;⑥生产企业积极开拓国际市场,优化出口产品结构,改善出口增长方式,加强营销服务,取得明显成效。

3.进口继续增长,结构改善,石油设备、化工设备、泵和阀门等产品进口高速增长

2006年石化通用机械产品进口总额171.63亿美元,比上年增长11.22%,增幅比上年(0.41%)高10.81个百分点。各主要产品中,除干燥、蒸馏设备、制冷或空气调节用压缩机和印刷装订设备进口有所下降外,其他产品进口普遍增长,结构改善。2006年石化通用机械主要产品进口情况见表3。

表3 2006年石化通用机械主要产品进口情况

序号	产品名称	进口额(亿美元)	比上年增长(%)
1	石油设备	1.73	32.55
2	化工设备	3.70	54.48
3	泵	18.94	24.94
4	制冷或空气调节用压缩机	9.60	-7.11
5	风机、压缩机	18.03	24.19
6	空气调节器	2.91	35.75
7	制冷机械	10.31	4.90
8	干燥、蒸馏设备	9.10	-17.86
9	空气分离设备	5.50	11.77
10	过滤净化设备	15.05	11.94
11	印刷装订机械	16.43	-1.37
12	塑料机械	19.46	1.36
13	阀门	34.20	25.54

石油设备进口总额1.73亿美元,比上年增长32.55%。其中钻探深度<6 000m的石油及天然气钻机进口14台,进口额123.1万美元,比上年增长120.1%;钻探深度>6 000m的其他钻机进口6台,进口额73.23万美元,比上年增长3倍;钻探深度<6 000m的履带式钻机进口106台,进口额1 837.12万美元,比上年增长6倍;其他采油机械进口58台,进口额1 150.19万美元,比上年增长81.75%;石油及天然气钻机零件进口1.11亿美元,比上年增长29.75%。

化工设备(包括各种金属容器)进口总额3.70亿美元,比上年增长54.48%。其中容积>300L的金属容器进口额3 700万美元,比上年下降21.94%;50L≤容积≤300L的钢铁容器进口额2 107万美元,比上年增长56.59%;加氢反应器进口52台,进口额1.19亿美元,比上年增长161.28%。

各种泵进口总额18.94亿美元,比上年增长24.94%。其中转速在10 000r/min及以上的离心泵进口6 911台,进口额3 589.84万美元,比上年下降17.69%;其他离心泵进口额3.72亿美元,比上年增长18.37%;潜油电泵及潜水电泵进口4.92万台,进口额2 525.14万美元,比上年下降20.44%;液压往复式排液泵进口额2.33亿美元,比上年增长43.54%;液体泵零件进口额3.02亿美元,比上年增长14.73%;真空泵进口额1.8亿美元,比上年增长50.42%。

风机和压缩机进口总额18.03亿美元,比上年增长24.19%。其中风机进口额2.94亿美元,比上年增长10.6%;二氧化碳压缩机进口421台,进口额564万美元,比上年增长9倍;气体压缩机进口额11.79亿美元,比上年增长32%。

空气调节器进口总额2.91亿美元,比上年增长35.75%。其中独立窗式及壁式空调器进口4 333台,进口额475.97万美元,比上年增长201.32%;制冷量>4 000kcal/h分体式空调器进口额1 817.35万美元,比上年增长126.87%;制冷量>4 000kcal/h装冷热换向阀空调器进口额4 482.67万美元,比上年下降1.2%。

制冷机械进口总额10.31亿美元,比上年增长4.9%。其中增长最快的是200~500L的冷藏—冷冻组合机,进口额768.11万美元,比上年增长73.81%;进口量最多的是带

热交换器的压缩式制冷机组及热泵，进口额7.33亿美元，比上年增长5.54%。

空气分离设备进口总额5.5亿美元，比上年增长11.77%。其中1.5万 m^3/h 及以上的制氧机进口4台，进口额1 858.06万美元，比上年增长30倍；其他制氧机进口581台，进口额101.72万美元，比上年下降71.49%；热交换装置进口45.2万台，进口额4.9亿美元，比上年增长19.38%。

干燥、蒸馏设备进口总额9.1亿美元，比上年下降17.86%。其中干燥器进口额3.13亿美元，比上年下降4%；蒸馏器进口额5.97亿美元，比上年下降23.6%。

过滤净化设备进口总额15.05亿美元，比上年增长11.94%。其中工业用除尘器进口2.83万台，进口额0.95亿美元，比上年增长31.4%；压滤机及其他液体过滤净化设备进口额4.19亿美元，比上年增长17.03%。

印刷装订机械进口总额16.43亿美元，比上年下降1.37%。平张纸胶印机进口最多，为1 030台，进口额6.79亿美元，比上年下降4.12%；卷筒纸胶印机进口73台，进口额1.4亿美元，比上年增长37.68%；进口增长最快的是照像凹版印刷机，进口133台，进口额5 254.15万美元，比上年增长67.91%。

塑料机械进口总额19.46亿美元，比上年增长1.36%。进口最多的是注塑机，达1.48万台，进口额9.22亿美元，比上年增长1.23%；其次是其他挤出机进口938台，进口额1.47亿美元，比上年下降27.41%；吹塑机进口886台，进口额1.18亿美元，比上年增长45.98%。

各种阀进口总额34.2亿美元，比上年增长25.54%。其中油压传动阀进口额3.28亿美元，比上年增长36.22%；气压传动阀进口额1.91亿美元，比上年增长34.01%；减压阀进口额1.61亿美元，比上年增长60.04%；止回阀进口额1.46亿美元，比上年增长24.48%；安全阀及溢流阀进口额1.71亿美元，比上年增长19.66%；其他阀门进口额18.69亿美元，比上年增长18.95%。

以上石化通用机械产品进口情况反映了几个显著特点：①进口产品结构继续改善，技术含量较高的加氢反应器、真空泵、计量泵、冷凝器为热交换器的压缩式制冷机组、空气分离设备的热交换装置、卷筒纸胶印机等进口量大，增速又快；②钻探深度在6 000m以上的石油钻机没有进口，而钻探深度在6 000m以下的钻机进口14台；③离心泵、液体泵及其零件仍在大量进口（10亿美元）；④印刷用辅助机器及零件进口量持续上升，需要引起重视。

石化通用机械产品进口总体继续增长的主要原因是国内需求继续增长。

二、需要关注的几个问题

1.积极改善出口增长方式，优化出口产品结构

当前，改善出口增长方式，优化出口产品结构，是摆在行业面前的重大课题。石化通用机械产品出口中，虽然技术含量较高和附加值较高的产品不断增长，但劳动密集型产品和附加值较低的产品（如部分离心泵、离心通风机、喷墨印刷机、阀门龙头、旋塞等零件）仍占相当比重，需要我们继续做出艰苦的努力，优化出口产品结构，提高竞争力。

把握我国与东盟自由贸易区建立的机遇，充分利用东盟10国对进口我国产品实行低关税的优惠，扩大出口。从2007年开始，东盟对进口我国的部分产品关税又有所降低，我国生产的往复式排液泵、制冷用压缩机、空气分离设备、工业用除尘器、胶印机、塑料机械、各种阀门等，都具有一定的竞争力，要抓住机遇扩大出口。

要防止出口产品竞相压价，搞低价恶性竞争，特别要避免出口产品价格低于国内市场价格，从而引起进口方采取反倾销等贸易措施。

2.调整产品结构，控制高污染产品的加工贸易

近几年，石化通用机械产品出口中加工贸易所占比重很大（40%左右），有些产品加工贸易占出口贸易额的50%以上，气动往复式排液泵加工贸易占出口额的68%以上，而制冷机械中的独立窗式及壁式空调器加工贸易占出口额的74%以上，有些甚至占80%以上；工业用旋风式除尘器加工贸易占出口额的66%以上；真空泵加工贸易占出口额的53%以上。由于当前来件来料组装和进料加工贸易技术含量较低、国内增值少，需要努力促进加工贸易结构的调整升级。

当前在某些加工贸易项目中，要注意防止“输出资源，高耗能源，留下污染”的问题。在石化通用机械行业中，尤其要关注在生产过程中由于粉尘、有害物质的污染危害职工的身体健康。如铸铁件、铸钢件生产过程中的粉尘污染，电镀、油漆、热处理生产过程中有害物质的污染等。为此，要引入企业社会责任评估制度，完善和健全环保标准，严格执行我国《职业病防治法》等有关防止生产企业职业病的有关法规，严防外资企业通过加工贸易将污染转移到我国。

3.22种石化通用机械降低出口退税率，有关企业要积极采取措施

经国务院批准，2007年6月19日，财政部和国家税务总局商国家发改委、商务部、海关总署后，以财税〔2007〕90号文，发布了《关于调低部分商品出口退税率的通知》（以下简称《通知》），自2007年7月1日起实行。

按《通知》规定，机械产品降低出口退税率的共有219个海关税号，其中石化通用机械产品22个税号（其中8位数税号16个，10位数税号6个），简称22种，约占石化通用机械产品进出口统计税号的13.2%。降税的产品分为两类：一是属于高耗能、高污染和资源性的产品；二是技术含量较低、附加值较低的产品。分为三个部分：①金属容器6种，出口退税率由13%降到5%。包括各种钢铁柜、桶、罐、听及类似容器，装压缩或液化气的钢铁容器或其他容器等。②部分泵、风机及其零件13种，出口退税率由13%降到9%。包括转速在10 000r/min以下的离心泵、手泵、未列名排液泵（税号84138100）及其零件，部分离心通风机、离心鼓风机、罗茨鼓风机。③部分阀门及其零件3种，出口退税率由13%降到9%。包括用于管道、锅炉、罐、桶或类似产品的龙头、旋塞及类似装置及其零件。

降低出口退税率，将增加相关企业生产成本，压缩利润空间，影响这些产品的出口竞争力，有的企业产品出口可能面临艰难的困境。为此，一方面要努力改善管理，降低生产成本，减少中间环节费用；同时要努力创造条件，适当提高出口产品价格，缓解收益的减少。但更重要的是要优化出口产品结构，增加技术含量较高和附加值较高的产品出口。

国家的政策导向是鼓励企业加大对高技术含量、高附加值产品的开发研制力度，发展具有自主知识产权的产品，重视产品技术标准的不断完善和提高，努力向国际标准或国际先进技术标准靠拢和转化，不断提高出口产品的质量和附加值。在此基础上，出口产品要实行优质优价，增加收入。

4. 高度重视人民币汇率升值预期对出口的影响

2007 年 5 月 18 日，中国人民银行出台了 3 项措施：扩大人民币兑美元的日波幅、提高存款准备金率和提高存贷款基准利率。其中，自 2007 年 5 月 21 日起，银行间即期外汇市场人民币兑美元交易价浮动幅度由 3/1000 扩大至 5/1000。3 项措施的核心是扩大汇率日波幅，目的是收缩过剩的流动性。

我国从 2005 年 7 月 21 日起实行汇率改革近两年来，人民币对美元的交易价逐渐稳步向上浮动。2007 年 6 月 29 日人民币市场汇价（中间价）为 1 美元兑 7.6155 元人民币。根据预测，人民币升值仍将加快，美元对人民币交易价的浮动幅度将逐渐加大，这必将影响进出口贸易，增加出口产品成本，外贸企业要有充分的准备。

由于当前美元在国际上处于弱势，人民币对美元的升值速度将会加快。但这并不意味着人民币对其他外币也会保持同样的升值速度，从各种情况分析，人民币对非美元外币升值速度不会加快。为此，有关企业要注意三点：①要加强风险意识，培养熟悉外汇知识的专业人才，关注外汇市场上各主要币种汇率的变化，及时研究对策，特别要注意把握结汇时机。②调整和改善产品结构和客户结构，提高出口产品技术含量和附加值，不搞压价竞销。同时要设法增加非美元国家的客户，不要过于集中销往美国。③在签订合同时，要选择支付货币币种。出口产品，尽量选择欧元、人民币或其他非美元币种；进口产品尽量选用美元。避免因汇率变化而可能造成的汇兑损失。

〔撰稿人：郑国伟〕

2006 年石化通用机械产品进口情况

商品代码	商品名称	单位	数量	金额（万美元）	金额比上年增长（%）
73090000	装物料的钢铁槽、罐、桶等容器，容积 >300L	kg	17 859 652	3 700	-21.94
73101000	盛装物料的钢铁容器，50L≤容积≤300L	kg	6 110 340	2 107	56.59
73102100	焊边或卷边接合的钢铁罐，容积 <50L	kg	3 074 870	1 304	30.60
73102900	其他盛装物料用钢铁容器，容积 <50L	kg	2 535 324	984	13.39
73110010	装压缩气体或液化气体的零售包装钢铁容器	kg	1 016 850	208	0.57
73110090	装压缩气体或液化气体的非零售包装钢铁容器	kg	27 656 155	3 749	7.27
84051000	煤气发生器、乙炔发生器等水解气体发生器	kg	3 005 789	10 398	84.64
84059000	煤气发生器及乙炔发生器等的零件	kg	2 283 979	2 641	25.16
84131100	分装燃料或润滑油的计量泵，用于加油站或车库	台	4 854	716	86.72
84131900	其他装有或可装计量装置的液体泵	台	447 663	8 215	0.83
84132000	手泵，但装有或可装计量装置者除外	台	19 914 875	818	0.74
84135010	气动往复式排液泵	台	43 317	1 395	-0.72
84135020	电动往复式排液泵	台	3 128 774	9 062	105.23
84135030	液压往复式排液泵	台	1 403 150	23 333	43.54
84135090	未列名往复式排液泵	台	1 118 564	3 037	16.90
84136010	潜油电泵及潜水电泵	台	49 228	2 525	-20.44
84136090	其他回转式排液泵	台	3 818 234	18 904	53.11
84137010	转速在 10 000r/min 及以上的离心泵	台	6 911	3 590	-17.69
84137090	未列名离心泵	台	2 190 245	37 215	18.37
84138100	未列名液体泵	台	8 221 580	30 140	14.68
84138200	液体提升机	台	14 199	1 093	61.60
84139100	液体泵零件	kg	16 729 831	30 212	14.73
84139200	液体提升机零件	kg	82 107	236	16.62
84141000	真空泵	台	600 875	18 090	50.42
84142000	手动或脚踏式空气泵	台	4 187 959	811	11.88
84143011	冷藏、冷冻箱压缩机，电动机功率≤0.4kW	台	6 102 475	16 008	40.88
84143012	0.4kW < P≤5kW 的冷藏或冷冻箱用压缩机	台	243 563	1 979	34.81
84143013	0.4kW < P≤5kW 的空气调节器用压缩机	台	7 168 461	31 474	-29.62

（续）

商品代码	商品名称	单位	数量	金额（万美元）	金额比上年增长（%）
84143014	电动机功率>5kW 的空气调节器用压缩机	台	229 897	10 324	-7.04
84143015	电动机功率>5kW 的冷藏或冷冻箱用压缩机	台	21 119	2 329	154.08
84143019	电动机驱动的其他制冷设备用压缩机	台	1 210 106	15 222	-12.80
84143090	非电动机驱动的制冷设备用压缩机	台	1 263 187	15 533	8.79
84144000	装在拖车底盘上的空气压缩机	台	40 125	3 095	54.53
84145930	离心通风机	台	100 539	6 778	30.86
84145990	未列名风机、风扇	台	988 966	22 620	5.62
84148010	燃气轮机用的自由活塞式发生器	台	27	4	102.40
84148020	二氧化碳压缩机	台	421	564	-36.85
84148030	发动机用增压器	台	165 563	4 805	
84148090	其他空气泵，气体压缩机，通风罩、循环气罩	台	2 422 340	117 945	32.00
84149011	84143011～84143014、84143090 压缩机进、排气阀片	kg	251 959	901	1.44
84149019	84143011～84143014 及 84143090 其他零件	kg	23 527 458	19 566	23.48
84149020	84145110～84145199 及 84146000 机器零件	kg	18 407 663	7 073	-38.86
84151010	独立窗式或壁式空气调节器	台	4 333	476	201.32
84151021	制冷量≤4 000kcal/h 分体窗式或壁式空调	台	4 234	171	-45.75
84151022	制冷量>4 000kcal/h 分体窗式或壁式空调	台	23 300	1 817	126.87
84152000	机动车辆上供人使用的空气调节器	台	104 042	4 861	744.11
84158110	装冷热换向阀空调器，制冷量≤4 000kcal/h	台	1 021	244	92.39
84158120	装冷热换向阀空调器，制冷量>4 000kcal/h	台	8 245	4 483	-1.22
84158210	其他空气调节器，制冷量≤4 000kcal/h	台	4 737	166	27.73
84158220	其他空气调节器，制冷量>4 000kcal/h	台	6 573	4 326	1.68
84158300	未装有制冷装置的空气调节器	台	167 345	5 145	3.46
84159010	84151000，84158110 及 84158210 设备的零件	kg	3 285 722	7 392	33.19
84181010	各自装门的冷藏—冷冻组合机，容积>500L	台	67 812	5 030	15.52
84181020	200L<容积≤500L 的冷藏—冷冻组合机	台	16 168	768	73.81
84181030	容积≤200L 的冷藏—冷冻组合机	台	381	24	19.25
84182110	容积超过 150L 的压缩式家用型冷藏箱	台	1 538	95	-11.45
84182120	50L<容积≤150L 的压缩式家用型冷藏箱	台	2 708	69	17.12
84182130	容积不超过 50L 的压缩式家用型冷藏箱	台	596	22	70.01
84182200	电气吸收式家用型冷藏箱	台	1 759	14	18.91
84182910	半导体制冷式家用型冷藏箱	台	1 203	7	
84182990	其他家用型冷藏箱	台	272	10	-54.25
84183010	t≤-40℃的柜式冷冻箱，容积≤800L	台	300	171	-30.07
84183021	t>-40℃的柜式冷冻箱，500L<容积≤800L	台	110	25	60.31
84183029	t>-40℃的柜式冷冻箱，容积≤500L	台	183	28	23.68
84184010	t≤-40℃的立式冷冻箱，容积≤900L	台	2 159	1 009	-17.85
84184021	t>-40℃的立式冷冻箱，500L<容积≤900L	台	88	50	3.16
84184029	t>-40℃的立式冷冻箱，容积≤500L	台	345	49	9.15
84185000	其他冷藏或冷冻柜、箱、展示台、陈列箱等	台	3 474	1 051	-14.00
84186110	冷凝器为热交换器的压缩式制冷机组及热泵	台	92 224	73 371	5.54
84186190	其他冷凝器为热交换器的压缩式制冷设备	台	19 078	6 477	-0.42
84186910	其他制冷机组及热泵	台	242 704	892	16.60
84186990	未列名制冷设备	台	985 818	2 450	-6.21
84189100	冷藏或冷冻设备专用的特制家具	kg	120 911	106	406.68
84189910	制冷机组及热泵的零件	kg	985 203	1 748	-50.51
84189991	t≤-40℃的冷冻设备的零件	kg	33 355	101	-61.68
84189992	t>-40℃，容积>500L 的冷藏或冷冻设备零件	kg	117 985	183	30.90
84189999	8418 设备的未列名零件	kg	10 825 173	9 352	32.20
84193200	木材、纸浆、纸或纸板干燥器	台	1 563	6 949	5.03
84193910	微空气流动陶瓷坯件干燥器	台	37	306	27.32
84193990	未列名干燥器	台	49 020	24 077	-6.62
84194010	提净塔	台	15	618	-22.82
84194020	精馏塔	台	36	2 902	-5.46
84194090	其他蒸馏或精馏设备	台	886	4 352	-58.02

（续）

商品代码	商品名称	单位	数量	金额（万美元）	金额比上年增长（%）
84195000	热交换装置	台	452 261	49 037	19.38
84196011	制氧量≥15 000m³/h及以上的制氧机	台	4	1 858	-37.38
84196019	其他制氧机	台	581	102	-71.49
84196090	未列名液化空气或其他气体的机器	台	702	4 010	-16.71
84198910	加氢反应器	台	52	11 913	161.28
84198990	未列名利用温度变化处理材料的机器、装置等	台	31 302	51 823	-18.96
84211910	脱水机	台	4 519	2 763	1.49
84211920	固液分离机	台	1 264	8 296	0.18
84211990	其他未列名离心机，包括离心干燥机	台	22 739	16 850	9.84
84212190	非家用型水的过滤、净化机器及装置	台	436 462	14 296	-13.50
84212910	压滤机	个	400	4 379	20.77
84212990	未列名液体过滤、净化机器及装置	个	10 124 282	37 499	16.54
84213921	工业用静电除尘器	个	14 506	2 366	59.18
84213922	工业用袋式除尘器	个	1 256	2 027	36.08
84213923	工业用旋风式除尘器	个	6 313	1 515	2.21
84213929	其他工业用除尘器	个	6 318	3 600	29.57
84213990	其他非家用型气体的过滤、净化机器及装置	个	23 787 013	56 931	17.24
84304119	未列名自推进的石油及天然气钻机	台	14	123	120.10
84304121	其他自推进的钻机，钻探深度≥6 000m	台	6	73	293.71
84304122	履带式自推进的钻机，钻探深度<6 000m	台	106	1 837	606.07
84304129	其他自推进的钻机，钻探深度<6 000m	台	58	1 302	2.96
84305010	其他自推进采油机械	台	58	1 150	81.75
84314310	石油或天然气钻机的零件	kg	6 522 418	11 174	29.75
84314320	其他钻探机械的零件	kg	1 324 039	1 651	-25.24
84401010	锁线装订机	台	76	548	-33.41
84401020	胶订机	台	80	842	-53.23
84401090	其他书本装订机器	台	1 598	3 260	-4.23
84409000	书本装订机器的零件	kg	52 674	211	67.14
84411000	切纸机	台	3 626	4 347	-41.30
84419010	切纸机零件	kg	486 443	1 131	-6.56
84421000	照像排版及排字机器	台	56	98	-53.41
84422000	其他方法排字的机器、器具及设备	台	65	53	7.22
84423010	铸字机	台	28	48	209.57
84423020	制版机器、器具及设备	台	439	3 110	2.40
84423090	未列名铸字或制版用的机器、器具及设备	台	375	59	-36.69
84424000	铸字、排字或制板机械的零件	kg	151 879	659	5.15
84425000	活字、印版、滚筒等；印刷用的板、片、筒等	kg	482 279	1 321	3.39
84431100	卷取进料式胶印机	台	73	14 016	37.68
84431200	办公室用片取式胶印机（片尺寸≤22cm×36cm）	台	36	24	35.02
84431910	平张纸进料式胶印机	台	1 030	67 868	-4.12
84431990	未列名胶印机	台	72	793	-50.98
84432100	卷取进料式凸版印刷机	台	122	1 749	22.42
84432900	其他凸版印刷机	台	591	1 438	14.52
84433000	苯胺印刷机	台	47	1 520	-10.38
84434000	照像凹版印刷机	台	133	5 254	67.91
84435100	喷墨印刷机	台	12 479	7 782	14.37
84435911	圆网印刷机	台	109	1 245	-44.40
84435912	平网印刷机	台	1 396	9 604	23.35
84435919	其他网式印刷机	台	1 025	5 673	20.95
84435990	其他未列名印刷机	台	20 257	13 632	-30.80
84436000	印刷用辅助机器	台	1 551	3 901	12.83
84439000	印刷及印刷用辅助机器的零件	kg	6 315 175	13 520	25.02
84771010	注塑机	台	14 861	92 218	1.23
84771090	其他注射机	台	525	4 958	-17.27
84772010	塑料造粒机	台	252	6 326	-17.19

(续)

商品代码	商品名称	单位	数量	金额（万美元）	金额比上年增长（%）
84772090	其他挤出机	台	938	14 726	-27.41
84773000	吹塑机	台	886	11 797	45.98
84774010	塑料中空成型机	台	173	3 840	1.45
84774020	塑料压延成型机	台	331	3 199	-9.09
84774090	其他真空模塑机及其他热成型机器	台	2 014	14 103	9.86
84775900	其他模塑或成型机器	台	2 126	20 612	-1.13
84779000	8477 所列机器的零件	kg	9 989 799	22 812	27.44
84811000	减压阀	套	10 835 442	16 117	60.04
84812010	油压传动阀	套	2 841 732	32 795	36.22
84812020	气压传动阀	套	4 170 483	19 143	34.01
84813000	止回阀	套	32 546 620	14 658	24.48
84814000	安全阀或溢流阀	套	22 821 977	17 108	19.66
84818010	其他阀门	套	141 477 742	186 943	18.95
84818090	龙头、旋塞及类似装置	套	6 749 934	5 994	-5.81
84819010	阀门零件	kg	16 175 067	36 863	43.91
84819090	龙头、旋塞及类似装置的零件	kg	8 216 799	12 359	40.93
84833000	未装有滚珠或滚子轴承的轴承座；滑动轴承	个	1 691 084 159	14 669	1.65
84834020	行星齿轮减速器	个	366 011	13 881	29.51
84834090	齿轮及其他变速、传动装置；滚珠螺杆传动轴	个	1 233 738 720	81 450	18.00
84835000	飞轮及滑轮，包括滑轮组	个	46 484 878	9 254	55.14
90065910	激光照相排版设备	台	168	644	-32.09

2006 年石化通用机械产品出口情况

商品代码	商品名称	单位	数量	金额（万美元）	金额比上年增长（%）
73090000	装物料的钢铁槽、罐、桶等容器，容积 >300L	kg	105 071 897	17 387	134.19
73101000	盛装物料的钢铁容器，50L≤容积≤300L	kg	26 379 855	4 401	32.42
73102100	焊边或卷边接合的钢铁罐，容积 <50L	kg	36 894 050	6 798	14.12
73102900	其他盛装物料用钢铁容器，容积 <50L	kg	109 576 585	21 547	34.71
73110010	装压缩气体或液化气体的零售包装钢铁容器	kg	38 223 657	5 971	89.55
73110090	装压缩气体或液化气体的非零售包装钢铁容器	kg	39 488 716	8 149	39.45
84051000	煤气发生器、乙炔发生器等水解气体发生器	kg	3 541 871	852	260.83
84059000	煤气发生器及乙炔发生器等的零件	kg	4 540 768	743	133.97
84131100	分装燃料或润滑油的计量泵，加油站或车库用	台	19 996	3 080	73.06
84131900	其他装有或可装计量装置的液体泵	台	837 752	1 640	3.06
84132000	手泵，但装有或可装计量装置者除外	台	17 027 510	1 739	29.25
84135010	气动往复式排液泵	台	335 335	1 556	23.36
84135020	电动往复式排液泵	台	2 594 623	3 180	125.35
84135030	液压往复式排液泵	台	206 745	1 714	42.76
84135090	未列名往复式排液泵	台	530 950	5 102	197.61
84136010	潜油电泵及潜水电泵	台	13 864 744	22 946	22.92
84136090	其他回转式排液泵	台	3 521 879	5 351	28.96
84137010	转速在 10 000r/min 及以上的离心泵	台	186 533	919	0.26
84137090	未列名离心泵	台	15 082 778	24 141	24.00
84138100	未列名液体泵	台	39 303 997	45 274	36.20
84138200	液体提升机	台	204 877	613	22.16
84139100	液体泵零件	kg	166 007 865	54 157	44.59
84139200	液体提升机零件	kg	6 024 394	1 960	103.44
84141000	真空泵	台	3 065 736	6 682	30.74
84142000	手动或脚踏式空气泵	台	90 178 377	8 922	9.03
84143011	冷藏、冷冻箱压缩机，电动机功率≤0.4kW	台	7 570 716	19 122	30.86
84143012	0.4kW < P≤5kW 的冷藏或冷冻箱用压缩机	台	61 499	497	17.84
84143013	0.4kW < P≤5kW 的空气调节器用压缩机	台	9 875 193	45 209	35.45

(续)

商品代码	商品名称	单位	数量	金额（万美元）	金额比上年增长（%）
84143014	电动机功率 >5kW 的空气调节器用压缩机	台	107 113	4 916	12.99
84143015	电动机功率 >5kW 的冷藏或冷冻箱用压缩机	台	10 440	1 090	126.76
84143019	电动机驱动的其他制冷设备用压缩机	台	522 829	7 902	18.35
84143090	非电动机驱动的制冷设备用压缩机	台	910 391	6 820	157.87
84144000	装在拖车底盘上的空气压缩机	台	19 872	675	166.62
84145930	离心通风机	台	11 986 832	7 832	-2.84
84145990	未列名风机、风扇	台	3 921 359	10 380	14.88
84148010	燃气轮机用的自由活塞式发生器	台	137	1	-75.22
84148020	二氧化碳压缩机	台	1 792	117	1061.81
84148030	发动机用增压器	台	111 514	2 000	
84148090	其他空气泵，气体压缩机，通风罩、循环气罩	台	39 995 566	61 367	20.74
84149011	84143011 ~ 84143014、84143090 压缩机进、排气阀片	kg	411 102	519	77.09
84149019	84143011 ~ 84143014 及 84143090 其他零件	kg	16 066 577	4 871	34.95
84149020	84145110 ~ 84145199 及 84146000 机器零件	kg	40 329 417	8 400	22.26
84151010	独立窗式或壁式空气调节器	台	12 920 158	156 182	7.66
84151021	制冷量≤4 000kcal/h 分体窗式或壁式空调	台	7 570 217	122 381	-1.98
84151022	制冷量 >4 000kcal/h 分体窗式或壁式空调	台	2 437 616	61 868	32.18
84152000	机动车辆上供人使用的空气调节器	台	89 220	2 509	136.34
84158110	装冷热换向阀空调器，制冷量≤4 000kcal/h	台	945 733	17 629	-18.35
84158120	装冷热换向阀空调器，制冷量 >4 000kcal/h	台	193 613	12 561	-25.39
84158210	其他空气调节器，制冷量≤4 000kcal/h	台	2 137 193	29 779	19.72
84158220	其他空气调节器，制冷量 >4 000kcal/h	台	118 481	6 752	7.02
84158300	未装有制冷装置的空气调节器	台	7 304 867	67 378	44.19
84159010	84151000，84158110 及 84158210 设备的零件	kg	94 379 230	56 188	27.37
84181010	各自装门的冷藏—冷冻组合机，容积 >500L	台	198 349	10 663	549.48
84181020	200L < 容积≤500L 的冷藏—冷冻组合机	台	1 670 026	36 844	88.16
84181030	容积≤200L 的冷藏—冷冻组合机	台	1 877 975	20 564	20.71
84182110	容积超过 150L 的压缩式家用型冷藏箱	台	2 318 207	40 155	112.74
84182120	50L < 容积≤150L 的压缩式家用型冷藏箱	台	5 699 677	44 977	13.36
84182130	容积不超过 50L 的压缩式家用型冷藏箱	台	1 299 042	8 724	43.87
84182200	电气吸收式家用型冷藏箱	台	981 567	3 875	-1.48
84182910	半导体制冷式家用型冷藏箱	台	2 881 139	6 761	
84182990	其他家用型冷藏箱	台	424 238	793	-83.43
84183010	t≤ -40℃的柜式冷冻箱，容积≤800L	台	7 378	85	22.14
84183021	t > -40℃的柜式冷冻箱，500L < 容积≤800L	台	16 280	381	88.39
84183029	t > -40℃的柜式冷冻箱，容积≤500L	台	1 714 412	19 081	13.23
84184010	t≤ -40℃的立式冷冻箱，容积≤900L	台	261	14	11.68
84184021	t > -40℃的立式冷冻箱，500L < 容积≤900L	台	3 860	228	229.78
84184029	t > -40℃的立式冷冻箱，容积≤500L	台	483 523	5 701	24.98
84185000	其他冷藏或冷冻柜、箱、展示台、陈列箱等	台	2 039 095	22 603	35.06
84186110	冷凝器为热交换器的压缩式制冷机组及热泵	台	1 727 646	54 587	50.69
84186190	其他冷凝器为热交换器的压缩式制冷设备	台	1 936 654	37 267	38.95
84186910	其他制冷机组及热泵	台	6 474 548	3 346	56.02
84186990	未列名制冷设备	台	3 912 809	2 362	2.14
84189100	冷藏或冷冻设备专用的特制家具	kg	850 811	333	128.69
84189910	制冷机组及热泵的零件	kg	20 715 107	9 547	85.78
84189991	t≤ -40℃的冷冻设备的零件	kg	2 137 133	1 662	29.86
84189992	t > -40℃，容积 >500L 的冷藏或冷冻设备零件	kg	1 678 126	599	60.45
84189999	8418 设备的未列名零件	kg	69 807 732	32 498	48.00
84193200	木材、纸浆、纸或纸板干燥器	台	3 052	2 194	205.44
84193910	微空气流动陶瓷坯件干燥器	台	730	128	91.59
84193990	未列名干燥器	台	660 947	6 566	55.37
84194010	提净塔	台	64	297	-64.12
84194020	精馏塔	台	35	210	-59.24
84194090	其他蒸馏或精馏设备	台	18 935	1 782	52.52

（续）

商品代码	商品名称	单位	数量	金额（万美元）	金额比上年增长（%）
84195000	热交换装置	台	249 451	11 421	79.27
84196011	制氧量≥15 000m^3/h 及以上的制氧机	台	1 299	571	2 480.94
84196019	其他制氧机	台	4 749	1 613	21.43
84196090	未列名液化空气或其他气体的机器	台	9 165	2 112	246.26
84198910	加氢反应器	台	16	96	-71.24
84198990	未列名利用温度变化处理材料的机器、装置等	台	299 494	8 780	56.70
84211910	脱水机	台	91 808	754	87.36
84211920	固液分离机	台	6 556	1 702	76.82
84211990	其他未列名离心机，包括离心干燥机	台	34 404	2 668	117.73
84212190	非家用型水的过滤、净化机器及装置	台	2 095 075	5 620	79.21
84212910	压滤机	个	721	398	29.86
84212990	未列名液体过滤、净化机器及装置	个	3 603 159	4 064	107.84
84213921	工业用静电除尘器	个	1 018	1 697	115.28
84213922	工业用袋式除尘器	个	24 457	2 192	95.75
84213923	工业用旋风式除尘器	个	10 039	308	-10.23
84213929	其他工业用除尘器	个	9 347	848	36.83
84213990	其他非家用型气体的过滤、净化机器及装置	个	5 660 893	8 906	8.24
84304111	自推进石油及天然气钻机，钻探深度≥6 000m	台	23	11 731	132.56
84304119	未列名自推进的石油及天然气钻机	台	477	42 039	199.74
84304121	其他自推进的钻机，钻探深度≥6 000m	台	11	682	492.94
84304122	履带式自推进的钻机，钻探深度<6 000m	台	17	508	-38.76
84304129	其他自推进的钻机，钻探深度<6 000m	台	796	9 441	240.18
84305010	其他自推进采油机械	台	7 333	17 109	160.74
84314310	石油或天然气钻机的零件	kg	123 324 156	63 092	101.89
84314320	其他钻探机械的零件	kg	14 188 340	6 784	77.93
84401010	锁线装订机	台	87 166	95	10.85
84401020	胶订机	台	1 098	236	16.55
84401090	其他书本装订机器	台	177 483	985	58.23
84409000	书本装订机器的零件	kg	133 390	36	59.94
84411000	切纸机	台	929 377	4 510	87.28
84419010	切纸机零件	kg	1 124 984	371	17.77
84421000	照像排版及排字机器	台	79	48	47.90
84422000	其他方法排字的机器、器具及设备	台	620	55	-24.10
84423010	铸字机	台	445	24	50.46
84423020	制版机器、器具及设备	台	2 022	1 377	144.57
84423090	未列名铸字或制版用的机器、器具及设备	台	874	83	-13.26
84424000	铸字、排字或制板机械的零件	kg	247 628	109	77.79
84425000	活字、印版、滚筒等；印刷用的板、片、筒等	kg	7 657 079	3 912	32.69
84431100	卷取进料式胶印机	台	202	3 417	-11.15
84431200	办公室用片取式胶印机（片尺寸≤22cm×36cm）	台	35	4	8.75
84431910	平张纸进料式胶印机	台	546	1 121	-3.24
84431990	未列名胶印机	台	553	227	81.74
84432100	卷取进料式凸版印刷机	台	147	695	8.60
84432900	其他凸版印刷机	台	813	1 008	112.30
84433000	苯胺印刷机	台	156	1 210	155.84
84434000	照像凹版印刷机	台	1 010	1 956	44.40
84435100	喷墨印刷机	台	16 100	10 614	34.45
84435911	圆网印刷机	台	378	315	68.93
84435912	平网印刷机	台	1 028	663	26.68

（续）

商品代码	商品名称	单位	数量	金额（万美元）	金额比上年增长（%）
84435919	其他网式印刷机	台	1 220	2 120	160.84
84435990	其他未列名印刷机	台	73 559	8 004	18.54
84436000	印刷用辅助机器	台	11 598	2 397	57.49
84439000	印刷及印刷用辅助机器的零件	kg	14 057 818	6 498	43.53
84771010	注塑机	台	14 230	34 615	35.32
84771090	其他注射机	台	390	471	29.34
84772010	塑料造粒机	台	1 350	1 375	29.43
84772090	其他挤出机	台	3 419	10 584	39.40
84773000	吹塑机	台	3 824	4 935	43.10
84774010	塑料中空成型机	台	673	1 627	35.72
84774020	塑料压延成型机	台	539	538	-24.27
84774090	其他真空模塑机及其他热成型机器	台	2 524	2 652	39.49
84775900	其他模塑或成型机器	台	2 227	1 806	78.05
84779000	8477 所列机器的零件	kg	86 393 583	20 197	36.29
84811000	减压阀	套	20 667 323	5 483	108.99
84812010	油压传动阀	套	243 479	1 110	107.25
84812020	气压传动阀	套	4 414 159	1 898	-40.24
84813000	止回阀	套	341 719 222	6 244	83.67
84814000	安全阀或溢流阀	套	3 183 644	2 343	15.83
84818010	其他阀门	套	712 497 046	187 235	69.00
84818090	龙头、旋塞及类似装置	套	659 581 221	183 965	44.33
84819010	阀门零件	kg	338 102 600	107 429	38.56
84819090	龙头、旋塞及类似装置的零件	kg	107 974 508	75 212	51.40
84833000	未装有滚珠或滚子轴承的轴承座;滑动轴承	个	1 816 106 842	22 608	20.78
84834020	行星齿轮减速器	个	438 821	3 292	24.14
84834090	齿轮及其他变速、传动装置;滚珠螺杆传动轴	个	229 968 944	30 424	28.90
84835000	飞轮及滑轮,包括滑轮组	个	449 793 994	15 392	18.91
89052000	浮动或潜水式钻探或生产平台	座	7	6 530	63.47
90065910	激光照相排版设备	台	15	51	5 002.00

2006 年分离机械产品出口情况

企业名称	产品名称	单位	数量	金额（万美元）	出口国别或地区
重庆江北机械有限责任公司	HR800—N	台	1	7.8	伊朗
	GK1250—NB	台	2	6.6	泰国
	WH—800	台	1	1.6	越南
	HR500—NH	台	1	3.7	孟加拉
	GK1600—N	台	5	26.6	泰国
南京中船绿洲机器有限公司	碟式卧螺系列离心机	台	36	49.0	越南、伊朗、泰国等
浙江轻机实业有限公司	P—40 双级推料离心机	台	2	13.5	伊朗、伊拉克
	LX—460 胶乳分离机	台	12	20.4	缅甸、印度、泰国
	LX—560 胶乳分离机	台	16	35.6	泰国
	DRY—366 桔油分离机	台	1	1.1	泰国
	QTD—350 植物油分离机	台	3	5.5	泰国
	DBP—680 葡萄酒分离机	台	1	9.2	南非
	DPZ—450 棕油分离机	台	1	2.5	印度尼西亚
	DBY—420 啤酒分离机	台	10	23.6	泰国

（续）

企业名称	产品名称	单位	数量	金额（万美元）	出口国别或地区
广州广重企业集团有限公司	XJZ1600—N	台	12	137.5	巴基斯坦
	DR—400E	台	2	2.8	泰国
景津压滤机集团有限公司	厢式压滤机	台	167	335.0	美国、日本、俄罗斯、泰国等
	板框式压滤机	台	14	30.0	
	滤板	块	21 970	418.0	
上海远东制药机械总厂	SS1000N 不锈钢离心机	台	4	3.0	日本
	制药机械	台	35	46.1	日本
杭州兴源过滤机有限公司	X800 厢式压滤机	台	11	25.2	马来西亚
	X400 ~ X800 厢式压滤机	台	5	3.1	以色列
	X630 ~ X800 厢式压滤机	台	3	1.8	泰国
	X800 ~ X1000 厢式压滤机	台	7	5.1	印度尼西亚
	X800 厢式压滤机	台	3	2.6	西班牙、埃塞俄比亚
	X800 厢式压滤机	台	4	1.8	美国、菲律宾、澳大利亚
浙江建华集团过滤机有限公司	压滤机	台	21	13.6	哈萨克斯坦
海申机电总厂（四八〇五工厂象山修船厂）	LW350HQ 卧螺离心机组	台	1	5.3	巴基斯坦
	LWD430W 卧螺离心机组	台	1	5.9	马来西亚
	LWQ430B 卧螺离心机组	台	4	23.1	俄罗斯
	LW520W 卧螺离心机组	台	1	10.1	韩国
核工业烟台同兴实业有限公司	带式过滤机	套	5	107.8	澳大利亚
杭州贝特过滤机有限公司	压滤机	台	35	40.5	印度尼西亚
上海航发机械有限公司	DPF445/13TH 碟式分离机	台	15	21.0	越南、印度尼西亚
	DPF550 碟式分离机	台	9	36.0	越南
自贡高精过滤机制造有限公司	滤水器	台	12	20.0	越南
山东中大贝莱特压滤机有限公司	全自动液压压滤机	台	2 700	421.0	印度
衡水海江压滤机集团有限公司	压滤机	台	36	107.6	俄罗斯
扬州润明轻工机械有限公司	过滤机、单包机、翻麦机	台	20	50.0	泰国
湘潭县离心机厂有限公司	离心机	台	13	21.9	俄罗斯
浙江青田特种设备制造有限公司	LW424 离心机	台	2	35.0	泰国

2006 年气体分离设备出口情况

企业名称及产品名称	单位	数量	出口国别或地区	创汇额（万美元）
开封空分集团有限公司				435.0
KDONAr—15000/12000/500 空分设备	台	1	土耳其	
KDONAr—1700/100/60 空分设备	台	1	苏丹	
四川空分设备（集团）有限责任公司				791.4
170m^3 贮槽	套	1	越南	
550m^3 贮槽	套	1	朝鲜	
1000m^3 贮槽	套	1	越南	
1750m^3 贮槽	套	1	印度尼西亚	
800 变压吸附制氧设备	套	1	尼日利亚	
15m^3 半挂槽车	辆	2	越南	
20m^3 槽车	辆	1	乌克兰	
20m^3 二氧化碳槽车	辆	1	越南	
5m^3 贮槽	台	2	印度尼西亚	
10m^3 贮槽	台	8	越南、印度尼西亚	
11m^3 贮槽	台	3	印度尼西亚	
15m^3 氩贮槽	台	1	越南	

（续）

企业名称及产品名称	单位	数量	出口国别或地区	创汇额（万美元）
20m³ 贮槽	台	2	越南	
20m³ 二氧化碳贮槽	台	1	越南	
30m³ 低温贮槽	台	4	越南、印度尼西亚	
30m³ 氧气储罐	台	1	越南	
100m³ 贮槽	台	4	越南、印度尼西亚	
压缩机	台	3	马来西亚、越南	
汽化器	台	1	越南	
低温泵	台	1	越南	
板式换热器	台	2	泰国、土耳其	
江西制氧机有限公司				63.0
氟利昂罐箱	台	13	韩国	
苏州制氧机有限责任公司				299.7
KDON—1500/1600/50 空分设备	套	1	俄罗斯	
KDON—950/50 空分设备	套	1	俄罗斯	
KDON—750 空分设备	套	2	印度	
KDON—80/40 空分设备	套	1	尼日利亚	
YPN—2200 制氮设备	套	1	俄罗斯	
600m³ 液氧、氮贮槽	台	1	俄罗斯	
ZW—8.6/2—70 氮压机	台	1	俄罗斯	
邯郸制氧机厂				132.0
KDONAr—600/600/15 空分设备	套	1	尼日利亚	
KZON—160/160 空分设备	套	1	苏丹	
KDO—80 空分设备	套	1	尼日利亚	
KZO—80 空分设备	套	1	苏丹	
KZO—50 空分设备	套	4	朝鲜、苏丹、叙利亚	
KZO—40 空分设备	套	3	科特迪瓦、尼日利亚、安哥拉	
杭州制氧机集团有限公司				1 747.9
KDON—1800/16400 空分设备	套	1	马来西亚	
KDON—170/350 空分设备	套	1	巴基斯坦	
KDON—2930/6000 空分设备	套	1	印度	
KDON—500Y/500Y 空分设备	套	1	印度尼西亚	
KZON—310Y/310Y 空分设备	套	1	沙特阿拉伯	
KDN—900 氮发生器	套	1	匈牙利	
KDN—225 氮发生器	套	1	斯洛文尼亚	
YPNZ—6000 液化设备	套	1	塞尔维亚	
切换式换热器	台	11	韩国	
板式换热器	套	4	美国	
150 分馏塔	台	1	孟加拉国	
哈尔滨哈氧制氧机有限公司				58.8
KZO—50/100 空分设备	套	1	朝鲜	
KZO—50 空分设备	套	1	朝鲜	
KDONAr—300/150/7 空分设备	套	1	菲律宾	
KDONAr—8000/400/260 空分设备	套	1	巴基斯坦	

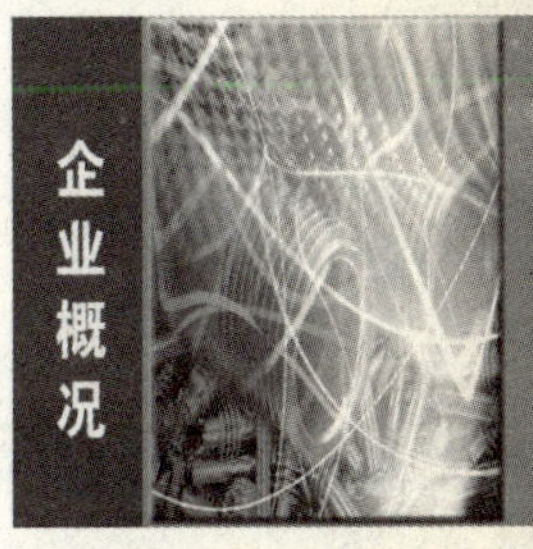

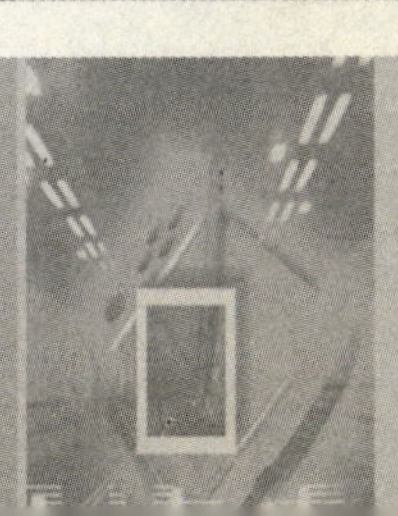

公布2006年通用机械工业9个分会会员单位销售收入前几名名单，介绍永嘉泵阀之乡发展情况，部分企业及企业家的经营理念、竞争谋略、成功经验，为管理者成功决策助力

Announcing the List of Top Member Units of Nine Branches Associations of General Machinery Industry by Sales Revenue in 2006, Introduction to the Development Situation of Yongjia——Chinese Town of Pumps and Valves, the Operation Idea, Competition Strategy and Successful Experience of Partial Enterprises and Entrepreneurs, Assisting the Managers to Make Successful Decision

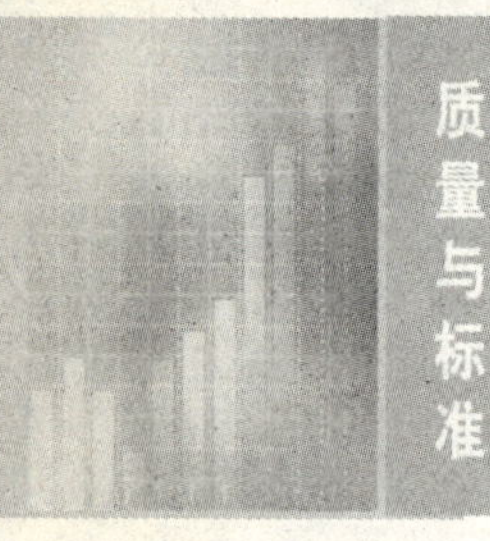

企业概况

2006年中国通用机械工业协会泵业分会会员单位主营业务收入前20名

序号	企业名称	主营业务收入（万元）	序号	企业名称	主营业务收入（万元）
1	上海凯泉泵业（集团）有限公司	157 110	11	大连大耐泵业有限公司	46 750
2	丰球集团有限公司	101 386	12	山东双轮集团股份有限公司	40 403
3	上海连成（集团）有限公司	97 261	13	大连深蓝泵业有限公司	35 827
4	上海凯士比泵有限公司	96 717	14	中泉集团有限公司	31 195
5	上海东方泵业（集团）有限公司	76 828	15	重庆水泵厂有限责任公司	31 194
6	上海熊猫机械（集团）有限公司	72 000	16	广州市白云泵业集团有限公司	30 933
7	广东省佛山水泵厂有限公司	68 911	17	浙江新界泵业有限公司	30 671
8	山东博泵科技股份有限公司	62 106	18	石家庄强大泵业集团有限责任公司	30 368
9	沈阳水泵股份有限公司	54 776	19	江苏亚太水工机械有限公司	30 189
10	长沙水泵厂有限公司	53 132	20	台州中山泵业有限公司	28 413

2006年中国通用机械工业协会风机分会会员单位销售收入前20名

序号	企业名称	销售收入（万元）	序号	企业名称	销售收入（万元）
1	沈阳鼓风机（集团）有限公司	350 688	11	威海市华阜环保（集团）有限公司	23 980
2	陕西鼓风机（集团）有限公司	261 021	12	湖北双剑鼓风机制造有限公司	20 453
3	浙江上风实业股份有限公司	108 910	13	四平鼓风机股份有限公司	20 082
4	重庆通用工业（集团）有限责任公司	100 971	14	长沙鼓风机厂有限责任公司	17 478
5	成都电力机械厂	84 026	15	浙江义乌星耀风机有限公司	16 806
6	上海鼓风机厂有限公司	71 118	16	湖北省风机厂有限公司	16 152
7	山东电力设备厂	70 171	17	湘潭平安电气集团有限公司	14 320
8	山东双一集团有限公司	42 315	18	南通大通宝富风机有限公司	13 780
9	山东省章丘鼓风机厂有限公司	37 397	19	浙江仨亿电器有限公司	12 990
10	江苏金通灵风机有限公司	32 653	20	百事德机械（江苏）有限公司	11 856

2006年中国通用机械工业协会阀门分会会员单位销售收入前20名

序号	企业名称	销售收入（万元）	序号	企业名称	销售收入（万元）
1	苏州纽威阀门有限公司	81 661	11	伯特利阀门集团有限公司	34 696
2	福建省三明双轮化工机械有限公司	56 048	12	广东明珠集团股份有限公司	27 045
3	江南阀门有限公司	51 002	13	江苏神通阀门有限公司	26 447
4	天津大站集团有限公司	44 600	14	大连大高阀门有限公司	26 207
5	河南开封高压阀门有限公司	43 190	15	哈尔滨哈锅阀门股份有限公司	25 629
6	良精集团阀门有限公司	40 983	16	中山铁王管阀有限公司	24 000
7	河北远大阀门集团有限公司	39 861	17	浙江五洲阀门有限公司	23 254
8	环球阀门集团有限公司	38 506	18	宣达实业集团有限公司	22 065
9	中核苏阀科技实业股份有限公司	36 358	19	兰州高压阀门有限公司	21 968
10	挺宇集团有限公司	36 083	20	上海双高阀门集团有限公司	21 763

2006年中国通用机械工业协会 压缩机分会会员单位销售收入前20名

序号	企业名称	销售收入（万元）	序号	企业名称	销售收入（万元）
1	浙江开山股份有限公司	106 564	11	浙江衢州煤矿机械总厂有限公司	24 370
2	沈阳电机股份有限公司	100 140	12	四川大川压缩机有限责任公司	24 074
3	浙江鑫磊机电股份有限公司	79 651	13	上海压缩机有限公司	21 059
4	沈阳气体压缩机股份有限公司	53 500	14	浙江鸿友压缩机制造有限公司	17 178
5	山东省潍坊生建集团	47 546	15	上海宝勒特压缩机有限公司	16 900
6	上海飞和实业集团有限公司	41 477	16	宁波欣达螺杆压缩机有限公司	16 606
7	无锡压缩机股份有限公司	40 268	17	上海大隆机器有限公司	15 814
8	北京京城环保产业发展有限责任公司	36 416	18	广州机械科学研究院	15 318
9	南京压缩机股份有限公司	32 010	19	重庆气体压缩机厂有限责任公司	14 620
10	江苏超力机械有限公司	30 018	20	安瑞科（蚌埠）压缩机有限公司	13 313

2006年中国通用机械工业协会 真空设备分会会员单位销售收入前10名

序号	企业名称	销售收入（万元）	序号	企业名称	销售收入（万元）
1	广东省佛山水泵厂有限公司	68 911	6	北京北仪创新真空技术有限责任公司	9 017
2	佶缔纳仕机械有限公司	37 650	7	兰州真空设备有限责任公司	8 154
3	淄博水环真空泵厂有限公司	27 244	8	淄博真空设备厂有限公司	8 051
4	北京七星华创电子股份有限公司	21 830	9	上海阀门二厂有限公司	7 135
5	北京中科科仪技术发展有限责任公司	13 960	10	成都南光机器有限公司	6 522

2006年中国通用机械工业协会 干燥设备分会会员单位销售收入前10名

序号	企业名称	销售收入（万元）	序号	企业名称	销售收入（万元）
1	锦西化工机械（集团）有限责任公司	41 065	6	沈阳东大粉体工程技术有限公司	8 096
2	开原凯尔烘干设备有限公司	11 200	7	常州一步干燥设备有限公司	7 365
3	上海远东制药机械总厂	9 102	8	山东天力干燥设备有限公司	7 000
4	东台市食品机械厂有限公司	9 000	9	石家庄工大化工设备有限公司	6 305
5	天津华能集团能源设备有限公司	8 583	10	无锡林洲干燥机厂	5 500

2006年中国通用机械工业协会 减变速机分会会员单位销售收入前10名

序号	企业名称	销售收入（万元）	序号	企业名称	销售收入（万元）
1	泰星减速机股份有限公司	110 107	6	天津减速机股份有限公司	18 679
2	江苏泰隆机械集团公司	91 235	7	浙江通力减速机有限公司	15 046
3	国茂减速机集团有限公司	46 492	8	常州减速机总厂有限公司	14 715
4	江苏鸿泰机电股份有限公司	38 927	9	博能传动有限公司	12 980
5	江苏锡安达防爆股份有限公司	26 032	10	荆州市巨鲸传动机械有限公司	9 344

2006 年中国通用机械工业协会 分离机械分会会员单位销售收入前 20 名

序号	企业名称	销售收入（万元）	序号	企业名称	销售收入（万元）
1	景津压滤机集团有限公司	82 978	11	威海市海王旋流器有限公司	7 712
2	南京中船绿洲机器有限公司	53 965	12	浙江建华集团过滤机有限公司	7 179
3	广州广重企业集团有限公司	47 000	13	浙江青田特种设备制造有限公司	6 347
4	江苏新宏大(集团)公司	27 196	14	广西苏氏集团有限责任公司	6 047
5	海申机电总厂(四八〇五工厂象山修船厂)	26 752	15	自贡高精过滤机制造有限公司	5 820
6	重庆江北机械有限责任公司	12 295	16	江苏牡丹离心机制造有限公司	5 809
7	江苏赛德力制药机械制造有限公司	10 706	17	浙江轻机实业有限公司	5 023
8	张家港华大离心机制造有限公司	9 658	18	杭州防腐设备有限公司	4 646
9	杭州兴源过滤机有限公司	9 390	19	江苏省仪征无纺布厂	4 500
10	湘潭离心机有限公司	8 256	20	自贡川滤设备制造有限公司	4 096

2006 年中国通用机械工业协会 气体分离设备分会会员单位销售收入前 10 名

序号	企业名称	销售收入（万元）	序号	企业名称	销售收入（万元）
1	杭州制氧机集团有限公司	306 926	6	开封东京空分集团有限公司	32 713
2	四川空分设备(集团)有限责任公司	122 587	7	林德工程(杭州)有限公司	19 073
3	开封空分集团有限公司	50 053	8	温州瑞气空分设备有限公司	15 126
4	液化空气(杭州)有限公司	47 978	9	苏州制氧机有限责任公司	14 296
5	河南开元空分集团有限公司	41 039	10	江西制氧机有限公司	8 646

中国泵阀之乡——永嘉

中国永嘉县，地处浙江省南部，温州之北，历史悠久，风景优美。这里不仅拥有秀丽的国家级重点风景区——“楠溪江”自然风光，更是永嘉学派的发源地，中国改革开放的前沿阵地，新中国最早发起农村土地联产承包责任制的诞生地之一，也是誉满全球的温州模式的中心所在。独特的历史文化和地理条件孕育出永嘉人“敢于拼搏，吃苦耐劳，勇于进取，大胆创新，敢为天下人先”的精神，为中国的改革开放和民营经济的崛起提供了宝贵的实践经验和成功的范例。在邓小平理论的指引下，随着改革开放的不断深入，永嘉经济特别是永嘉的泵阀产业突飞猛进，迅速在全国崛起，并开始走向世界。2002 年 6 月，永嘉县被中国通用机械工业协会授予“中国泵阀之乡”荣誉称号；在经历 4 年的发展和考验后，2006 年 9 月，永嘉县被中国通用机械工业协会正式授予“中国泵阀之乡”。

一、昔日永嘉在变革中求发展

永嘉泵阀产业起步于 20 世纪 60 年代末，萌芽于当时的国有和集体制造企业之中，到 20 世纪 70 年代中期，开始进入私有化生产。改革开放后，永嘉的泵阀产业得到了充分发展，前店后场的场面遍地开花。由于当时政策封闭，企业主要是以家庭作坊式和定点加工为主，生产设备简陋，工艺水平落后，只能生产一些极其简单、原始的泵阀产品。但这一时期的发展为今后永嘉泵阀产业形成一定的格局和规模奠定了坚实的基础。

进入 20 世纪 80 年代，随着企业规模不断扩大和资本实力日益雄厚，永嘉泵阀人开始从销售市场找出路，出现了一支专门从事泵阀销售工作的队伍，长年奔波在全国各地的大中城市、油田和兵工厂等每一个用到泵阀产品的角落，永嘉县瓯北镇则出现了闻名全国的“阀门一条街”，市场异常活跃、繁荣。泵阀产品的销售市场和销售网络开始形成，产品的销路得到了一定的保障。但由于泵阀产品是特殊工业产品，涉及到工业生产和人们生活的安全，需要得到权威部门的资质认证，永嘉泵阀企业很难直接进入重大工程项目，只好依靠为国内知名大企业贴牌加工或者仿牌冒牌，以获得进入市场的“通行证”。这一阶段，永嘉的泵阀产业得到了快速发展，企业规模、工艺水平和设备条件等都得了显著的提高，为今后的发展壮大积聚了雄厚的资金和丰富的经验。

20世纪90年代，永嘉泵阀人开始认识到不能一味地依赖于贴牌加工和仿牌冒牌，需要开展自主创新，树立自己的品牌，依靠质量取胜。不少企业开始进入“质量立市，品牌立业”的发展阶段，投入大量资金，聘用业内著名专家开发新产品，引进国内外先进设备提高工艺水平，扩大生产规模。随着市场销售网络的进一步完善，产品逐步得到了用户单位的认可，产品知名度得到了有效的提升，品牌效益日趋明显，企业普遍进入规模化，现代化生产阶段。

进入21世纪，泵阀产业已经成为永嘉县的支柱产业，形成了一条庞大的产业链。自从2002年被中国通用机械工业协会认定为“中国泵阀之乡”以来，区域品牌越叫越响。永嘉县已被公认为国内泵阀产量最大、品种最多、规格最齐全和发展最快的地区，而且世界上没有一个地区像永嘉那样拥有如此集中、如此庞大的泵阀生产基地。专业化生产程度的不断提高，产品向智能化、成套化的发展，科技含量进一步提高，企业品牌和产品品牌进一步提升，品牌效益更加凸现，涌现出了像宣达实业集团、良精集团、凯泉泵业集团、中泉集团、伯特利阀门集团、环球阀门集团、保一集团、开维喜阀门集团、上正阀门集团、超达阀门股份有限公司等一大批业界龙头企业，在国内泵阀领域具有举足轻重的地位。一部分品牌开始向中国名牌和中国驰名商标发起了冲刺，其中“凯泉”已经摘下了“中国驰名商标”的桂冠。

2004年10月13～15日，首届中国(永嘉)泵阀博览会在瓯北镇成功举行，有近200个国内外泵阀企业的300多个展位参加展出，参展专业人员1万余人，贸易合同额2 300多万元，意向成交额1.43亿元。此次博览会的成功举办，为进一步提高“中国泵阀之乡”在国内外的知名度，让外界充分认识和了解永嘉泵阀产业现状，加快永嘉泵阀产业结构优化升级等都具有极其重要的意义。2006年5月16～18日，第二届泵阀博览会在瓯北镇隆重举行，“中国泵阀之乡”又一次成为业内人士关注的焦点。

二、今日“泵阀之乡”在发展中壮大

永嘉泵阀产业主要集中在瓯北镇。瓯北镇位于瓯江北岸，与温州市中心隔江相望，素有“温州浦东”之美称。在规划面积10.8平方公里的泵阀工业园区内共有泵阀相关企业636个，规模以上企业125个，从业人员4万余人，2005年实现泵阀工业总产值85亿元，产品占全国市场份额的25%以上，并出口欧美、东南亚、中东、俄罗斯等30多个国家和地区。

据永嘉县泵阀工业协会最新统计，截止到2007年7月，泵阀工业园区内拥有无区域集团30个，省名牌企业162个，注册资金超100万元的企业408个，年产值5 000万元以上的企业26个。协会会员企业中有国家重点高新技术企业3个，省高新技术企业13个，市高新技术企业19个；中石油网络成员40个，中石化网络成员23个，电力网成员40个，化工装备网成员22个，“能源一号网”泵阀设备供应商15个；34个企业获得美国石油学会API认证证书，32个企业取得CE认证证书，42个企业通过了AZ认证(温洲地区总计54个)，76个企业通过了ISO9000认证，13个企业取得OHAS18000职业健康认证证书，15个企业进行了ISO14000环保认证工作。

1. 区域性泵阀生产基地的形成

经过30多年的发展，永嘉县泵阀产业已经形成了以通用泵阀产品为主，专用阀门、特种新型阀门为发展方向的生产格局。已经形成能够生产800多个品种12 000多种规格的阀门产品的国内规模最大、产量最高、规格最全、最为集中的区域性阀门生产基地；形成了以管道式离心泵为主导产品，防水潜水电泵、磁力驱动离心泵、特种水泵等为辅助产品，共有200多个系列近万个规格的泵业生产基地。

(1)泵阀产品已经向大型化、高速化、高参数、高可靠性、耐强腐蚀、机电一体化、程控、群控及监控化方向发展。在国内，永嘉的泵阀产品已被广泛应用在大庆油田、上海宝钢、燕山石化、兰州石化、光林化工、上海浦东国际机场、上海吴泾电厂、黄河小浪底工程、中国一汽和秦山核电站等国家、省(市)重点工程、大型企业和重大技术装备配套上，覆盖生产生活中的每一个角落。部分产品还远销国外30多个国家和地区。

(2)企业普遍转型，完成了家族企业向现代企业的转变，普遍建立了现代企业制度，集团化趋势日益明显。仅2005年就有5个企业完成了无区域集团的组建，至2007年7月，全县已拥有无区域集团达到30个。企业普遍实现了现代化管理，生产部、销售部、设计部、质检部、行政办公室、人力资源部、财务部等各部门体制健全、分工精细、责任明确，建立了整套的管理体系和安全保障体系。销售网络建设进一步完善，许多企业在国内大中城市建立了庞大的销售网络，超达阀门股份有限公司还建起了完备的国际销售网，宣达实业集团在美国成立了美国全球贸易公司。

(3)部分企业向多元化、成套化、控股制和中外合资化方向发展。其中宣达实业集团成立了上海奥格利环保工程设计有限公司，实现了泵阀企业多元化经营的梦想；良精集团于2002年成功兼并国内著名制泵国企南京蓝深制泵集团，开辟了泵阀领域民营企业兼并国企的先例；伯特利阀门集团成为国内锻钢阀门第一大生产基地并于2005年底与美国威廉公司成功实现了“联姻”，为永嘉的企业和国内泵阀企业实施国际化战略树立了成功的典范；凯泉泵业集团产品最大口径2.8m，最大流量可达1 500L/s，最高扬程2 500m，最大功率7 000kW；超达阀门股份有限公司被浙江省科技厅评为“制造业信息化工程示范基地”，成为省内阀门行业惟一的示范企业；环球阀门集团取得了温州地区泵阀行业第一张核工业通行证；保一集团成为浙江省阀门专业标准化技术委员会落户企业。

(4)专业化生产进一步加强，一个企业生产一种拳头产品的趋势更加明显，分工更加细化。如方圆阀门集团的平板闸阀、浙东高中压阀门制造有限公司的止回阀、浙江京东大型阀门有限公司的大型球阀、上玉集团有限公司的衬胶强耐腐蚀抗硫酸系列阀门等产品，科技含量、产量均居国内前列,在业内处于领先地位。

(5)品牌效益突出。随着经济全球化和名牌时代的到来,品牌显得尤为重要。永嘉的泵阀企业家充分认识到,要想在市场上长期立足,就必须实施名牌战略,为建立自身强大的品牌投入大量的人力和物力。同时,品牌效益也给永嘉的泵阀企业带来了丰厚的回报。2006年8月24日,永嘉县人民政府召开全县名牌培育质量提升工程大会,决定在泵阀产业领域率先实施名牌培育和质量提升工程,并提出用两年的时间培育出2~3个中国名牌的目标,为永嘉泵阀产业的名牌战略进程指明了前进方向,提供了政策保证。

2. 完备的科技创新机制

永嘉的泵阀企业多年来始终坚持自主创新,把加强技术创新体系建设放在首位,切实提高泵阀技术持续创新能力。经过多年的积累,泵阀企业与永嘉县政府共同努力,逐步形成了一套完备的创新机制。

(1)大力推动产学研结合,实施联合快捷创新。近几年来,永嘉的泵阀企业先后与甘肃工业大学、江苏理工大学、合肥通用机械研究院、浙江省机电研究院等40多所科研院(校)建立了长期的科技合作关系,并聘请了近40位行业专家、教授担任县政府科技顾问,指导产业发展。其中超达阀门股份有限公司拥有20多种阀门新产品,已有8项产品填补国内空白,8项产品获得国家专利。该公司负责起草的“对夹式止回阀”标准LJB/T8937—1999,是国内第一个由民营企业起草的阀门标准,公司还参加制定了GB/T9112~9124—2000“钢制管法兰”等13项国家标准。近年来,永嘉的泵阀企业共开发出省级以上新产品147项,其中国家重点新产品13项,获国家创新基金项目3项,省级新产品134项;累计荣获国家专利产品250件。2002年4月,永嘉县成立了省级特种泵阀产业基地博士后科研工作站;2002年8月,永嘉县泵阀科技创新服务中心被浙江省科技厅认定为省级区域科技服务创新中心;2005年5月,永嘉县被国家科技部认定为火炬计划泵阀特色产业基地;2005年7月,永嘉县被认定为特种泵阀重大科技攻关试点县。

(2)应用高新技术和先进适用技术改造传统产业,促进产业结构优化升级。在产品结构上,引导企业应用新材料、机电一体化、信息技术等改造传统泵阀产品,提高产品科技含量,增强企业竞争力。如宣达实业集团不仅生产阀门、泵产品,还为成套工艺设备提供泵阀类产品,开发了1 200℃高温调控蝶阀、三偏心金属硬密封蝶阀、610℃硫酸专用蝶阀、短轴高温浓硫酸液下泵等多种国家新产品,获“国家重点高新技术企业”称号。浙江成达特种阀门厂开发的偏心金属硬密封球阀、黄河机械阀门厂开发的双螺杆泵、中泉集团开发的热水循环泵等多项产品填补了国内空白。在技术改造上,企业积极采用CAD、数控技术、加工中心、自动化生产流水线等先进制造技术,改造传统设计手段和工艺装备,保证了产品的质量。近3年来,共有82个泵阀技改项目被列为省级技改项目,项目总投资18亿元。2005年,永嘉泵阀企业共购进数控机床200多台,良精集团从日本引进的在线检测光谱直读仪等检测设备达到国际一流水平。

3. 实施人才战略

永嘉泵阀产业能够取得如此骄人的成绩,得益于建立和培养出一支庞大的高素质技术人才和管理人才队伍。长期以来,永嘉泵阀企业家重视人才建设,高薪聘请国内泵阀行业知名专家担任企业的总工程师,作为技术力量的核心,主持研制开发新产品,严把产品技术和质量关。同时,永嘉的泵阀企业家多数是技术人员出身,拥有多年的工作经验,成为不断推动企业向前发展的一股重要技术力量。此外,在生产一线也逐步培养了一支强大的懂技术、通管理的高素质人才队伍。

近年来,永嘉泵阀企业引才、用才观念发生了很大的改变。在建立人才队伍方面,由原来以临时高薪聘请为主向以自己培养为主、临时聘用为辅的方向转变。通过对人才队伍长期的培养、培训,经泵阀专业职称评审,共有中级职称240名,初级职称128名,大大缓解了人才紧缺状况。人才专业结构也由原来的一职多能向多种专业、多种学科优化组合方向转变。最近几年,共引进省外各类专业中、高级工程技术人员1 000多名,其中高级人才50多名,大学毕业生350余名,享受县政府津贴238人。泵阀企业中科技人员比例占职工总数的10%以上,企业中享受国家政府津贴的专家共6人。在由温州市政府主办的2005年“名师名家”评选活动中,永嘉泵阀行业的4位专家榜上有名,占总数的1/3。

不同层次、不同结构的人才共同构筑了永嘉泵阀产业的人才高地,为产业的持续健康快速发展提供了人才资源保障和源源不断的发展动力。

4. 政府支持成为泵阀产业发展的动力

永嘉泵阀产业取得如此重大的成就,与县委、县政府的政策扶持是分不开的。从永嘉泵阀产业发展初期,县委、县政府就为永嘉泵阀产业发展创造了一个良好宽松的政策环境,制定了中长期发展规划。在形势恶化、产品质量越来越差、仿牌冒牌蔚然成风的关键时刻,县委、县政府及时出台政策,对企业进行全面的清理整顿,为永嘉泵阀产业的健康发展扫清了障碍。

从1991年开始,永嘉县委、县政府全面实施“质量立市,名牌立业”战略,关停并转了不具备生产技术条件的企业,培育、扶植、保护了大批具有一定生产规模,生产管理、技术管理较为严格的企业,使企业严格按照技术标准生产,有效提高了产品的质量,扩大了企业规模,为永嘉泵阀企业走规模化经营之路,向质量型、效益型企业转变开辟出一条广阔的道路。2001年12月,永嘉县质监局泵阀检测站升格为浙江省泵阀检测中心,更为质量立市打下了坚实的基础。经过政府多年的扶持和培育,“泵阀之乡”大部分企业都创立了自己的品牌,实现了规范化生产经营,在全行业范围内树立了自身的品牌地位。据永嘉县泵阀工业协会统计,会员企业中有省级名牌产品5个,省级著名商标6个,市(县)级名牌产品20多个,国家免检产品5个,国家驰名商标1个。2004年11月,永嘉县被认定为“浙江省泵阀商标品牌基地”。

不仅如此,永嘉县政府为鼓励企业引进和留住人才,调动科技人员的积极性,制定了一系列对引进人才的工作、生活、劳动保障等方面的政策，每两年开展一次“突出贡献科技创新人才”评选活动，由政府发给特殊津贴200元/月；政府投入2 000多万元在瓯北泵阀工业园建“科技新村”，总共200余套住房以最优惠价格出售给引进人才居住，解除了外来高级人才的后顾之忧；瓯北镇政府还拨出专项基金，对引进的中级技术职称人才和大学本科毕业生给予100元/月的津贴，对具有高级职称的人才给予150元/月的津贴。此外，县政府每年拿出200万元贴息基金支持企业技术改造，并规定凡首次引进的先进技术装备，县政府给予10% ~30%的补助，并支持企业取得通向国际市场的多种认证，如API、CE、AZ、ISO14000、OHAS18000等认证，在3年的时间里利用税收优惠支持总投资18亿元的82个泵阀技改项目。县政府还投入大量资金、人力和物力主办泵阀博览会，为永嘉泵阀产业更好更快地发展创造了条件。

5. 文化建设为企业发展添活力

永嘉泵阀产业发展已经进入依靠品牌和文化为支撑的较高水平。永嘉泵阀行业的企业家从企业长远发展的战略高度，把企业文化建设摆在一个很高的位置，不仅出台各项企业管理制度，形成各自独特的企业文化，制定了奋斗目标和共同理念，为员工创造了一个良好的工作、学习和发展环境，为支撑企业的持续增长提供了源源不断的动力。部分企业为进一步丰富员工文化生活，扩大企业宣传效果、提高影响力，聘请专业人才自办企业报刊，大大推动了永嘉泵阀产业的文化建设。由永嘉县泵阀工业协会主办的《中国泵阀之乡报》的成功出刊，为加速全行业的文化建设进程起到了积极的推动作用。此外，还建立了“中国泵阀之乡网站”，顺利出版了“中国泵阀之乡”(会员企业)形象宣传画册，申请了“中国泵阀之乡”集体商标。

三、泵阀之乡未来发展——挑战与机遇并存

随着经济全球一体化进程的进一步加快，我国入世承诺的全部兑现，永嘉泵阀产业也将面临着前所未有的挑战。土地、电力等资源紧缺和钢材、油品等原材料价格上涨，成为严重制约永嘉泵阀产业进一步发展壮大的因素，而铸件质量不高和技术水平落后也成为束缚永嘉泵阀产业发展的又一重要因素。在不久的将来，一批泵阀大企业将直接在中国甚至温州投资建厂，永嘉泵阀产业所依靠的廉价劳动资源和低价竞争优势将很快失去。如何真正做到与“狼”共舞将成为摆在永嘉泵阀企业家面前的现实问题。同时，企业中普遍存在的观念落后、“夜朗自大”等现象也将成为制约永嘉泵阀产业进一步发展的重要因素。由于永嘉泵阀产业起步较晚，真正发展始于20世纪90年代中期，至今仅10年左右时间，与国外百年泵阀大企业相比，永嘉的泵阀企业还处于远远落后的被动局面，国内的重大项目像西气东输工程、三峡水库、核电站和航天领域等工程用的泵阀产品还依赖于进口。同时，与国外大型企业相比，永嘉的泵阀企业规模较小，没有形成10亿元以上的真正龙头企业去占领市场，参与国际竞争。

党的十六大提出了振兴装备制造业的战略决策，国务院出台了《国务院关于加快振兴装备制造业的若干意见》重要文件，给永嘉的泵阀产业提供了难得的发展机遇。随着我国经济的高速发展和综合国力的进一步提升，永嘉的泵阀企业也取得参与国际竞争的优势，外贸额将成倍增长。2005年12月，中共中央政治局常委、全国政协主席贾庆林视察了伯特利阀门集团，带来了党中央对民营企业的关怀，大大鼓舞了永嘉泵阀企业家们的士气和信心，为永嘉泵阀产业的发展增添了动力。

永嘉泵阀产业发展态势良好，预计到2010年，永嘉的泵阀产业年产值将达到200亿元，其中出口占30%以上，带动铸件等相关辅助产业约80亿元的产值。在“十一五”期间，永嘉要建成全国性的泵阀检测中心、研究开发中心、信息网络中心，泵阀产业科技进步贡献率达50%以上。永嘉将成为国内泵阀产品的集聚中心、质量检测中心、人才培训中心以及中国最大的泵阀制造中心，出口创汇基地的地位将进一步得到加强。

永嘉泵阀人将用自己的聪明才智和卓越胆识，谱写出更加辉煌灿烂的明天！

〔撰稿人：浙江省永嘉县泵阀工业协会陈文荣〕

企业家论坛

依靠自主创新　铸就大型离心压缩机国产化丰碑

沈阳鼓风机(集团)有限公司董事长　苏永强

沈阳鼓风机(集团)有限公司始建于1934年，1952年成为我国第一个风机专业制造厂。1959年设计制造了我国第一台离心压缩机。1976年开始先后从GE(新比隆)公司及日本、丹麦、德国等国引进12项离心压缩机及风机先进设计与制造技术和14项单元技术。经过不断创新，企业在压缩机开发、设计、制造、检验等方面获得上千项技术成果。沈阳鼓风机(集团)有限公司作为国家重大技术装备国产化基地，设有博士后科研工作站和国家级企业技术中心，并在西安交通大学、大连理工大学和东北大学设有三个技术分中心。

沈阳鼓风机(集团)有限公司的主导产品大型离心压缩机和大型通风机主要应用于石化、冶金、电力、煤炭、制药、纺织、国防和科研等国家重点工程领域，国内市场占有率达85%。

一、引进消化，高点起步

1976年，沈阳鼓风机(集团)有限公司与GE(新比隆)公司签订引进离心压缩机专利和技术秘密合同，通过许可证贸易方式引进了新比隆公司MCL、BCL、PCL系列全套离心压缩机设计与制造技术，包括试验研究、设计计算、制造工艺、测试技术及标准化方面的资料和产品图纸。公司先后委派3批专业人员共30人赴意大利进行技术培训。通过在厂内办学习班、厂外代培、专机培训等多种形式培养了一批能独立运用引进技术进行设计的技术人员。1980年，公司完成了按照引进技术制造的BCL407+2BCL408/A氮氢气压缩机样机试制，经过中意双方专家共同考核，该压缩机的制造质量达到了新比隆公司的标准。至此，沈阳鼓风机(集团)有限公司初步掌握了3个系列压缩机的设计规范、18个程序的使用、工艺编制、质量检验和试车技术。公司的离心压缩机设计制造技术跃入20世纪80年代初的先进水平，为企业后期发展奠定了良好的技术基础。

二、创新发展，迈步国产化

30多年来，沈阳鼓风机(集团)有限公司致力于更新和发展新技术，在大型离心压缩机领域取得了几十项单元技术创新成果，如开发了6个系列近千个基本级，效率平均提高了3%~5%，不仅可以覆盖和替代引进的3个系列基本级，而且扩充了使用范围，从而使整机的设计水平提高，功耗降低；用国际领先的“LKXZ”理论开发了气体的热力参数(压力、温度、比容、焓、熵等)的计算程序，超过了国外同类厂商的软件技术；采用有限元法新开发的串列转子—轴承系统动力稳定性(即转子动态特性)的3个程序，计算精度、功能大大提高，可以取代原来引进的传递矩阵法3个计算程序，达到当代国际先进水平；采用有限元方法新开发了平行多轴的转子—轴承系统动力稳定性软件(即转子动态特性的软件)，具有当代世界领先水平；大型振动试验台可以模拟包括气隙激振在内的各种振动现象，最高压力达到7MPa。

从20世纪80年代初中国第一台52万t/a尿素装置用CO_2压缩机诞生，到2007年为广州茂名石化80万t/a乙烯装置配套的裂解气压缩机一次试车成功，沈阳鼓风机(集团)有限公司在近30年的发展历程中，通过走“联合开发、自主创新”的技术发展道路，从制造样机到产品完全国产化、从照搬国外技术到吃透原理、举一反三地独立设计，已在众多石化项目上实现了大型离心压缩机国产化“零”的突破，为国家重大技术装备国产化树立了一座座丰碑：1980年，为浙江、新疆两套52万t/a尿素装置研制CO_2压缩机，由此开始了首台压缩机的独立设计与制造；1982年，为镇海石化52万t/a尿素装置研制了CO_2离心压缩机，开始为化肥装置提供大型离心压缩机，该机组获国家金牌奖；1995年，为镇海石化80万t/a加氢裂化装置研制加氢离心压缩机，荣获中石化总公司颁发的“重大国产技术奖”；1998年，为大庆石化48万t/a乙烯装置研制出单线能力为24万t/a裂解气压缩机，获国家科技进步二等奖；2001年，为上海石化70万t/a乙烯装置研制出单线能力为36万t/a裂解气压缩机，机组性能达到国际同类先进水平；2001年，为陕宁支线研制出的PCL303压缩机是我国第一台国产化长输管线压缩机；2004年，为中石化安庆分公司和湖北化肥分公司研制两套48000万m^3/h空分装置用空气压缩机；2005年，为茂名石化80万t/a乙烯装置研制出单线能力为64万t/a裂解气压缩机。

沈阳鼓风机(集团)有限公司自1976年引进技术以来，累计为石油、化工、空分等领域开发各类大型离心压缩机1 500多台(套)，实现了大型炼油、大型化肥、大型乙烯、大型空分、大型煤化工和长输管线等国家重点工程领域大型国产化离心压缩机“零”的突破，替代进口产品6亿多美元，为国家安全和国民经济发展做出了突出贡献。沈阳鼓风机(集团)有限公司已经具备了为100万t/a以上大型乙烯，1 000万t/a以上大型炼油，45万t/a以上大型化肥，80万t/a以上大型尿素，大型煤液化、煤制油，大型石油天然气管线，50万t/a以上大型化纤基础原料等国家重大技术装备配套国产化离心压缩机的能力。

三、全面合作，自主创新

沈阳鼓风机(集团)有限公司在自主创新方面坚持的原则是：每天都要进步一点点，每年都要有新产品、新技术推向市场。

1. 建立企业研发技术中心，充分运用外部资源，确保国家重大技术装备国产化

沈阳鼓风机(集团)有限公司以企业技术中心为创新主体，设立专职研发机构，不断进行新产品和关键技术开发，攻克多项单元技术，填补国内空白；开展科研质量攻关，攻克生产制造中的难题；建立企业博士后工作站，进行风机理论研究，实现对引进技术的突破和跨越；先后与中科院、西安交通大学、东北大学等国内众多知名科研院所进行长期广泛的技术合作，在西安交通大学、东北大学和大连理工大学建立企业技术分中心，对引进技术中的核心单元技术进行了重大的创新和发展。在压缩机气体动力学、转子动力学、传热学、产品设计、工艺和材料等方面取得了基本级系列、CALC300软件、LKZX物性计算软件、三维粘性气体动力学设计软件、压缩机焊接机壳和低温材料研究等几百项重大技术突破。全面更新引进技术，形成一套具有国际先进水平的完全自主知识产权的压缩机设计、制造软件包，其部分核心技术已达到了国际领先水平。

2. 充分运用信息技术

信息技术是企业技术进步和产业升级中不可替代的主要推动力，是企业创新的助推器。

20 世纪 80 年代初期，沈阳鼓风机（集团）有限公司便以超前的思维，率先引进了先进的管理思想、管理方法以及管理手段，运用先进的计算机技术，完善并建立了具有自身企业特色的现代化管理体系，实现了生产管理与经营决策、产品工程设计（CAD/CAM/CAPP）和车间自动化 3 个应用分系统间的信息集成。①CAD 覆盖了 3 大主导产品（离心压缩机、离心鼓风机、大型通风机）的主机、辅机、仪控等全部设计工作，实现了大型压缩机主导产品的 CAX/PDM，主要零部件实现了数字化制造。②ERP 系统广泛应用于生产制造、产品报价、财务管理、合同管理、货款回收、库存管理、质量管理、设备管理、人力资源管理、领导查询、科学决策等管理系统，覆盖了公司的所有部门和全部生产经营活动，全部产品从订单开始，到设计、工艺、生产制造、产品发运，直至售后服务全过程实施 ERP，并且实现了信息流集成、企业资金流的集成，已经从传统封闭的集中式系统发展为客户机/服务器式和浏览器/服务器混合型开放性系统。③车间管理信息化系统整合了人力资源、生产、设备、成本和质量等信息，主要生产车间实现底层管理信息化，部分车间实现了 DNC，从而实现纵向和横向的信息集成。④建设了企业 Intranet 网与 Internet 互联网相互联接的网络系统，在网上建立了移动办公系统、客服中心系统等基于互联网的应用，连网的计算机近千台，实现了网上办公和无纸化办公，管理模式及管理手段达到国内领先水平。

生产与管理的信息化提升了公司的综合实力和对市场的快速反应能力，产品报价周期缩短了 66.7%；产品供货周期从 18 个月缩短为 8 ~ 12 个月，达到国际供货标准；生产指令与月份生产作业计划的编制周期从过去的 30 天缩短为 5 天；产品制造周期从 5.5 个月缩短为 4.4 个月。从而促进了各项主要经济指标在近几年以 50% 的速度递增，大大提升了企业的核心竞争力。

3. 调整产品结构，实施高起点技术改造，扩大生产能力，提升技术等级

沈阳鼓风机（集团）有限公司从 20 世纪 70 年代起，针对企业产品技术水平、工艺技术水平及其装备水平方面的差距，先后进行了 5 次大规模的企业技术改造，建成了国内最先进的计算机集成制造系统、叶轮柔性制造单元及试车系统等，将市场信息、报价、订货、设计、加工制造、销售与服务等各个环节有效地集成起来，大大提高了市场快速反应能力、新产品开发和生产能力，提高了产品质量、降低了成本，缩短了产品的交货期。

4. 大手笔投入，全面推进技术进步

压缩机产品是高技术集成产品，开发技术难度大、周期长，需要有雄厚的资金投入作为保障。沈阳鼓风机（集团）有限公司从 20 世纪 70 年代开始加大技术开发投入，年均投入增速超过 10%。以 2005 年为例，企业全年技术开发投入 9 800 万元，占企业年销售收入的 5.51%，仅一台科研样机的资金投入就达到了 1 500 万元。这样的科研费用额度基本上达到了发达国家企业在技术开发方面的中等投入水平。

5. 培养一流技术人才，培育核心竞争能力

为实现跨学科、跨领域协同攻克企业亟待突破的科研课题，沈阳鼓风机（集团）有限公司打破了企业原有技术部门、专业的界限，组建了国家级企业技术中心，成立了由 3 名博士、10 多名硕士、几十名有工程经验的本科生组成的科研团队，并在西安交通大学、大连理工大学、东北大学设立 3 个国家级技术分中心，从事公司科研课题的研究开发；建立了辽宁省第一个企业博士后科研工作站，发布重点科研课题和风机前沿技术课题，有 7 名博士后先后进站工作，使企业形成了一个多层次、跨地区的技术创新体系。与此同时，完善制订了一系列科技倾斜政策，提高科技人员的工资待遇，实行技术津贴、学位津贴、研发津贴以及技术创新、价值工程、质量攻关、新产品开发等专项奖励，制订了三优秀政策，每两年评聘一次非领导职务序列、晋升技术职称，积极推荐政府津贴和科技进步奖励，使工程技术人员的实际收入高于市场平均水平。另外，公司与东北大学联办工程硕士班，与西安交通大学联办本科继续教育培训班，选送优秀人员脱产攻读硕士、博士学位，有 1900 多人次出国交流、考察和培训。每年按照企业的需要，举办多个不同层次、不同内容的培训班，2005 年全公司人均培训 45 学时，有 1.48 万人次参加了培训。

以上政策和措施的实施，激发了科技人员的工作潜能和创造力，加快了科研开发和成果转化，同时也吸引了更多的优秀人才加盟企业，增强了企业科技创新能力，新产品开发速度明显加快。年均完成科研课题几十项，5 年来共完成 300 多项科研开发任务，取得了可喜的成果。其中，离心压缩机气体动力学的研究和高效基本级的开发，压缩机转子特性稳定性技术、强度振动计算软件的研究开发，压缩机热力模型开发及优化选型软件等具有自主知识产权的设计制造技术已经达到当代国际先进水平，几乎全部淘汰了当年引进的国外技术。

四、展望未来，再创辉煌

2006 年 6 月，国务院副总理曾培炎在西安召开的振兴装备制造业工作会议上明确指示："装备制造业是国家的基础性、战略性产业，要把振兴装备制造业放到突出重要的战略位置，装备制造业肩负强国之梦"。作为装备制造业的领军企业，沈阳鼓风机（集团）有限公司肩负着实现强国梦想的神圣历史使命。

2004 年，沈阳鼓风机（集团）有限公司开始实施大规模的企业战略重组和技术改造。昔日的行业排头兵企业沈阳水泵厂、沈阳气体压缩机厂重组到沈阳鼓风机（集团）有限公司。重组后的沈阳鼓风机（集团）有限公司，将坚持用科学发展观统领全局，按照现代化规模产业集群和新型工业化的发展模式，彻底打破生产组织界限，实行专业化协作生产，提高工艺装备和设计制造能力，整个设计制造技术提升到一个新档次，环境保护、能源消耗等都达到一个崭新水

平。

重组后的沈阳鼓风机(集团)有限公司拥有8个系列、300个品种的风机产品,51个系列、579个品种的泵类产品,45个系列、400个品种的往复式压缩机。具有设计制造年产60万~100万t大型乙烯、年产500~1 000万t大型炼油装置、煤制油装置和PTA装置等国家重大技术装备配套离心压缩机组的能力;可为60万~70万kW大型水电抽水蓄能机组、核电站等国家重大技术装备配套水泵。

胡锦涛总书记在2007年初召开的全国科技大会上指出:"要建设以企业为主体,市场为导向,产学研相结合的技术创新体系,使企业真正成为研究开发投入的主体、技术创新的主体和创新成果应用的主体,全面提升自主创新能力。"沈阳鼓风机(集团)有限公司靠自主创新加速了企业发展,尝到技术创新的甘甜;今后将会一如既往地按照科技大会的精神,紧紧抓住国家重大技术装备国产化这一历史机遇,狠抓科技进步,把企业自主创新推向一个新的高峰。

品牌建设助推陕鼓发展

陕西鼓风机(集团)有限公司董事长　印建安

陕西鼓风机(集团)有限公司(以下简称陕鼓集团)始建于1968年,是原机械工业部所属的风机定点生产厂家之一,行业骨干企业,国际质量、环境和职业健康安全管理三体系认证企业。

陕鼓集团自1975年投产以来,一直保持着稳步发展态势,"十五"以来,在我国国民经济快速发展的良好市场机遇带动下,陕鼓集团取得了较快速的发展,企业产值从2000年的3.4亿元增长到2006年的30亿元,利税、利润也保持了较快增长,企业总体呈现出规模和效益同比增长的良性态势。

一、持续技术创新,培育陕鼓品牌

一流的产品技术是实施品牌建设的基础。近年来,陕鼓集团在引进轴流压缩机技术和自主研发工业流程能量回收发电设备的基础上,不断强化核心技术的自主创新,不仅形成了全系列产品,而且研发成功了能量回收发电装置和轴流压缩机同轴机组、共用型机组等,3次获得国家科技进步二等奖,两项产品荣获"中国名牌"称号。

在牢牢掌握主导产品和系统技术主导权的基础上,企业推进技术工作重心转移,从整个工艺流程需求出发,加强关联技术和系统技术的研发,实施集成创新,满足客户的功能需求。通过持续的技术研发,高炉顶压稳定性控制技术等10项专有技术先后获得国家专利。陕鼓集团在保持和优化传统TRT装置的高炉煤气余压余热能量回收发电功能的基础上,又研制开发了具有高精度顶压稳定技术、可提高顶压设定值和提高高炉冶炼效率的3H型TRT装置。在印度、韩国大型高炉TRT装置招标过程中,陕鼓集团3H技术参数已经被确定为招标标准,为陕鼓集团市场的拓展以及品牌的树立起到了积极的推动作用。

二、完善产品内涵,延伸陕鼓品牌

在市场经济条件下,客户真正需要的不是"产品",而是"功能"。近年来,陕鼓集团以用户需求为导向,以成套技术为纽带,运用现代项目管理方法,将主导产品与配套产品有机结合,发挥成套设计、供货、施工、安装调试的整体优势,向用户提供完善的工程项目总承包(EPC)服务——交钥匙工程。

自2003年陕鼓集团为某钢铁公司2 500m^3高炉提供TRT工程总承包服务开始,陕鼓集团共承接了工程总承包项目50余台(套),在满足客户需求的同时,有效地拓展了市场空间。在实施工程总承包项目中,陕鼓集团从负责系统单元工程建设到全套系统装置工程安装,为用户提供了一条龙服务,实现了陕鼓集团在市场上由设备成套向工程成套的重大转变,较好地促进了企业发展,丰富了陕鼓集团产品的内涵。

三、实施质量工程,巩固陕鼓品牌

陕鼓集团将"零缺陷"管理作为质量文化的基础,大力倡导"第一次把事情做对"的质量文化理念,不断完善质量考核体系,推动工作质量和产品质量的提高。从2001年开始,陕鼓集团已持续开展了6批"零缺陷工程",共完成技术开发和质量改进项目300余项,提高了机组的技术水平和质量水平。

2005年11月,陕鼓集团启动了"名牌行动",出台了首台(套)产品及缺陷产品管理制度,利用近年来成功开发的数十项专有技术和专利技术,对早期研制的首台(套)设备和因技术不完善造成的在技术、质量等方面与现行水平存在一定差距的产品实行召回,免费进行技术改进和技术升级,以此提升陕鼓集团诚信市场的品牌形象。

四、提供系统服务,提升陕鼓品牌

在现代经济中,制造企业开展服务经济,放弃过去以产品竞争为主的经济运行模式,转向以服务赚取利润的服务经济模式。陕鼓集团通过强化内外部资源配置,从市场调查开始,在产品开发改进、生产制造、安装调试、售后服务的全生命周期,全方位、全天候为顾客服务,利用现代科技资源,对服务范围进行拓宽和延伸,为客户提供包括方案设计、系统成套供货、设备状态管理以及备件零库存等在内的系统服务,提供差异化服务,并为有条件的客户提供金融融资服务,打造陕鼓集团的服务品牌。如陕鼓集团建立了旋转机械远程在线监测及故障诊断中心,利用网络技术对机组运行数据进行实时监测,实现对大型旋转机械的远程监测、诊断和故障预测,达到对设备的智能维护和健康管理。为解决用户储备备品备件占用大量资源和加工备件周期长的问题,按照用户的需求及用户所使用产品的具体状况,共同投资组建备件库,随时为用户提供备件,降低了用户的资金和场地占用率,从而使用户实现备件零库存。

五、塑造陕鼓模式企业文化，孕育陕鼓品牌

品牌是企业的旗帜，而文化则是品牌的灵魂和重要标志。按照把陕鼓集团建成“企业、学校、家园”的共同愿景，陕鼓集团开展了一系列文化活动，把“诚信”、“感恩”作为陕鼓品牌的核心内涵。在陕鼓集团的诚信体系建设中：一是建立企业、管理层对员工的诚信。员工是企业的主体，是企业最大的资源。自2002年起，陕鼓集团就提出了“三个压力、三个满意”（即让干部有压力，让员工满意；让员工有压力，让客户满意；让企业有压力，让（国家）股东满意）。二是培养员工的诚信意识。①进行企业文化再造，统一员工的价值观。按照“向上向善，优良风气创未来”的企业核心价值观，在陕鼓集团内部发挥舆论导向的作用，形成良好的氛围，使管理层和广大员工树立正确的价值导向，明确自身对职业生涯的考虑，引导员工树立个人价值与企业价值相统一的观念。②加强制度建设，切实发挥制度的激励和约束作用，弘扬雷锋理论，为实现战略目标提供支撑条件。三是同用户、合作伙伴建立良好的合作关系。企业在合作过程中，势必会相互影响。同优秀的企业合作，可以实现资源最大化。陕鼓集团已与21个优秀的企业建立了战略合作伙伴关系，合作双方实现共赢发展。

从2005年开始，陕鼓集团开展感恩节活动，打造陕鼓感恩文化。全体员工把学会感恩作为生活的基本态度，进而形成一种习惯，正确认识和对待企业发展。

六、注重品牌管理，呵护陕鼓品牌

陕鼓集团建立了品牌建设与品牌管理组织保障体系，完善了企业商标管理保护体系，制定了知识产权管理制度及专利工作管理办法，对专利申请项目都有明确的奖励制度，以激励科技创新，提高专利申请量。2004年，陕鼓集团被确定为全国专利试点工作单位，开辟了一条保护知识产权的创新之路；陕鼓集团的产品已远销美国、西班牙、巴西、印度、伊朗、朝鲜等十多个国家，并在全球80多个国家和地区申请了商标国际注册；“陕鼓及图形”商标已先后通过行政、司法两种途径认定的“中国驰名商标”，陕鼓集团也成为行业内惟一获得行政、司法双重认定“中国驰名商标”称号的企业。在企业快速提升品牌价值和知名度的同时，企业品牌得到了相应的保护。

七、加强公共关系，传播陕鼓品牌

树立良好的企业形象、展示品牌的个性魅力。陕鼓集团广泛与社会接触、与社会公众进行长期的、有效的积极沟通，加强公共关系管理。为了推广陕鼓品牌，在企业内部，我们大力推行清洁生产，对各车间进行全面整修，持续提升产品质量和现场管理水平。通过创建陕鼓集团展厅与风机博物馆，为陕鼓集团的品牌注入新的意义，成为科学知识的传播者。企业和员工参加社会各类献爱心活动，累计捐款600余万元，回报感恩社会的同时，扩大品牌影响力。

陕鼓集团先后荣获了机械工业质量管理奖、机械行业文明单位、陕西省“守合同重信用”企业、“绿色文明示范工程创建活动”先进单位、A级纳税诚信企业、陕西省十大慈善企业、西安市绿色企业等一系列荣誉。陕鼓品牌被商务部授予“2006最具市场竞争力品牌”，2006年11月，经中国管理科学院企业发展研究中心和中国品牌资产评价中心等机构评价，陕鼓品牌入选中国品牌500强，排名第97位，品牌价值98.36亿元，提高了企业品牌的声誉和价值。

品牌建设很好地推动了陕鼓集团的发展，但与国际一流的透平机械生产企业相比，还存在一定的差距。面对日益激烈的市场竞争格局，陕鼓集团全体员工将秉承“同心协力，脚踏实地，永葆激情，与时俱进”的精神，为实现陕鼓集团永续发展、基业长青的目标而不懈努力！

抓好“五项工程” 夯实管理基础

武汉鼓风机有限公司董事长 徐杰

武汉鼓风机有限公司（以下简称武鼓）是国家大型电站配套风机和噪控设备生产基地，全国CAD应用示范企业和三大风机测试中心之一。2004年3月，原武汉鼓风机厂实行改制重组，成立了武汉鼓风机有限公司。自改制以来，武鼓始终坚持把创新作为全面加强企业管理和各项建设、推进企业发展的动力，不断调整经营战略、产品结构，通过推行一系列现代化的管理手段，有效整合企业资源，打造核心竞争力，企业面貌发生了巨大变化，呈现出规模与效益同步快速增长的良好发展态势。

2004年，武鼓克服了资产重组、新厂筹建、整体搬迁等困难，理顺了内部关系，完成工业销售产值7 133万元，实现商品产值6 990万元、利润260万元，迅速扭亏为盈。

2006年，武鼓实现产值1.3亿元，工业销售产值1.2亿元，利润280万元，产值和工业销售产值历史性突破亿元大关。

2007年，武鼓的经济运行保持了良好的发展势头。2007年1~2月共承接销售合同近3 500万元，比上年同期增长2倍，实现了开门红。2007年2月8日，武鼓正式在美国纳斯达克电子公告板（OTCBB）证券市场挂牌，市场代码为WUHN.OB，且交易后融资2400万美元（折合人民币约1.8亿元，含佣金和费用），实现了从一个国企“老字号”到美国证券市场上市的辉煌转变。武鼓是湖北省首家登陆美国证券市场的企业，也是国内首家登陆美国证券市场的风机生产厂商。

武鼓在立足风机主业的基础上，坚持“重点延伸、两翼齐飞，内外并举”的发展思路，加快延伸产业链，向流体机械其他产品——发电机产业纵深拓展，组建了武汉发电设备制造有限公司，具备制作3~20MW的电站用汽轮发电机组、1~50MW和3~550m水头范围的水轮发电机组的生产能力，向集团化、多元化方向迈出坚实的步伐。

在取得良好经济效益的同时，武鼓的经营管理得到了各方面的肯定和认可，先后荣获武汉市高新技术企业、武汉市2001～2005最具影响的创新三十强企业、2005CCTV中国年度雇主(武汉赛区)十强企业、武汉市现场管理样板企业、"重合同、守信用"企业、AAA级信用等级企业。

武鼓快速发展的重要原因是引入先进的管理理念，以"五项工程"(生命工程、希望工程、形象工程、民心工程、系统整合工程)建设为主线，在基础管理的思路和方法上大胆进行了创新和突破。

一、转变观念，重在管理队伍建设

武鼓改制以来，就以"业绩至上，效益至上，执行至上，创新至上，无功便是过，功小也是过"的理念，增强每位员工的危机感、紧迫感和责任感。武鼓先后召开了动员大会、企业生存战略大会，组织员工就企业的处境以及"转变理念，思危思变"展开了大讨论，对中国加入WTO后风机行业面临的挑战和机遇以及国内企业的发展情况深入分析，提出了"做精做强"的战略方针。此外，还建立了办公会议制度和议事规则，坚持民主集中制。从细化考核入手，加强对各部门工作的及时性、计划性、有效性进行考查和监督，每月根据公平、公正、公开的原则和360度考核法，按照不同权重，采用自评、部门互评和领导测评方式，对中层干部实施述职考核，从工作绩效、团队协助精神、改善与创新、自律性4个方面对各部门开展的工作进行"现场打分"，既客观评价了中层干部的工作绩效，又提高了管理人员的素质，更为形成"公平、公正、公开"的竞争机制开了一个好头。

二、抓好生命工程，完善产品质量

武鼓把质量管理作为生命工程，走以质量求生存的质量效益型发展道路，通过提高员工质量意识，完善检测计量、加工手段，健全质量管理体系，提高顾客满意度。

(1)加强质量文化建设，狠抓质量意识教育。一是重视质量意识的教育培训，组织全员进行ISO9001标准及武鼓质量管理体系文件的普及教育活动，广泛开展全员参与的质量管理活动，建立具有武鼓特色的质量文化，培养员工"用户在我心中，质量在我手中"的责任意识，"没有做不好的工作，只有做不好工作的人"的工作态度，"一次做好，还求更好"的工作习惯，"遇到问题努力找方法"的思维方式。二是建立技术设计、质量检测、产品成本、生产安全等管理标准，职能部门的工作标准和各类人员的工作标准，检查指导员工生产经营工作的全过程，严格按照质量管理体系的各项要求开展工作。三是加大质量监督和奖惩力度，建立奖惩制度，优质产品给予重奖，形成激励机制；对劣质产品给予通报批评，必要时对具体人员进行组织调整，增强全体员工的质量意识，推动工作质量的提高。

(2)树立"大质量"的理念，严格质量考核。建立三级管理的质量责任制，有效控制设计、工艺、供应、制造、检测、销售、服务等各个过程，确保公司质量目标的贯彻实施。一是严格考核，明确员工在质量工作中的具体任务、职责和权限，细化各工序的消耗计量，高标准、细定额、严考核，切实做到项项事情有人管、道道工序有标准、件件工作有检查、条条环节有考核。二是强化质量责任损失赔偿制度，增强员工的质量责任心，努力实现公司产品和服务的"零缺陷"。

(3)认真贯彻ISO9001标准，全面提升企业质量水平。一是质量管理部作为公司的质量管理机构，要减少行政干预，健全质量管理制度，促进质量体系正常运行。二是加强质量规范化管理，建立质量体系运行情况报告制度和质量分析会制度。定期召开质量工作会议，及时将产品生产情况、质量检查情况、顾客意见等信息予以反馈。

三、抓好希望工程，提升核心竞争力

制造业的核心是技术，技术创新是企业的希望。走出论"吨"卖的怪圈，在激烈的市场中把握主动，必须拥有具有竞争力的核心产品。为此，武鼓以科技领先带动企业技术进步，以市场开发带动产品升级换代，开发高技术含量、高附加值、市场前景看好的产品，打造"科技武鼓"。

(1)以市场为导向，开展多种形式的产学研合作，特别是加强和周边高校的合作，整合内外开发资源，建立健全满足当前市场需求与开拓未来市场相衔接的技术创新和开发体系。改制以来，武鼓与日本三菱公司合作，引进其60MW以上的电站风机的设计制造技术；与华中科技大学联合开发风机选型软件及CFD技术，进行产品研发手段的创新。近两年来，武鼓加速新工艺、新技术的研究与开发，新型产品频出。2005年，武鼓投入200多万元自建了声学实验室，并完成了5项新产品开发和2项老产品技术改造。2006年完成了6项新产品项目开发，完成新产品128套，产值6 077万元(不含在制品)。其中，D3500—16型120t转炉一次风机、D1590—11型海水脱硫离心鼓风机获得2006第三届中国国际流体机械展览会参展品金奖。

(2)建立有效的人才吸引和激励机制，最大限度地发挥技术人员的积极性。大力引进本科以上学历的具有机加工、探伤、焊接、机械制造专业知识的中高级人才，提高技术、质检人员的整体水平；对技术人员实行技术津贴、研发津贴，技术创新、质量攻关、新产品开发等专项奖励，激发科技队伍的创造力。

(3)加大技术开发投入力度，完善生产、实验检测设备，加快实验室建设，特别是材料实验室建设，风机超速实验、整机性能实验的建设。武鼓2007年技改项目包括质量检测设备、生产设备、设计软件更新和信息化建设等共30多项，预算资金9 000万元。

四、抓好形象工程，塑造优秀品牌

品牌是企业形象的整合。武鼓适应市场竞争的需要，大力加强企业形象建设，提升企业的诚信度和美誉度。

(1)提高员工思想认识，培养员工自我管理意识。通过培训，引导员工树立与市场发展相适应的观念，增强自我管理意识，不断提高自身思想道德、技术水平和服务水平，培养一支素质高、能力强、作风硬、反应迅速的员工队伍。

(2)开展生产现场标准化活动。武鼓按"环境优美、纪律严明、信息准确、物流有序、设备完好、安全生产"的标准，编制了《生产现场管理手册》，建立起一套科学、先进、简明、规范的生产现场管理模式，抓生产车间的现场管理，包括设备、安全、质量、工艺技术等，大力开展"四改善"(改善工艺、改善环境、改善设备、改善操作)活动。

(3)营造整洁、舒适、优美的现代化文化环境。武鼓编制了《VI设计手册》,统一规范企业名称、企业标识、标准字、标准色、标准展牌(规格)和宣传标语,对生产现场、办公现场环境布置也严格按照公司定置管理要求执行,达到了“标识旗帜设置醒目,企业名称准确规范,宣传标语简洁生动,展板图标整齐美观”的标准。

五、抓好民心工程,营造和谐氛围

企业竞争归根结底是人才的竞争。武鼓以人为本,把培养和谐向上的企业文化作为民心工程来抓,创造良好的人文生态环境和激励机制,充分激发员工的积极性和创造性,提升企业活力,走和谐发展之路。

(1)规范经营行为,保障员工利益,维护员工权利,进一步改善员工的生活条件、工作环境,充分发挥企业各管理职能的作用,协调、疏导和解决员工遇到的困难,为员工办实事。

(2)完善企业薪酬体系和考核体系,加大激励力度。武鼓每年定期选定车工、电焊工、冷作工等工种开展培训、选拔、比赛,选出优秀员工参加全省、全国技能大赛。每年举行先进班组、先进集体、优秀员工、岗位能手、岗位标兵的评选活动。对评选出来的集体或个人给予一定的奖励,并提供学习、培训等机会。

(3)广泛开展喜闻乐见的群众性活动,融洽人际关系,把员工的劳动热情和潜能充分发挥出来,形成合心、合作、合力的良好局面。

六、抓好系统整合工程,创造卓越绩效

合理高效的管理流程,科学先进的机构设置,是企业核心竞争力的体现。为适应环境的变化,武鼓以市场和用户需求为出发点,以绩效测量指标为纽带,实施系统整合工程,强化组织的整体性、一致性和协调性。

(1)实行管理业务流程再造,全面提升企业管理质量。①营销管理创新。提出了“细分市场、健全网络、精耕细作、服务终端”的新营销策略,打破当前营销片区的行业和地域局限,将业务划分为3条主线,即钢铁行业,电力、化工行业,冶金、建材、环保行业,将营销市场细分为14个区域向全国辐射,大力发展代理商队伍,健全区域、行业、院所等立体交叉网络。在海外业务拓展方面呈现出较好的局面,2006年签订的中铝国际印度项目、北京保沃斯印度项目等出口合同额占全年合同额的13%。②财务管理创新。加强全面预算工作,严格控制各项成本,减少资金周转天数,重点强化成本意识,从成本核算向成本控制转变,从成本静态管理向动态管理转变,从讲产值到讲利润转变。对外主动了解市场,围绕市场动态核算,确定产品价格;对内进行成本倒推,形成从技术设计、工艺改进、物资采购到生产制造的全方位的核算体系。③供应链管理创新。武鼓制订了《招标管理办法》,对物资采购实行公开招标评标,杜绝“暗箱操作”,形成“公开、公平、公正”的良好局面,做到“一次订货,分步提供,按期结算”,提高了公司的议价能力和资金利用率,降低了采购成本。

(2)实施目标管理、绩效导向、标杆对比,引进卓越绩效模式。武鼓以世界上经营成功的企业为学习标杆,以持续提升绩效为导向,建立一套绩效考核指标、考核评价体系。武鼓的总经理与各副总、各副总与各部门逐级签订了经营目标责任书,把目标层层分解,落实到职能部门、生产车间、班组、营销区域和相关责任人,把岗位安排、工资报酬、晋升降级等与绩效联系起来,重点将绩效指标分为关键指标、否决指标、控制指标和专业管理指标,实行量化考核。同时,健全规范的检查组织制度和办法,针对不同指标设立不同考核方法,加大考核兑现力度,并制定落实绩效持续改进计划,进行绩效评估,及时将反馈信息传达到各职能单位,做到优化调整,持续改进。

面对当前日益激烈的市场形势,武鼓将继续向内挖潜,以管理求效益。进一步强化基础管理,调整内部架构,优化整合管理流程、业务流程和企业资源;进一步改善和提高产品质量,把质量作为企业的生命工程,以质量求生存;进一步加强品牌建设,规范现场管理,打造良好品牌形象;进一步加快技改步伐,加强技术创新、引进与合作,增强企业核心竞争力;进一步加强企业文化建设,创建和谐发展型企业,形成符合武鼓和谐发展利益的价值取向,把武鼓打造成具有国际竞争力的一流企业。

国企经营的成功案例

科技兴企　创新图强　打造百亿集团

沈阳鼓风机(集团)有限公司

沈阳鼓风机(集团)有限公司(以下简称沈鼓集团)是中国通用机械行业中产品科技含量高、生产规模大的国有大型一档骨干重点企业。其前身沈阳鼓风机厂始建于1934年,1952年由国家投资170万元进行扩建改造后,成为全国第一个风机专业制造厂，2003 年整体转制为沈阳鼓风机（集团）有限公司。2004 年 5 月，根据国家振兴东北老工业基地的战略，按照省市区政府的统一部署，沈鼓集团凭借品牌和管理优势对沈阳水泵股份有限公司、沈阳气体压缩机股份有限公司进行了战略重组和重大技术改造，组建新的沈鼓集团。新建成的沈鼓集团位于辽宁省沈阳市经济技术开发区，总投资 20 亿元，占地面积 80 万 m^2。

沈鼓集团拥有沈阳透平机械股份有限公司等 14 个全资（控股）子公司，分别与加拿大 JP 环保公司、美国 GE 和日本三菱成立 3 个合资公司，在北京、上海、广州、成都均设有办事处。沈鼓集团已经建成国家级企业技术中心，其中包括沈鼓—大工研究院、沈鼓西安交通大学技术分中心、沈鼓东北大学技术分中心和沈鼓浙江大学技术分中心。

沈鼓集团主要从事研发、设计、制造、经营离心压缩机、轴流压缩机等 8 个系列 300 个规格的风机类产品，高压给水泵、强制循环泵、核泵等 51 个系列 579 个品种的泵类产品，45 个系列 400 个规格的往复式压缩机产品，广泛应用于石油、化工、冶金、空分、天然气输送、制药、制酸、国防、环保等领域。沈鼓集团已经具备为国家重大技术装置提供离心压缩机、往复压缩机和泵类产品的配套能力，在 2006 年国务院发布的《国务院关于加快振兴装备制造业的若干意见》中确定的未来重点发展的 16 项重大技术装备中，有 8 项需要沈鼓集团的产品配套。

50 多年来，沈鼓集团生产的各类产品覆盖全国各地，远销世界 25 个国家和地区。国内市场的离心压缩机占有率为 85%，大型鼓风机占有率为 40%，锅炉给水泵占有率为 30%，冷凝泵占有率为 85%，高压注水泵占有率为 50%，输油管线泵占有率为 80%，加氢、除焦泵占有率为 80%，石化行业往复式压缩机占有率为 80% 左右，化肥往复压缩机占有率为 60%，军工行业往复式压缩机占有率为 70%。

沈鼓集团始终坚持“科技兴企”的发展战略，每年将销售收入的 5% 用于技术开发，紧紧跟踪世界先进技术发展方向，主导产品向“宽领域”扩展、单元技术向“高精尖”进军。截止到 2006 年底，沈鼓集团为国家重大技术装备提供国产化大型离心压缩机 1 850 台、大型水泵 1 059 台、大型往复式压缩机 885 台，在多个技术领域打破外国公司长期垄断国内市场的局面，为国家重大技术装备国产化和国民经济的发展做出了重要的贡献。

近年来，沈鼓集团主要经济技术指标连年递增 50% 以上，新产品产值率达到 70% 以上。2000 年，沈鼓集团被确定为国家级技术中心，形成了以企业技术中心为创新主体、与重点院校跨地区合作的技术创新战略联盟新格局。同时，沈鼓集团被国家科技部确定为首批国家级企业研究开发中心（全国 118 个）。2001 年以来，沈鼓集团共获得科技成果奖 86 项，国家科技进步奖 1 项，国家级新产品奖 9 项，省、部级科技进步奖 23 项，省、市级优秀新产品 29 项。先后被确定为国家 863 工程 CIMS 应用领先企业、辽宁科技先导型企业、辽宁省首家博士后科研工作站；获得国家劳动奖状和“机械工业现代化管理企业”称号（全国仅 8 个）。2004 年 8 月，沈鼓集团生产的离心压缩机被中国名牌战略推进委员会和国家质量检验检疫总局评定为“中国名牌产品”。2006 年，沈鼓集团被国家发改委评为“为国家重大技术装备国产化做出重大贡献先进集体”。

沈鼓集团已经成为国内技术力量雄厚、工艺装备精良、产品质量佳、竞争力较强、经营效能高、设计和制造技术领先，并接近国际同行业先进水平的装备制造类企业。为了适应未来装备制造业从传统产业向高新技术领域转移，从单纯加工制造向研发、生产、销售、服务一体化转移的发展趋势，沈鼓集团制定了“凝心聚力、营造和谐、苦干拼搏、二次创业、科学管理、创新开拓、为加速打造百亿集团而努力奋斗”的发展目标。面向未来，沈鼓集团将继续秉承“创新、图强、诚信、卓越”的企业精神，践行“为用户创造价值，为员工创造效益，为社会贡献财富”的经营宗旨，力争 2010 年成为产值超百亿元的中国最大的通用机械制造基地。

激发内部活力　老厂重焕生机

上海鼓风机厂有限公司

上海鼓风机厂有限公司（以下简称上鼓）是一个老国有企业，多年来，企业经营规模一直在年销售收入 2 亿元、人均销售收入 16 万元左右。传统的机制体制、惯有的思维模式与观念定势阻碍着企业的快速发展。为此，上鼓新的领导班子积极探索，努力寻求企业的创新与发展之路。上鼓的发展大致经历了三个过程：一是谋求与民营资本的联合，试图通过民营机制来改变企业。但民营资本缺乏技术元素，势必影响上鼓长久的发展，在洽谈了一段时间后该方式即被否定。二是谋求与国外著名企业的合资，试图通过引进技术和资金来推动上鼓更好地发展。但获得技术和资金是需要代价的，当这种代价超过国家政策的有关规定时，合资又成了一种空想。三是走自主发展之路。近几年来，上鼓内强管理，外拓市场，苦练内功，激发活力。坚持“市场为鉴，技术为基，管理为魂，文化为系”的经营理念，使上鼓逐步从“温吞水”状态中走了出来，重新焕发出生机。

一、紧贴国家发展战略，拓宽国内外市场

风机产业是个传统产业，与国民经济中的许多行业休戚相关，如能源、环保、冶金、煤矿、石化、石油、化肥、城建、船舶、轻工、纺织以及军事工业等。在为这些行业提供配套服务时，上鼓尤其重视国家的发展重点，紧贴国家战略，寻求产业的发展方向，努力拓宽八大市场领域：①针对国家能源战略的调整，坚定不移地研发新一代核电技术装置——

高温堆氦气风机(国家16项重大科技专项之一),以此作为企业未来发展的技术储备。②随着国家环保要求的日益提高,努力发展电站环保脱硫风机,并竭力推进国产化工作。③依据煤炭行业新的安全标准,不断改进和完善矿井风机,努力提高产品的竞争能力。④瞄准汽车行业自主品牌建设工程,积极开发汽车风洞风机,争取抢占这一新领域的制高点。⑤发挥引进技术的优势,注重二次开发,通过变型产品和性价比优化,保持和扩大电站风机的领先地位。⑥注重消化吸收和再创新,通过对引进技术再开发,拓展冶金行业大型工业风机市场。⑦根据中国石化行业迅猛发展的态势,认真谋划离心压缩机的二次创业,使其成为上鼓新的经济增长点。⑧在大力推进科技创新的同时,致力于开展风机技术的基础性项目研究。

上鼓紧跟国家战略发展的步伐,并根据市场变化,制定了新的市场策略,即市场多元化,抓大不放小,拓展海外市场,改变赢利模式,实现市场最大化。通过实践,上鼓赢得了市场发展的机遇。上鼓开发的电站环保脱硫风机,2006年完成50台,2007年预计将达到90台。新一代矿井风机,能够满足煤矿安全生产的需要,2006年完成27台,2007年预计完成36台。风机的出口量大幅增长,2006年出口产值为568万美元,2007年将达到1 200万美元,出口地域从越南、伊朗、菲律宾扩展到日本、印度、苏丹。此外,上鼓还根据市场保有量和用户大修、抢修的需要,大力拓展备品备件和有偿服务业务,2006年完成产值5 000万元,2007年预计完成8 000万元。产品领域的多元化,拓展了企业发展的新空间。

二、服务国家重点工程,增强企业竞争实力

国家重点工程一般都是有难度的工程,但又蕴含着无限市场契机。通过参与重点工程,既可提高企业的市场影响力,又可提升企业的技术研发水平和生产制造水平。所以,上鼓非常关注国家重点工程:①在国家重点发展百万千瓦发电机组之际,上鼓力拼市场,赢得先机,成为百万机组一次风机和送风机的主要供应商。②为满足国家电站环保的要求,积极开发脱硫增压风机,并在60万kW机组级别上率先实现国产化。③成功中标同济大学风洞项目,成为国内首台风洞风机的制造者。④和清华大学共同研发新一代核电装置中的高温堆氦气风机。在试制成功1万kW示范堆的基础上,进行19.5万kW商业堆的研发,此项技术在国内尚属空白。⑤参与两个重点项目:一是天津北疆百万千瓦发电机组项目,其中的引风机一般都采用静调技术,上鼓的动调技术在引风机上将有所突破;二是山西大同电厂66万kW发电机组项目,上鼓以此项目为契机,寻求"引风机+脱硫"合二为一新结构的诞生。

企业领导除了对里程碑、标志性的重点项目给予高度重视外,还加强技术人员队伍的建设,对在科研创新项目中做出贡献者给予重点奖励,以此带动技术研发的良性循环。公司在2005年完成了五大类新产品开发,2006年实施了新的科研开发项目12个,已制定10项2007年的技术开发目标。

三、围绕经济运行质量,提高管理的有效性

产销的节节攀升,对企业的承载能力和管理能力提出了更高的要求。只有以良好的管理为纽带,才能集聚企业能量,提高经济运行质量,使企业向更高的目标前进。在管理方面,上鼓一抓制度建设,根据新形势、新要求,修订、完善、补充一系列制度,突出重点环节、重要流程和贯彻执行的力度,做到"制度管事"。二抓敏感要素的透明化管理,对直接影响企业经济运行质量的应收账款管理、存货管理、无定额无定量的物资消耗管理、目标成本管理、外协外购价格控制和分供方管理等,都纳入重点监控范围,并运用ERP平台,做到透明化管理,提高管理的有效性。三抓干部管理到位,明确干部需要承担责任,必须有管理意识,必须做到守土有责。四抓管理瓶颈口改进,公司针对各部门的管理薄弱环节,拟订了一系列改进项目,并定期检查、督促落实。

四、开展企业文化建设,提高干部作为意识

近几年,上鼓非常重视企业的文化建设,不断提出一些文化理念以便更好地统一思想、凝聚人心、鼓舞士气。

2004年提出"四个认":认清形势、认识企业、认准目标、认真工作。

2005年提出干部"七要七不要":不要看自己做了多少事,而要看自己还有多少事没有做;不要问企业给了你什么,而要问自己对企业贡献了什么;不要想自己的功劳、苦劳、疲劳,而要想职工的满意度是否提高了等等。

2006年提出"企业心志":不能战胜对手,但必须超越自己;做别人想做而不敢做的事,做别人想做而不能做的事,做自己应该做的事,做自己必须做的事。

2007年提出"心·劲·情":人人都有向往发展的心,人人都有努力工作的劲,人人都有珍爱企业的情。

2007年,为了很好地贯彻落实"制度管人、制度管权、制度管事",上鼓准备建设一套新的干部管理制度,包括责任制度、报告制度、廉政承诺制度、监督制度、考评制度、用人制度和分配制度等。通过干部职业化、规范化的引导,带动企业各方面的工作,从而提高企业的工作质量和经济运行质量。

通过企业文化建设,并在"锐意进取、勇于突破、改革发展、价值再造"基本定位和"市场为鉴、技术为基、管理为魂、文化为系"基本方针的引领下,上鼓实现了连续的跨越式发展——2004年完成销售收入4.3亿元,实现利润518万元;2005年完成销售收入7亿元,实现利润1 082万元,分别比2004年增长63%和109%;2006年完成销售收入7.11亿元,实现利润2 028万元,分别比2004年增长65%和291%,创造了历史最高纪录。2007年上鼓在册人数为722人,比2004年减少490人,实现人均销售收入98万元。

2007年,上鼓提出了更高的目标,力争实现产销8.5亿元,人均销售收入达到110万元,以保持上鼓在全国风机行业中工业风机企业的排头兵地位。

依靠科技进步　打造百年川空

四川空分设备(集团)有限责任公司

四川空分设备(集团)有限责任公司(以下简称川空集团)经过40多年的努力,产品由少到多,技术由弱到强,规模由小到大,生产经营逐年攀升;新产品开发、技术装备水平也得以持续提高,具备了较强的自主创新能力,为中国空分设备和低温设备技术水平的提高做出了应有的贡献。

川空集团技术力量雄厚、工艺装备精良、检测手段完善,具有较强的设计和制造能力。主要产品吸取世界多个知名企业之长,技术指标、性能和质量都达到当代先进水平,取得了国家质监总局A1级、A2级、C2级、C3级、B2级压力容器设计、制造许可证,压力管路GC1设计资格证,美国机械工程师协会ASME许可证和U、U2钢印及ISO9001:2000质量体系认证。产品曾获得国家部委及四川省优秀新产品、高效节能产品、重大科技成果和优质产品等多项荣誉称号,大中型空分设备和低温液体贮运设备获"四川省名牌产品"称号,川空集团受到中国卫星发射基地的表彰。川空集团20多项产品填补了国内空白,10多种产品进入国际市场,在国内外广大用户中建立了良好的信誉。

近年来,川空集团在大力开发新技术、新产品的同时,进行了大规模的技术改造,新建了超过5万m^2的现代化厂房,厂房建筑面积扩大了一倍。以"天然气液化分离装置和大型低温液体贮槽国产化技术改造"项目为依托,新建机电仪车间、超级低温绝热容器车间、超级低温绝热气瓶车间;以"4万~6万m^3/h等级大型空分设备国产化技术改造"项目为依托,新建大型空分冷箱重型车间,进行低温机械车间技术改造、板翅式换热器扩能技术改造、封头公司扩能技术改造等,并配置了先进的自动化生产设备,为技术开发、扩大生产能力提供了有力的保障。

川空集团发展的历史是一部不断开发、不断创新的历史。随着冶金、石油化工、煤化工等行业的快速发展,与其相关工程配套的空分设备也趋向大型化,使得川空集团技术水平取得了飞速进步。此外,通过引进、消化国际先进技术和自主创新研制,川空集团掌握了当代先进空分设备及独具特色的单机产品技术。产品由原来单一的品种发展到上千个规格,并形成了"四条主线、多足发展"的多元化经营格局,即把空分设备、低温液体贮运设备、天然气液化分离设备、工业气体作为4条主线,同时发展低温机械、低温阀门、板翅式换热器和压力容器等产品。

为适应国家"节能降耗"的要求,川空集团在开发环保、节能的新技术、新工艺、新产品方面寻求突破,并取得了新的进步。

一、空分设备

近几年,川空集团在大、中型空分设备技术和设计制造方面取得了引人注目的进展,先后承接了用于外压缩、内压缩及自增压等工艺流程的各种大、中型空分设备,已完全具备60 000m^3/h空分设备的设计、制造能力。川空集团陆续开发出煤化工、冶金用40 000m^3/h和45 000m^3/h空分设备5套,这些设备能耗低,能满足不同用户的个性化要求,使川空集团在大型空分设备发展道路上取得了重大突破。

川空集团在开发大型空分设备的同时,也致力于追求设备的高效、节能、高安全性和可靠性。川空集团自主开发的第1套采用规整填料、全精馏无氢制氩技术的17 000m^3/h空分设备,在唐山钢铁公司连续稳定运行7年,创国内空分设备稳定运行稳定运行的纪录。

川空集团开发的480t/d液化装置于2006年6月在广州钢铁集团投入运行。该装置采用双透平膨胀机制冷,是国内最大的液化装置,其技术指标、节能水平达到了国际先进水平。

为台湾联华开发的10 000m^3/h制氮设备,采用废气增压的工艺流程,降低了能耗;压力容器按照美国ASME标准进行设计、制造;工艺管道采用美国国家标准ANSI工艺管道标准进行设计。

二、低温液体贮运设备

川空集团是设计制造低温液体贮运设备时间最早、能力最强、市场占有率最大的企业,产品主要有LO_2、LN_2、LAr大型粉末堆积绝热贮槽、真空粉末贮槽、真空粉末低温液体运输车,其技术性能、产品质量达到国际同类产品先进水平。

为了适应节能及国家能源结构调整的需要,川空集团自主开发出采用高真空多层绝热技术的LNG运输车、罐式集装箱、LH2贮罐等。开发的25t、31t、35t、43t、51t高真空超级绝热运输车系列产品,形成了自主知识产权,其蒸发率达到同类型固定容器的指标,具有自重轻、有效载荷大、蒸发损失低等特点,尤其适合于长距离运输。

2007年,川空集团在国内率先开发出4 000m^3、10 000m^3大型LNG低温液体贮槽。贮槽采用国内外先进的标准规范进行设计、制造和安装,具有先进的工艺流程,对贮槽实行正(负)压超压多重保护;采用国际上先进的应力分析软件对贮槽本体和管道系统进行了应力分析,从而保证了贮槽的安全稳定运行。该类贮槽的成功开发,对于我国实现大型LNG贮槽国产化具有重要的意义。

三、LNG汽车超级绝热气瓶系列产品

LNG汽车超级绝热气瓶是川空集团承担国家"十五"科技攻关计划——"清洁汽车产业化关键技术研究与示范"项目中的"LNG汽车超低温气瓶研究开发及产业化"课题期间开发出的新产品。LNG汽车超级绝热气瓶规格有62L、100L、200L、240L、375L,已通过全国清洁汽车协调领导小组办公室、四川省科技厅组织的课题验收和成果鉴定。该系列产品性能良好,日蒸发率、耐振动、抗冲击等指标达到国际先进水平，已在海口市、长沙市、贵阳市等地的公交车、商用车上使用，单车最高行驶里程达35 000km。

四、天然气分离及液化设备

川空集团从20世纪70年代开始从事成套天然气（石油气）液化分离设备的研制，向国内外用户提供了20万m^3/d、28万m^3/d、45万m^3/d、50万m^3/d天然气分离及处理装置。其中，50万m^3/d油田气分离成套设备获国家科技进步二等奖和国家质量金奖。

近年来，川空集团开发出10万m^3/d、20万m^3/d天然气液化成套设备，形成了自主知识产权。其中，20万m^3/d天然气液化设备按照欧盟PED、LVD、MD及ATEX四项指令及CE认证设计制造，是国内第1套出口欧盟国家的天然气液化成套设备。该天然气液化设备在国内同行业出口成套产品中，是认证指令最多的。

川空集团将继续坚持以引进吸收、自主创新等方式促进成套设备技术水平升级，提高产品质量和档次，大力拓展现有及其他关联性配套、单体产品的应用领域，提高市场占有率，走可持续发展的道路。川空集团将以一流的管理、先进的技术、全方位的服务，全面提升企业的综合竞争能力，做实、做优、做强、做大川空集团，力争在下一个5年里，打造一个“不断创新、世界知名”的国际化集团。

以人为本　科技创新　实现企业和谐平稳发展

浙江真空设备集团有限公司

浙江真空设备集团有限公司是一个有55年历史的老国有企业，其前身为创建于1952年的公私合营台州铁工厂。公司位于东海之滨的浙江省台州市椒江区，占地面积9万m^2，建筑面积4.5万m^2，拥有总资产1.8亿元，职工800多人。经过55年的风雨历程，公司已成为中国真空学会常务理事单位，中国通用机械工业协会常务理事单位，中国真空设备行业协会副理事长单位。公司的主导产品“ZZ”牌真空泵被评为浙江省名牌产品，“ZZ”商标被评为浙江省著名商标。2006年，公司被浙江省工商局认定为“浙江省工商企业信用AAA级‘守合同重信用’单位”。公司拥有省级企业技术中心和浙江真空技术高新技术研究中心，具有完善的质量保证体系。公司于1997年通过ISO9001质量体系认证，2006年又通过了质量体系换证审核。

公司是国内真空设备产品规格较齐全的生产企业，是行业内的排头兵企业，可生产25个系列、100多个品种的真空获得设备及真空应用设备。产品广泛应用于航空航天、冶金、建材、石油、化工、医药、电子、国防科研等部门，并为国家重点工程项目配套。公司产品质量指标、工艺装备、测试水平均保持行业领先水平。据真空设备行业协会统计，公司的滑阀式真空泵、罗茨真空泵的市场占有率均居行业前茅，经济效益连年保持全国真空设备行业前列。

在日益激烈的市场竞争环境中，公司认识到企业间的竞争已不再是产品价格的竞争，而是人才的竞争、产品质量的竞争、企业文化的竞争。人才的竞争，归根结底就是要牢固树立科学技术是第一生产力的思想，要着力培养高素质科技人才。一方面，公司不断加大人才引进的力度。另一方面，加大对科技人员的培训力度，坚持从内部培养高科技人才，加强科技人员的梯队管理和团队管理。①建立了一套完善的晋升机制，选拔德才兼备的人做技术带头人，形成老中青相结合的有机整体。②倡导技术人员搞创造发明，鼓励技术人员参加各种业余学习，提高自身素质，弘扬刻苦钻研、永不言败、勇于创新的精神，为科技人员充分展示才华、实现自身价值提供广阔的舞台。③在加大技术人员培养的同时，对技术人员的工资分配办法进行改革，引入绩效管理办法，打破论资排辈的老习惯，将科技人员的固定工资改为浮动工资，以提高员工的工作绩效。④建立新产品研制及老产品改进新机制，推行新产品试制、技术改造和技术创新项目的项目化管理，为技术创新提供了制度保障。⑤积极与大专院校及科研单位合作，打开产、学、研相结合的新局面。公司与合肥工业大学合作开发的LQ系列罗茨真空泵消声器项目，被台州市科技局确定为“联合共建创新载体”。

在产品开发上，坚持以市场为导向，把握市场需求变化，研究行业的发展动态，实行创新和市场相结合，把新产品开发定位在“高质量、高科技”的高起点上。公司凭借强大的技术底蕴，遵循“人无我有，人有我优”的开发思路，实施技术创新，重点项目重点攻关，保证每年都有两项以上新产品列入省级以上项目。从1999年至今，80t级转子高速平衡真空系统等6项新产品被列为国家级新产品，ZJ5000、JQ600—221等16种产品通过省级新产品鉴定，LQ2500、H150E等18项新产品分别获省、市、区科技进步奖，并对十几种老产品进行改进。公司针对化工、医药行业，研制出了环保、节能、防腐型真空泵；针对冶金行业开发了大抽速罗茨泵及其成套机组；针对国防领域研发了地面模拟实验真空系统及其相关产品。公司在保持原有产品优势的基础上，将全面发展真空应用设备的上下游产品，同时开发真空阀门等真空附件产品，并致力于建设一流的现代化真空设备生产基地。

值得一提的是，公司为我国神舟“五号”、“六号”航天飞机实现载人试验提供的大型抽真空系统，以及为航天部研制的卫星模拟试验用大型热真空模拟设备预抽系统，受到社会各界的好评，取得了良好的社会效益。针对单晶硅行业开发的2H—120双级滑阀真空泵，较好地解决了该行业冶炼过程中需要大抽速、高真空的要求，扩大了公司产品在在单晶硅行业、ITO行业的市场份额。获台州市科技进步二等奖的JZQW2500—222型“亚磷酸—二甲酯”真空抽气系统，首先应用在新安江农药股份有限公司，替代了该公司原来由几十台真空泵串联而成的陈旧设备，仅从节能方面计算，一年可节约100多万元，为该产品打入草甘磷行业提供了先决条件。该真空抽气系统以其高效节能、体积小等优点迅速占领了真空设备市场的统治地位，获得了用户的信赖，取得了良好的经济效益。

经过近几年的发展，同行企业间产品质量上的差距正在逐步缩小，公司的产品优势逐渐萎缩。公司审时度势，及时制定了以技术为先导的名牌战略，实施差异化营销策略，不断提升品牌竞争力，打造精品，以确保市场竞争优势。公司质监部门以“质量与企业共存”为立足点，把首检、巡检、完工检相结合，坚持召开废品分析会，严格质量考核检查工作，不断完善质量管理体系和质量考核工作。公司及时发布新的《质量工作考核办法》，制订并实施《关于产品油漆质量分等的规定》、《关于顾客提出超过现有质量标准等特殊要求的处理规定》，使质量管理工作始终处于受控状态，全员质量意识和对满足顾客要求重要性的认识有了明显的提高，公司质量目标达到预期要求。公司还先后投入大量资金进行技术改造及工艺改革，从意大利、中国台湾等地引进加工中心、三坐标测量仪等先进设备，以提高产品的加工质量和工作效率，为技术创新提供了设备上的支持，为品牌发展提供了有力的保障。

公司作为全国生产真空泵及真空应用设备的龙头企业，紧紧围绕着台州市政府“精心打造十大之都，努力打响台州制造”的规划，在优化产品结构、提高技术含量、增强产品的竞争能力上下苦工夫。以“追求卓越超群、提升品牌质量、增进顾客满意”为企业理念，以只争朝夕的精神，向更高一层迈进，实现企业和谐、平稳地发展。

开 拓 之 路

宁波风机有限公司

宁波风机有限公司（宁波方圆风机制造有限公司）是在原宁波风机厂的基础上于1998年7月改制成立的。宁波风机厂始建于1958年，属于国有企业。改制前的宁波风机厂由于当时的计划经济制度，企业产权不清晰、职权不明确、机制不灵活，虽然经历了40年的努力，企业始终没有得到长足的发展，各项经济指标徘徊不前，一直未能有较大的突破。

党的十五届四中全会通过了《中共中央关于国有企业改革和发展若干重大问题的决定》，宁波市政府顺应国家建立现代企业制度的形势，出台了一系列国有企业改革的政策。宁波风机厂作为宁波市首批46个产权制度改革试点企业之一，根据《宁波市国有、城镇集体企业产权制度改革若干政策指导意见》的文件精神，在上级主管部门的指导下，顺利完成了改制，成立了由企业职工持股的有限责任公司——宁波风机有限公司。

宁波风机有限公司于1998年7月1日正式挂牌成立。公司通过选举成立了董事会、监事会及经营管理层，原有的经济体制及管理模式被彻底打破，原宁波风机厂的职工变成了新公司的股东。公司在董事会的正确决策下，稳步走向正轨，并得到了迅速发展。

一、转变观念，不找市长找市场

时任宁波市市委书记黄兴国同志到刚完成改制的宁波风机有限公司考察时指出“你们企业只能找市场，不能找市长”。改制后的公司领导班子形成一个共识——企业发展只能依靠市场。公司首先培训、扩大营销队伍，把原销售科改为销售部，并下设销售一科、二科、配套科。总经理亲自抓销售，提出“用户的需要就是我们的追求目标”，开发新的营销渠道，并及时予以分析、商讨。在对销售市场进行细化的同时，及时调整公司的产品结构。当时在烟草风机市场比较饱和的情况下，及时调整到以锅炉风机、木材风机、造纸风机和水泥风机为主攻方向，由于市场看得准，调整及时，公司销售收入大幅上升。

产品质量是企业的生命，引进先进的质量管理模式势在必行。在全体员工的共同努力下，公司于2000年8月顺利通过ISO9000质量管理体系认证，取得了将产品通向更广阔市场的通行证。

为适应多元化的市场需求，公司还对技术部门进行了相应的调整，抽调骨干技术人员，一对一地为销售部服务，并且成立技术研究所，专门开发适应潜在市场的新产品。

二、逐步规范公司内部运行机制

在公司运行机制上，按公司章程的要求进行，公司的董事会、监事会、经营管理人员各司其职，并且制定相应的考核要求。对于经营管理层，在年初的股东大会上制定当年的资产经营目标，由股东大会与经营管理层签订资产经营责任书，作为激励、约束、奖惩的措施和考核依据。资产经营责任书主要考核指标是净资产增值率、销售额、实现利润、股东回报率、员工人均收入及资金运行情况等6大指标，这些指标充分体现现代企业公司制的特点，即企业兼顾员工、股东两者利益。另外，企业的重大事项均须经过董事会讨论，并由出席会议的董事签字，充分体现职权分明。

在企业的内部管理上，推行多种形式的经济责任制，如对销售人员的收入与销售额、资金回笼、销售费用承包挂钩，科室人员实行岗位技能工资，生产工人实行计件工资等。

通过采取各种措施，公司在2001年理顺了劳动关系，企业的内部管理逐步走上正轨，生产效率进一步提高，为企业的发展打下了基础。

三、坚持两手抓，塑造企业形象

企业改制后，在抓好经营生产的同时抓好员工的思想观念转变，在员工中树立危机意识。通过组织机构变动、人员压缩，进行岗位并撤、择优上岗，员工中形成了爱岗敬业的良好氛围。

公司在员工中加强凝聚力工程建设，在每年节假日公司组织以各党支部为单位参与的文化活动。通过各种企业文化活动，既活跃了职工的文化生活，又加强了员工的团队精神，增强了企业的凝聚力。

改制初期，通过各项措施的有力实施，公司立即在市场的大潮中站稳了脚跟，企业的经营利润稳步提高，企业的经营状况有了很大的进步，股东也得到了良好的回报。

2001 年由于城市规划，公司所在地块需要进行城建改造。董事会经过讨论研究，决定将公司进行整体搬迁。2003 年初，公司在江北投资创业中心征地 6 万多 m^2 进行新厂区建设，并注册成立由法人宁波风机有限公司投资的宁波方圆风机制造有限公司。

2004 年，建筑面积 2.5 万 m^2 的现代化厂房在江北投资创业中心 B 区落成。公司在 2004 年下半年顺利搬进新址，企业的发展迎来了光辉的一页。2004 年，公司经历了企业搬迁、电网限电等，但是各项经济指标仍然保持快速增长，销售收入突破 7 000 万元。

从改制中走过的宁波风机有限公司，已经发展成为国内风机制造行业的规模企业，企业的各项经济指标连年增长。公司董事会为实现更大更强的目标在不断地探索着——为了公司更快地发展，2006 年股东大会一致通过增加公司的股本金，为公司的发展注入资金；公司与外商的合资合作谈判已接近意向；公司调整产品发展方向，产品以做专、做精、做新、做高为主。

相信若干年以后，宁波风机有限公司（宁波方圆风机制造有限公司）将是中国风机行业一颗璀璨的明珠。

高新技术企业的竞争谋略

全面实施“走出去”战略　积极拓展国际市场

丰球集团有限公司

丰球集团有限公司是国家高新技术企业，中国通用机械泵行业重点骨干企业，浙江省“五个一批”重点骨干企业。公司 2003 年通过省级绿色企业评审，2006 年通过清洁生产评审。公司 2006 年实现自营进出口额 6 648 万美元，比上年增长 78%，创历史最好成绩。公司的对外贸易之所以能够超乎常规发展，主要得益于公司坚定不移地实施“走出去”战略。

一、不断提高出口产品科技含量，打破国际贸易的“环保及技术壁垒”

随着中国融入全球经济一体化步伐的加快，特别是在中国加入 WTO 以后，国外用关税和非关税的行业壁垒来限制进口的可能性越来越小，一些发达国家转而以生态环境保护和人类动植物的健康安全为名，加上一些技术设限，在关税壁垒日渐削减的今天，使得包含许多技术壁垒在内的“绿色壁垒”大行其道，要增加外贸产品的出口量，首先必须越过重重“环保及技术壁垒”。

近年来，丰球集团有限公司加大了高技术含量、高附加值、新型环保类产品在出口产品中的比重，大力提高出口产品的质量和档次。泵产品的原材料从铸铁发展到各种特种金属合金，从橡胶制品、陶瓷等典型非金属材料发展到工程塑料，在解决泵的耐腐蚀、耐磨损、耐高温等环境上发挥了突出的作用。同时，注重新的生产工艺的运用，从而更好地使新材料运用到泵的各个零部件乃至整个泵当中。

2005 ~ 2006 年，欧盟国家先后实施 RoHS 指令、EuP 指令等绿色贸易壁垒，许多企业因达不到环保要求，本来质量很好的产品却被拒之门外。丰球集团有限公司在产品的出口过程中十分注重绿色环保这一课题，已通过了 ISO14001 环境管理体系认证，积极倡导生产过程中的清洁生产和绿色生产，增强循环经济意识。

2006 年，丰球集团有限公司的 2WQ104L 潜水排污泵通过了浙江省应对技术性贸易壁垒专项项目验收。该泵采用了环保型丙二醇进行电动机冷却，使用陶瓷、碳化硅等非金属作为制造原材料，有效地控制了铅等有害元素含量。该产品的材质和工艺技术等性能经过专业认证机构检测，各项技术性能指标均符合欧盟两项指令要求。该项目实施以来，实现年销售额 1 900 万元，出口创汇 580 万美元，经济效益显著。

二、积极实施“走出去”战略，拓宽境外贸易渠道

丰球集团有限公司于 1995 年开始实施“走出去”战略，当年出口东南亚的产品实现销售收入 500 万美元。当时有人认为丰球集团有限公司按现有的产品水平销售五六年根本不成问题。然而正是这个乐观的估计，引起集团决策层的警觉。董事长何智慧带领公司员工多次到美国、墨西哥考察市场及产品，根据市场调查，发现小型污水泵、不锈钢泵等传统产品在当地有很大的需求量，且当地水泵的价格要比国内同类产品高出 3 倍以上。在广泛调研的基础上，公司提出了在二三年内进入欧美市场，在5年内建立全球营销网的发展目标。为此，公司积极推行新产品开发，将已有产品淘汰80%，并为此付出了出口产品减少80%的巨大代价。

1998年5月，经外经贸部门批准，丰球集团有限公司在美国洛杉矶设立了第一个境外销售公司——美国丰球国际公司。公司成立当年就实现销售收入180万美元。1999年，美国丰球国际公司在当地招聘了多名营销人员，完善营销网络和售后服务网络，把销售触角逐渐伸向了美国俄亥俄州、密歇根州、伊利诺伊州等，使产品在美国市场畅销无阻。

1998年8月，丰球集团有限公司在墨西哥设立了常驻墨西哥贸易小组，并派遣了多名精通西班牙语的外贸人员和专业技术人员常驻墨西哥开展工作。经过工作人员的不懈努力，很快打开了局面，建立了营销网络，年销售额达1 000万美元。此后，公司先后在印度尼西亚设立了丰球水泵有限公司，在智利设立了常驻智利贸易小组。2003年，根据业务发展需要，公司在墨西哥设立了一个销售公司——丰球水泵有限公司。

随着各驻外机构的成功设立和运作，丰球集团有限公司的产品出口以美国丰球国际公司为核心，向外辐射到欧洲、美洲、澳洲、非洲等40多个国家和地区，初步形成了丰球集团有限公司产品的全球区域市场的营销体系。丰球集团有限公司产品出口创汇额连年迅速增长，1998年出口创汇380万美元，2004年自营出口额达3 500万美元，2005年自营出口额达5 189万美元，2006年自营进出口额达6 648万美元。

三、利用合资合作，尽快融入全球化经济

我国已成为WTO的正式成员，随着时间的推移，国内、国际市场的界限已很难分清，所谓国内市场国际化，国际市场国内化是今后企业所面临的主要市场特征。

丰球集团有限公司与美国克瑞泵与系统公司合资成立的浙江克瑞丰球泵业有限公司连续3年（2004～2006年）被评为全国外资投资明星企业。该公司的成立使丰球集团有限公司泵产品的生产能力整体扩大了5倍。

通过多年对外贸易的实践，丰球集团有限公司实施“走出去”战略的经验如下：①实施“走出去”战略要不断创新思路。国际市场风云变幻，企业不能因为国际市场的竞争激烈和各种贸易壁垒的出现就不敢跨出国门。总体来说，市场是公平的，谁准备得充分，谁就会赢得先机。面对对外贸易一些新的趋势，企业一方面要及时顺应市场变化，不断开发科技含量高、附加值高的新产品，抢占市场制高点；另一方面，可以投资设立境外企业，开展境外加工贸易，以避开贸易壁垒。②实施“走出去”战略要学会规则。市场经济其实就是规则经济。企业除了要了解和掌握一些通行的国际规则外，更要密切关注一些国家针对中国产品制订的保护政策，及时调整出口方向和方法，减少不必要的损失。③实施“走出去”战略要重视人才的引进和培养。企业的竞争说到底就是人才的竞争，丰球集团有限公司这几年境外业务能够成功拓展，就是因为拥有一支熟悉业务、精通外语、肯吃苦的外贸人才队伍。在外贸人才队伍建设上，公司一方面积极引进高素质的外贸人才；另一方面，注重挖掘公司内部有潜力的外销人员，对他们进行外语和外贸知识的培训，并给予他们充分的锻炼机会。

民营企业的发展战略

守诚信　创品牌　实现企业和谐发展

上海佳力士机械有限公司

上海佳力士机械有限公司（以下简称佳力士）于2003年9月1日在上海市注册成立，属于民营企业，其前身是由一个小型的国有企业改制发展起来的。公司注册资本6 180万元，总投资1.5亿元，厂房占地面积68 000m^2，建筑面积30 000m^2。公司的主导产品为单螺杆空气压缩机，产品广泛应用于石化、冶金、机械、矿山、医疗、轻工等领域。随着国家经济体制改革的深入发展，在短短的几年里，佳力士以守诚信、创品牌的经营战略赢得了客户的信任、同行的认可和政府的赞誉，成为我国单螺杆空压机的主要生产厂商。

一、坚守诚信，赢得信任促发展

诚信是一个人的立足之本，更是企业生存和发展的基础。一个企业的诚信，不仅是对客户和供应商的诚信，更包含了对员工、对社会的诚信。在企业的发展过程中，佳力士始终坚持“做得到的才承诺，承诺了的必须做到”的信条。

首先，对于客户，佳力士努力创建“无客户流失”的企业营销文化。除了做好传统的售前、售中和售后服务工作外，还不断进行创新，为客户提供其他同行企业难以满足的服务，使客户的价值增值。佳力士在切实履行合同的基础上，还努力做好:①降低客户使用成本;②善于倾听客户的意见和建议,为产品持续改进提供依据;③及时沟通,向客户提供有价值的信息;④分析客户流失的原因;⑤定期开展顾客满意度调查;⑥与客户做互惠互赢的朋友。真正做到以诚信赢得客户,用诚信感动供应商。

其次,以诚信对待员工,用诚信回报社会。树立"人才是企业发展的第一要素"思想,进一步强化人才激励、监督和竞争机制,逐步把有才能的员工提拔到领导岗位上,真正做到人尽其才。要在企业发展的同时,使广大员工也享受到企业发展的成果。通过不断激发员工的积极性、创造性,实现员工价值升华与企业蓬勃发展的有机统一,建立一支稳定的、高素质的、团结向上的优秀团队。

二、创立品牌,增强综合竞争力

公司的注册商标"GAIRS 佳力士"中的"佳力士"的含义为"极佳的工程力士",它向人们展示了公司生产的单螺杆空气压缩机的品质;"GAIRS"是由管理(Govern)、进取(Advance)、创新(Innovate)、信用(Repute)、服务(Serve)这五个词的第一个英文字母组合而成。佳力士要通过管理和创新来着力打造"GAIRS 佳力士"这一品牌。在回顾、总结企业发展历程的基础上,佳力士适时提出了"科学管理,开拓进取,善于创新,坚守信用,注重服务"的企业经营理念,同时又将其浓缩于 GAIRS 品牌之中,使这种理念扎根于全体员工的心中,并贯穿于生产和服务的全过程。

几年来,佳力士人一直秉承这一经营理念,尽心竭力搞创新管理,视产品品质为生命,严格履行质量承诺,把严谨精密的质量管理和检验渗透到每一个生产环节中。对每一细微之处的精益求精,让客户切身感受到"产品零缺陷,服务零距离"。与此同时,佳力士充分利用现代科技信息网络,及时把握市场脉搏,不断开发新产品。历经几多风雨洗礼的佳力士,在积累和创新中一路走来,赢得了客户和市场的青睐。

上海佳力士机械有限公司是全国压缩机标准化技术委员会委员单位、全国单螺杆空气压缩机行业标准参编单位、国家压缩机行业"十一五"规划确定的单螺杆空压机生产/出口基地和中国通用机械工业协会压缩机分会副理事长单位。公司被认定为"上海市守合同重信用 AAA 级企业","GAIRS 佳力士"品牌被国家商务部评为"2006 年度最具市场竞争力品牌"。

当今企业的品牌不再因单一的功能型为人所关注,而是作为一种产品使用方式、一种顺应市场的文化更容易被目标客户所接受。佳力士要顺应市场经济发展的规律,紧紧围绕企业的经营理念和品牌战略,以诚信赢得市场,实现企业的和谐发展,为我国压缩机行业的发展贡献力量。

创新打造品牌 质量赢得市场

湖北高中压阀门有限责任公司

湖北高中压阀门有限责任公司位于九省通衢的武汉市阳逻经济开发区,是由原机械工业部定点生产高中压阀门的专业厂改制而成的民营企业。公司总资产 8 000 余万元,主要生产设备 252 台(套),具备冷热加工、装配试压全过程的制造能力,年产高中压阀门 4 000t,产值超过 8 000 万元。在生产高温高压、高技术参数的阀门方面具有独特的优势。

公司是中国通用机械工业协会阀门分会主要成员、中国石化和国家电力公司供应网络成员,已通过 ISO9001:2000 质量体系认证,并取得国家特种设备制造许可(AZ)证书和美国石油学会 API 6D 证书,VF商标被评为"湖北省著名商标"。

公司技术力量雄厚,加工设备精良,检测手段先进,质保体系完善,能严格按照国际标准、国家标准设计制造多种驱动形式、各种材质的特种阀门,产品通径为 3 ~ 4 200mm,公称压力为 0.1 ~ 76MPa,广泛应用于国民经济各部门,并出口美国、日本、韩国、澳大利亚等国家,赢得了良好的市场声誉。2006 年,公司高中压阀门销售收入 7 800 万元,出口创汇 100 多万美元。公司生产的高中压阀门系列产品被评为"湖北省名牌产品"。

一、以科技创新拓展市场

为使"湖高"这一品牌蕴含的内容更丰富,具有更独特的理念,提升公司产品在用户中的知名度和美誉度,公司坚持"以人为本、科技创新、品质第一、诚信至上"的经营方针,不断加大新产品研发和技术创新的力度,改变传统思维,加快开发新产品和优化设计步伐,向高技术参数、高附加值及特定工况条件下的阀门产品进军。为此,公司建立和健全了计算机资源管理系统,从产品设计、技术参数分析统计、制造工艺到全面质量管理等均通过计算机来进行,从而提高了产品开发的力度和速度,缩短了产品投入市场的时间,赢得了市场先机。

近年来,公司成功开发出热轧除鳞系统系列阀门、电—液联动快关阀、抽汽止回阀、排渣阀以及军工船用阀门等高技术参数、高附加值的阀门产品。其中,热轧除鳞系统系列阀门是公司经过多年开发,消化吸收国外先进的设计和工艺技术,结合国内实际研发成功的新产品,可替代进口。该阀门是武汉市科技型企业技术创新项目,并获得 3 个实用型专利,在武汉钢铁集团、上海宝钢集团、鞍山钢铁集团、重庆钢铁集团、太原钢铁集团、攀枝花钢铁集团、包头钢铁集团等国内 45 个钢铁企业长期使用,受到用户的普遍赞誉,并荣获首届民营科技企业新技术新产品博览会金奖。

名牌的打造离不开性能精良的设备,快速的市场反应能力更需要企业内部科学的生产组织。公司在"打造湖高品牌,实施名牌兴企"战略的指导下,在自主创新、技术改造方面采取了一些措施:①调整生产车间工艺布局,扩大生产能力，满足安全文明生产，提高生产经营效率。②投入大量资金购买一批全新的高精尖的机加工、热处理及试压设备，并对原有的设备进行改进，增加数字化控制功能，提高产品的加工精度。③引进先进的阀门制造技术软件和优秀的技术人才，以使阀门产品与国际市场接轨。公司每年用于科技创新、科研开发的资金均超过了年销售收入的3%。

二、提升产品质量，铸就湖高品牌

近年来，公司始终坚持"把顾客的要求贯穿于产品和服务的始终，质量第一，持续改进，超越顾客期望"的质量方针，加强过程控制，从产品开发、设计、生产、制造到出厂检验都严格按照具有国内先进水平的质量标准执行，并把员工的经济收益与产品质量挂勾，形成了人人讲质量的良好氛围，实现了产品出厂合格率100%。

公司一贯坚持"用创新提升产品质量，创名牌促进企业发展，讲诚信赢得市场"的企业发展观，认真贯彻执行重质量、讲诚信的良好经营风尚。2006年，公司被评为湖北省"重质量，守诚信"企业和武汉市"守合同，重信用"企业。

在实施"打造湖高品牌，实施名牌兴企"的进程中，公司利用ISO9001:2000复审、AZ取证、API 6D认证的契机，结合高中压阀门产品的特点，不断地建立健全质量管理体系，对产品结构、员工职责、控制程序和人力、物力资源进行有效整合，持续改进质量管理体系，在用户中建立良好的质量信誉，扩大市场占有率，产品已得到电力、冶金、石化等行业用户的广泛认可。

随着产品质量的日益提升，湖高品牌被越来越多的人所关注。公司将以崭新的精神面貌、全新的运行机制，全面提高工作质量和品牌形象，使生产经营实现良性循环；以优质的产品、周全的售后服务赢得更广阔的市场，使企业的经济效益和社会效益不断地实现跨越式发展，将湖高品牌打造成中国名牌！

优秀企业的新台阶

打造一流的空分专业工程公司

中国空分设备有限公司

沐浴着改革的阳光，承载着欢庆的喜悦，带着新的憧憬与希望，中国空分设备有限公司在2006年8月16日正式挂牌成立了。新公司的成立，标志着中国空分设备公司股份制改造顺利完成，公司的发展进入了一个崭新的阶段。

一、深化改革，构筑发展新平台

积极深化国有企业改革，推进集团资产重组及所属企业的股份制改造，是中国机械工业集团公司深入贯彻党的十六大及十六届三中、五中全会精神的重要举措。2003年8月，根据集团重组改制的总体要求，中国空分设备公司和中国工程与农业机械进出口总公司实施了战略重组，并在重组的基础上对中国空分设备公司进行整体改制，推动股权多元化。改制工作于2004年3月正式启动。按照国务院国资委主辅分离、辅业改制分流政策，中国空分设备公司经过两年多的积极探索和努力，整体改制工作取得了重大进展，多元股份改制组建的中国空分设备有限公司于2006年8月1日完成工商登记注册，正式宣告成立。有限公司的成立，为公司向现代企业发展奠定了重要的体制基础。

二、做强主业，突出专业特色

公司从1981年成立以来，就专注于空分与低温技术的研究与开发，专注于空分与低温设备的成套与工程建设。25年来，中国空分设备公司为行业的技术进步与发展做出了重要的贡献，创造了多项行业发展史上的第一。经过25年的发展，公司已形成了以空分与低温工程总承包和设备成套服务为主，环保、能源工程和相关产品进出口为辅，主业突出，产业链清晰的业务结构。在服务方式上，形成了技术咨询、招标采购、成套服务、项目管理及EPC工程总承包交钥匙工程的全过程服务模式。

在空分业务方面，公司客户涉及冶金、化肥和化工等领域，截止到2005年底，公司提供给客户1 000m^3/h等级以上成套空分设备共113套，其中冶金行业80套、化工行业23套、化肥行业10套。特别是近几年，公司承接了安阳钢铁公司3套23 500m^3/h、天津钢铁公司2套28 000m^3/h、上海焦化有限公司2套30 000m^3/h、包头钢铁公司1套40 000 m^3/h大型成套空分总承包项目，为公司向专业型工程公司发展奠定了基础。

环保业务则主要定位在"水污染处理"，其中又以工业废水处理为主，城市废水处理为辅，同时承接城市垃圾处理辅助工程。

能源工程是公司着手开拓的新兴业务，具有较好的产业发展前景。能源工程业务主要是利用公司在低温液化及储存技术、气体分离技术方面的优势，立足研发并承接天然气和煤层气液化、LNG(液化天然气)接收站或卫星站、LNG冷能利用、大型石油化工低温储罐等工程。

进出口业务主要是为空分、环保、能源工程引进相关配套设备，还有成套空分设备及相关产品的出口。

截止到2005年底，公司已承包各类工程技术设计、设备成套、工程安装项目300余项，合同总额达40亿元，获得了良好的经济效益和社会效益。公司以精湛的技术、良好的质量和周到的服务赢得了用户的信任。

三、流程再造，打造核心能力

新公司成立后，根据公司建设专业型工程公司的战略定位，为建立适合市场发展的组织机构，本着实现相互协作的流程机制和组织效率最大化的要求，以项目为中心，以业务流程为导向，进行组织结构再造。

公司在业务开拓平台下设置了市场部、国际贸易部、环境与公用工程部、低温与天然气工程部；在技术支持平台下设置了设计开发部和仪电控制部；在项目管理与服务支持平台下设置了项目管理部和技术质量部；在运行保障平台下设置了公司管理部、财务部、经济运行部、审计督导部。通过4个平台12个部门的设立，对现有的人力资源进行整合、培养、补充、提升，形成以项目管理流程为导向的组织机构设置和矩阵化项目管理为核心的业务运营模式，以实现项目管理的专业化，不断提升项目管理水平，培育和增强专业型工程公司的核心能力。

四、强化管理，夯实发展基础

公司在进行体制改革的同时，通过总结近几年的发展经验及对公司存在的问题和制约因素的分析，把强化管理、转变经营机制作为工作的着力点。公司于2005年下半年启动聘请专业咨询机构，对公司进行全面、系统的诊断评估，结合公司实际和改制以后的发展目标，制定公司的发展战略，进行组织结构设计和流程再造，引入先进的人力资源管理理念，根据公司特点制定面向市场的有效的激励机制，提炼公司的企业文化，描绘公司愿景及企业精神，使公司的管理得到全面提升。此外，公司对原有制度进行了全面清理，重新制订和修改了50余项管理制度。

为提升公司的项目管理水平，打造公司的品牌形象，与国际化接轨，公司在取得ISO9001：2000质量体系认证后，启动了职业健康安全和环境管理体系认证工作，力争2008年完成质量、职业健康安全和环境管理体系三合一认证。

为适应业务发展和市场拓展的需要，公司加强业务资质的申报和管理。2006年，公司完成了环保废水、废气工程设计资质乙级升甲级工作，同时还完成了新公司已有各类资质的变更工作。公司还根据国家有关资质管理的要求，采取积极措施，为申办工程总承包、工程咨询、设备监理、建设工程招标、过程控制和电气控制等专项工程资质创造条件。

五、队伍建设，助推持续发展

公司现有职工108人，其中各类专业技术人员100人，占职工总数的93%。专业技术人员中高级专业人员25名，中级专业人员45名；注册建造师、注册设备监理师等各类国家注册工程师29名。已初步形成了市场营销、设计开发、设备采购、项目管理、现场服务、开车指导及企业管理的专业队伍。但从公司的业务及发展战略看，人才不足、队伍结构不合理仍是公司发展的瓶颈。因此，公司采取多种措施，通过自身培养和外部引进的方式，建立起与公司发展战略要求相适应的人才专业结构。一方面，加强对人才的开发和培养，建立公平、科学的员工晋升和选拔机制；在人才选拔中以知识能力、经验技能和岗位素质特征为选拔因素，实现用人机制的落实。另一方面，建立多元化的人才晋升通道，以更宽的职业发展道路留住企业所需的人才。在人力资源开发中，坚持把提升企业的创新能力放在重要位置，努力建设学习型企业，培育学习型员工，为企业发展不断注入新的活力。通过企业文化、业绩导向、薪酬分配、培养晋升等多方面措施，实现人才的有效激励和队伍建设内在动力与外在动力的有机结合，达到企业与员工的共同发展和双赢。

延续着二十五载创业发展的辉煌历程，承载着报效国家、服务社会的光荣使命，传承着"为顾客着想，为顾客服务，为顾客创造价值"的宗旨和理念，中国空分设备有限公司要发展成为治理规范、管理科学、讲究诚信的优秀企业，以人为本、顾客满意、股东信赖的和谐企业，积极进取、勇于创新、效益优良的具有较强核心竞争力的企业，为我国空分技术进步和空分事业的发展做出更大的贡献。

品牌之路铸辉煌

沈阳潜水电泵股份有限公司

沈阳潜水电泵股份有限公司的用户曾经说过这样一句话："'沈潜牌'潜水电泵咋用都不坏"。一句普通的话语，不仅道出了企业产品的知名度，更主要的是反映出企业在追求产品质量、创品牌上付出了实实在在的艰辛与努力。

从沈阳潜水电泵股份有限公司生产潜水电泵近50年的历史不难看出，产品质量承载着企业的强盛；名牌、品牌，是企业产品投放市场、占领市场的绿色通行证。正是在这条绿色通道上，公司从小到大，从弱到强，在品牌之路上铸就了新的辉煌。

一、引进技术，缩短研发周期

基于国内的潜水泵和潜水电机技术同发达国家相比还存在着相对的欠缺，沈阳潜水电泵股份有限公司先后引进了德国里茨（RITZ）井用潜水电泵和英国威尔（WEIR）潜水污水污物泵等国际先进制造技术，并自行设计制造了潜水轴（混）流泵。通过引进先进制造技术，不仅缩短了产品研制的周期，而且为公司打开市场、占领市场、赢得用户提供了广阔的空间。据统计，沈阳潜水电泵股份有限公司采用先进的泵制造技术后，产品市场从国内的10省（市），拓展到25个省(市)、自治区,经销商、代理商遍布全国各地。产品远销中东、澳大利亚、韩国、日本、古巴、孟加拉等十几个国家和地区,在国际市场上占有一席之地。沈阳潜水电泵股份有限公司这个仅300余人的企业,年产值已超过8 000万元。

二、发挥企业优势,保住名牌产品

多年来,沈阳潜水电泵股份有限公司一直保持自身发展的优势:1998年,通过ISO9000国际质量体系认证;2005年,通过ISO14001环境体系认证;“沈潜牌”潜水电泵连续8年被评为辽宁省名牌产品;引进的先进制造技术已全部实现国产化,产品设计、生产制造水平均处于国内领先水平;具备大型潜水泵的开发能力,尤其是大型排灌泵、潜污泵等产品在市场上有较强的竞争力,这是国内众多泵类企业所不及的。

公司在保证优势产品的基础上,更加重视产品质量的把关。不允许有一颗螺丝松动,不放过任何一个细节,严格按照工艺流程操作,已成为公司员工的习惯。这就是沈潜品牌始终立于不败之地的关键,也是用户信赖沈阳潜水电泵股份有限公司产品的原因所在。

三、规划远景,五年再上新台阶

沈阳潜水电泵股份有限公司根据自身发展情况,制订了2008~2012年的发展规划。

在未来的5年里,公司的指导方针是:紧紧围绕“做实、做强、做大”的发展思路,强化企业机制、体制、产品创新,开发人力资源,激活企业;强化管理,达到精细化;双管齐下,开发“两个市场”,推进产业结构优化升级;各类产品齐头并进,打造具有国内领先水平和国际先进水平的潜水电泵制造基地;增强成套能力,推进生产组织专业化、标准化分工协作体系建设;搬迁改造,优化企业环境,进一步提高开放程度,扩大企业规模,实现企业的全面振兴。

在未来的5年里,计划累计增加新产品31种,各项经济指标实现新的突破:工业总产值突破2亿元,确保年递增25%;利润总额突破1 500万元;完成出口创汇5 000万元;实现销售收入1亿元。

沈阳潜水电泵股份有限公司将继续沿着品牌之路向前迈进,实现企业既定的发展目标,创造出更加辉煌的成就,为社会进步做出更大的贡献。

上海电气压缩机泵业有限公司

上海电气压缩机泵业有限公司由成立于1940年的上海压缩机有限公司和成立于1902年的上海大隆机器有限公司组建而成。

从20世纪50年代起,上海压缩机有限公司生产的往复式压缩机、螺杆式压缩机和上海大隆机器有限公司生产的往复式高压泵就广泛应用于煤化工、石化、石油、冶金、矿山、军工、科研等行业。多年来,这两个企业通过引进技术、自行开发,以及多次技术改造,具备了比较完整的产品设计制造工艺和技术,成为国内举足轻重的压缩机、高压泵专业生产厂。在此基础上,上海电气压缩机泵业有限公司成立伊始就把企业发展定位为我国南方压缩机、高压泵的科研、开发、制造基地。新公司成立后,投入大量资金进行技术改造,企业核心竞争力大大加强。

《中共中央关于制定国民经济和社会发展第十一个五年规划的建议》中对加快发展先进制造业指出:要依托重点建设工程,坚持自主创新与技术引进相结合,强化政策支持,提高重大装备国产化水平,特别是在大型石油化工等领域实现突破。所以,上海电气压缩机泵业有限公司以石化、石油、煤化工等行业为主要服务行业,以工艺压缩机和高压往复泵为主业是符合国家产业发展方向的。

为适应我国石油化工、煤化工迅速发展的需要,上海电气压缩机泵业有限公司明确了企业发展目标:用3~5年的时间,建成一个具有国际竞争力的大型企业,打造电气资产管理公司旗下的重点企业;到2010年,实现销售额10亿元、利税6 000万元、人均销售收入120万元。

公司针对企业发展目标确立的具体措施为:①以市场为导向,加快产品的研究与开发,并依托国家重点工程,积极推进重大技术装备的国产化。②建立快速有效的市场反应机制,通过营销队伍的整合,形成优势互补,发展成为国内工艺压缩机和高压往复泵行业的主导企业。③全面增强自主创新能力。通过加大科技投入与整合技术队伍,全面落实科教兴企和人才兴企的发展战略,实现技术上的跨越式发展。④加大技术改造力度,通过添置新装备提升企业的生产能力。⑤引入新的体制和机制,推行先进的管理理念,培养一支优秀的人才队伍,建立实现企业效益最大化的经营管理体制。

公司的发展目标分3个阶段实施:第一阶段,技术改造期,即用1年半左右的时间完成上海压缩机有限公司“三废迁建”项目的立项、基建、设备调试和整体搬迁。第二阶段,全面整合期,即用1年的时间完成机构和人员的全面整合以及生产工艺路线的合理调整。第三阶段,快速发展期,即用3年左右的时间重塑企业品牌,逐步缩短与国际先进水平之间的距离,力争发展成为行业内的排头兵企业。

重组后的上海压缩机有限公司和上海大隆机器有限公司将秉承各自悠久的制造历史及丰富的文化底蕴,不断注入新技术、添置新装备,为提升传统产业打下坚实的基础。同时,不断增强企业的核心竞争力,以满足社会发展的需求。上海电气压缩机泵业有限公司正以傲人的姿态,全力打造一个崭新的企业!

北京中科科仪技术发展有限责任公司

北京中科科仪技术发展有限责任公司(以下简称中科科仪)成立于2000年12月28日,地处中关村海淀园腹地,占地面积2.6万m^2,是集科学仪器研制、开发、生产和经营为一体的综合性高新技术企业,是国内最主要的真空设备制造企业之一。

中科科仪的前身是中国科学院北京科学仪器研制中心(原中国科学院科学仪器厂),始建于1958年。在近50年的发展历程中,中科科仪以雄厚的综合实力,在电子光学、离子光学和真空物理技术工程等领域取得了科研成果77项,获得国家、科学院或其他部门的奖励40项,取得专利15项。其中,成功研制出国内第一台扫描电子显微镜、第一台商品化质谱仪、第一台涡轮分子泵和第一台通过国家鉴定的射频心脏消融仪;在"两弹一星"、"正负离子对撞机"等国家重大工程项目,"八五"、"九五"、"十五"等国家科技计划攻关项目,北京市高新技术成果转化项目研制中做出了突出贡献。

中科科仪以真空产品、分析仪器与实验室设备、医疗仪器为主营业务,产品包括:分子泵、离子泵、插板阀等一系列高真空获得设备,氦质谱检漏仪、充气回收检漏设备等检漏及应用设备,溅射离子镀膜机、真空滴油装置等真空应用设备,扫描电子显微镜、X光能谱仪、质谱仪、离子溅射仪等分析仪器和实验室设备,冷却循环水机等节水设备,高频电手术刀等医疗仪器。产品广泛应用于电子信息、制冷、化工、汽车、制灯等领域,产品行销全国各地,并批量出口到东南亚和欧美等国际市场。

自20世纪70年代开发出我国第一台涡轮分子泵以来,中科科仪始终坚持以市场需求为导向、以客户满意为目标,不断推出新产品。F系列涡轮分子泵、FF系列复合分子泵、F—400/3500大口径大抽速分子泵、C系列高速性能分子泵(该系列分子泵的转子是整体转子,该泵的转速和各项真空性能指标都比分体转子的分子泵有较大的提高)、Z系列可任意角度安装分子泵、N系列防腐泵、出口型分子泵等产品相继问世。另外,中科科仪2007年研制出磁悬浮分子泵实验样机,磁悬浮分子泵的推出将填补国内空白,为半导体和IC产业提供更多的选择机会。

继20世纪80年代成功开发第一代ZQJ—210型氦质谱检漏仪以来,中科科仪本着创新求精的精神,相继开发出ZQJ—220型、ZQJ—230型、ZQJ—230D型、ZQJ—230E型、ZQJ—291型等两种类型(正扩散型、逆扩散型)10多个品种的检漏仪,2007年又推出ZQJ—530型检漏仪,同时开发了充气回收、充氦充氟油检漏平台、防爆测氢检漏仪等检漏仪器,为航空、航天、电力、电子、制冷、化工、冶金、医疗等诸多领域提供了大量的检漏仪器及多种检漏工程解决方案,满足了各个领域用户的需求。

中科科仪近两年研发并推出了3200型和3900型新型电子显微镜,各项指标已接近国外同行的先进水平。

中科科仪以"质量第一,服务用户"为指导方向,早在1998年完成ISO9001质量体系认证,2003年完成1994版到2000版的换版工作。通过规范作业流程,加强过程监督,确保工作有据可依,规范化、严格化操作;采取"质量评估一票否决制",保证为用户提供合格产品。2001年,中科科仪被评为"中关村科技园区海淀园首批信誉免检企业";2005年,中科科仪被中国中轻产品质量保障中心评为"真空获得与检测设备质量、信誉双保障示范单位";2007年,中科科仪获得"中关村科技园区百家创新型企业"铜牌。

中科科仪凭借强大的专业技术队伍、现代化的企业管理模式和敏锐的市场意识,结合自身丰富的专业知识、技术的持续创新能力和以用户为本的责任意识,在仪器仪表行业发挥着愈来愈重要的作用。展望未来,中科科仪将坚持高成长性、高规范性的经营方针,以"长期、稳定、健康、和谐发展"为宗旨,以"打造一流现代企业"为目标,推动科学仪器向更深层次的产业化、规模化发展,为中华民族仪器行业的兴盛做出卓著的贡献!

挺宇集团公司

挺宇集团公司是以挺宇集团有限公司为核心,联合温州挺宇集团高新仪表有限公司、温州市恒通化纤有限公司等7个子公司共同组建而成的全国性无区域集团。挺宇集团座落于温州高新工业园区,占地面积7万多m^2,建筑面积5.6万m^2,固定资产2亿多元,共有员工近600人,其中包括高级工程师、工程师在内的技术人员66名。

挺宇集团是致力于多元化发展的高科技企业,主要从事阀门、仪器仪表和新型防腐衬里设备,以及超临界流体萃取工程技术、锦纶短丝化纤等项目的开发、生产和经营;主打产品是技术含量较高并填补国内空白的"在线分析系统"仪表。挺宇集团生产的产品有4大类、几百种型号、上千个规格,广泛应用于石油、化工、天然气、冶金、轻工、纺织、电力、市政等行业。

一、发展历程

1981年,由挺宇集团董事长潘挺宇出资2 000元租用温州一中一间$60m^2$的教室,创立松台电器元件厂。

1983年,松台电器元件厂成为具备独立研发、设计、生产、销售的工业生产企业,在当年成功研发了中国第一套防爆接线盒系列产品,并在业界赢得好评。

1984年,由原有的防爆接线盒系列产品拓展到防爆电器系列产品,同年开发出金属磁性液位计,并获温州市科技进步二等奖。

1985年,松台电器元件厂更名为温州市防爆电器元件厂,同年试制成功气动快速平行双闸板闸阀。

1986年,在全国体制改革的试点中,温州市防爆电器元件厂成为重点试点企业,同年试制的气动快速切断阀在上海金山石化30万t/a乙烯装置中成功试用并批量生产。

1987年,温州市防爆电器元件厂顺利通过改制,成为中国第一个改制成功的私营企业,企业进入一个新的领域。

1988年,快速平行双闸板闸阀全面挺进市场。

1989年,成立温州市环球自动化仪表成套公司,公司实行工贸研一体化发展体系。

1990年,提升产品开发分析系统,开通分析小屋的生产线。

1991年,开发调节阀、蝶阀,实现阀门产品系列化,产值超1 000万元。

1992年,快速平行双闸板闸阀被评为国家级新产品。

1993年,快速平行双闸板闸阀获得浙江省科技进步二等奖。

1996年,温州挺宇集团公司成立。

如今,在中国民企巨头云集的浙江省,挺宇集团已跻身百强。挺宇集团已经将触角伸及机电、传媒、化工、出版、公关策划、投资等各个领域。

二、家族企业管理模式

挺宇集团公司是一个年产值达几亿元的典型家族企业,也是成功的家族企业经营的典范。身为大女儿的潘佩聪任总经理,潘佩聪的父亲潘挺宇任董事长,母亲徐文清任办公室主任,姨妈徐小清任办公室总务,弟弟潘叶雷任副总经理,妹妹潘佩芳任财务经理,妹夫林肖任销售经理。挺宇集团成功的原因就是亲情令他们团结并使成本降得最低。

作为挺宇集团第二代负责人,潘佩聪的观点是:做企业要顺势而为,最重要的是追求一种和谐;扬长避短,是解决家族制对企业发展带来的束缚的最好方法。

2002年,北京大学经济学者张维迎在温州主持了一场关于家族企业利弊之辩的“财富论坛”,潘佩聪作为正方代表,论述了家族企业的合理性。她当时阐述的观点是:“如果用辩证的眼光来看,任何事情都不是绝对的,在目前的经济环境里,家族企业的存在有其合理性。区别在于大家合作的对象不同而已。”

多年来的迅猛发展使挺宇集团得到了社会的高度认可,挺宇集团曾多次获得“先进企业”、“明星企业”、“重点企业”、“科技示范企业”、“省区外高新技术企业”、“全国工商联民营企业500强”、“省A级‘重合同守信用单位’”、“名牌产品”等荣誉。

“坚持质量第一,崇尚信誉至上,确保服务满意,保持持续改进”是挺宇集团坚定不移的经营方针,向顾客提供高质量的产品和优良服务是集团的宗旨。挺宇集团将继续坚持以科技为先导,以创新求发展,把企业做好做大,为国家和社会作出更大的贡献。

安徽莱恩电泵有限公司

安徽莱恩电泵有限公司是专业生产各类电泵、精密铸件和给排水成套设备的中外合资企业,现为中国泵行业骨干重点企业、全国双优企业、省重点出口创汇企业。公司始创于1968年,于1993年与美国美安公司合资,注册资本150万美元。公司分为宁国市城关工业开发区宁城南路和河沥溪滨口工业开发区两大生产基地,总占地面积187 $000m^2$,资产总值超过亿元,现有员工620余人,其中科技人员87人。

公司于1998年建成了省级企业技术中心和具有国际一流水平的亨特生产线,引进美国辛辛那提机床公司、安道尔公司、台湾远东集团、杨铁集团的数控设备及各类金属加工设备200多台(套),泵产品现已全部采用CAD设计、CAM计算机辅助加工。

为加快企业发展,公司坚持走产、学、研相结合的道路。自1995年以来,公司先后与合肥工业大学、江苏理工大学、沈阳水泵研究所、北京金航数码公司等建立了长期稳定的合作关系,并建立了计算机信息、管理系统(ERP),基本实现了财务、生产、销售、信息办公自动化。公司先后通过了ISO9002国际质量体系认证、ISO9001:2000质量体系的换版及QS9000质量体系认证。2006年,公司通过了美国UL消防产品认证及FM认证,是中国泵行业第一个通过该类认证的企业。

公司主要生产各类离心泵、热水泵、排污泵、热油泵、化工泵、消防泵等20多个系列、800多个品种,其中组合式自吸泵、进出口多方位联接泵、新型立式多级泵、新型结构多级泵获国家专利,600汽车助力泵被列为国家技术创新项目,T101/T102液压组合单元、AV立式多级泵、DSP双头螺旋泵被列为国家级新产品。公司产品已涉及石化、冶金、核电、轻工、城市给排水、消防等领域，年产各类工业泵5万台（套），精密铸件20 000t。产品销售网点遍布全国各地，并且远销美国、西班牙、澳大利亚、马来西亚、冰岛、菲律宾等数十个国家和地区，年出口创汇达500万美元。

公司积极拓展国内外市场，产品出口势头非常强劲。在国内，用于核电、化工行业的数种新产品订单络绎不绝，原有厂房及生产设备已不能满足日益增长的市场需求。公司把握发展契机，响应市委、政府的“决战十一五，重返百强县”的号召，积极扩大生产规模，新征土地近200亩，兴建年产20 000t球墨铸铁铸件和汽车零部件项目。公司针对该项目将引进部分专业进口铸造设备和进口模具，在保证产品质量的同时，提高生产效率，扩大出口量。该项目建成后，可有效缓解公司供不应求的生产局面，解决长期以来的生产瓶颈，彻底解决美国客户采购汽车零部件铸件产品难的问题。项目达产后，年产值可新增5 000万元，出口创汇可增长300万~500万美元，利税增长400万元。

公司计划在未来五年内建成产值超亿元、利税超千万元的中国泵行业生产基地。公司将始终贯彻“依靠科技创新，精心打造精品电泵，齐心协力壮大莱恩，尽心尽力满足客户需求”的企业方针，开拓更广阔的市场，向着更加远大的目标迈进。

质量与标准

加强质量管理，通过不断提高标准水平和采用新标准来推动企业产品的进步

Strengthening Quality Control, Propelling the Progress of Enterprises' Products Through Constantly Improving the Level of Standards and Adopting New Standards

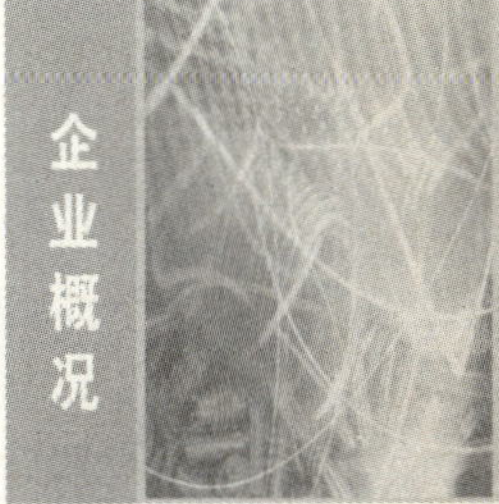

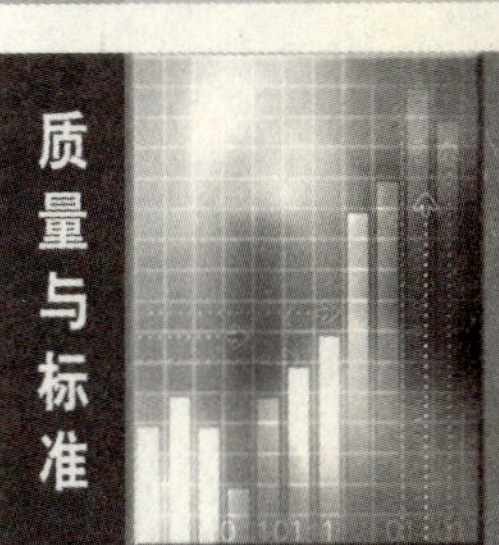

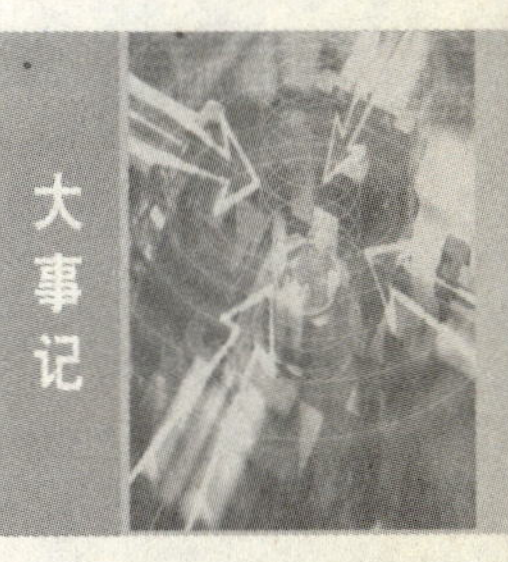

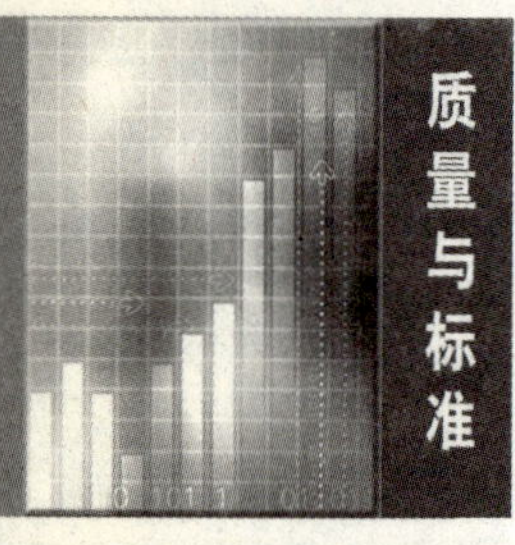

质量与标准

2005～2006年泵行业通过质量体系认证企业

序号	企业名称	认证模式	认证机构	认证时间
1	杭州碱泵有限公司	ISO 9001:2000	公信认证有限公司	2005.03
2	湖北扬子江泵业有限责任公司	ISO 9001:2000	中国检验认证集团质量认证有限公司	2005.11
3	上海熊猫机械(集团)有限公司	ISO 9001:2000	华夏认证中心有限公司	2005.01
4	杭州南方特种泵业有限公司	ISO 9001:2000	北京世标认证中心	2005.11
5	石家庄强大泵业集团有限责任公司	ISO 9001:2000	北京华信技术检验有限公司	2006
6	大连大耐泵业有限公司	ISO 9001:2000	北京华信技术检验有限公司	2006.11
7	长沙水泵厂有限公司	ISO 9001:2000	北京华信技术检验有限公司	2006.08
8	浙江新界泵业有限公司	ISO 9001	北京华信技术检验有限公司	2006.01
9	靖江市亚太泵业有限公司	ISO 9001:2000	中鉴认证有限责任公司	2006.08
10	天津市润津泵业制造有限公司	ISO 9001:2000	中国船级社质量认证中心	2006.02

泵行业国家标准和行业标准

标准编号	标准名称	采标情况	代替标准
GB/T 3214—1991	水泵流量的测定方法		GB 3214—1982
GB/T 3215—1982	炼厂、化工及石油化工流程用离心泵　通用技术条件		
GB/T 5656—1994	离心泵　技术条件(Ⅱ类)	nev ISO 5199:1986	GB 5656—1985
GB/T 5657—1995	离心泵　技术条件(Ⅲ类)	nev ISO 9908:1993	GB 5657～5659—1985
GB/T 5660—1985	轴向吸入离心泵、底座尺寸和安装尺寸	idt ISO 3661:1997	
GB/T 5662—1985	轴向吸入离心泵(16bar)标记、性能和尺寸	idt ISO 2858:1975	
GB/T 7021—1986	离心泵　名词术语		
GB/T 7782—1996	计量泵	neq API 675:1987	GB 7782—1987 GB 7783—1987 GB 9236—1988
GB/T 7785—1987	往复泵　分类和名词术语		
GB/T 9096—1988	往复泵噪声声功率级的测定　工程法		
GB/T 9234—1997	机动往复泵		GB 9233—1988 GB 9234—1988 GB/T 13363—1992
GB/T 9235—1988	蒸汽往复泵　试验方法		
GB/T 9481—1988	中小型轴流泵　型式与基本尺寸		
GB/T 11473—1989	往复泵　型号编制方法		JB 4134—1985
GB/T 13006—1991	离心泵、混流泵和轴流泵　汽蚀余量		JB 3562—1984
GB/T 13007—1991	离心泵　效率		JB 3559—1984 JB 3560—1984 JB 3563—1984
GB/T 13008—1991	混流泵、轴流泵　技术条件		ZB J71009—1988
GB/T 13364—1992	往复泵　机械振动测试方法		
GB/T 13929—1992	水环真空泵和水环压缩机　试验方法		
GB/T 13930—1992	水环真空泵和水环压缩机　气量测定方法		
GB/T 14794—1993	蒸汽往复泵		JB 1053—1985 JB 4097—1985
GB/T 16907—1997	离心泵　技术条件(Ⅰ类)	eqv ISO 9905:1994	
GB/T 18149—2000	离心泵、混流泵和轴流泵　水力性能试验规范精密级	eqv ISO 5198:1987	
GB/T 19840—2005	回转式容积泵　技术要求	mod ISO 14847:1999	
GB/T 3216—2005	回转式动力泵　水力性能验收试验1级和2级	mod ISO 9906:1999	GB/T 3216—1989
GB/T 5661—2004	轴向吸入离心泵　机械密封和软填料用空腔尺寸	idt ISO 3069:2000	GB/T 5661—1985
GB/T 7784—2006	机动往复泵　试验方法		GB/T 7784—1987
GB/T 10886—2002	三螺杆泵　技术条件		GB/T 10886—1989 GB/T 10887—1989
JB/T 2727—1993	立式多级筒形离心泵　型式与基本参数		JB 2727—1982
JB/T 3564—1992	长轴离心深井泵　型式与基本参数		JB 3564—1984

（续）

标准编号	标准名称	采标情况	代替标准
JB/T 4297—1992	泵产品涂漆　技术条件		JB 4297—1982
JB/T 5411—1991	隔膜计量泵用安全阀和补偿阀		
JB/T 5412—1991	隔膜计量泵用隔膜与限制板		
JB/T 5413—1991	混流泵、轴流泵开式叶片　验收技术条件		
JB/T 5415—2000	微型离心泵		JB 3788—1984 JB/T 5415—1991 JB/T 5415.2—1999
JB/T 6434—1992	输油齿轮泵		
JB/T 6436—1992	计量泵调量表		
JB/T 6437—1992	油隔离泵		
JB/T 6538—1992	往复式增压泵		
JB/T 6879—1993	离心泵铸件过流部件尺寸公差		
JB/T 6880.1—1993	泵用灰铸铁件		
JB/T 6880.2—1993	泵用铸钢件		
JB/T 6880.3—1993	泵用抗磨白口铸铁件		
JB/T 6884—1993	液下式离心泵　型式与基本参数		
JB/T 6909—1993	超高压泵		
JB/T 6910—1993	微量计量泵		
JB/T 6911—1993	往复泵产品零件热处理　技术条件		
JB/T 6912—1993	泵产品零件无损检测　磁粉探伤		
JB/T 6913—1993	泵产品清洁度		
JB/T 7255—1994	水环真空泵和水环压缩机		
JB/T 7256—1994	自吸离心泵　型式与基本参数		
JB/T 7742—1995	小型磁力传动离心泵		
JB/T 7743—1995	旋涡泵		ZB J71061—1989 ZB J71007—1988
JB/T 8059—1996	高压锅炉给水泵　技术条件		
JB/T 8060—1996	托架式离心泵　型号标记、性能和尺寸		
JB/T 8091—1998	螺杆泵　试验方法		JB/T 8091—1995
JB/T 8095—1999	离心油泵　型式与基本参数		JB/T 8095.1—1995
JB/T 8096—1998	离心式渣浆泵		JB/T 8096.1—1995 JB/T 5295—1991
JB 8097—1999	泵的振动测量与评价方法		JB/T 8098—1995
JB 8098—1999	泵的噪声测量与评价方法		JB/T 8098—1995
JB/T 8099—1999	油田用转子式稠油泵		JB/T 8099.1—1995
JB/T 8543.1—1997	泵产品零件无损检测　泵受压铸钢件射线检测方法及底片的等级分类		
JB/T 8543.1—1997	泵产品零件无损检测渗透检测		
JB/T 8644—1997	单螺杆泵		GB 10884—1989 GB 10885—1989
JB/T 8645—1997	潜水螺杆泵		
JB/T 8687—1998	泵类产品　抽样检查		
JB/T 8688—1998	塑料离心泵		
JB/T 8697—1998	隔膜泵		
JB/T 8857—2000	离心式潜污泵		JB/T 8857—1999 JB 5803—1991
JB/T 9087—1999	油田用往复式油泵、注水泵		ZB J71005—1988 ZB J71019—1990
JB/T 9088—1999	往复式杂质泵		ZB J71006—1988
JB/T 9089—1999	试压泵		ZB J71012 ~ J71015—1989
JB/T 9090—1999	容积泵零部件液压与渗漏试验		ZB J71018—1990
JB/T 10114—1999	输油离心泵　型式与基本参数		
JB/T 10179—2000	混流式、轴流式潜水泵		
JB/T 10377—2002	中小型轴流潜水电泵		
JB/T 10378—2002	固定式消防泵		
JB/T 10459—2004	滑片泵		

（续）

标准编号	标准名称	采标情况	代替标准
JB/T 1050—2006	单级双吸离心泵　型式与基本参数		JB/T 1050—1993
JB/T 1051—2006	多级离心泵　型式与基本参数		JB/T 1051—1993
JB/T 3565—2006	长轴离心深井泵　效率		JB/T 3565—1993
JB/T 6433—2006	大、中型立式混流泵　型式与基本参数		JB/T 6433—1992
JB/T 6435.1—2006	小型多级离心泵　型式与基本参数		JB/T 6435.1—1992
JB/T 6534—2006	离心式污水泵　型式与基本参数		JB/T 6534—1992
JB/T 6537—2006	管道式离心油泵　型式与基本参数		JB/T 6537—1992
JB/T 6878—2006	管道式离心泵		JB/T 6878.1—1993 JB/T 6878.2—1993
JB/T 6881—2006	泵　可靠性测定试验		JB/T 6881—1993
JB/T 6882—2006	泵　可靠性验证试验		JB/T 6882—1993
JB/T 6883—2006	大、中型立式轴流泵　型式与基本参数		JB/T 6883—1993

风机行业通过质量体系认证企业

序号	企业名称	认证模式	认证机构	认证时间
1	沈阳鼓风机(集团)有限公司	ISO 9001:2000	北京华信技术检验有限公司	2002.12
2	沈阳风机厂有限公司	ISO 9001:2000	北京华信技术检验有限公司	2005.12
3	沈阳正双环粮油技术开发有限公司	ISO 9001	中国机械工业质量体系认证中心	1999.10
4	沈阳通风机有限公司	ISO 9002	东北质量认证中心	2000.12
5	沈阳川益集团公司	ISO 9002	中国方圆标志认证委员会质量认证中心	2000.08
6	航空工业沈阳发动机研究所风机厂	ISO 9001:2000	中国方圆标志认证委员会方圆标志认证中心	2005.12
7	辽宁沈通风机制造有限公司	ISO 9001:2000	深圳市环通认证中心有限公司	2002.11
8	鞍山风机厂	ISO 9001	兴原质量认证中心	1999.11
9	鞍山市风机二厂	ISO 9001:2000	深圳质量认证中心北方中心	2003.04
10	营口市鼓风机厂	ISO 9001:2000	北京恩格威质量体系认证中心	2003.01
11	营口风机耐酸泵厂	ISO 9001:2000	鹏程国际认证中心	2002.12
12	吉林昊达重型机械制造有限责任公司	ISO 9001	北京华信技术检验有限公司	2000.06
13	吉林市亚星电站辅机有限公司	ISO 9001:2000	GRS Registrarsinc 美国西尔斯认证注册公司	2002.09
14	四平鼓风机股份有限公司	ISO 9001:2000	长城(天津) 质量保证中心	2004.12
14	长春花园机械有限公司	ISO 9001:2000	北京新世纪认证有限公司	2006.01
15	哈尔滨哈暖环境工程设备有限公司	ISO 9001:2000	挪威船级社、英国劳氏质量认证有限公司、中国质量认证中心	2003.07
16	肇东市风机制造总厂	ISO 9001:2000	中国进出口商品检验总公司质量认证中心	2002.11
17	肇东松辽风机厂	ISO 9001:2000	中联认证中心	2003.08
18	陕西鼓风机(集团)有限公司	ISO 9001:2000	中国质量协会质量保证中心	2002.11
19	陕西韩城矿山风机厂	ISO 9001:2000	北京联合智业认证有限公司	2005.12
20	西安大明风机制造有限责任公司	ISO 9001:2000	北京新世纪质量体系认证中心	2002.07
21	西安凯瑟通风设备有限公司	ISO 9001:2000	SGS 雅斯利国际认证服务公司	2003.09
22	西安交大流体压缩国家工程中心咸阳风机厂	ISO 9001:2000	方圆标志认证集团有限公司	2006.05
23	北京风机二厂	ISO 9001:2000	北京天一正认证中心	2004.06
24	北京当代复合材料有限公司	ISO 9001:2000	中诚体系认证中心	2002.07
25	北京京特鼓风机制造有限公司	ISO 9001:2000	北京泰瑞特质量认证中心	2002
26	北京鼓引风机有限公司	ISO 9001:2000	中国新时代质量体系认证中心	2003.12
27	天津市鼓风机总厂	ISO 9001:2000 ISO 9001:2000	北京新世纪认证公司 英国国家质量保证有限公司	2002.10 2005.09
28	天津市通风机厂	ISO 9001	长城(天津)质量保证中心	1997.10
29	天津市暖风机总厂	ISO 9001:2000	长城(天津)质量保证中心	2003.11
30	天津市通风除尘设备厂	ISO 9001:2000	长城(天津)质量保证中心	2001.12
31	天津市鼓风机总厂五分厂	ISO 9001:2000	方圆标志认证中心	2005.02
32	石家庄市风机厂有限责任公司	ISO 9001:2000	北京九千标准质量体系认证中心	2003.04
33	山西省运城安瑞节能风机有限公司	ISO 9001:2000	北京联合智业认证有限公司	2005.08
34	呼和浩特市新超风机有限公司	ISO 9001:2000	兴原质量认证中心	2003.02
35	内蒙古天福风机有限公司	ISO 9001:2000	中联认证中心	2002.12

（续）

序号	企业名称	认证模式	认证机构	认证时间
36	银川银风风机在限责任公司	ISO 9001:2000	中国质量认证中心	2006.09
37	甘肃省白银风机厂	ISO 9001:2000	中国方圆标志认证委员会方圆标志认证中心	2002.11
38	新疆风机有限责任公司	ISO 9001:2000	中国进出口商品质量认证中心	2002.09
39	新疆迎宾风机厂	ISO 9001:2000	中国进出口商品检验总公司质量认证中心	2003.01
40	上海鼓风机厂有限公司	ISO 9001:2000	北京华信技术检验有限公司	2002.10
41	上海鼓风机厂长征分厂	ISO 9001:2000	北京新世纪质量体系认证中心	2001.11
42	上海通用风机股份有限公司	ISO 9001:2000	中国质量认证中心	2004.01
43	上海德惠特种风机有限公司	ISO 9001:2000	中国质量认证中心	2002.10
44	上海应达风机有限公司	ISO 9001:2000	北京世标认证中心	2006.12
45	南通大通宝富风机有限公司	ISO 9001:2000	中联认证中心	2003.02
46	江苏金通灵风机有限公司	ISO 9001:2000	中国方圆认证中心	2005.07
47	南通市恒荣机泵厂有限公司	ISO 9001:2000	中国质量认证中心	2002.12
48	苏州华盛风机厂	ISO 9001:2000	北京世标认证中心	2003.03
49	苏州市长光特种风机厂	ISO 9001:2000	BSI	2005.02
50	无锡中策机电设备有限公司	ISO 9001:2000	广东赛宝质量体系认证中心	2003.03
51	江苏苏风通风机有限公司	ISO 9002	上海质量体系审核中心	1998.11
52	无锡耀新通用机械有限公司	ISO 9001:2000	广东赛宝质量体系认证中心	2002.12
53	宜兴市华兴特种风机厂	ISO 9001:2000	埃尔维质量认证中心	2004.12
54	百事德机械(江苏)有限公司	ISO 9002	中国质量认证中心	2003.01
55	常熟市鼓风机有限公司	ISO 9001:2000	艾凯艾国际标准认证有限公司	2004.12
56	张家港市英德利空调风机有限公司	ISO 9002	英国摩迪国际认证有限公司	2000.12
57	江阴市宏达风机有限公司	ISO 9001:2000	中国船级社质量认证公司	2005.01
58	江苏泰隆风机制造有限公司	ISO 9001:2000	中国方圆标志认证中心	
59	盐城市赛格机械有限公司	ISO 9001:2000	哈特福德全球标准认证(北京)有限公司	2006.03
60	宁波方圆风机制造有限公司	ISO 9001:2000	中国质量认证中心	2003.08
61	杭州科星鼓风机有限公司	ISO 9001:2000	深圳质量认证中心	2003.10
62	余姚风机总厂	ISO 9001:2000	英国英特安(苏州)认证服务有限公司	2001.08
63	浙江上风实业股份有限公司	ISO 9001:2000	浙江万泰认证有限公司	2005.01
64	上虞通风机有限公司	ISO 9001:2000	中国方圆认证中心杭州分中心	1999
65	上虞市明新风机制造有限公司	ISO 9001:2000	深圳质量认证中心	2002.09
66	浙江风神风机制造有限公司	ISO 9001:2000	万泰认证有限公司	2005.11
67	浙江双阳风机有限公司	ISO 9001:2000	浙江质量认证有限公司	2002.12
68	浙江大丰风机电器有限公司	ISO 9001:2000	浙江质量认证有限公司	2002.12
69	浙江兴益风机电器有限公司	ISO 9001:2000	英业捷贝尔国际验证机构	2003.04
70	浙江仨亿电器有限公司	ISO 9001:2000	中国检验认证集团质量认证有限公司	2006.08
71	浙江义乌星耀风机有限公司	ISO 9001:2000	杭州万泰认证有限公司	2006.09
72	济南风机厂有限责任公司	ISO 9001:2000	中国机械工业质量体系认证中心	2002.02
73	青岛风机厂有限公司	ISO 9001:2000	山东世通质量认证有限公司	2004.05
74	青岛纺机绿环工程有限公司	ISO 9001:2000	中质协质量保证中心	2003.05
75	山东电力设备厂	ISO 9001:2000	中质协质量保证中心	2003.05
76	山东省章丘鼓风机厂有限公司	ISO 9001:2000	北京华信技术检验有限公司	2003.11
77	山东章晁机械工业有限公司	ISO 9001:2000	中国进出口商品质量认证中心	2001.02
78	山东海福德机械有限公司	ISO 9001:2000	(北京)中安质环质量认证中心	2005.11
79	山东双一集团有限公司	ISO 9001	挪威船级社(DNV)	2000.01
80	临沂市风机厂	ISO 9001:2000	中国中大华远认证中心	2003.11
81	淄博风机厂有限公司	ISO 9002	北京华信技术检验有限公司	2000.12
82	山东新风股份有限公司	ISO 9001:2000	中国质量认证中心	2006.06
83	山东美陵美力达风机有限公司	ISO 9001:2000	北京三星九千质量认证中心	2004.12
84	威海市华阜环保(集团)有限公司	ISO 9001:2000	中国方圆标志认证委员会质量认证中心	1999
85	威海克莱特菲尔风机有限公司	ISO 9001:2000	中国方圆标志认证中心	2004.11
86	福建东亚鼓风机股份有限公司	ISO 9001:2000	中国方圆标志认证中心	2003.10
87	安徽安风风机有限公司	ISO 9001:2000	北京世标质量认证中心	2003.01
88	武汉鼓风机有限公司	ISO 9001:2000	中国质量认证中心	2003.03
89	武汉和平风机有限责任公司	ISO 9001:2000	英业捷/贝尔国际验证机构	2002.01
90	湖北省风机厂有限公司	ISO 9001:2000	中国质量认证中心	2005.11
91	湖北新流鼓风机有限公司	ISO 9001:2000	中国质量认证中心	2002.03

（续）

序号	企业名称	认证模式	认证机构	认证时间
92	湖北双剑鼓风机制造有限公司	ISO 9001:2000	深圳鹏程国际认证中心	2006.07
93	中意机电(湖北)鼓风机制造有限公司	ISO 9001:2000	北京新世纪认证有限公司	2005.06
94	长沙鼓风机厂有限责任公司	ISO 9001:2000	中国质量认证中心	2003.12
95	长沙市湘华通风设备有限公司	ISO 9001	中国进出口质量认证中心	2000.09
96	长沙市湘桥风机厂	ISO 9001:2000	EQA 国际认证中心	2001.12
97	湘潭平安电气集团有限公司	ISO 9001:2000	北京天一正认证中心	2003.03
98	湖南省湘潭风动机械厂	ISO 9001:2000	北京华信技术检验有限公司	2002.12
99	重庆通用工业(集团)有限责任公司	ISO 9001:2000	中国质量认证中心	2003.09
100	重庆两江鼓风机有限责任公司	ISO 9001:2000	中国检验认证集团质量认证有限公司	2004.07
101	成都电力机械厂	ISO 9001:2000	中质协质量认证中心	2003.02
102	成都经华风机有限公司	ISO 9001:2000	中国方圆标志认证中心	2004.08
103	四川望江风机制造有限公司	ISO 9001:2000	北京大陆航星质量认证中心	2004.01
104	四川鼓风机有限责任公司	ISO 9001:2000	四川三峡认证有限公司	2003.03
105	西安西玛企业集团新乡市鼓风机厂有限公司	ISO 9001:2000	北京华夏认证中心	2006.12
106	贵州省鼓风机厂	ISO 9001:2000	北京中检联合质量认证中心	2002.12
107	贵州大有风机实业有限公司	ISO 9001:2000	中国检验认证集团质量认证有限公司	2005.10
108	广州风机厂	ISO 9001:2000	鹏程国际认证中心	2003.01
109	佛山市南海九洲普惠风机有限公司	ISO 9001:2000	广东质量体系认证中心	2002.01
110	佛山市三水迪尔迅风冷设备厂	ISO 9001:2000	鹏程国际认证中心	2004.04
111	云浮市云丰环保设备有限公司	ISO 9001:2000	深圳质量认证中心	2002.11
112	广东正野电器有限公司	ISO 9001:2000	广东省质量体系认证中心	2005.09
113	广东肇庆德通有限公司	ISO 9001	中国长城质量保证中心	1999
114	台山港益电器有限公司	ISO 9001:2000	广东省质量体系认证中心	2002.02
115	深圳市永和诚风机工业有限公司	ISO 9001:2000		

风机行业国家标准和行业标准

标准代号	标准名称	采标情况	实施日期	代替标准
GB/T 1236—2000	工业通风机　用标准化风道进行性能试验	idt ISO 5801:1997	2001.02.01	GB/T 1236—85
GB/T 2888—1991	风机和罗茨鼓风机噪声测量方法	neq JIS B8346—85	1992.08.01	JB 2888—82
GB/T 3235—1999	通风机基本型式、尺寸参数及性能曲线		1999.11.01	GB/T 3235—1982
GB/T 10178—2006	工业通风机　现场性能试验	idt ISO 5802:2001	2007.07.01	GB/T 10178—1988
GB/T 13466—1992	交流电气传动风机(泵类、压缩机)系统经济运行通则		1992.10.01	
GB/T 13467—1992	通风机系统电能平衡的测试与计算方法		1992.10.01	
GB/T 13470—1992	通风机系统经济运行		1992.10.01	
GB/T 16941—1997	流程工业用透平压缩机　设计、制造规范与数据表	idt ISO 8011—1988	1998.04.01	
GB/T 17774—1999	工业通风机　尺寸	idt ISO 13351:1996	1999.11.01	
GB/T 19074—2003	工业通风机　通风机机械安全　护罩	idt ISO 12499:1999	2003.09.01	
GB/T 19075—2003	工业通风机　词汇及种类定义	idt ISO 13349:1999	2003.09.01	
GB/T 19843—2005	工业通风机　射流风机的性能试验	idt ISO 13350:1999	2006.01.01	
GB 19761—2005	通风机能效限定值及节能评价值		2005.12.01	
JB/T 2977—2005	工业通风机、透平鼓风机和压缩机　名词术语		2005.11.01	JB 2977—81
JB/T 3165—1999	离心和轴流式鼓风机和压缩机热力性能试验	neq ISO/DIS 5389	2000.01.01	JB 3165—82
JB/T 4113—2002	石油、化学和气体工业用整体齿轮增速组装型离心式空气压缩机	idt API 672—1996	2003.04.01	JB 4113—1995
JB/T 4296—1999	矿井轴流式通风机		2000.01.01	JB 4296—86
JB/T 4355—2004	矿井离心通风机　技术条件		2005.04.01	JB 4355—1993
JB/T 4357—1999	工业蒸汽锅炉用离心引风机		2000.01.01	JB 4357—86
JB/T 4358—1999	电站锅炉离心送风机和引风机		2000.01.01	JB 4358—86
JB/T 4359—1994	一般用途轴流式压缩机	neq 苏尔寿公司	1995.07.01	JB 4359—86
JB/T 4362—1999	电站轴流式通风机	neq 西德 TLT 公司	2000.01.01	JB 4362—86
JB/T 4364—1999	风机配套消声器　性能试验方法		2000.01.01	JB 4364—86
JB/T 4365—1997	专用的润滑、轴密封和控制油系统	eqv API 614—1988	1988.01.01	JB 4365—86

（续）

标准代号	标准名称	采标情况	实施日期	代替标准
JB/T 6443—2006	石油、化学和气体工业用轴流、离心压缩机及膨胀机—压缩机	idt API 617—2002	2007.05.01	JB/T 6443—2002
JB/T 6444—2004	风机包装　通用技术条件		2005.04.01	JB/T 6444—1992
JB/T 6445—2005	工业通风机叶轮超速试验		2006.02.01	JB/T 6445—1992
JB/T 6886—1993	通风机涂装　技术条件		1994.07.01	JB/TQ 332—83
JB/T 6887—2004	风机用铸铁件　技术条件		2005.04.01	JB/T 6887—1993 JB/T 6889—1993
JB/T 6888—2004	风机用铸钢件　技术条件		2005.04.01	JB/T 6888—1993 JB/T 6890—1993
JB/T 6891—2004	风机用消声器　技术条件		2005.04.01	
JB/T 7258—2006	一般用途的离心式鼓风机		2007.02.01	JB/T 7258—1994
JB/T 7259—2006	烧结厂用离心式鼓风机		2007.02.01	JB/T 7259—1994
JB/T 7676—1995	能量回收透平膨胀机		1996.07.01	ZB J99003—88
JB 8523—1997	防爆通风机　技术条件		1997.10.01	ZB J72034—90
JB/T 8689—1998	通风机振动检测及其限值		1998.07.01	
JB/T 8690—1998	工业通风机噪声限值		1998.07.01	
JB/T 8822—1998	高温离心通风机　技术条件		1998.12.01	ZB J72032—89
JB/T 8940—1999	通风机产品型号编制方法		2001.01.01	
JB/T 8941.1—1999	一般用途罗茨鼓风机　第1部分　技术条件		2001.01.01	
JB/T 8941.2—1999	一般用途罗茨鼓风机　第2部分　性能试验方法		2001.01.01	
JB/T 9099—2002	冷却塔轴流通风机　技术条件		2003.04.01	ZB J72033—89
JB/T 9100—1999	矿井局部通风机　技术条件		2001.01.01	ZB J72037—90
JB/T 9101—1999	通风机转子平衡		2001.01.01	ZB J72042—90
JB/T 10213—2000	通风机　焊接质量检验技术条件		2001.01.01	ZB J72038—90
JB/T 10214—2000	通风机　铆焊件技术条件		2001.01.01	ZB J72039—90
JB/T 10281—2001	消防排烟通风机　技术条件		2002.06.23	
JB/T 10489—2004	隧道用射流风机　技术条件		2005.04.01	
JB/T 10533—2005	地铁轴流通风机　技术条件		2006.02.01	
JB/T 10562—2006	一般用途轴流通风机　技术条件		2006.10.11	GB/T 13274—1991
JB/T 10563—2006	一般用途离心通风机　技术条件		2006.10.11	GB/T 13275—1991

2006年阀门行业新发布的标准

标准编号	标准名称	批准日期	实施日期
GB/T 20081.1—2006	气动减压阀和过滤减压阀　第1部分:商务文件中应包含的主要特性和产品标识要求	2006.01.23	2006.08.01
GB/T 20081.2—2006	气动减压阀和过滤减压阀　第2部分:评定商务文件中应包含的主要特性的测试方法	2006.01.23	2006.08.01
GB/T 20173—2006	石油天然气工业　管道输送系统　管道阀门	2006.03.29	2006.09.01
GB/T 20174—2006	石油天然气工业　钻井和采油设备　钻通设备	2006.03.29	2006.09.01
GB/T 12228—2006	通用阀门　碳素钢锻件技术条件	2006.12.25	2007.05.01
GB/T 12233—2006	通用阀门　铁制截止阀与升降式止回阀	2006.12.25	2007.05.01
GB/T 12244—2006	减压阀　一般要求	2006.12.25	2007.05.01
GB/T 12245—2006	减压阀　性能试验方法	2006.12.25	2007.05.01
GB/T 12246—2006	先导式减压阀	2006.12.25	2007.05.01
JB/T 7746—2006	紧凑型钢制阀门	2006.09.14	2007.03.01
JB/T 10673—2006	撑开式金属密封阀门	2006.12.31	2007.07.01
JB/T 10674—2006	水力控制阀	2006.12.31	2007.07.01
JB/T 10675—2006	水用套筒阀	2006.12.31	2007.07.01

2006 年压缩机行业修订的标准

标准编号	标准名称	代替标准	备注
JB/T 4223—2007	车装容积式空气压缩机机组　技术条件	JB/T4223—1994	
JB/T 7662—2007	容积式压缩机术语　回转压缩机	JB/T7662—1995	
JB/T 7663.2—2007	容积式压缩机　涂装技术条件	JB/T7663.2—1995	
JB/T 7665—2007	通用机械噪声声功率级现场测定　声强法	JB/T7665—1995	
JB/T 10598—2006	一般用于螺杆空气压缩机　技术条件	GB/T13278—1991	原标准废止

真空设备行业通过质量体系认证企业

序号	企业名称	认证模式	认证机构	认证时间
1	中国科学院沈阳科学仪器研制中心有限公司	ISO 9001:2000	方圆标志认证集团有限公司	2006.11.17
2	浙江真空设备集团有限公司	ISO 9001:2000	公信认证有限公司	2006.11
3	兰州真空设备有限责任公司	ISO 9001:2000	中国新时代认证中心	2002.12.23
4	北京中科科仪技术发展有限责任公司	ISO 9001:2000	德国 TÜV 公司	2006.09.22
5	淄博真空设备厂有限公司	ISO 9001:2000	北京华信技术检验有限公司	1998.12
6	上海阀门二厂有限公司	ISO 9001:2000	方圆标志认证集团有限公司	1999.08.18
7	山东博山真空泵厂有限公司	ISO 9001:2000	北京兴国环球认证有限公司	1997.04.04
8	北京北仪创新真空技术有限责任公司	ISO 9001:2000	北京新世纪认证有限公司	1998.10
9	沈阳恒星实业有限公司	ISO 9001:2000	中国质量认证中心	1998.07.28
10	扬州长江水泵有限公司	ISO 9001:2000	北京中经科环质量认证有限公司	2003.11.02
11	浙江兴华真空设备有限公司	ISO 9001:2000	国际认可论坛和太平洋认可合作组织	2004.12.24
12	辽宁真龙真空设备制造有限公司	ISO 9001:2000	中国进出口质量认证中心	2000.11.06
13	沈阳百乐真空技术有限公司	ISO 9001:2000	华夏认证中心有限公司	2001.01.10
14	广东中环真空设备有限公司	ISO 9001:2000	中联认证中心	2004.03.31
15	北京七星华创电子股份有限公司	ISO 9001:2000	英国 BSI	2004.03.31
16	上海惠丰真空设备技术有限公司	ISO 9001:2000	英国 SGS 公司	2001.08.08
17	成都南光机器有限公司	ISO 9001:2000	中国质量认证中心	1997
18	衡阳市真空机电设备有限公司	ISO 9001:2000	中国进出口商品检验总公司质量认证中心	2003.09.03
19	台州神工真空设备制造有限公司	ISO 9001:2000	北京联合智业认证有限公司	2004.02.06
20	沈阳蓝菱真空设备制造公司	ISO 9001:2000	方圆标志认证中心	2005.12.25
21	淄博水环真空泵厂有限公司	ISO 9001:2000	方圆标志认证中心	2005.11.24
22	泰兴新型工业泵厂	ISO 9001:2000	江苏九州认证有限公司	2003.08.18

2006 年干燥设备行业修订的标准

标准编号	标准名称	标准编号	标准名称
JB/T 10176—2000	旋转闪蒸干燥机	JB/T 5279—1998	振动流化床干燥机
JB/T 10177—2000	箱式热风食用菌干燥机	JB/T 6924—1998	干燥设备产品型号编制方法
JB/T 10178—2000	卧式流化床干燥机	JB/T 8714—1998	离心式喷雾干燥机
JB/T 10207—2000	耙式真空干燥机		

减变速机行业通过质量体系认证企业

序号	企业名称	认证模式	认证机构	认证时间
1	天津减速机股份有限公司	ISO 9001:2000	挪威船级社(DNV)	2006 年
2	上海减速机械厂有限公司	ISO 9001:2000	贝尔国际验证机构上海总公司	2005 年
3	广东江门电机股份有限公司	ISO 9001:2000	北京华信技术检验有限公司	2005 年
4	佛山市星光传动机械有限公司	ISO 9002:2000	北京华信技术检验有限公司	2005 年
5	浙江通力减速机有限公司	ISO 9002:2000	北京三星九千质量认证中心	2004 年

（续）

序号	企业名称	认证模式	认证机构	认证时间
6	温州三联集团有限公司	ISO 9001:2000	广东赛宝质量体系认证中心	2005 年
7	常州减速机总厂有限公司	ISO 9001:2000	中国机械工业认证中心	2004 年
8	宁波莱斯特传动设备制造有限公司	ISO 9002:2000	中国进出口商品质量认证中心	2006 年
9	博能传动有限公司	ISO 9001:2000	上海贝尔质量认证咨询有限公司	2005 年
10	浙江飞龙传动有限公司	ISO 9001:2000	英国亚士博质量体系验证机构	2005 年
11	浙江午马变速机械有限公司	ISO 9001:2000	美国贝尔国际验证机构	2005 年
12	浙江变速电机有限公司	ISO 9002:2000	英国摩迪国际认证有限公司	2006 年
13	永嘉县减速机厂	ISO 9002:2000	北京九千标准质量体系认证中心	2006 年
14	江苏泰隆机械集团公司	ISO 9002:2000	中国方圆标志认证委员会质量认证中心	2005 年
15	永嘉县浙南减速机厂	ISO 9001:2000	英国亚士博质量体系验证机构	2005 年
16	江苏鸿泰机电股份有限公司	ISO 9002:2000	北京天一正质量体系认证中心	2005 年
17	泰星减速机股份有限公司	ISO 9002:2000	中国方圆标志认证委员会质量认证中心	2005 年
18	江苏迪邦三星轴承有限公司	ISO 9002:2000	中国方圆标志认证委员会质量认证中心	2006 年
19	温州市青峰机械有限公司	ISO 9001:2000	英国摩迪国际认证有限公司	2006 年
20	无锡市明友机电工业有限公司	ISO 9001:2000	北京新世纪质量体系认证中心	2006 年
21	无锡金辉减速机制造有限公司	ISO 9001:2000	中国船级社质量认证公司	2006 年
22	天津市石化通用机械研究所	ISO 9001:2000	中国进出口质量认证中心	2005 年
23	浙江科瑞达传动有限公司	ISO 9001:2000	国家管理体系认证委员会	2005 年
24	浙江双联机械有限公司	ISO 9001:2000	北京世标认证中心	2007 年
25	兰州减速机厂	ISO 9001:2000	中国质量认证中心	2007 年
26	浙江东方传动机械有限公司	ISO 9001:2000	中国质量认证中心	2006 年
27	浙江东霸传动有限公司	ISO 9001:2000	浙江质量认证有限公司	2007 年
28	山东博山减速机厂	ISO 9001:2000	北京华信技术检验有限公司	2006 年
29	台州清华机电制造有限公司	ISO 9001:2000	中国质量认证中心	2006 年
30	上海永宏减速机械制造有限公司	ISO 9001:2000	中国质量认证中心	2006 年
31	台州市通宇变速机械有限公司	ISO 9001:2000	中国质量认证中心	2006 年
32	浙江顺天减速机制造有限公司	ISO 9001:2000	中国质量认证中心	2006 年
33	宁波市通用减速机有限公司	ISO 9001:2000	万泰认证质量管理体系认证中心	2006 年
34	嵊州市新华轴承有限公司	ISO 9001:2000	兴原质量认证中心	2006 年
35	宁波人和机械轴承有限公司	ISO 9001:2000	万泰认证质量管理体系认证中心	2006 年
36	杭州嘉诚机械有限公司	ISO 9001:2000	摩迪国际认证有限公司	2004 年
37	常州市东吴减速机厂	ISO 9001:2000	北京三星九千质量认证中心	2005 年
38	淄博山博安吉富齿轮电机有限公司	ISO 9001:2000	中国机械工业质量体系认证中心	2004 年
39	荆州市巨鲸传动机械有限公司	ISO 9001:2000	中国质量认证中心	2004 年
40	潍坊开翔机械有限公司	ISO 9001:2000	北京三星九千质量认证中心	2005 年
41	天津神川机电有限公司	ISO 9001:2000	挪威船级社(DNV)	2004 年
42	石家庄科一重工有限公司	ISO 9001:2000	北京华信技术检验有限公司	2006 年
43	国茂减速机集团有限公司	ISO 9001:2000	方圆标志认证中心	2005 年
44	淄博博山益杰机械有限公司	ISO 9001:2000	方圆标志认证中心	2005 年

减变速机行业国家标准和行业标准

标准编号	标准名称	标准编号	标准名称
GB/T 10107.1—1988	摆线针轮行星传动　基本术语	JB/T 7686—1995	锥盘环盘式无级变速器
GB/T 10107.2—1988	摆线针轮行星传动　图示方法	JB/T 7254—1994	无级变速摆线针轮减速机
GB/T 10107.3—1988	摆线针轮行星传动　几何要素代号	JB/T 7346—1994	机械无级变速器试验方法
GB/T 10090—1988	圆柱齿轮减速器基本参数	JB/T 6078—1992	齿轮装置质量检验总则
GB/T 14231—1993	齿轮装置效率测定方法	JB/T 7929—1999	齿轮传动装置清洁度
GB/T 16446—1996	平面二次包络环面蜗杆减速器技术条件	JB/T 9050.1—1999	圆柱齿轮减速器　通用技术条件
JB/T 2982—1994	摆线针轮减速机	JB/T 9050.2—1999	圆柱齿轮减速器　接触斑点测定方法
JB/T 53324—1997	摆线针轮减速机　产品质量分等(内部使用)	JB/T 9050.3—1999	圆柱齿轮减速器　加载试验方法
JB/T 5288.1—1991	摆线针轮减速机　温升测定方法	JB/T 5560—1991	少齿数渐开线圆柱齿轮减速器
JB/T 5288.2—1991	摆线针轮减速机　清洁度测定方法	JB/T 5562—1992	辊道电机减速器
JB/T 5288.3—1991	摆线针轮减速机　承载能力及传动效率测定方法	JB/T 7000—1993	同轴式圆柱齿轮减速器
JB/T 7253—1994	摆线针轮减速机　噪声测定方法	JB/T 7007—1993	ZJY 型轴装式圆柱齿轮减速器

（续）

标准编号	标准名称
JB/T 5561—1991	双摆线针轮减速机
JB/T 7683—1995	机械无级变速器　分类及型号编制方法
JB/T 6950—1993	行星锥盘无级变速器
JB/T 50150—1999	行星锥盘无级变速器　质量分等
JB/T 6951—1993	三相并列连杆脉动无级变速器
JB/T 53083—1999	三相并列连杆脉动无级变速器　质量分等
JB/T 7515—1994	四相并列连杆脉动无级变速器
JB/T 6952—1993	齿链式无级变速器
JB/T 7010—1993	环锥行星无级变速器
JB/T 7668—1995	多盘式无级变速器
JB/T 7337—1994	轴装式减速器
JB/T 8853—2001	圆柱齿轮减速器
JB/T 6124—1992	ZSJ—2800 减速器
JB/T 9002—1999	运输机械用减速器
JB/T 5558—1991	蜗杆减速器　加载试验凡方法
JB/T 6387—1992	轴装式圆弧圆柱蜗杆减速器
JB/T 7847—1995	立式锥面包络圆柱蜗杆减速器
JB/T 7848—1995	立式圆弧圆柱蜗杆减速器
JB/T 7935—1999	圆弧圆柱蜗杆减速器

分离机械行业通过质量体系认证企业

序号	企业名称	认证模式	认证机构	认证时间
1	蚌埠轻化药机有限责任公司	ISO 9001:2000	中国进出口质量认证中心	2002.02
2	浙江建华集团压滤机有限公司	ISO 9001:2000	浙江省质量认证有限公司	2002.02
3	江苏新宏大(集团)公司	ISO 9001:2000	英国 SCS 公司	2002.11
4	广州广重企业集团有限公司	ISO 9001:2000	中联认证中心	2003.12
5	湘潭离心机有限公司	ISO 9001:2000	爱尔维认证公司	2003.12
6	辽阳制药机械股份有限公司	ISO 9001:2000	中国方圆标志认证委员会质量认证中心	2003.05
7	无锡市通用机械厂有限公司	ISO 9001:2000	中质协质量保证中心	2003.01
8	上海远东制药机械总厂	ISO 9001:2000	中国方圆标志认证委员会质量认证中心	2003.03
9	浙江轻机实业有限公司	ISO 9000:2000	万泰认证有限公司	2003.11
10	江苏牡丹离心机制造有限公司	ISO 9001:2000	中联认证中心	2003.09
11	江苏赛德力制药机械制造有限公司	ISO 9001:2000	中国船级社认证机构	2003.11
12	上海市离心机械研究所有限公司	ISO 9001:2000	挪威船级社(DNV)	2003.04
13	重庆江北机械有限责任公司	ISO 9001:2000	中国质量认证中心	2003.12
14	湘潭县离心机厂有限公司	ISO 9001:2000	中国检验认证集团质量认证有限公司	2004.07
15	张家港市盛丰药化机械厂	ISO 9001:2000	北京兴国环球认证有限公司	2006.11
16	杭州兴源过滤机有限公司	ISO 9001:2000	中国检验认证集团	2006.06

气体分离设备行业国家标准和行业标准

标准编号	标准名称	代替标准	备注
GB/T10606.1—1989	空气分离设备术语　基本术语		
GB/T10606.2—1989	空气分离设备术语　单元设备		
GB/T10606.3—1989	空气分离设备术语　稀有气体提取设备		
GB/T10606.4—1989	空气分离设备术语　低温液体贮运设备		
GB/T10606.5—1989	空气分离设备术语　透平膨胀机		
GB/T10606.6—1989	空气分离设备术语　低温液体泵		
JB/T1035—2002	铜制空气分离设备　制造技术规范	JB/T 1035—1994	
JB/T 2549—1994	铝制空气分离设备　制造技术规范	JB 2549—1979	
JB/T 2902—1993	一般往复活塞高压氧气压缩机　技术条件		
JB/T 3356.1—1999	低温液体容器　性能试验方法	ZB J76006—1988	
JB/T 3356—1992	低温液体容器　基本参数	JB 3356—1983	
JB/T 4334—1992	静压空气轴承透平膨胀机　技术条件	JB 4334—1986	
JB/T 5902—2001	空气分离设备用氧气管道　技术条件	JB/T 5902—1992	
JB/T 5903—1996	水电解制氢设备	JB 5903—1992	
		ZB J76009.1—1988	
		ZB J76009.2—1988	
		ZB J76032—1990	
JB/T 5904.1—1999	低压透平膨胀机　技术条件	ZB J76033—1990	
JB/T 5904.2—1999	低压透平膨胀机制造　技术要求	JB/Z 343—1989	
JB/T 5904—1992	低压透平膨胀机　基本系列参数		

（续）

标准编号	标准名称	代替标准	备　注
JB/T 5905—2000	真空多层绝热低温液体容器	JB/T 5905—1992	
JB/T 6427—2001	变压吸附制氧、制氮设备	JB/T 6427—1992	
JB/T 6428—2000	无润滑往复活塞高纯氮气压缩机	JB/T 6428—1992	
JB/T 6892—1993	往复活塞氧气压缩机　性能试验方法		
JB/T 6893—1993	往复活塞中压氧气压缩机　技术条件		
JB/T 6894—2000	增压透平膨胀机　技术条件	JB/T 6894—1993	
JB/T 6895—1993	铝制空气分离设备　安装焊接技术规范		
JB/T 6896—1993	空气分离设备　表面清洁度		
JB/T 6897—2000	低温液体运输车	JB/T 6897—1993	
JB/T 6898—1997	低温液体贮运设备　使用安全规则	JB 6898—1993	
JB/T 7260—1994	空气分离设备铜焊缝射线照相和质量分级		
JB/T 7261—1994	铝制板翅式换热器　技术条件		
JB/T 7262—1994	铝制板翅式换热器　型号编制方法		
JB/T 7550—1994	空气分离设备用切换蝶阀		
JB/T 7551—1994	天然气分离与液化设备　术语		
JB/T 7672—1995	空气分离设备　流程图图形符号和文字代号	ZB J76007—1988	
JB/T 8056—1996	糟粕造粒机		
JB/T 8058—1996	空气分离设备用活性氧化铝　验收技术条件		
JB/T 8542—1997	小型空气分离设备	ZB J76015.1—1989 ZB J76015.2—1989	
JB/T 8693—1998	大中型空气分离设备	ZB J76010.1—1988 ZB J76010.2—1988	
JB/T 8694—1998	往复活塞氧气压缩机网状阀　技术条件		
JB/T 8856—2001	溶解乙炔设备	JB/T 8856.1—1999 JB/T 8856.2—1999	
JB/T 8942—1999	氩提取设备	ZB J76014.1—1989 ZB J76014.2—1989	
JB/T 9071—1999	铝制空气分离设备氩弧焊工艺规程及焊接工艺评定	JB/Z 167—1989	
JB/T 9072—1999	固定式真空粉末绝热低温液体贮槽	ZB J76003—1988	
JB/T 9073—1999	空气分离设备用离心式低温液体泵	ZB J76004—1988 ZB J76005—1988	
JB/T 9074—1999	纯氮设备	ZB J76008.1—1988 ZB J76008.2—1988	
JB/T 9075—1999	无润滑往复活塞高压氧气压缩机　技术条件	ZB J76011—1989	
JB/T 9076—1999	往复式低温液体泵　技术条件	ZB J76013—1989	
JB/T 9077—1999	粉末普通绝热贮槽	ZB J76022—1990	
JB/T 9078.1—1999	天然气分离设备　技术条件	ZB J76023—1988	
JB/T 9078.2—1999	天然气分离设备　性能试验方法	ZB J76024—1988	
JB/T 9079.1—1999	活塞式膨胀机　技术条件	ZB J76025—1990	
JB/T 9079.2—1999	活塞式膨胀机　性能试验方法	ZB J76026—1990	
JB/T 9080.1—1999	*PN*0.1MPa　90°焊接铝弯管	ZB J76027—1990	
JB/T 9080.2—1999	*PN*0.6MPa　90°焊接铝弯管	ZB J76028—1990	
JB/T 9081—1999	空气分离设备用低温截止阀和节流阀　技术条件	ZB J76030—1990	
JB/T 9082—1999	水电解制氢设备　术语	ZB J76031—1990	
JB/T 6429—1992	小型空气分离设备用纯化器		2005 年废止
GB/T 10607—2001	空气分离设备　产品型号编制方法		2006 年废止

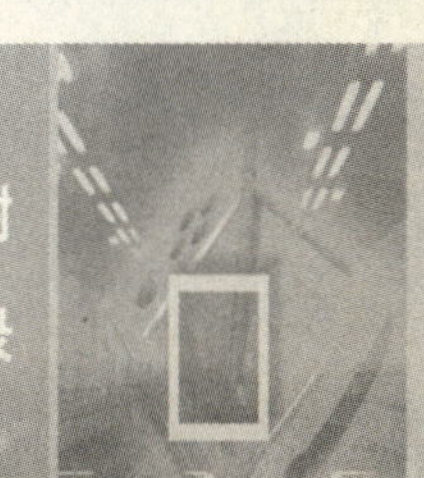

以数据说话，通过数据了解行业和企业，使您能更好地把握今天，规划明天

Speaking by Data, Understanding Trades and Enterprises Through Data, Enabling you to Better Master Today and Plan for Tomorrow

统计资料

2003～2006 年通用机械制造业各地区主要经济指标完成情况

年份	全行业						
	企业数（个）	工业总产值（亿元）	占全行业比重（%）	销售收入（亿元）	占全行业比重（%）	利润总额（亿元）	占全行业比重（%）
2003	2 411	849.4	100.0	797.8	100.0	49.1	100.0
2004	2 873	1 188.0	100.0	1 134.3	100.0	73.6	100.0
2005	3 748	1 705.7	100.0	1 645.9	100.0	105.2	100.0
2006	4 076	2 307.8	100.0	2 235.8	100.0	139.4	100.0

年份	华北地区						
	企业数（个）	工业总产值（亿元）	占全行业比重（%）	销售收入（亿元）	占全行业比重（%）	利润总额（亿元）	占全行业比重（%）
2003	260	86.8	10.2	82.3	10.3	6.3	12.8
2004	245	97.8	8.2	96.7	8.5	8.2	11.1
2005	332	137.0	8.0	133.8	8.1	10.7	10.2
2006	309	171.2	7.4	166.3	7.4	15.7	11.2

年份	东北地区						
	企业数（个）	工业总产值（亿元）	占全行业比重（%）	销售收入（亿元）	占全行业比重（%）	利润总额（亿元）	占全行业比重（%）
2003	195	47.8	5.6	44.5	5.6	1.4	2.9
2004	248	73.9	6.2	66.4	5.9	2.0	2.7
2005	359	112.4	6.6	102.7	6.2	4.8	4.5
2006	435	160.4	7.0	150.2	6.7	5.7	4.1

年份	华东地区						
	企业数（个）	工业总产值（亿元）	占全行业比重（%）	销售收入（亿元）	占全行业比重（%）	利润总额（亿元）	占全行业比重（%）
2003	1 467	540.3	63.6	517.2	64.8	33.7	68.6
2004	1 860	733.6	61.8	704.6	62.1	44.2	60.1
2005	2 389	1 100.4	64.5	1 076.6	65.4	71.6	68.0
2006	2 597	1 481.2	64.2	1 448.6	64.8	93.5	67.1

年份	中南地区						
	企业数（个）	工业总产值（亿元）	占全行业比重（%）	销售收入（亿元）	占全行业比重（%）	利润总额（亿元）	占全行业比重（%）
2003	340	116.4	13.7	98.5	12.3	3.0	6.1
2004	359	197.6	16.6	186.0	16.4	10.3	14.0
2005	480	249.5	14.6	235.7	14.3	9.9	9.4
2006	532	359.2	15.6	344.2	15.4	14.8	10.6

年份	西南地区						
	企业数（个）	工业总产值（亿元）	占全行业比重（%）	销售收入（亿元）	占全行业比重（%）	利润总额（亿元）	占全行业比重（%）
2003	89	33.7	4.0	34.0	4.3	2.3	4.7
2004	101	46.9	3.9	45.8	4.0	3.7	5.0

（续）

年份	西南地区						
	企业数（个）	工业总产值（亿元）	占全行业比重（%）	销售收入（亿元）	占全行业比重（%）	利润总额（亿元）	占全行业比重（%）
2005	126	54.4	3.2	51.5	3.1	3.9	3.7
2006	141	76.3	3.3	73.5	3.3	5.3	3.8

年份	西北地区						
	企业数（个）	工业总产值（亿元）	占全行业比重（%）	销售收入（亿元）	占全行业比重（%）	利润总额（亿元）	占全行业比重（%）
2003	60	24.4	2.9	21.3	2.7	2.4	5.0
2004	60	38.2	3.2	34.8	3.1	5.2	7.1
2005	62	52.0	3.0	45.6	2.8	4.3	4.1
2006	62	59.5	2.6	53.0	2.4	4.4	3.2

2003～2006年通用机械制造业重点省份主要经济指标完成情况

年份	全行业						
	企业数（个）	工业总产值（亿元）	占全行业比重（%）	销售收入（亿元）	占全行业比重（%）	利润总额（亿元）	占全行业比重（%）
2003	2 411	849.4	100.0	797.8	100.0	49.1	100.0
2004	2 873	1 188.0	100.0	1 134.3	100.0	73.6	100.0
2005	3 748	1 705.7	100.0	1 645.9	100.0	105.2	100.0
2006	4 076	2 307.8	100.0	2 235.8	100.0	139.4	100.0

年份	辽宁省						
	企业数（个）	工业总产值（亿元）	占全行业比重（%）	销售收入（亿元）	占全行业比重（%）	利润总额（亿元）	占全行业比重（%）
2003	156	41.4	4.9	38.6	4.8	1.5	3.0
2004	204	60.5	5.1	53.9	4.7	1.4	2.0
2005	307	102.6	6.0	93.7	5.7	4.3	4.1
2006	391	150.5	6.5	140.6	6.3	5.6	4.0

年份	上海市						
	企业数（个）	工业总产值（亿元）	占全行业比重（%）	销售收入（亿元）	占全行业比重（%）	利润总额（亿元）	占全行业比重（%）
2003	221	96.0	11.3	98.6	12.4	7.0	14.3
2004	262	124.6	10.5	127.1	11.2	8.7	11.8
2005	357	214.7	12.6	219.9	13.4	15.2	14.4
2006	343	239.6	10.4	247.6	11.1	17.3	12.4

年份	江苏省						
	企业数（个）	工业总产值（亿元）	占全行业比重（%）	销售收入（亿元）	占全行业比重（%）	利润总额（亿元）	占全行业比重（%）
2003	394	144.8	17.0	140.0	17.6	6.6	13.4
2004	458	171.9	14.5	165.6	14.6	8.4	11.3
2005	597	266.7	15.6	262.0	15.9	16.5	15.7
2006	691	367.1	15.9	359.1	16.1	22.7	16.3

（续）

年份	浙江省						
	企业数（个）	工业总产值（亿元）	占全行业比重（%）	销售收入（亿元）	占全行业比重（%）	利润总额（亿元）	占全行业比重（%）
2003	574	182.9	21.5	177.3	22.2	14.2	28.9
2004	827	278.0	23.4	264.1	23.3	19.2	26.1
2005	1 022	377.0	22.1	363.4	22.1	25.5	24.2
2006	1 052	505.0	21.9	487.9	21.8	30.2	21.7

年份	山东省						
	企业数（个）	工业总产值（亿元）	占全行业比重（%）	销售收入（亿元）	占全行业比重（%）	利润总额（亿元）	占全行业比重（%）
2003	164	91.1	10.7	77.7	9.7	5.4	10.9
2004	202	123.1	10.4	114.4	10.1	7.0	9.5
2005	282	173.5	10.2	168.6	10.2	11.4	10.9
2006	334	274.6	11.9	268.7	12.0	19.2	13.8

年份	广东省						
	企业数（个）	工业总产值（亿元）	占全行业比重（%）	销售收入（亿元）	占全行业比重（%）	利润总额（亿元）	占全行业比重（%）
2003	114	44.5	5.2	36.0	4.5	1.6	3.2
2004	129	102.6	8.6	98.5	8.7	7.5	10.2
2005	223	116.4	6.8	111.5	6.8	3.6	3.4
2006	239	199.7	8.7	193.8	8.7	4.0	2.9

2006年中国通用机械工业协会泵业分会会员单位经济指标

序号	企业名称	工业总产值（万元）	工业增加值（万元）	从业人员平均人数（人）	年末资产总额（万元）	产品销售收入（万元）	产品销售成本（万元）
1	沈阳水泵股份有限公司	72 008	15 310	1 812	176 834	54 776	49 095
2	沈阳潜水电泵股份有限公司	7 802	3 120	308	9 185	3 901	2 839
3	沈阳铸造有限公司	6 010	1 195	272	21 872	6 105	5 532
4	沈阳沈泵泵业制造有限公司	1 000	506	91	1 968	830	502
5	大连大耐泵业有限公司	46 305	12 954	1 014	67 904	46 750	35 799
6	大连深蓝泵业有限公司	35 827	8 430	405	30 819	35 827	28 897
7	本溪水泵有限责任公司	5 591	2 286	609	5 273	5 805	3 282
8	辽宁恒星泵业有限公司	6 582	2 553	300	8 502	7 495	5 743
9	丹东克隆集团有限责任公司	13 938	4 591	778	26 075	14 323	7 405
10	沈阳第一水泵厂	2 130	1 135	168	3 009	1 409	921
11	哈尔滨第二水泵厂	1 084	338	224	2 496	1 039	847
12	沈阳启源工业泵制造有限公司	5 220	1 044	132	2 143	4 383	3 651
13	朝阳高新泵业有限公司	145	53	15	1 691	127	102
14	肇东市华宇泵业有限公司	2 366	473	153	783	2 365	2 257
15	东港市水泵厂	342	76	47	330	328	291
16	锦州市劲功泵业有限公司	5 000	1 000	100	2 320	2 930	2 700
17	盖州水泵厂	649	92	65	2 328	643	452

（续）

序号	企业名称	工业总产值（万元）	工业增加值（万元）	从业人员平均人数（人）	年末资产总额（万元）	产品销售收入（万元）	产品销售成本（万元）
18	海城三鱼泵业有限公司	11 208	3 532	1 125	15 174	11 066	9 439
19	大连挠叠联轴器厂	1 300	388	120	1 536	1 300	890
20	沈阳滑动轴承厂	242	75	40	237	163	57
21	沈阳第三水泵厂	540	435	100	1 680	458	397
22	长春贝特泵业制造有限公司	1 161	172	212	3 951	1 009	723
23	沈阳第二水泵厂	4 007	952	262	3 879	3 835	3 319
24	埃梯梯飞力（沈阳）泵业有限公司	23 531	7 141	308	24 306	24 727	18 343
25	北京第二水泵厂有限公司	1 726	1 238	199	2 218	1 969	1 581
26	北京金龙泉泵业有限公司	777	317	90	1 680	962	813
27	天津泵业机械集团有限公司	13 648	5 469	678	23 503	12 983	8 917
28	天津市耐酸泵总厂	1 253	645	163	4 550	1 248	894
29	河北宏业机械股份有限公司	20 531	6 122	1 935	16 903	19 243	15 991
30	石家庄石通水泵制造有限公司	315	319	32	264	277	255
31	保定水泵厂	288	-238	269	1 544	248	210
32	唐山市水泵厂	7 502	2 358	477	5 964	7 253	5 297
33	河北恒盛泵业股份有限公司	5 031	2 488	450	5 688	5 628	4 253
34	武安市宏泰机械泵业有限公司	2 933	1 543	190	3 868	2 087	1 401
35	石家庄强大泵业集团有限责任公司	28 619	7 441	1 765	71 596	30 368	21 166
36	阳泉水泵厂有限责任公司	4 303	2 090	666	16 545	3 686	2 644
37	阳泉市平坦泵业有限公司	130	53	57	914	223	148
38	山西黎城波涛泵业有限公司	1 254	287	147	2 750	627	434
39	西安泵阀总厂有限公司	15 206	2 360	653	20 610	17 228	13 618
40	陕西扶龙机电制造有限公司	1 533	501	213	2 325	1 366	1 005
41	陕西德泉水泵排灌机械有限责任公司	364	106	90	1 528	223	250
42	新疆新标紧固件泵业有限责任公司	2 187	568	202	4 857	2 510	1 911
43	兰州水泵总厂	3 428	1 028	341	11 119	2 314	1 961
44	宝鸡水泵厂	1 405	708	240	5 929	1 287	959
45	新疆潜水泵厂	1 252	490	260	5 032	857	557
46	上海华联泵业有限公司	9 462	4 967	245	7 702	7 633	4 580
47	上海凯士比泵有限公司	94 800	33 654	811	92 440	96 717	73 291
48	上海凯泉泵业（集团）有限公司	161 713	31 422	4 885	140 587	157 110	109 518
49	上海连成（集团）有限公司	101 831	23 319	2 656	62 508	97 261	74 337
50	上海大隆机器有限公司	14 716	87	306	12 948	15 814	14 642
51	上海东方泵业（集团）有限公司	81 235	18 439	1 568	37 969	76 828	54 474
52	上海深井泵厂有限公司	3 692	1 360	106	1 793	2 622	2 040
53	上海第一水泵厂有限公司	7 124	1 472	295	8 991	7 056	5 464
54	宣达实业集团有限公司	22 320	5 742	201	19 797	22 064	17 643
55	杭州大路实业有限公司	5 293	1 801	376	14 309	5 503	3 838
56	杭州斯莱特泵业有限公司	4 618	-9	158	9 711	5 101	4 329
57	浙江真空设备集团有限公司	7 688	3 398	552	16 244	6 006	3 822
58	建德市新安江矿山机械有限公司	88	58	48	537	82	71
59	浙江水泵总厂有限公司	5 559	1 668	179	6 847	5 544	4 379
60	嘉利特荏原泵业有限公司	15 422	5 005	291	19 310	13 521	7 469
61	丰球集团有限公司	96 000	29 023	580	77 665	101 386	86 562
62	上海莲盛泵业制造有限公司	12 423	5 819	304	20 181	12 000	7 234
63	中泉集团有限公司	31 135	10 222	866	32 415	31 195	25 497

（续）

序号	企业名称	工业总产值（万元）	工业增加值（万元）	从业人员平均人数（人）	年末资产总额（万元）	产品销售收入（万元）	产品销售成本（万元）
64	浙江太平洋泵业制造有限公司	2 112	440	114	4 598	2 118	1 733
65	杭州南方特种泵业有限公司	17 900	2 316	515	21 190	16 476	13 330
66	杭州碱泵有限公司	10 153	4 325	198	5 512	7 257	5 061
67	上海申工泵业制造有限公司	1 138	6	65	1 200	1 115	988
68	台州中山泵业有限公司	28 741	3 577	979	21 980	28 413	25 019
69	上海水泵制造有限公司	8 004	2 310	170	17 212	6 962	5 306
70	上海工业泵制造有限公司	2 600	1 540	101	2 636	2 523	1 880
71	上海山川泵业制造有限公司	1 838	1 905	85	3 147	1 794	1 197
72	上海熊猫机械（集团）有限公司	56 160	20 217	2 020	30 947	72 000	56 160
73	上海上泵（集团）有限公司	30 000	4 000	426	22 646	27 094	22 321
74	杭州振兴工业泵制造有限公司	3 067	582	78	2 045	3 084	2 446
75	浙江省江山市伟懋制泵有限公司	1 257	914	67	2 008	1 059	923
76	浙江新界泵业有限公司	31 166	10 942	919	17 101	30 671	2 613
77	台州新宏基泵业有限责任公司	2 103	489	80	1 553	2 001	1 802
78	上海阿波罗机械制造有限公司	5 484	1 756	146	8 128	5 484	4 289
79	山东博泵科技股份有限公司	62 979	20 263	1 807	61 927	62 106	50 689
80	山东双轮集团股份有限公司	36 588	5 940	912	44 534	40 403	30 970
81	南京蓝深制泵集团股份有限公司	26 782	11 518	542	22 435	27 524	23 132
82	江苏振华泵业制造有限公司	11 188	4 220	319	8 721	10 273	6 720
83	常州东申泵业有限公司	6 250	3 307	200	5 559	6 500	5 356
84	高邮市水泵厂有限责任公司	8 580	2 750	312	6 730	6 965	5 642
85	山东省潍坊生建集团	48 030	12 717	1 329	64 734	47 545	38 129
86	山东华成集团有限公司	30 853	9 255	1 079	35 662	27 262	23 632
87	靖江市亚太泵业有限公司	1 663	472	140	1 330	1 598	1 084
88	山东亚龙泵业集团总公司	9 743	3 252	290	7 017	8 982	6 844
89	无锡市锡泵制造有限公司	10 357	2 245	294	26 243	10 389	7 698
90	江西新瑞洪泵业有限公司	2 580	720	182	1 780	1 750	1 290
91	赣州水泵制造有限公司	2 145	564	164	3 626	2 105	1 515
92	埃梯梯古尔兹制泵（南京）有限公司	13 974	5 905	271	12 686	13 204	8 367
93	淄博真空设备厂有限公司	8 620	2 306	463	11 102	8 051	7 475
94	山东同泰集团股份有限公司	13 978	6 794	1 005	15 357	13 116	9 981
95	安徽莱恩电泵有限公司	10 088	2 922	565	11 587	9 720	7 393
96	博山第二水泵厂有限公司	2 193	228	174	2 633	1 564	1 358
97	山东省章丘鼓风机厂有限公司	38 147	11 601	1 112	41 231	37 397	27 700
98	扬州长江水泵有限公司	5 012	456	98	1 970	5 008	3 656
99	苏州滨特尔水处理有限公司	10 332	1 147	165	7 985	10 052	7 841
100	烟台恒邦泵业有限公司	5 470	1 747	202	3 269	5 353	4 282
101	山东长志泵业有限公司	30 860	10 968	923	34 212	27 067	22 485
102	江苏海狮泵业制造有限公司	8 450	1 481	637	5 784	8 205	6 199
103	江苏飞跃机泵制造有限公司	12 888	5 028	782	4 545	12 074	10 257
104	江苏庆功泵业有限公司	900	931	46	911	720	602
105	泰州泰东泵业有限公司	1 345	723	116	1 620	1 339	857
106	江苏亚太水工机械有限公司	34 260	8 254	801	24 651	30 189	17 012
107	安徽三联泵业股份有限公司	18 218	8 719	709	19 662	17 675	11 666
108	芜湖水泵制造有限公司	515	131	35	1 019	510	444
109	长沙水泵厂有限公司	53 860	9 282	1 819	65 981	53 132	42 276

（续）

序号	企业名称	工业总产值（万元）	工业增加值（万元）	从业人员平均人数（人）	年末资产总额（万元）	产品销售收入（万元）	产品销售成本（万元）
110	广东省佛山水泵厂有限公司	68 583	22 151	907	51 154	68 911	53 702
111	广州广一集团有限公司	18 179	5 736	580	16 612	17 088	11 850
112	河南省豫通企业(集团)公司新乡水泵厂	3 426	965	879	6 887	1 915	1 524
113	宜昌三峡泵业制造有限公司	6 216	1 016	506	7 904	5 604	4 302
114	郑州电力机械厂	16 641	3 607	506	21 277	16 585	12 510
115	漯河腾龙泵业有限责任公司	1 237	388	268	3 772	1 499	1 178
116	广州水泵厂	3 232	915	211	2 983	3 442	2 883
117	桂林市水泵厂	1 948	872	318	8 365	1 993	1 358
118	广西贺州市八步机械厂	277	115	139	2 264	275	238
119	襄樊五二五泵业有限公司	15 547	3 444	390	12 907	15 183	10 292
120	湖北省天门泵业有限公司	4 181	1 971	327	2 716	3 126	2 645
121	湖北金源特种泵制造有限公司	380	23	98	520	395	215
122	广州市白云泵业集团有限公司	31 327	7 481	767	20 354	30 933	22 697
123	长沙天鹅工业泵股份有限公司	19 500	6 587	409	11 227	13 804	12 987
124	湖北扬子江泵业有限责任公司	6 500	2 169	315	6 338	6 210	3 992
125	广东凌霄泵业股份有限公司	2 921	936	720	11 374	20 113	19 739
126	湖北省神珑泵业有限责任公司	8 625	920	406	5 917	8 527	6 778
127	重庆水泵厂有限责任公司	30 159	9 195	951	34 781	31 194	20 688
128	重庆工业泵厂	204	97	84	378	312	261
129	四川新达泵业有限责任公司	3 150	1 102	352	3 119	3 048	2 269
130	自贡凉高山水泵制造有限公司	318	165	50	1 245	358	301
131	四川省自贡工业泵有限责任公司	4 383	861	825	4 319	3 884	2 925
132	四川三台剑门泵业有限公司	5 000	2 412	250	5 679	3 804	2 923
133	昆明水泵厂	3 288	704	310	5 328	2 468	1 600
134	四川省南部嘉陵泵业制造有限公司	6 150	2 223	165	2 979	5 565	4 788
135	重庆明珠机电有限公司	5 200	2 024	116	3 460	4 102	2 222
136	重庆第四水泵厂	2 529	515	178	1 583	2 820	2 298
137	成都飞泉泵业有限公司	579	189	116	3 761	457	336
138	贵州省都匀水泵厂	1 016	409	220	1 782	951	707
139	成都西南水泵厂	9 835	2 980	402	11 710	9 826	7 109

2006 年中国通用机械工业协会泵业分会会员单位经济效益指标

序号	企业名称	综合指数（%）	总资产贡献率（%）	资产保值增值率（%）	资产负债率（%）	流动资产周转率（次）	成本费用利润率（%）	全员劳动生产率（元/人）	产品销售率（%）
1	沈阳水泵股份有限公司	87.48	−0.81	103.33	75.65	0.50	0.29	84 493	79.04
2	沈阳潜水电泵股份有限公司	160.69	3.45	362.52	7.33	0.55	3.74	101 299	96.01
3	沈阳铸造有限公司	55.12	−0.68	154.41	128.10	0.84	−3.29	43 923	97.92
4	沈阳沈泵泵业制造有限公司	83.33	1.45	99.74	8.85	1.07	0.11	55 593	79.00
5	大连大耐泵业有限公司	143.23	3.72	150.93	63.31	1.27	0.42	127 750	100.45
6	大连深蓝泵业有限公司	299.96	25.50	129.71	40.00	2.09	16.60	208 148	100.00
7	本溪水泵有限责任公司	123.46	14.65	114.77	56.14	1.58	3.95	37 544	106.37
8	辽宁恒星泵业有限公司	178.51	17.54	118.08	61.90	1.52	11.03	85 100	76.42

（续）

序号	企业名称	综合指数（%）	总资产贡献率（%）	资产保值增值率（%）	资产负债率（%）	流动资产周转率（次）	成本费用利润率（%）	全员劳动生产率（元/人）	产品销售率（%）
9	丹东克隆集团有限责任公司	177.32	13.45	121.94	47.23	0.74	17.48	59 010	109.73
10	沈阳第一水泵厂	13.69	-5.54	119.90	123.43	0.91	-11.22	67 560	55.73
11	哈尔滨第二水泵厂	77.03	2.23	203.83	72.32	0.58	2.57	15 089	94.56
12	沈阳启源工业泵制造有限公司	189.76	17.79	103.55	26.46	4.43	4.71	79 091	82.91
13	朝阳高新泵业有限公司	-26.20	-1.37	102.96	157.54	0.14	-14.52	35 333	87.59
14	肇东市华宇泵业有限公司	124.95	24.50	100.00	92.72	3.23	-0.13	30 928	100.00
15	东港市水泵厂	60.26	6.30	104.39	117.28	1.82	-0.27	16 170	95.91
16	锦州市劲功泵业有限公司	134.75	6.32	100.00	13.79	2.44	-0.17	100 000	100.00
17	盖州水泵厂	53.17	5.08	98.78	85.45	0.40		14 200	100.00
18	海城三鱼泵业有限公司	89.15	4.93	102.59	37.53	1.16	2.75	31 396	98.73
19	大连挠叠联轴器厂	183.51	22.54	113.98	24.61	1.32	18.04	32 333	100.00
20	沈阳滑动轴承厂	29.60	7.87	119.59	174.68	0.78	-1.83	18 750	68.18
21	沈阳第三水泵厂	80.98	2.01	101.50	67.86	0.42	2.77	43 450	97.04
22	长春贝特泵业制造有限公司	24.80	-0.83	94.40	57.33	0.46	-5.83	8 113	100.00
23	沈阳第二水泵厂	91.56	5.63	101.83	42.64	1.44	1.74	36 336	93.64
24	埃梯梯飞力(沈阳)泵业有限公司	213.49	3.91	99.66	53.16	1.47	2.72	231 851	100.27
25	北京第一水泵厂有限公司	93.78	4.81	84.24	65.37	1.27	0.75	62 221	74.80
26	北京金龙泉泵业有限公司	76.13	4.16	102.00	78.75	1.01	0.93	35 222	100.26
27	天津泵业机械集团有限公司	98.59	5.18	106.16	84.09	1.10	-0.70	80 667	94.78
28	天津市耐酸泵总厂	112.84	-4.20	1 235.19	108.80	0.32	-21.72	39 546	99.60
29	河北宏业机械股份有限公司	102.89	10.71	101.83	61.72	1.93	1.82	31 638	93.73
30	石家庄石通水泵制造有限公司	110.50	2.58	98.21	79.17	1.11	0.66	99 688	92.06
31	保定水泵厂	-175.21	-6.56	136.69	332.59	0.31	-50.48	-8 855	86.11
32	唐山市水泵厂	131.64	16.01	109.33	65.41	1.75	4.26	49 426	99.35
33	河北恒盛泵业股份有限公司	157.88	19.58	87.61	47.27	1.78	8.80	55 289	98.51
34	武安市宏泰机械泵业有限公司	139.13	10.01	102.23	50.90	0.99	5.96	81 200	77.94
35	石家庄强大泵业集团有限责任公司	105.47	4.76	251.73	30.84	0.62	1.62	42 158	97.86
36	阳泉水泵厂有限责任公司	60.70	3.15	165.74	62.43	0.50	-3.75	31 374	86.29
37	阳泉市平坦泵业有限公司	41.41	3.88	94.15	48.91	0.36	-4.41	9 298	126.15
38	山西黎城波涛泵业有限公司	-87.50	-2.96	27.14	96.35	0.29	-28.45	19 531	44.58
39	西安泵阀总厂有限公司	111.97	7.20	281.64	83.63	1.30	2.12	36 141	98.11
40	陕西扶龙机电制造有限公司	104.32	6.51	154.47	52.43	0.95	5.39	23 498	98.11
41	陕西德泉水泵排灌机械有限责任公司	-59.85	-2.71	62.29	93.07	0.19	-22.13	11 778	69.23
42	新疆新标紧固件泵业有限责任公司	74.74	3.68	101.90	31.43	0.68	1.62	28 119	91.50
43	兰州水泵总厂	38.78	3.34	-27.29	93.65	0.66	0.10	30 147	67.50
44	宝鸡水泵厂	11.11	2.00	237.54	157.90	0.38	-15.28	29 500	86.62
45	新疆潜水泵厂	41.76	1.74	96.90	58.01	0.19	-3.43	18 846	93.13
46	上海华联泵业有限公司	442.27	44.57	126.11	40.12	1.16	49.00	202 735	80.67
47	上海凯士比泵有限公司	344.46	9.89	162.62	75.42	1.20	5.23	414 969	102.02
48	上海凯泉泵业(集团)有限公司	150.09	13.82	118.86	62.86	1.93	7.08	64 323	92.64
49	上海连成(集团)有限公司	212.23	27.67	106.78	36.41	2.64	11.14	87 797	95.51
50	上海大隆机器有限公司	70.37	2.39	113.08	70.35	1.50	2.88	2 833	107.14
51	上海东方泵业(集团)有限公司	225.96	26.18	106.70	49.95	3.22	8.28	117 596	99.30
52	上海深井泵厂有限公司	145.22	10.12	102.81	89.74	1.66	0.31	128 302	105.12
53	上海第一水泵厂有限公司	100.58	7.05	101.04	47.25	1.54	0.80	49 898	99.42
54	宣达实业集团有限公司	309.07	17.76	143.40	41.75	2.36	9.27	285 672	98.86

（续）

序号	企业名称	综合指数（%）	总资产贡献率（%）	资产保值增值率（%）	资产负债率（%）	流动资产周转率（次）	成本费用利润率（%）	全员劳动生产率（元/人）	产品销售率（%）
55	杭州大路实业有限公司	95.26	5.91	102.68	69.70	0.67	3.40	47 899	96.03
56	杭州斯莱特泵业有限公司	29.75	-1.20	96.55	25.23	1.00	-4.66	-551	112.00
57	浙江真空设备集团有限公司	99.40	5.31	96.22	49.54	1.04	0.89	61 558	101.27
58	建德市新安江矿山机械有限公司	75.71	4.89	100.00	40.04	0.24	5.03	12 083	93.18
59	浙江水泵总厂有限公司	141.80	10.97	113.89	61.81	1.27	3.28	93 184	98.00
60	嘉利特荏原泵业有限公司	298.07	21.93	101.31	59.53	1.55	26.55	171 983	87.67
61	丰球集团有限公司	430.58	17.27	107.29	56.27	2.17	9.22	500 397	92.26
62	上海莲盛泵业制造有限公司	242.86	14.65	217.33	48.99	1.19	8.91	191 414	96.60
63	中泉集团有限公司	215.31	19.81	100.72	57.12	1.65	13.64	118 037	100.19
64	浙江太平洋泵业制造有限公司	93.39	6.34	131.86	61.03	0.61	2.46	38 596	100.28
65	杭州南方特种泵业有限公司	173.76	19.75	152.87	45.87	1.34	13.69	44 971	91.06
66	杭州碱泵有限公司	272.93	22.90	106.36	39.35	2.70	8.94	218 434	82.54
67	上海申工泵业制造有限公司	70.09	4.47	116.91	31.92	1.39	1.74	923	97.98
68	台州中山泵业有限公司	81.50	3.93	123.98	95.15	1.67	1.10	36 537	98.86
69	上海水泵制造有限公司	150.75	4.45	177.18	56.87	0.62	1.11	135 882	97.50
70	上海工业泵制造有限公司	187.87	11.27	110.11	55.80	1.41	5.15	152 475	97.04
71	上海山川泵业制造有限公司	196.51	3.40	100.59	67.46	1.15	1.75	224 118	97.61
72	上海熊猫机械(集团)有限公司	199.14	17.91	100.00	47.40	3.93	6.24	100 084	128.21
73	上海上泵(集团)有限公司	206.09	18.37	115.91	35.67	2.90	12.35	93 897	90.31
74	杭州振兴工业泵制造有限公司	161.50	15.81	112.88	47.29	2.24	6.36	74 615	100.00
75	浙江省江山市伟懋制泵有限公司	134.62	3.60	102.12	71.17	0.53	0.96	136 418	104.14
76	浙江新界泵业有限公司	252.88	9.78	107.11	58.95	3.09	24.46	119 064	98.41
77	台州新宏基泵业有限责任公司	132.90	7.59	96.80	58.08	3.26	2.95	61 125	95.34
78	上海阿波罗机械制造有限公司	125.69	2.68	110.02	85.68	0.82	1.92	120 274	100.00
79	山东博泵科技股份有限公司	171.52	14.79	118.23	67.00	1.30	6.36	112 136	99.13
80	山东双轮集团股份有限公司	133.68	10.27	108.97	61.36	1.53	5.54	65 132	95.31
81	南京蓝深制泵集团股份有限公司	237.54	11.90	196.05	47.39	2.04	3.93	212 509	98.90
82	江苏振华泵业制造有限公司	218.75	21.16	184.16	67.08	1.84	8.91	132 288	94.77
83	常州东申泵业有限公司	252.08	23.95	135.30	31.61	1.39	13.06	165 350	104.00
84	高邮市水泵厂有限责任公司	115.55	6.28	102.50	84.19	1.49	1.17	88 141	94.99
85	山东省潍坊生建集团	605.44	7.34	3 715.53	94.09	0.97	3.56	95 688	100.36
86	山东华成集团有限公司	111.46	7.33	101.94	81.55	1.08	0.73	85 774	97.86
87	靖江市亚太泵业有限公司	154.68	23.31	123.71	58.42	1.57	8.77	33 714	100.18
88	山东亚龙泵业集团总公司	183.61	17.92	98.02	43.67	2.81	4.52	112 138	90.76
89	无锡市锡泵制造有限公司	116.76	4.85	125.55	93.50	0.59	6.19	76 361	100.20
90	江西新瑞洪泵业有限公司	127.57	14.33	102.03	37.92	2.23	4.46	39 560	91.47
91	赣州水泵制造有限公司	100.03	8.69	98.34	75.48	1.20	4.65	34 390	96.92
92	埃梯梯古尔兹制泵(南京)有限公司	314.62	25.49	132.21	46.48	1.39	20.67	217 897	100.00
93	淄博真空设备厂有限公司	97.20	5.95	106.03	70.70	1.21	2.07	49 806	97.23
94	山东同泰集团股份有限公司	150.63	12.21	114.58	60.40	1.54	6.39	67 602	150.14
95	安徽莱恩电泵有限公司	151.30	13.96	114.83	58.64	1.82	9.30	51 717	100.00
96	博山第二水泵厂有限公司	69.32	4.75	134.65	67.53	0.63	1.77	13 103	87.73
97	山东省章丘鼓风机厂有限公司	215.14	19.16	112.09	53.28	2.07	14.81	104 326	94.88
98	扬州长江水泵有限公司	174.86	26.25	116.11	45.48	4.57	3.04	46 531	99.92
99	苏州滨特尔水处理有限公司	195.71	20.48	176.41	36.26	2.30	11.63	69 485	97.29
100	烟台恒邦泵业有限公司	196.12	21.23	96.34	20.28	2.92	9.83	86 485	98.28

（续）

序号	企业名称	综合指数（%）	总资产贡献率（%）	资产保值增值率（%）	资产负债率（%）	流动资产周转率（次）	成本费用利润率（%）	全员劳动生产率（元/人）	产品销售率（%）
101	山东长志泵业有限公司	204.85	17.19	131.80	49.66	1.52	11.53	118 830	93.20
102	江苏海狮泵业制造有限公司	165.12	24.77	139.27	51.07	3.29	7.58	23 250	96.71
103	江苏飞跃机泵制造有限公司	178.04	24.38	111.62	29.81	4.02	3.58	64 297	99.01
104	江苏庆功泵业有限公司	196.60	8.35	102.76	42.81	0.98	2.89	202 391	88.89
105	泰州泰东泵业有限公司	155.64	14.80	124.50	65.19	1.01	10.53	62 328	99.55
106	江苏亚太水工机械有限公司	205.61	22.20	127.27	46.04	2.03	10.57	103 046	93.96
107	安徽三联泵业股份有限公司	195.36	13.80	127.77	30.65	2.26	8.06	122 976	98.00
108	芜湖水泵制造有限公司	51.94	-0.72	95.26	56.62	0.84	-4.20	37 429	99.03
109	长沙水泵厂有限公司	111.12	8.15	111.64	78.59	1.65	3.65	51 030	100.66
110	广东省佛山水泵厂有限公司	300.03	23.00	130.80	58.29	2.00	12.25	244 219	100.48
111	广州广一集团有限公司	185.91	16.54	101.77	51.07	1.47	11.01	98 903	99.53
112	河南省豫通企业(集团)公司新乡水泵厂	32.59	0.90	95.47	73.26	0.57	-4.10	10 974	98.57
113	宜昌三峡泵业制造有限公司	119.16	11.55	137.16	32.52	2.27	5.94	20 079	76.01
114	郑州电力机械厂	99.32	4.20	116.21	82.07	1.00	0.76	71 285	108.15
115	漯河腾龙泵业有限责任公司	45.99	2.63	70.93	89.56	0.61	0.07	14 478	99.11
116	广州水泵厂	128.46	9.13	94.82	29.14	3.29	3.90	43 374	98.02
117	桂林市水泵厂	55.32	1.00	100.85	75.65	0.36		27 418	92.61
118	广西贺州市八步机械厂	-54.61	-2.97	87.23	62.23	0.36	-25.01	8 273	101.44
119	襄樊五二五泵业有限公司	241.99	30.14	212.20	52.17	1.86	15.97	88 308	97.66
120	湖北省天门泵业有限公司	137.57	24.07	100.79	81.11	1.79	1.60	60 275	98.06
121	湖北金源特种泵制造有限公司	122.09	24.04	98.36	42.31	2.03	4.39	2 347	103.95
122	广州市白云泵业集团有限公司	208.81	22.89	135.13	38.35	2.37	10.62	97 536	98.93
123	长沙天鹅工业泵股份有限公司	243.11	24.26	180.30	47.53	2.14	7.86	161 042	98.56
124	湖北扬子江泵业有限责任公司	171.11	15.05	147.27	64.22	3.09	7.30	68 857	94.62
125	广东凌霄泵业股份有限公司	248.07	15.51	119.90	30.55	14.87	7.10	13 000	71.79
126	湖北省神珑泵业有限责任公司	265.80	31.63	133.15	22.61	10.90	11.18	22 660	98.86
127	重庆水泵厂有限责任公司	201.79	19.05	112.65	49.35	1.14	14.79	96 688	99.58
128	重庆工业泵厂	22.26	0.59	108.61	170.11	0.96	-5.64	11 548	84.80
129	四川新达泵业有限责任公司	78.04	5.53	11.99	84.45	1.56	3.68	31 307	97.46
130	自贡凉高山水泵制造有限公司	77.49	2.20	116.90	93.33	0.38	3.79	33 000	131.13
131	四川省自贡工业泵有限责任公司	92.93	8.68	202.43	53.65	1.37	0.31	10 436	123.02
132	四川三台剑门泵业有限公司	187.22	16.61	106.94	22.96	1.08	12.53	96 480	99.60
133	昆明水泵厂	55.53	0.22	116.57	56.29	1.12	-2.44	22 710	88.26
134	四川省南部嘉陵泵业制造有限公司	208.07	17.94	100.68	20.17	3.01	6.75	134 727	90.49
135	重庆明珠机电有限公司	281.82	29.87	123.37	26.01	1.65	16.71	174 483	92.31
136	重庆第四水泵厂	105.63	14.54	111.00	85.34	2.33	1.12	28 933	107.20
137	成都飞泉泵业有限公司	-198.68	-4.96	-19.00	104.55	0.39	-56.67	16 293	97.58
138	贵州省都匀水泵厂	73.43	7.45	113.49	47.14	0.70	0.32	18 591	96.16
139	成都西南水泵厂	161.33	10.52	113.12	36.60	1.35	11.35	74 129	99.91

2006 年中国通用机械工业协会泵业分会

序号	产品名称	合计			各地区合计					
					东北			华北		
		生产量	销售量	库存量	生产量	销售量	库存量	生产量	销售量	库存量
	合计	5 933 751	5 765 407	390 083	327 542	342 529	88 464	60 802	58 241	13 150
1	单级单吸清水离心泵	1 020 087	1 008 962	68 836	96 801	111 558	21 585	5 795	4 943	2 505
2	单级双吸清水离心泵	51 332	50 689	2 484	1 694	1 659	41	734	731	157
	其中:32in 以上	4 758	4 755	12	92	92				
3	多级离心泵	288 550	275 474	24 680	20 865	21 481	5 831	3 988	3 473	1 060
	其中:6in 以上	1 373	1 345	23						
4	锅炉给水泵	14 260	13 815	1 419	543	572	127	715	680	280
	其中:高压锅炉给水泵	830	835	83	30	30				
5	轴流泵	259 688	254 615	6 371	7	6		174	174	
6	混流泵(斜流泵)	364 379	353 355	11 812	1 467	1 150	864			
7	旋涡泵	1 362 925	1 372 532	34 834	80 895	90 430	16 133	558	555	1 535
8	冷凝泵	2 644	2 433	373	462	361	117			
9	热水泵	19 797	19 714	998	1 535	1 518	149	400	416	109
10	船用泵	11 349	10 191	1 285	64	60	5	2 751	2 225	346
11	深井泵	58 635	57 200	2 468	121	126	60	19	19	17
	其中:长轴深井泵	1 644	1 667	50						
12	潜水电泵	847 365	812 814	97 656	72 493	74 949	29 790	4 133	4 129	220
	其中:深井潜水电泵	57 509	54 041	20 575	45 431	41 816	19 255	1 101	897	268
	小型潜水电泵	266 576	247 663	37 282	20 296	26 384	10 460			
13	喷灌泵	31 700	34 982	2 758	4 572	6 638	2 110			
14	微型泵	1 228	2 739	117				212	212	
15	屏蔽泵	8 318	8 251	180				143	140	9
16	离心油泵(化工流程泵)	45 777	45 346	3 898	3 249	3 212	100	4 876	4 328	2 745
17	耐腐蚀泵	33 974	32 442	3 699	6 587	6 446	985	2 570	2 404	562
	其中:塑料泵	1 912	1 807	205						
18	液下泵	13 334	12 679	788	289	289		82	65	20
19	齿轮泵	18 857	18 904	1 449	171	140	31	15 019	15 122	1 381
20	螺杆泵	90 673	92 386	5 607	6	4	2	11 391	11 342	784
21	污水泵	965 320	887 267	74 563	13 694	240	601	995	1 067	267
22	泥浆泵	8 013	7 431	1 189	20	12	8	373	385	148
23	灰渣泵	9 330	8 845	1 403	120	120		2 293	2 409	441
24	胶泵	1 560	1 456	593				913	1 044	163
25	砂泵	93	87	22				18	13	16
26	水环真空泵及压缩机	9 379	9 079	1 194	12	12		164	162	6
27	机械真空泵	4 117	3 968	332						
28	往复真空泵	431	452	77						
29	电动往复泵	575	562	110	126	132	46		3	11
	其中:高压电动往复泵	247	264	38	74	84	30			
30	蒸气往复泵	1 135	1 133	90	38	35	8	26	18	30
31	计量泵(比例泵)	1 276	1 231	454	450	399	238			
32	试压泵	36	33	54				36	33	54
33	手摇泵	3 305	2 802	503						
34	管道泵	235 817	220 813	27 381	18 116	17 444	8 588	924	927	94
35	其他泵	148 492	140 656	10 346	3 145	3 536	1 045	1 500	1 222	190

会员单位主要产品产、销、存情况

(单位:台)

各地区合计											
西北			华东			中南			西南		
生产量	销售量	库存量	生产量	销售量	库存量	生产量	销售量	库存量	生产量	销售量	库存量
7 642	7 726	1 999	4 570 831	4 422 101	232 045	915 739	885 354	48 391	51 195	49 456	6 034
755	629	333	790 719	771 881	29 967	104 089	98 761	11 435	21 928	21 190	3 011
385	347	146	31 494	31 175	1 149	8 802	8 762	464	8 223	8 015	527
			4 189	4 189		168	168	9	309	306	3
98	97	-21	221 089	209 036	15 670	37 610	36 652	1 259	4 900	4 735	881
			648	642	14	428	410	5	297	293	4
1	1	97	9 836	9 518	714	2 312	2 235	71	853	809	130
			618	620	69	160	163	14	22	22	
			7 958	7 673	532	251 484	246 697	5 839	65	65	
			3 974	3 993	122	358 937	348 210	10 826	1	2	
		17	1 276 045	1 275 946	16 218	5 376	5 550	931	51	51	
			1 543	1 427	238	573	579	18	66	66	
18	57	183	15 174	15 156	324	341	366	43	2 329	2 201	190
			4 219	3 833	648	5	13	36	4 310	4 060	250
			36 034	34 949	2 006	22 078	21 729	388	383	377	-3
			1 080	1 114	39	224	220	4	340	333	7
5 152	5 382	953	704 772	672 993	56 504	60 184	54 730	10 189	631	631	
4 094	4 449	782	3 776	3 828	214	2 476	2 420	56	631	631	
483	402	33	233 747	208 928	26 688	12 050	11 949	101			
			26 182	27 495	551	946	849	97			
			1 012	2 523	117	4	4				
			7 497	7 433	171	653	653		25	25	
61	57	64	36 813	36 958	859	630	629	71	148	162	59
852	810	115	18 736	17 837	1 393	5 017	4 778	585	212	167	59
			1 912	1 807	205						
18	22	15	9 485	9 213	518	2 649	2 309	205	811	781	30
			1 928	1 928	2	1 705	1 692	14	34	22	21
		19	78 444	80 246	4 764	383	365	18	449	429	20
5		12	940 786	876 498	72 284	8 593	8 291	1 307	1 247	1 171	92
2	2		3 187	3 078	238	1 781	1 351	741	2 650	2 603	54
		11	4 810	4 710	239	2 028	1 528	704	79	78	8
						647	412	430			
						18	17	1	57	57	5
27	34	-1	5 485	5 169	899	3 631	3 649	283	60	53	7
			2 312	2 175	320	1 805	1 793	12			
2	2		429	450	77						
13	13		195	202	8	132	132		109	80	45
			173	180	8						
2	2		1 069	1 078	52						
			2	2					824	830	216
			3 305	2 802	503						
			185 859	172 314	16 626	30 734	29 943	2 041	184	185	32
251	271	56	140 438	132 341	8 272	2 592	2 675	383	566	611	400

序号	产品名称	东北地区								
		沈阳水泵股份有限公司			沈阳潜水电泵股份有限公司			大连大耐泵业有限公司		
		生产量	销售量	库存量	生产量	销售量	库存量	生产量	销售量	库存量
	合　计	685	805	154	6 700	6 683	75	6 445	6 313	972
1	单级单吸清水离心泵									
2	单级双吸清水离心泵									
	其中:32in 以上									
3	多级离心泵	2	2							
	其中:6in 以上									
4	锅炉给水泵	114	145							
	其中:高压锅炉给水泵									
5	轴流泵									
6	混流泵(斜流泵)									
7	旋涡泵									
8	冷凝泵	145	92	53						
9	热水泵									
10	船用泵									
11	深井泵									
	其中:长轴深井泵									
12	潜水电泵				6 700	6 683	75			
	其中:深井潜水电泵									
	小型潜水电泵									
13	喷灌泵									
14	微型泵									
15	屏蔽泵									
16	离心油泵(化工流程泵)									
17	耐腐蚀泵							6 445	6 313	972
	其中:塑料泵									
18	液下泵									
19	齿轮泵									
20	螺杆泵									
21	污水泵									
22	泥浆泵									
23	灰渣泵									
24	胶泵									
25	砂泵									
26	水环真空泵及压缩机									
27	机械真空泵									
28	往复真空泵									
29	电动往复泵									
	其中:高压电动往复泵									
30	蒸气往复泵									
31	计量泵(比例泵)									
32	试压泵									
33	手摇泵									
34	管道泵									
35	其他泵	424	566	101						

(单位:台)(续)

东北地区											
大连深蓝泵业有限公司			本溪水泵有限责任公司			辽宁恒星泵业有限公司			丹东克隆集团有限责任公司		
生产量	销售量	库存量	生产量	销售量	库存量	生产量	销售量	库存量	生产量	销售量	库存量
3 374	3 374		786	763	338	2 330	2 049	386	507	507	
305	305					127	162	5			
						89	76	13			
6	6										
			28	24	5						
						15	20	60			
2 804	2 804					108	85	23			
						28	19	9			
259	259										
						171	140	31			
						6	4	2			
						6	2	4			
						10	2	8			
			126	132	46						
			74	84	30						
			38	35	8						
			450	399	238						
						34	26	8			
			144	173	41	1 736	1 513	223	507	507	

序号	产品名称	东北地区								
		沈阳第一水泵厂			哈尔滨第二水泵厂			沈阳启源工业泵制造有限公司		
		生产量	销售量	库存量	生产量	销售量	库存量	生产量	销售量	库存量
	合　计	649	544	143	1 026	1 021	233	926	918	8
1	单级单吸清水离心泵	147	84	33	100	144	97	130	130	
2	单级双吸清水离心泵	74	74	1				46	46	
	其中:32in 以上	52	52							
3	多级离心泵				282	261	34	280	280	
	其中:6in 以上									
4	锅炉给水泵	54	59	7	27	22	13	160	158	2
	其中:高压锅炉给水泵							30	30	
5	轴流泵									
6	混流泵(斜流泵)							20	20	
7	旋涡泵									
8	冷凝泵	140	96	54				148	148	
9	热水泵	12	12		505	492	79	50	50	
10	船用泵							36	36	
11	深井泵									
	其中:长轴深井泵									
12	潜水电泵									
	其中:深井潜水电泵									
	小型潜水电泵									
13	喷灌泵									
14	微型泵									
15	屏蔽泵									
16	离心油泵(化工流程泵)	105	103	47	100	90	10	36	30	6
17	耐腐蚀泵	87	87					20	20	
	其中:塑料泵									
18	液下泵									
19	齿轮泵									
20	螺杆泵									
21	污水泵	3	2	1						
22	泥浆泵									
23	灰渣泵									
24	胶泵									
25	砂泵									
26	水环真空泵及压缩机				12	12				
27	机械真空泵									
28	往复真空泵									
29	电动往复泵									
	其中:高压电动往复泵									
30	蒸气往复泵									
31	计量泵(比例泵)									
32	试压泵									
33	手摇泵									
34	管道泵									
35	其他泵	27	27							

（单位：台）（续）

东北地区											
朝阳高新泵业有限公司			肇东市华宇泵业有限公司			东港市水泵厂			锦州市劲功泵业有限公司		
生产量	销售量	库存量	生产量	销售量	库存量	生产量	销售量	库存量	生产量	销售量	库存量
349	416	771	160	160		110	97	109	5 500	5 340	160
59	87	121							2 200	2 100	100
									1 500	1 460	40
									40	40	
18	24	18							1 000	980	20
99	112	92									
						110	97	109			
90	86	270									
57	53	70							800	800	
				30	30						
			10	10							
			120	120							
26	54	200									

序号	产 品 名 称	东北地区								
		盖州水泵厂			海城三鱼泵业有限公司			沈阳第三水泵厂		
		生产量	销售量	库存量	生产量	销售量	库存量	生产量	销售量	库存量
	合 计	172	172		282 765	311 509	84 711	1 500	1 220	280
1	单级单吸清水离心泵				93 491	108 485	21 054	510	360	150
2	单级双吸清水离心泵									
	其中:32in 以上									
3	多级离心泵				17 759	18 508	5 611	990	860	130
	其中:6in 以上									
4	锅炉给水泵									
	其中:高压锅炉给水泵									
5	轴流泵									
6	混流泵(斜流泵)				1 337	1 033	755			
7	旋涡泵				80 754	90 311	15 810			
8	冷凝泵									
9	热水泵									
10	船用泵									
11	深井泵	106	106							
	其中:长轴深井泵									
12	潜水电泵	66	66		65 727	68 200	29 715			
	其中:深井潜水电泵				45 431	41 816	19 255			
	小型潜水电泵				20 296	26 384	10 460			
13	喷灌泵				4 572	6 638	2 110			
14	微型泵									
15	屏蔽泵									
16	离心油泵(化工流程泵)									
17	耐腐蚀泵									
	其中:塑料泵									
18	液下泵									
19	齿轮泵									
20	螺杆泵									
21	污水泵				782	236	596			
22	泥浆泵									
23	灰渣泵									
24	胶泵									
25	砂泵									
26	水环真空泵及压缩机									
27	机械真空泵									
28	往复真空泵									
29	电动往复泵									
	其中:高压电动往复泵									
30	蒸气往复泵									
31	计量泵(比例泵)									
32	试压泵									
33	手摇泵									
34	管道泵				18 082	17 418	8 580			
35	其他泵				261	680	480			

（单位:台）（续）

东北地区									华北地区		
长春贝特泵业制造有限公司			沈阳第二水泵厂			埃梯梯飞力（沈阳）泵业有限公司			北京第二水泵厂有限公司		
生产量	销售量	库存量	生产量	销售量	库存量	生产量	销售量	库存量	生产量	销售量	库存量
368	368		287	270	124	12 903			2 194	2 267	351
120	120		44	48	30				406	343	164
24	24		50	55							
92	92		10	7	13				482	544	69
			1								
			51	33	53				15	22	10
			29	25	10						
101	101		10	10					83	64	19
									143	140	9
31	31		65	69	14						
			7	7	4						
						12 903			263	360	
			20	16					802	794	80

序号	产品名称	华北地区								
		北京金龙泉泵业有限公司			天津泵业机械集团有限公司			天津市耐酸泵总厂		
		生产量	销售量	库存量	生产量	销售量	库存量	生产量	销售量	库存量
	合 计	1 608	1 656	164	12 570	11 965	1 000	585	585	
1	单级单吸清水离心泵	832	878	81						
2	单级双吸清水离心泵									
	其中:32in 以上									
3	多级离心泵	142	132	17						
	其中:6in 以上									
4	锅炉给水泵	16	15	1						
	其中:高压锅炉给水泵									
5	轴流泵									
6	混流泵(斜流泵)									
7	旋涡泵	52	42	13						
8	冷凝泵									
9	热水泵									
10	船用泵				2 751	2 225	346			
11	深井泵									
	其中:长轴深井泵									
12	潜水电泵									
	其中:深井潜水电泵									
	小型潜水电泵									
13	喷灌泵									
14	微型泵									
15	屏蔽泵									
16	离心油泵(化工流程泵)									
17	耐腐蚀泵							585	585	
	其中:塑料泵									
18	液下泵	17	17							
19	齿轮泵				254	238	36			
20	螺杆泵				9 565	9 502	618			
21	污水泵									
22	泥浆泵									
23	灰渣泵									
24	胶泵									
25	砂泵									
26	水环真空泵及压缩机									
27	机械真空泵									
28	往复真空泵									
29	电动往复泵									
	其中:高压电动往复泵									
30	蒸气往复泵									
31	计量泵(比例泵)									
32	试压泵									
33	手摇泵									
34	管道泵	122	133	14						
35	其他泵	427	439	38						

(单位:台)(续)

华北地区											
河北宏业机械股份有限公司			石家庄石通水泵制造有限公司			保定水泵厂			唐山市水泵厂		
生产量	销售量	库存量	生产量	销售量	库存量	生产量	销售量	库存量	生产量	销售量	库存量
1 633	1 564	69	8 300	7 000	1 200	894	896	3 163	4 829	4 829	
			2 800	2 000	700	293	295	1 200	1 030	1 030	
						18	18	69	654	654	
			1 500	1 000	400	31	31	134	439	439	
									503	503	
									174	174	
						491	491	1 500			
						4	4	3	274	274	
						19	19	8			
			4 000	4 000	100	32	32	52			
			1 000	800	200						
									212	212	
1 630	1 562	68				2	2	101			
						2	2	48	351	351	
						2	2	48	207	207	
									89	89	
									162	162	
3	2	1							734	734	

序号	产品名称	华北地区								
		河北恒盛泵业股份有限公司			武安市宏泰机械泵业有限公司			石家庄强大泵业集团有限责任公司		
		生产量	销售量	库存量	生产量	销售量	库存量	生产量	销售量	库存量
	合　计	16 768	16 903	1 530	4 696	4 146	2 725	4 063	3 974	1 043
1	单级单吸清水离心泵									
2	单级双吸清水离心泵							43	19	39
	其中:32in 以上									
3	多级离心泵									
	其中:6in 以上									
4	锅炉给水泵									
	其中:高压锅炉给水泵									
5	轴流泵									
6	混流泵(斜流泵)									
7	旋涡泵									
8	冷凝泵									
9	热水泵									
10	船用泵									
11	深井泵									9
	其中:长轴深井泵									
12	潜水电泵							101	97	68
	其中:深井潜水电泵							101	97	68
	小型潜水电泵									
13	喷灌泵									
14	微型泵									
15	屏蔽泵									
16	离心油泵(化工流程泵)	177	179	19	4 696	4 146	2 725	3	3	1
17	耐腐蚀泵							2	2	33
	其中:塑料泵									
18	液下泵									
19	齿轮泵	14 765	14 884	1 345						
20	螺杆泵	1 826	1 840	166						
21	污水泵							345	324	207
22	泥浆泵							117	134	59
23	灰渣泵							2 293	2 409	441
24	胶泵							824	955	163
25	砂泵							18	13	16
26	水环真空泵及压缩机									
27	机械真空泵									
28	往复真空泵									
29	电动往复泵									
	其中:高压电动往复泵									
30	蒸气往复泵									
31	计量泵(比例泵)									
32	试压泵									
33	手摇泵									
34	管道泵									
35	其他泵							317	18	7

（单位:台）（续）

华北地区									西北地区		
阳泉水泵厂有限责任公司			阳泉市平坦泵业有限公司			山西黎城波涛泵业有限公司			西安泵阀总厂有限公司		
生产量	销售量	库存量	生产量	销售量	库存量	生产量	销售量	库存量	生产量	销售量	库存量
1 729	1 475	1 865	208	208		725	773	40	1 060	1 034	380
353	308	360	32	32		49	57		9	13	39
19	40	49									
589	489	413	158	158		647	680	27	20	15	16
172	135	279	18	18		6	9				69
		12									
34	64	80				5	10	7			70
									47	48	13
351	253	360							835	774	120
65	48	20							18	22	15
16	13	6				18	17	6			
47	42	41									
											11
2		6							27	34	-1
	3	11									
26	18	30									
36	33	54									
19	29	144							104	128	28

序号	产品名称	西北地区								
		陕西扶龙机电制造有限公司			陕西德泉水泵排灌机械有限责任公司			新疆新标紧固件泵业有限责任公司		
		生产量	销售量	库存量	生产量	销售量	库存量	生产量	销售量	库存量
	合　计	3 052	3 307	321	575	531	138	107	107	
1	单级单吸清水离心泵							106	106	
2	单级双吸清水离心泵									
	其中:32in 以上									
3	多级离心泵									
	其中:6in 以上									
4	锅炉给水泵							1	1	
	其中:高压锅炉给水泵									
5	轴流泵									
6	混流泵(斜流泵)									
7	旋涡泵									
8	冷凝泵									
9	热水泵	2	2							
10	船用泵									
11	深井泵									
	其中:长轴深井泵									
12	潜水电泵	3 050	3 305	321	575	531	138			
	其中:深井潜水电泵	2 567	2 903	288						
	小型潜水电泵	483	402	33						
13	喷灌泵									
14	微型泵									
15	屏蔽泵									
16	离心油泵(化工流程泵)									
17	耐腐蚀泵									
	其中:塑料泵									
18	液下泵									
19	齿轮泵									
20	螺杆泵									
21	污水泵									
22	泥浆泵									
23	灰渣泵									
24	胶泵									
25	砂泵									
26	水环真空泵及压缩机									
27	机械真空泵									
28	往复真空泵									
29	电动往复泵									
	其中:高压电动往复泵									
30	蒸气往复泵									
31	计量泵(比例泵)									
32	试压泵									
33	手摇泵									
34	管道泵									
35	其他泵									

(单位:台)(续)

西北地区									华东地区		
兰州水泵总厂			宝鸡水泵厂			新疆潜水泵厂			上海华联泵业有限公司		
生产量	销售量	库存量	生产量	销售量	库存量	生产量	销售量	库存量	生产量	销售量	库存量
1 155	1 039	580	166	162	86	1 527	1 546	494	2 270	1 735	535
640	510	294							91	78	13
385	347	146							91	89	2
78	82	-37							172	153	19
					28				73	73	
		4			13						
									60	59	1
16	55	108			5				48	37	11
									206	193	13
						1 527	1 546	494			
						1 527	1 546	494			
14	9	39			12						
17	36	-5									
		19									
5		12									
			2	2							
			2	2							
			13	13							
			2	2							
			147	143	28				1 529	1 053	476

序号	产品名称	华东地区								
		上海凯士比泵有限公司			上海凯泉泵业(集团)有限公司			上海连成(集团)有限公司		
		生产量	销售量	库存量	生产量	销售量	库存量	生产量	销售量	库存量
	合　计	2 518	2 615	104	109 930	110 323	2 793	150 242	149 836	581
1	单级单吸清水离心泵				54 903	55 630	825	57 571	57 122	201
2	单级双吸清水离心泵	856	878		7 285	7 202	436	2 258	2 256	43
	其中:32in 以上									
3	多级离心泵				4 190	4 286	176	4 181	4 197	2
	其中:6in 以上									
4	锅炉给水泵	132	135		881	884	137	453	454	12
	其中:高压锅炉给水泵	83	69		179	193	18			
5	轴流泵	14	14		693	659	83	1 095	1 096	18
6	混流泵(斜流泵)	93	97					433	432	10
7	旋涡泵									
8	冷凝泵	161	174	44	124	129	1			
9	热水泵	266	298		204	204		8 709	8 713	19
10	船用泵									
11	深井泵				179	174	14	2 310	2 315	34
	其中:长轴深井泵									
12	潜水电泵	232	206		35 274	35 070	871			
	其中:深井潜水电泵				2 225	2 285	187			
	小型潜水电泵				33 049	32 785	684			
13	喷灌泵									
14	微型泵									
15	屏蔽泵				3 069	3 057	109			
16	离心油泵(化工流程泵)	155	144		1 035	1 035		4 119		
17	耐腐蚀泵									
	其中:塑料泵									
18	液下泵				876	826	91	1 702	4 109	28
19	齿轮泵									
20	螺杆泵									
21	污水泵	81	85					36 516	1 735	19
22	泥浆泵				961	961				
23	灰渣泵									
24	胶泵								36 521	70
25	砂泵									
26	水环真空泵及压缩机				231	196	35			
27	机械真空泵									
28	往复真空泵									
29	电动往复泵									
	其中:高压电动往复泵									
30	蒸气往复泵									
31	计量泵(比例泵)									
32	试压泵									
33	手摇泵									
34	管道泵							5 103	5 102	18
35	其他泵	528	584	60	25	10	15	25 792	25 784	107

(单位:台)(续)

华东地区											
上海大隆机器有限公司			上海东方泵业(集团)有限公司			上海深井泵厂有限公司			上海第一水泵厂有限公司		
生产量	销售量	库存量	生产量	销售量	库存量	生产量	销售量	库存量	生产量	销售量	库存量
113	120	4	135 372	132 949	2 423	821	847	85	2 082	2 025	204
			54 514	53 533	981				860	826	144
			3 560	3 489	71				25	24	1
									10	10	
			21 046	20 667	379				866	861	35
									310	304	14
			218	218					250	240	11
									12	10	2
			21	21							
			684	684							
									19	18	1
			188	188					60	55	11
									2	1	1
			171	171		640	670	62			
						459	493	39			
			46 650	45 784	866	181	177	23			
						181	177	23			
			1 674	1 644	30						
			3 711	3 656	55						
113	120	4									
91	98	4									
			2 935	2 894	41						

序号	产品名称	华东地区								
		宣达实业集团有限公司			浙江真空设备集团有限公司			杭州大路实业有限公司		
		生产量	销售量	库存量	生产量	销售量	库存量	生产量	销售量	库存量
	合　计	1 403	1 408	21	3 181	212	65	1 499	1 540	267
1	单级单吸清水离心泵							121	141	19
2	单级双吸清水离心泵							32	25	9
	其中:32in 以上									
3	多级离心泵									
	其中:6in 以上									
4	锅炉给水泵									
	其中:高压锅炉给水泵									
5	轴流泵									
6	混流泵(斜流泵)									
7	旋涡泵									
8	冷凝泵									
9	热水泵									
10	船用泵									
11	深井泵									
	其中:长轴深井泵									
12	潜水电泵									
	其中:深井潜水电泵									
	小型潜水电泵									
13	喷灌泵									
14	微型泵									
15	屏蔽泵									
16	离心油泵(化工流程泵)							436	352	117
17	耐腐蚀泵	911	913	9				6	6	6
	其中:塑料泵									
18	液下泵	492	495	12						
19	齿轮泵									
20	螺杆泵									
21	污水泵							6	6	
22	泥浆泵									
23	灰渣泵									
24	胶泵									
25	砂泵									
26	水环真空泵及压缩机				169	160	45			
27	机械真空泵									
28	往复真空泵				55	52	20			
29	电动往复泵									
	其中:高压电动往复泵									
30	蒸气往复泵									
31	计量泵(比例泵)							2	2	
32	试压泵									
33	手摇泵									
34	管道泵									
35	其他泵				2 957			896	1 008	116

（单位：台）（续）

华东地区											
建德市新安江矿山机械有限公司			浙江水泵总厂有限公司			嘉利特荏原泵业有限公司			丰球集团有限公司		
生产量	销售量	库存量	生产量	销售量	库存量	生产量	销售量	库存量	生产量	销售量	库存量
387	306	198	3 034	2 922	811	761	751	104	941 690	869 180	72 350
187	104	96	159	155	17				142 000	128 000	14 000
			26	31	1						
			873	891	280	32	32				
			723	731	196	128	131	25			
						128	131	25			
			431	317	107						
			80	76	23	26	22	4			
									187 000	162 000	25 000
									187 000	162 000	25 000
			504	437	101	535	520	73			
200	200	100									
200	200	100									
	2	2							430 000	415 000	15 000
			52	53	19	27	31	2			
			6	7	11						
									140 000	127 000	13 000
			180	224	56	13	15		42 690	37 180	5 350

序号	产品名称	华东地区								
		上海莲盛泵业制造有限公司			中泉集团有限公司			浙江太平洋泵业制造有限公司		
		生产量	销售量	库存量	生产量	销售量	库存量	生产量	销售量	库存量
	合　计	21 350	20 969	1 459	31 438	31 438		9 134	9 180	66
1	单级单吸清水离心泵	2 025	1 938	384	3 500	3 500		650	652	7
2	单级双吸清水离心泵	232	185	67	1 500	1 500		924	920	11
	其中:32in 以上									
3	多级离心泵	2 590	2 649	77	7 969	7 969		1 217	1 230	6
	其中:6in 以上									
4	锅炉给水泵	1 121	1 156	35				153	158	
	其中:高压锅炉给水泵									
5	轴流泵	113	107	10						
6	混流泵(斜流泵)									
7	旋涡泵	432	325	190				22	22	
8	冷凝泵							15	15	
9	热水泵	1 563	1 596	42				27	27	
10	船用泵	96	84	31						
11	深井泵	202	202					417	425	2
	其中:长轴深井泵							253	253	
12	潜水电泵	158	158		9 060	9 060		635	638	6
	其中:深井潜水电泵							520	516	4
	小型潜水电泵							115	122	2
13	喷灌泵							30	30	
14	微型泵									
15	屏蔽泵									
16	离心油泵(化工流程泵)							427	427	
17	耐腐蚀泵	236	230	12				126	126	
	其中:塑料泵									
18	液下泵	234	232	7				744	748	1
19	齿轮泵							68	68	2
20	螺杆泵	129	125	8				39	39	
21	污水泵	4 962	4 871	209	9 409	9 409		135	134	1
22	泥浆泵	231	225	42				53	54	
23	灰渣泵									
24	胶泵									
25	砂泵									
26	水环真空泵及压缩机							14	14	
27	机械真空泵									
28	往复真空泵									
29	电动往复泵									
	其中:高压电动往复泵									
30	蒸气往复泵									
31	计量泵(比例泵)									
32	试压泵									
33	手摇泵									
34	管道泵	7 026	6 886	345				2 521	2 517	20
35	其他泵							917	936	10

（单位：台）（续）

华东地区											
杭州南方特种泵业有限公司			杭州碱泵有限公司			上海申工泵业制造有限公司			台州中山泵业有限公司		
生产量	销售量	库存量	生产量	销售量	库存量	生产量	销售量	库存量	生产量	销售量	库存量
110 400	101 539	8 472	4 112	3 870	242	755	764	11	1 428 389	1 426 693	15 033
						130	128	2	223 707	218 941	5 879
105 000	96 600	8 000									
			30	30							
									1 175 374	1 178 117	8 462
4 800	4 400	400									
									5 005	5 106	536
									647	647	
									4 358	4 459	536
									24 303	24 529	156
						230	227	3			
			4 043	3 804	239	265	260	5			
			177	146	31						
						40	39	1			
100	89	12				20	20				
500	450	60	39	36	3	90	90				

序号	产 品 名 称	华 东 地 区								
		上海水泵制造有限公司			上海工业泵制造有限公司			上海山川泵业制造有限公司		
		生产量	销售量	库存量	生产量	销售量	库存量	生产量	销售量	库存量
	合 计	2 273	6 310	225	426	426	29	4 860	4 541	319
1	单级单吸清水离心泵	1 342	2 890	171	80	82	4	799	759	40
2	单级双吸清水离心泵				52	53	10			
	其中:32in 以上									
3	多级离心泵	20	32	2	12	12		342	316	26
	其中:6in 以上				3	3				
4	锅炉给水泵				3	3				
	其中:高压锅炉给水泵				3	3				
5	轴流泵				11	11				
6	混流泵(斜流泵)	12	20	2						
7	旋涡泵	5	15		2	2				
8	冷凝泵				3	3				
9	热水泵				62	61	3	92	92	
10	船用泵							8	6	2
11	深井泵									
	其中:长轴深井泵									
12	潜水电泵									
	其中:深井潜水电泵									
	小型潜水电泵									
13	喷灌泵									
14	微型泵	269	1 073	17						
15	屏蔽泵	5	10							
16	离心油泵(化工流程泵)	40	805	3	66	64	5	28	28	
17	耐腐蚀泵				48	48	2	67	66	1
	其中:塑料泵									
18	液下泵									
19	齿轮泵									
20	螺杆泵									
21	污水泵	154	45	4	59	57	3	1 433	1 308	125
22	泥浆泵							516	434	82
23	灰渣泵									
24	胶泵									
25	砂泵									
26	水环真空泵及压缩机									
27	机械真空泵									
28	往复真空泵									
29	电动往复泵									
	其中:高压电动往复泵									
30	蒸气往复泵									
31	计量泵(比例泵)									
32	试压泵									
33	手摇泵									
34	管道泵				28	30	2	1 565	1 528	37
35	其他泵	426	1 420	26				10	4	6

华东地区											
上海熊猫机械（集团）有限公司			上海上泵（集团）有限公司			杭州振兴工业泵制造有限公司			浙江省江山市伟懋制泵有限公司		
生产量	销售量	库存量	生产量	销售量	库存量	生产量	销售量	库存量	生产量	销售量	库存量
76 431	76 431		12 884	11 787	1 097	2 300	2 300		6 368	6 960	729
16 808	16 808		811	766	45				3 004	3 349	212
			513	513					32	37	9
2 480	2 480		507	507							
17 003	17 003		160	160					284	273	62
			45	45							
			72	72	6				49	51	19
			18	18							
			322	316							
			180	180							
			166	152	14						
			233	233					177	149	93
			187	181	6						
									821	780	201
									821	780	201
									651	961	43
2 600	2 600										
			322	282	40				8	8	
			418	401	17				61	41	17
			113	104	9						
			451	433	18						
40 020	40 020		5 017	4 306	711				76	64	4
									105	109	5
			3 821	3 581	240				1 032	1 090	29
			211	211		2 300	2 300		68	48	35

序号	产品名称	华东地区								
		浙江新界泵业有限公司			台州新宏基泵业有限责任公司			上海阿波罗机械制造有限公司		
		生产量	销售量	库存量	生产量	销售量	库存量	生产量	销售量	库存量
	合　计	807 907	799 008	49 639	70 989	72 162	985	1 001	1 001	
1	单级单吸清水离心泵	177 816	176 352	4 857				49	49	
2	单级双吸清水离心泵							71	71	
	其中:32in 以上							71	71	
3	多级离心泵	1 602	1 813	129				4	4	
	其中:6in 以上							4	4	
4	锅炉给水泵									
	其中:高压锅炉给水泵									
5	轴流泵							16	16	
6	混流泵(斜流泵)									
7	旋涡泵	98 020	95 472	7 253						
8	冷凝泵							6	6	
9	热水泵							38	38	
10	船用泵									
11	深井泵	13 550	12 554	1 209	11 982	12 325	215	31	31	
	其中:长轴深井泵							31	31	
12	潜水电泵	377 672	370 009	24 904	7 590	7 421	258	121	121	
	其中:深井潜水电泵									
	小型潜水电泵				7 590	7 421	258			
13	喷灌泵	1 849	2 936	395						
14	微型泵	92	489	57						
15	屏蔽泵	20	20							
16	离心油泵(化工流程泵)							111	111	
17	耐腐蚀泵	5 897	5 681	488				325	325	
	其中:塑料泵									
18	液下泵							163	163	
19	齿轮泵							31	31	
20	螺杆泵	66 382	68 040	4 425	11 230	11 390	284			
21	污水泵	50 273	51 035	4 351	980	1 005	15			
22	泥浆泵									
23	灰渣泵									
24	胶泵									
25	砂泵									
26	水环真空泵及压缩机									
27	机械真空泵									
28	往复真空泵									
29	电动往复泵									
	其中:高压电动往复泵									
30	蒸气往复泵									
31	计量泵(比例泵)									
32	试压泵									
33	手摇泵									
34	管道泵	14 734	14 607	1 571				35	35	
35	其他泵				39 207	40 021	213			

（单位：台）（续）

华东地区											
山东博泵科技股份有限公司			山东双轮集团股份有限公司			南京蓝深制泵集团股份有限公司			江苏振华泵业制造有限公司		
生产量	销售量	库存量	生产量	销售量	库存量	生产量	销售量	库存量	生产量	销售量	库存量
23 693	23 064	425	30 969	32 432	2 103	13 465	13 116	1 855	10 949	9 780	2 113
5 537	5 553	104	3 619	4 400	148						
4 732	4 518	41	1 808	1 907	27						
6 131	6 355	39	7 864	8 632	1 239				112	112	
1 628	1 314	27	46	53	1				72	72	
						167	128	92			
						63	75	12			
									1 778	1 576	306
			32	32					115	115	
									3 712	3 360	595
						6	6				
						6	6				
						499	544		304	304	
						499	544		304	304	
			129	102	32						
96	71	5	79	82	12						
564	524	33	465	352	125						
35	33	1									
2 184	2 207	15	12 448	12 333	128	11 324	10 999	1 552			
			1 038	1 024	30						
			76	78	11						
									3 305	2 802	503
1 626	1 767	53	3 365	3 437	350						300
1 160	722	107				1 406	1 364	199	1 551	1 439	409

序号	产品名称	华东地区								
		常州东申泵业有限公司			高邮市水泵厂有限责任公司			山东省潍坊生建集团		
		生产量	销售量	库存量	生产量	销售量	库存量	生产量	销售量	库存量
	合计	4 350	4 350	135	1 127	1 115	12	184	184	4
1	单级单吸清水离心泵	500	500							
2	单级双吸清水离心泵	1 000	1 000							
	其中:32in 以上	1000	1000							
3	多级离心泵	200	200							
	其中:6in 以上	200	200							
4	锅炉给水泵									
	其中:高压锅炉给水泵									
5	轴流泵	800	800		1 127	1 115	12			
6	混流泵(斜流泵)	1 000	1 000							
7	旋涡泵									
8	冷凝泵	80	80							
9	热水泵									
10	船用泵									
11	深井泵									
	其中:长轴深井泵									
12	潜水电泵									
	其中:深井潜水电泵									
	小型潜水电泵									
13	喷灌泵									
14	微型泵									
15	屏蔽泵									
16	离心油泵(化工流程泵)	250	250							
17	耐腐蚀泵	180	180							
	其中:塑料泵									
18	液下泵									
19	齿轮泵									
20	螺杆泵							102	102	
21	污水泵	40	40							
22	泥浆泵									
23	灰渣泵									
24	胶泵									
25	砂泵									
26	水环真空泵及压缩机									
27	机械真空泵									
28	往复真空泵							82	82	4
29	电动往复泵							82	82	4
	其中:高压电动往复泵									
30	蒸气往复泵									
31	计量泵(比例泵)									
32	试压泵									
33	手摇泵									
34	管道泵	300	300							
35	其他泵			135						

（单位:台）（续）

华东地区											
山东华成集团有限公司			靖江市亚太泵业有限公司			山东亚龙泵业集团总公司			无锡市锡泵制造有限公司		
生产量	销售量	库存量	生产量	销售量	库存量	生产量	销售量	库存量	生产量	销售量	库存量
3 145	2 888	366	4 312	4 315	117	16 780	12 350	4 430	1 316	1 453	188
36	36		78	65	5				26	24	13
30	30								26	34	4
5	5										
			1 068	1 087	23	15 000	10 800	4 200	19	19	
			1 300	1 350	30	480	400	70			14
									372	459	27
									746	780	60
			55	61	6						
36	36		5	6	2						
						600	530	70			
									21	22	9
									11	13	7
10	10								6	2	5
8	8								7	10	5
15	15										
1 358	1 337	69							7	8	1
1 574	1 338	297							80	86	11
			1 063	1 071	41						
49	49					700	620	80			
29	29		743	675	10			10	6	9	39

序号	产 品 名 称	华 东 地 区								
		江西新瑞洪泵业有限公司			赣州水泵制造有限公司			埃梯梯古尔兹制泵(南京)有限公司		
		生产量	销售量	库存量	生产量	销售量	库存量	生产量	销售量	库存量
	合 计	25 600	25 100	1 389	3 822	3 922	216	7 606	7 606	
1	单级单吸清水离心泵	18 100	17 900	969	1 715	1 767	38			
2	单级双吸清水离心泵				167	172	6			
	其中:32in 以上									
3	多级离心泵	7 500	7 200	420	1 037	1 035	41			
	其中:6in 以上									
4	锅炉给水泵				35	37				
	其中:高压锅炉给水泵									
5	轴流泵				52	60				
6	混流泵(斜流泵)									
7	旋涡泵									
8	冷凝泵									
9	热水泵				60	63	3			
10	船用泵									
11	深井泵							331	331	
	其中:长轴深井泵							331	331	
12	潜水电泵							203	203	
	其中:深井潜水电泵							203	203	
	小型潜水电泵									
13	喷灌泵									
14	微型泵									
15	屏蔽泵									
16	离心油泵(化工流程泵)						37			
17	耐腐蚀泵				121	125	44			
	其中:塑料泵									
18	液下泵									
19	齿轮泵									
20	螺杆泵									
21	污水泵				6	8				
22	泥浆泵									
23	灰渣泵									
24	胶泵									
25	砂泵									
26	水环真空泵及压缩机									
27	机械真空泵									
28	往复真空泵									
29	电动往复泵									
	其中:高压电动往复泵									
30	蒸气往复泵									
31	计量泵(比例泵)									
32	试压泵									
33	手摇泵									
34	管道泵				53	59	12			
35	其他泵				576	596	35	7 072	7 072	

(单位:台)(续)

华东地区											
淄博真空设备厂有限公司			山东同泰集团股份有限公司			安徽莱恩电泵有限公司			山东同汇泵业有限公司		
生产量	销售量	库存量	生产量	销售量	库存量	生产量	销售量	库存量	生产量	销售量	库存量
3 819	3 686	708	13 375	13 334	871	15 023	15 023		4 940	5 167	431
			2 715	2 698	150	8 592	8 592		2 153	2 228	76
			1 610	1 615	96	592	592		1 432	1 469	133
			2 996	3 030	114	16	16		642	725	95
			822	798	94						
			185	186	24						
						145	145				
			350	345	71						
			2 210	2 196	52	125	125				
						443	443				
			778	780	58						
			315	309	53	182	182				
			350	355	58	24	24				
						1 829	1 829				
			336	340	21				57	79	42
			78	80	5						
1 453	1 390	374				32	32		505	558	42
1 992	1 898	277							151	108	43
374	398	57									
			815	788	99	242	242				
						2 801	2 801				

序号	产 品 名 称	华东地区								
		山东省章丘鼓风机厂有限公司			扬州长江水泵有限公司			苏州滨特尔水处理有限公司		
		生产量	销售量	库存量	生产量	销售量	库存量	生产量	销售量	库存量
	合 计	345	320	24	521	516	5	325 758	277 613	49 471
1	单级单吸清水离心泵				48	48		338	293	60
2	单级双吸清水离心泵	15	12	2	163	161	2			
	其中:32in 以上				116	116				
3	多级离心泵				108	106	2	200	152	51
	其中:6in 以上				86	86				
4	锅炉给水泵									
	其中:高压锅炉给水泵									
5	轴流泵									
6	混流泵(斜流泵)									
7	旋涡泵									
8	冷凝泵									
9	热水泵									
10	船用泵									
11	深井泵									
	其中:长轴深井泵									
12	潜水电泵									
	其中:深井潜水电泵									
	小型潜水电泵									
13	喷灌泵									
14	微型泵									
15	屏蔽泵									
16	离心油泵(化工流程泵)									
17	耐腐蚀泵									
	其中:塑料泵									
18	液下泵	30	28	2						
19	齿轮泵									
20	螺杆泵									
21	污水泵							325 220	277 168	49 360
22	泥浆泵									
23	灰渣泵	300	280	20						
24	胶泵									
25	砂泵									
26	水环真空泵及压缩机				202	201	1			
27	机械真空泵									
28	往复真空泵									
29	电动往复泵									
	其中:高压电动往复泵									
30	蒸气往复泵									
31	计量泵(比例泵)									
32	试压泵									
33	手摇泵									
34	管道泵									
35	其他泵									

华东地区											
烟台恒邦泵业有限公司			山东长志泵业有限公司			江苏海狮泵业制造有限公司			江苏飞跃机泵制造有限公司		
生产量	销售量	库存量	生产量	销售量	库存量	生产量	销售量	库存量	生产量	销售量	库存量
2 570	2 501	78	28 000	27 639	301	5 483	5 032	451	9 228	9 069	159
			400	385	15						
			8 070	7 945	65						
			930	920	10						
			10	10							
						2 452	2 315	137			
									323	323	
			137	137					201	201	
			112	112							
503	487	25	17 203	17 000	203				5 977	5 883	94
1 266	1 213	53	268	260	8	483	467	16	1 489	1 424	65
									1 222	1 157	65
189	189		232	232		1 689	1 493	196	541	541	
									466	466	
225	225		168	168		859	757	102			
387	387		480	480					231	231	

序号	产品名称	华东地区								
		江苏庆功泵业有限公司			泰州泰东泵业有限公司			江苏亚太水工机械有限公司		
		生产量	销售量	库存量	生产量	销售量	库存量	生产量	销售量	库存量
	合　计	1 200	1 100	100	2 584	2 566	285	10 022	9 285	737
1	单级单吸清水离心泵				1 336	1 307	173			
2	单级双吸清水离心泵									
	其中:32in 以上									
3	多级离心泵				446	441	19			
	其中:6in 以上									
4	锅炉给水泵									
	其中:高压锅炉给水泵									
5	轴流泵							673	526	147
6	混流泵(斜流泵)							295	257	38
7	旋涡泵									
8	冷凝泵									
9	热水泵				32	32	2			
10	船用泵									
11	深井泵							372	372	
	其中:长轴深井泵									
12	潜水电泵									
	其中:深井潜水电泵									
	小型潜水电泵									
13	喷灌泵									
14	微型泵									
15	屏蔽泵									
16	离心油泵(化工流程泵)	200	200							
17	耐腐蚀泵	800	700	100						
	其中:塑料泵	200	200							
18	液下泵	200	200							
19	齿轮泵									
20	螺杆泵									
21	污水泵				70	73	4	8 513	7 961	552
22	泥浆泵									
23	灰渣泵									
24	胶泵									
25	砂泵									
26	水环真空泵及压缩机									
27	机械真空泵							169	169	
28	往复真空泵									
29	电动往复泵									
	其中:高压电动往复泵									
30	蒸气往复泵									
31	计量泵(比例泵)									
32	试压泵									
33	手摇泵									
34	管道泵									
35	其他泵				700	713	87			

（单位:台）(续)

华东地区									中南地区		
安徽三联泵业股份有限公司			芜湖水泵制造有限公司			杭州斯莱特泵业有限公司			长沙水泵厂有限公司		
生产量	销售量	库存量	生产量	销售量	库存量	生产量	销售量	库存量	生产量	销售量	库存量
16 411	15 947	1 186	1 230	1 188	110	36 664	38 223	4 764	2 687	2 842	438
4 103	3 987	297	296	295	22				207	194	94
2 462	2 392	178							1 133	1 162	99
									87	85	9
1 477	1 435	107	640	598	62				236	134	22
									152	153	5
			267	268	23				165	153	20
									211	203	19
									115	125	10
821	797	59							26	20	21
			8	8							
						33 346	35 390	3 830			
									24	34	39
									52	48	30
1 477	1 435	107									
						562	550	47			
1 313	1 276	95	19	19	3				4	4	
1 149	1 116	83									
1 641	1 595	119									
1 149	1 116	83									
						963	950	305			
819	798	58				1 793	1 333	582	514	765	84

序号	产品名称	中南地区								
		广东省佛山水泵厂有限公司			广州广一集团有限公司第一水泵厂			河南省豫通企业(集团)公司新乡水泵厂		
		生产量	销售量	库存量	生产量	销售量	库存量	生产量	销售量	库存量
	合　计	53 118	53 636	5 347	30 194	29 944	4 114	1 320	1 260	
1	单级单吸清水离心泵	24 614	23 895	4 827	5 096	5 131	425	258	247	
2	单级双吸清水离心泵	549	564	5	1 001	1 007	60			
	其中:32in 以上	81	83							
3	多级离心泵	5 494	5 513		2 742	2 710	187	499	481	
	其中:6in 以上							276	257	
4	锅炉给水泵				6	5	2	153	110	
	其中:高压锅炉给水泵									
5	轴流泵	418	1 470							
6	混流泵(斜流泵)									
7	旋涡泵	963	963		4 301	4 487	919			
8	冷凝泵									
9	热水泵				83	94	3	71	79	
10	船用泵				5	13	36			
11	深井泵				97	113	9			
	其中:长轴深井泵									
12	潜水电泵									
	其中:深井潜水电泵									
	小型潜水电泵									
13	喷灌泵									
14	微型泵									
15	屏蔽泵									
16	离心油泵(化工流程泵)							10		
17	耐腐蚀泵				1 264	1 229	136			
	其中:塑料泵									
18	液下泵				104	103	18			
19	齿轮泵									
20	螺杆泵									
21	污水泵	2 430	2 547	231	4 611	4 387	844	66	72	
22	泥浆泵				30	19	11			
23	灰渣泵									
24	胶泵									
25	砂泵									
26	水环真空泵及压缩机	2 846	2 904	208	319	277	69	238	246	
27	机械真空泵									
28	往复真空泵									
29	电动往复泵									
	其中:高压电动往复泵									
30	蒸气往复泵									
31	计量泵(比例泵)									
32	试压泵									
33	手摇泵									
34	管道泵	15 804	15 780	76	10 103	9 953	1 327	12	10	
35	其他泵				432	416	68	13	15	

（单位：台）（续）

中南地区											
宜昌三峡泵业制造有限公司			郑州电力机械厂			漯河腾龙泵业有限责任公司			广州水泵厂		
生产量	销售量	库存量	生产量	销售量	库存量	生产量	销售量	库存量	生产量	销售量	库存量
2 840	2 910	357	298	304	17	917	1 037	5 575	6 992	7 096	273
715	762	228				206	177	711	864	1 087	86
48	51	4				91	122	141	71	71	
1 527	1 574	89							3 403	3 405	15
453	427	24	254	258	15						
			160	163	4						
						44	99	33			
			44	46	2						
									29	35	2
									23	33	4
						568	628	4 675	716	695	21
									4	4	
30	27	5									
									59	60	12
						8	11	15	32	32	
67	69	7							25	25	3
									132	132	
									843	837	10
									791	680	120

序号	产品名称	中南地区								
		桂林市水泵厂			广西贺州市八步机械厂			襄樊五二五泵业有限公司		
		生产量	销售量	库存量	生产量	销售量	库存量	生产量	销售量	库存量
	合　计	1 054	1 254	114	830	761	295	2 778	2 582	373
1	单级单吸清水离心泵	272	367	5	470	445	127			
2	单级双吸清水离心泵	87	89	3	130	131	39			
	其中:32in 以上									
3	多级离心泵	149	193		12	22	19			
	其中:6in 以上									
4	锅炉给水泵	69	74	1	102	98	9			
	其中:高压锅炉给水泵									
5	轴流泵									
6	混流泵(斜流泵)									
7	旋涡泵	1	1		41	37	4			
8	冷凝泵									
9	热水泵	80	87	11			5			
10	船用泵									
11	深井泵									
	其中:长轴深井泵									
12	潜水电泵									
	其中:深井潜水电泵									
	小型潜水电泵									
13	喷灌泵									
14	微型泵									
15	屏蔽泵									
16	离心油泵(化工流程泵)	181	191	19						
17	耐腐蚀泵	82	85	26				2 778	2 582	373
	其中:塑料泵									
18	液下泵	54	57	11						
19	齿轮泵					1				
20	螺杆泵									
21	污水泵				12	9	4			
22	泥浆泵	27	35	5						
23	灰渣泵									
24	胶泵									
25	砂泵									
26	水环真空泵及压缩机	3	2	1						
27	机械真空泵									
28	往复真空泵									
29	电动往复泵									
	其中:高压电动往复泵									
30	蒸气往复泵									
31	计量泵(比例泵)									
32	试压泵									
33	手摇泵									
34	管道泵	14	15	7			9			
35	其他泵	35	58	25	63	18	79			

中南地区											
广州市白云泵业集团有限公司			湖北金源特种泵制造有限公司			湖北省天门泵业有限公司			长沙天鹅工业泵股份有限公司		
生产量	销售量	库存量	生产量	销售量	库存量	生产量	销售量	库存量	生产量	销售量	库存量
64 184	63 534	645	410	396	14	9 137	7 468	2 200	2 705	2 651	35
25 303	25 245	58	20	20							
4 230	4 177	39							398	390	8
16 211	15 905	306							395	387	7
308	308					613	613		189	189	
580	550	30	8	7	1						
750	726	24	7	5	2				134	133	1
364	360	4	25	23	2				25	25	
			5	4	1	47	47				
									224	220	4
									224	220	4
14 053	13 903	150									
2 003	1 954	49									
12 050	11 949	101									
653	653										
385	377	8									
437	437		345	337	8						
60	60					2 312	1 986	160			
574	560	14				1 131	1 131				
276	273	3									
						1 377	1 179	210			
						1 450	1 029	707			
						1 560	1 071	693			
						647	412	430			
		9							596	584	5
									744	723	10

序号	产品名称	中南地区								
		湖北扬子江泵业有限责任公司			广东凌霄泵业股份有限公司			湖北省神珑泵业有限责任公司		
		生产量	销售量	库存量	生产量	销售量	库存量	生产量	销售量	库存量
	合　计	2 482	2 276	206	730 961	702 623	28 336	3 305	3 246	59
1	单级单吸清水离心泵	820	740	80	45 096	40 312	4 782	148	139	9
2	单级双吸清水离心泵	410	370	40				654	628	26
	其中:32in 以上									
3	多级离心泵	235	211	24	6 707	6 117	590			
	其中:6in 以上									
4	锅炉给水泵									
	其中:高压锅炉给水泵									
5	轴流泵				250 478	244 670	5 808			
6	混流泵(斜流泵)				357 791	347 044	10 747			
7	旋涡泵	70	62	8						
8	冷凝泵									
9	热水泵									
10	船用泵									
11	深井泵				21 734	21 363	371	473	466	7
	其中:长轴深井泵									
12	潜水电泵				44 847	39 504	5 343			
	其中:深井潜水电泵									
	小型潜水电泵									
13	喷灌泵				946	849	97			
14	微型泵									
15	屏蔽泵									
16	离心油泵(化工流程泵)									
17	耐腐蚀泵									
	其中:塑料泵									
18	液下泵	119	103	16						
19	齿轮泵									
20	螺杆泵	107	92	15						
21	污水泵	53	50	3						
22	泥浆泵	182	174	8						
23	灰渣泵	468	457	11						
24	胶泵									
25	砂泵	18	17	1						
26	水环真空泵及压缩机							225	220	5
27	机械真空泵							1 805	1 793	12
28	往复真空泵									
29	电动往复泵									
	其中:高压电动往复泵									
30	蒸气往复泵									
31	计量泵(比例泵)									
32	试压泵									
33	手摇泵									
34	管道泵				3 362	2 764	598			
35	其他泵									

（单位:台）(续)

西南地区											
重庆水泵厂有限责任公司			重庆工业泵厂			四川新达泵业有限责任公司			自贡凉高山水泵制造有限公司		
生产量	销售量	库存量	生产量	销售量	库存量	生产量	销售量	库存量	生产量	销售量	库存量
1 276	1 273	302	192	192		947	949	121	949	1 002	607
			10	10					338	350	393
						708	713	86	329	343	99
			91	91		161	162	31	188	201	40
			71	71					10	13	42
						3	3				
									45	49	18
						25	25				
			20	20					16	16	
34	22	21									
									22	26	11
									1	4	4
						45	41	4			
109	80	45									
824	830	216									
309	341	20				5	5				

序号	产品名称	西南地区								
		四川省自贡工业泵有限责任公司			四川三台剑门泵业有限公司			昆明水泵厂		
		生产量	销售量	库存量	生产量	销售量	库存量	生产量	销售量	库存量
	合 计	1 446	1 446		17 760	17 450	1 160	4 360	3 713	1 957
1	单级单吸清水离心泵	317	317		10 060	10 000	760	2 301	1 764	1 435
2	单级双吸清水离心泵	221	221		3 200	2 990	310	562	568	111
	其中:32in 以上									
3	多级离心泵	48	48		1 440	1 400	90	1 097	1 010	266
	其中:6in 以上									
4	锅炉给水泵	18	18					20	19	1
	其中:高压锅炉给水泵									
5	轴流泵	62	62							
6	混流泵(斜流泵)	1	1						1	
7	旋涡泵	51	51							
8	冷凝泵									
9	热水泵	9	9		350	350		119	96	43
10	船用泵				1 010	1 010				
11	深井泵	43	43					3	3	
	其中:长轴深井泵							3	3	
12	潜水电泵									
	其中:深井潜水电泵									
	小型潜水电泵									
13	喷灌泵									
14	微型泵									
15	屏蔽泵									
16	离心油泵(化工流程泵)							70	86	44
17	耐腐蚀泵	38	38					97	82	26
	其中:塑料泵									
18	液下泵	134	134					25	22	3
19	齿轮泵									
20	螺杆泵	49	49							
21	污水泵	5	5							
22	泥浆泵	299	299		1 700	1 700				
23	灰渣泵	2	2					32	31	8
24	胶泵									
25	砂泵	38	38					19	19	5
26	水环真空泵及压缩机							15	12	3
27	机械真空泵									
28	往复真空泵									
29	电动往复泵									
	其中:高压电动往复泵									
30	蒸气往复泵									
31	计量泵(比例泵)									
32	试压泵									
33	手摇泵									
34	管道泵	4	4							
35	其他泵	107	107							12

(单位:台)(续)

西南地区								
四川省南部嘉陵泵业制造有限公司			重庆明珠机电有限公司			重庆第四水泵厂		
生产量	销售量	库存量	生产量	销售量	库存量	生产量	销售量	库存量
19 800	19 020	780	400	380	20	1 324	1 319	704
8 200	8 100	100				372	332	156
2 850	2 800	50				44	74	-132
900	800	100				488	499	200
600	580	20				30	39	23
1 700	1 600	100				61	52	29
3 300	3 050	250						
							1	-10
						43	41	15
						41	11	33
400	370	30				21	29	-8
			400	380	20			
1 200	1 120	80				20	20	1
650	600	50						
						68	72	29
						136	149	368

（单位:台）（续）

序号	产品名称	西南地区								
		成都飞泉泵业有限公司			贵州省都匀水泵厂			成都西南水泵厂		
		生产量	销售量	库存量	生产量	销售量	库存量	生产量	销售量	库存量
	合　计	631	631		602	595	361	1 508	1 486	22
1	单级单吸清水离心泵				330	317	167			
2	单级双吸清水离心泵							309	306	3
	其中:32in 以上							309	306	3
3	多级离心泵				190	231	150	297	293	4
	其中:6in 以上							297	293	4
4	锅炉给水泵				82	47	44	22	22	
	其中:高压锅炉给水泵							22	22	
5	轴流泵									
6	混流泵(斜流泵)									
7	旋涡泵									
8	冷凝泵							66	66	
9	热水泵							45	45	
10	船用泵									
11	深井泵							337	330	7
	其中:长轴深井泵							337	330	7
12	潜水电泵	631	631							
	其中:深井潜水电泵	631	631							
	小型潜水电泵									
13	喷灌泵									
14	微型泵									
15	屏蔽泵									
16	离心油泵(化工流程泵)							35	35	
17	耐腐蚀泵									
	其中:塑料泵									
18	液下泵							231	226	5
19	齿轮泵									
20	螺杆泵									
21	污水泵									
22	泥浆泵									
23	灰渣泵							45	45	
24	胶泵									
25	砂泵									
26	水环真空泵及压缩机									
27	机械真空泵									
28	往复真空泵									
29	电动往复泵									
	其中:高压电动往复泵									
30	蒸气往复泵									
31	计量泵(比例泵)									
32	试压泵									
33	手摇泵									
34	管道泵							112	109	3
35	其他泵							9	9	

2006年中国通用机械工业协会风机分会会员单位经济指标

序号	企业名称	工业总产值（万元）	工业增加值（万元）	从业人员平均人数（人）	年末资产总额（万元）	产品销售收入（万元）	产品销售成本（万元）
1	沈阳鼓风机(集团)有限公司	402 595	102 534	6 109	713 412	350 688	297 497
2	沈阳风机厂有限公司	4 041	1 312	301	5 890	3 776	3 170
3	沈阳正双环粮油技术开发有限公司	1 170	540	295	4 175	647	551
4	沈阳通风机有限公司	1 732	470	150	1 598	1 517	1 370
5	沈阳川益玻璃钢有限公司	1 450	353	150	5 570	390	217
6	航空工业沈阳发动机研究所风机厂	1 900	280	45	2 333	1 982	1 845
7	鞍山市风机二厂	6 860	3 077	110	9 187	5 504	3 834
8	营口市鼓风机厂	1 515	393	126	1 362	1 515	934
9	营口风机耐酸泵厂	460	121	96	813	460	382
10	吉林市亚星电站辅机有限公司	905	237	138	707	747	388
11	四平鼓风机股份有限公司	19 360	7 070	756	24 389	20 082	15 018
12	哈尔滨哈暖环境工程设备有限公司	933	327	125	3 549	782	481
13	肇东市风机制造总厂	500	145	60	366	480	355
14	肇东松辽风机厂	236	67	80	490	205	150
15	陕西鼓风机(集团)有限公司	300 283	97 814	3 385	440 299	261 021	182 708
16	陕西韩城矿山风机厂	450	120	32	812	500	418
17	西安风机厂有限公司	597	150	86	1 264	218	141
18	西安凯瑟通风设备有限公司	1 656	158	115	1 777	1 541	1 084
19	北京风机二厂	698	71	144	4 253	990	761
20	天津市鼓风机总厂	9 303	2 790	451	12 703	8 159	6 593
21	天津市通风机厂	2 999	830	168	2 743	3 973	3 052
22	天津市暖风机总厂	1 748	577	122	1 059	1 709	1 254
23	天津市荣光特种风机有限公司	3 200	1 248	120	4 000	2 880	2 364
24	石家庄市风机厂有限责任公司	2 773	1 469	211	2 848	2 773	2 120
25	河北同心风机配件有限责任公司	1 800					
26	山西省运城安瑞节能风机有限公司	10 246	2 990	258	8 200	9 967	7 822
27	呼和浩特新超风机有限公司	268	78	55	1 302	268	187
28	内蒙古天福风机有限公司	1 529	260	130	17 595	1 260	1 070
29	赤峰华茂风机制造有限责任公司	864	176	83	903	836	732
30	银川银风风机有限责任公司	2 331					
31	甘肃省白银风机厂	1 802	578	224	3 625	1 605	1 275
32	新疆风机有限责任公司	1 342	358	105	1 232	1 139	917
33	新疆迎宾风机厂	42	18	64	498	72	42
34	上海鼓风机厂有限公司	71 519	34 176	809	68 761	71 117	56 744
35	上海鼓风机厂长征分厂	1 029	642	131	3 109	890	466
36	上海通用风机股份有限公司	10 593	2 056	312	4 748	10 606	8 934
37	上海德惠特种风机有限公司	3 580	1 290	148	3 703	3 565	3 178
38	南京鼓风机厂有限公司	433	43	50	310	468	417
39	南通大通宝富风机有限公司	14 000	6 157	478	18 493	13 780	9 471
40	江苏金通灵风机有限公司	37 101	4 633	858	26 129	32 653	28 594
41	南通市恒荣机泵厂有限公司	6 540	1 746	150	2 967	6 018	4 423
42	苏州市长光特种风机厂	2 928	732	125	1 952	2 503	2 117
43	江苏苏风通风机有限公司	3 500	620	137	2 075	2 984	2 528
44	无锡中策机电设备有限公司	3 579	1 040	170	2 688	3 325	2 338
45	江苏一鼓风机有限公司	4 126	720	148	4 307	3 432	2 353
46	宜兴市侨联风机厂	2 508	586	65	2 679	2 468	1 868
47	百事德机械(江苏)有限公司	14 475	4 655	168	13 548	11 856	8 397
48	常熟市鼓风机有限公司	9 138	2 467	348	6 362	9 956	7 677
49	张家港市英德利空调风机有限公司	4 252	1 063	245	1 729	4 223	3 830
50	徐州风机有限公司	880	221	100	1 040	830	580
51	江苏泰隆风机制造有限公司	7 054	1 517	300	5 506	5 318	4 364

（续）

序号	企 业 名 称	工业总产值（万元）	工业增加值（万元）	从业人员平均人数（人）	年末资产总额（万元）	产品销售收入（万元）	产品销售成本（万元）
52	宁波风机有限公司	5 164	1 400	243	7 853	5 299	3 949
53	杭州科星鼓风机有限公司	3 058	1 220	65	1 232	3 030	1 884
54	余姚风机总厂	1 352	283	104	1 649	1 348	1 069
55	浙江上风实业股份有限公司	110 950	32 176	890	72 715	108 910	68 760
56	上虞市明新风机制造有限公司	11 514	3 248	270	11 181	11 514	7 416
57	上虞通风机有限公司	4 500	1 000	135	950	3 900	3 100
58	浙江双阳风机有限公司	5 655	1 978	270	5 392	5 610	4 306
59	浙江大丰风机电器有限公司	3 260	782	120	1 157	3 097	2 322
60	浙江兴益风机电器有限公司	10 500	1 560	380	5 118	10 210	8 890
61	浙江仨亿电器有限公司	7 883	1 970	380	3 122	12 990	10 555
62	浙江义乌星耀风机有限公司	17 500	4 025	398	21 252	16 806	13 964
63	济南风机厂	8 284	2 238	585	5 669	7 983	6 318
64	山东电力设备厂	75 704	15 270	615	61 518	70 171	60 673
65	青岛风机厂有限公司	4 195	1 657	291	2 244	3 999	3 163
66	青岛纺机绿环工程有限公司	2 467	693	88	1 331	2 400	1 910
67	山东省章丘鼓风机厂有限公司	38 147	10 470	1 112	41 231	37 397	27 700
68	山东章晃机械工业有限公司	6 500	3 400	97	9 096	6 227	3 466
69	山东海福德机械有限公司	3 500	1 737	166	3 140	2 746	1 522
70	山东双一集团有限公司	41 421	11 352	900	16 635	42 315	33 366
71	山东中昊民防设备有限公司	3 500	875	350	4 900	3 400	2 320
72	山东新风股份有限公司	6 609	1 863	522	10 884	5 746	4 367
73	临沂市风机厂	3 582	938	157	4 906	2 940	2 603
74	淄博风机厂有限公司	3 600	727	160	3 534	3 600	2 570
75	山东美陵美力达风机有限公司	7 200	1 806	220	3 310	4 826	4 110
76	威海市华阜环保(集团)有限公司	25 400	6 350	498	4 952	23 980	15 318
77	威海克莱特菲尔风机有限公司	6 904	2 431	320	5 971	6 977	4 558
78	福建东亚鼓风机股份有限公司	560	37	95	1 426	378	350
79	安徽安风风机有限公司	7 085	1 646	220	5 086	5 422	4 115
80	南昌鼓风机厂	365	105	46	1 783	378	278
81	武汉鼓风机有限公司	13 021	3 776	429	35 541	10 547	7 332
82	武汉和平风机有限责任公司	778	259	45	697	575	419
83	湖北省风机厂有限公司	18 602	9 901	360	10 446	16 152	11 607
84	湖北新流鼓风机有限公司	600	150	55	597	545	392
85	湖北双剑鼓风机制造有限公司	20 368	5 893	575	11 182	20 453	12 580
86	中意机电(湖北)鼓风机有限公司	4 700	1 323	300	6 479	4 718	3 690
87	长沙鼓风机厂有限责任公司	17 727	3 132	928	27 419	17 478	10 593
88	长沙罗茨鼓风机配件厂	298	210	98	811	550	325
89	长沙长风罗茨鼓风机厂	950	209	108			
90	长沙市湘桥风机厂				1 208	780	634
91	长沙华南风机制造总厂	322	95	51	1 731	200	173
92	湘潭平安电气集团有限公司	26 013	7 596	375	13 019	14 320	10 925
93	重庆通用工业(集团)有限责任公司	101 530	27 010	4 541	138 591	100 971	73 912
94	重庆鼓风机厂	2 463	651	235	3 158	1 834	1 379
95	重庆两江鼓风机有限责任公司	1 250	356	118	1 168	1 200	1 159
96	成都电力机械厂	73 397	14 488	469	60 435	84 026	75 301
97	成都经华风机有限责任公司	655	335	80	3 661	1 954	1 382
98	四川望江风机制造有限公司	1 877	597	90	772	1 876	1 596
99	四川鼓风机有限责任公司	4 229	1 660	425	9 517	3 541	2 370
100	西安西玛企业集团新乡市鼓风机厂有限公司	2 478	926	317	5 160	2 178	1 766
101	周口市全福鼓风机有限公司	335	67	55	106	330	281
102	贵州大有风机实业有限公司	988	180	94	698	961	703
103	佛山市通风风机有限公司	688	201	120	380	585	439
104	佛山市南海九洲普惠风机有限公司	7 624	864	457	6 005	7 361	6 351
105	云浮市云丰环保设备有限公司	1 500	180	70	1 240	1 200	910

（续）

序号	企业名称	工业总产值（万元）	工业增加值（万元）	从业人员平均人数（人）	年末资产总额（万元）	产品销售收入（万元）	产品销售成本（万元）
106	台山港益电器有限公司	7 235	939	725	3 942	3 600	1 000
107	北海鼓风机实业公司	1 231	436	186	5 960	1 154	920
108	大理通用机械厂	660	142	146	1 853	673	553

2006年中国通用机械工业协会风机分会会员单位经济效益指标

序号	企业名称	综合指数（%）	总资产贡献率（%）	资产保值增值率（%）	资产负债率（%）	流动资产周转率（次）	成本费用利润率（%）	全员劳动生产率（元/人）	产品销售率（%）
1	威海市华阜环保(集团)有限公司	537.12	156.00	110.16	47.23	8.13	11.84	127 510	95.00
2	山东章晃机械工业有限公司	520.80	28.94	104.47	22.14	0.92	51.68	350 515	95.38
3	浙江仨亿电器有限公司	450.56	77.16	418.83	19.51	12.98	14.36	51 842	93.66
4	杭州科星鼓风机有限公司	406.14	63.33	149.59	40.75	5.62	17.86	187 692	99.08
5	浙江上风实业股份有限公司	371.70	20.00	102.00	4.87	3.61	6.33	361 528	99.82
6	浙江大丰风机电器有限公司	348.40	68.73	105.51	47.02	4.46	24.80	65 167	95.00
7	鞍山市风机二厂	341.80	18.00	133.46	48.50	0.75	23.09	279 727	80.23
8	湖北省风机厂有限公司	341.37	29.62	145.05	51.60	2.59	12.43	275 028	96.00
9	上海鼓风机厂有限公司	335.70	10.84	118.80	81.67	1.37	2.93	422 447	99.40
10	百事德机械(江苏)有限公司	335.65	19.40	116.01	40.83	1.18	19.54	277 083	95.36
11	吉林市亚星电站辅机有限公司	313.20	59.32	63.30	60.96	1.77	37.92	17 174	82.54
12	陕西鼓风机(集团)有限公司	304.42	13.38	129.98	72.10	0.79	15.62	288 963	87.41
13	上虞通风机有限公司	299.32	29.68	128.57	43.16	13.93	3.74	74 074	97.33
14	成都电力机械厂	295.62	17.77	128.37	77.84	1.69	6.97	308 913	62.38
15	天津市荣光特种风机有限公司	284.68	16.88	599.03	38.00	0.72	19.16	104 000	90.00
16	山东双一集团有限公司	283.13	28.94	138.50	49.01	5.69	12.60	126 133	111.95
17	沈阳川益玻璃钢有限公司	275.57	2.96	97.86	58.89	0.13	57.48	23 533	90.34
18	湖北双剑鼓风机制造有限公司	265.04	41.52	142.40	57.20	2.42	14.84	102 487	100.33
19	南通市恒荣机泵厂有限公司	264.34	32.86	135.96	27.23	3.59	11.68	116 400	95.61
20	山东中昊民防设备有限公司	263.89	24.81	94.53	13.27	1.10	37.03	25 000	97.14
21	周口市全福鼓风机有限公司	261.89	47.12	100.00	6.40	8.40	7.64	12 182	98.51
22	营口市鼓风机厂	251.32	36.74	112.52	49.85	2.39	27.07	31 190	95.94
23	沈阳鼓风机(集团)有限公司	236.39	5.29	348.51	73.14	1.42	1.48	167 841	92.98
24	南通大通宝富风机有限公司	234.95	15.68	188.72	57.76	1.43	16.51	128 808	98.57
25	青岛纺机绿环工程有限公司	232.36	34.11	110.23	30.35	2.38	12.82	78 750	99.23
26	湘潭平安电气集团有限公司	231.80	18.53	75.98	72.44	1.98	5.99	202 560	102.00
27	山东电力设备厂	228.83	8.84	143.79	78.46	1.58	2.02	248 293	96.00
28	浙江兴益风机电器有限公司	218.04	24.26	159.51	57.05	4.38	5.58	41 053	97.24
29	成都经华风机有限责任公司	217.05	14.34	113.85	36.44	0.56	29.71	41 875	95.88
30	云浮市云丰环保设备有限公司	212.33	28.23	111.38	25.81	1.62	21.21	25 714	80.00
31	山东省章丘鼓风机厂有限公司	210.99	19.16	112.09	53.28	2.07	14.81	94 155	94.88
32	山西省运城安瑞节能风机有限公司	208.66	16.35	124.64	42.56	1.66	11.78	115 891	97.28
33	宜兴市侨联风机厂	204.11	18.73	117.25	43.67	1.66	13.84	90 154	98.41
34	威海克莱特菲尔风机有限公司	196.66	18.86	178.63	72.42	2.45	12.51	75 969	87.56
35	山东海福德机械有限公司	187.70	18.60	116.79	53.03	1.30	9.18	104 639	91.43
36	浙江双阳风机有限公司	182.12	17.28	115.24	26.95	1.55	10.44	73 259	99.20
37	安徽安风风机有限公司	181.60	16.94	117.43	30.34	2.49	8.19	74 818	92.59
38	江苏一鼓风机有限公司	174.63	16.57	154.72	56.61	1.62	13.61	48 649	97.31
39	浙江义乌星耀风机有限公司	171.73	8.28	111.02	35.38	1.86	7.22	101 131	112.36
40	武汉和平风机有限责任公司	169.48	17.90	229.67	78.11	1.58	10.17	57 556	73.91
41	上海通用风机股份有限公司	167.00	23.72	121.21	53.66	3.72	6.79	65 897	95.00
42	山东美陵美力达风机有限公司	165.09	16.66	119.06	55.65	1.80	6.43	82 091	95.83
43	台山港益电器有限公司	162.35		99.66	92.54	3.20	25.00	12 952	96.42

（续）

序号	企业名称	综合指数（%）	总资产贡献率（%）	资产保值增值率（%）	资产负债率（%）	流动资产周转率（次）	成本费用利润率（%）	全员劳动生产率（元/人）	产品销售率（%）
44	张家港市英德利空调风机有限公司	159.68	21.06	118.86	68.65	3.97	4.28	43 388	99.32
45	上虞市明新风机制造有限公司	158.46	10.03	100.22	71.13	3.17		120 296	100.00
46	石家庄市风机厂有限责任公司	155.96	14.48	106.70	41.33	1.53	7.06	69 621	97.04
47	淄博风机厂有限公司	154.98	15.75	104.10	69.81	2.71	8.47	45 438	100.00
48	常熟市鼓风机有限公司	154.84	16.27	102.25	52.78	2.37	4.52	70 891	97.76
49	余姚风机总厂	149.25	13.28	111.90	42.39	1.46	12.67	27 212	99.70
50	肇东市风机制造总厂	147.08	19.95	147.33	39.62	3.00	3.85	24 167	98.00
51	青岛风机厂有限公司	146.40	20.77	103.87	54.09	2.33	2.23	56 935	103.90
52	江苏泰隆风机制造有限公司	145.67	14.97	136.53	54.18	1.11	9.08	50 567	75.39
53	佛山市通风风机有限公司	143.67	21.84	147.62	51.05	2.51	5.84	16 750	85.03
54	无锡中策机电设备有限公司	142.41	13.62	96.37	23.92	1.51	4.44	61 176	92.90
55	江苏苏风通风机有限公司	141.96	16.27	112.54	62.36	2.27	5.80	45 255	100.00
56	四平鼓风机股份有限公司	132.73	8.32	105.48	53.26	1.14	1.94	93 519	101.83
57	长沙鼓风机厂有限责任公司	132.41	12.80	155.21	52.35	1.22	7.49	33 750	93.83
58	上海德惠特种风机有限公司	131.62	4.54	103.90	65.43	2.51	2.06	87 162	99.72
59	重庆通用工业（集团）有限责任公司	130.91	9.55	96.79	60.42	1.21	7.11	59 480	99.61
60	四川望江风机制造有限公司	130.05	6.99	81.61	58.03	3.68	0.92	66 333	100.00
61	宁波风机有限公司	126.82	11.23	143.23	79.58	0.85	5.88	57 613	111.87
62	内蒙古天福风机有限公司	125.41	12.07	113.62	76.49	0.08	14.83	20 000	86.79
63	赤峰华茂风机制造有限责任公司	120.14	14.52	158.24	84.05	1.53	6.79	21 205	100.00
64	航空工业沈阳发动机研究所风机厂	116.99	4.37	235.85	62.49	1.41	0.10	62 222	104.11
65	中意机电（湖北）鼓风机有限公司	116.64	4.52	103.29	34.03	2.07	4.19	44 100	86.17
66	武汉鼓风机有限公司	116.18	3.49	98.20	56.92	0.71	2.73	88 019	95.68
67	苏州市长光特种风机厂	110.90	11.37		66.65	1.88	3.71	58 560	85.48
68	陕西韩城矿山风机厂	110.24	10.84	100.00	22.41	1.66	0.20	37 500	100.00
69	长沙长风罗茨鼓风机厂	108.46	7.86	101.33	49.67	1.02	8.54	19 352	82.11
70	贵州大有风机实业有限公司	108.21	10.01	100.99	26.93	2.20	2.03	19 149	97.17
71	天津市暖风机总厂	107.59	10.68	65.86	52.88	2.24	0.17	47 295	98.11
72	佛山市南海九洲普惠风机有限公司	107.34	10.64	105.75	61.12	2.76	2.67	18 906	95.17
73	江苏金通灵风机有限公司	106.05	7.66	106.72	80.00	1.88	1.99	53 998	94.07
74	上海鼓风机厂长征分厂	105.10	7.54	100.33	70.22	0.56	5.69	49 008	88.53
75	天津市通风机厂	104.87	9.15	100.93	52.61	1.14	0.25	49 405	132.68
76	济南风机厂	104.35	13.24	111.11	92.06	2.26	0.87	38 256	100.88
77	重庆两江鼓风机有限责任公司	103.51	6.24	120.41	39.38	1.95	1.87	30 169	96.00
78	沈阳风机厂有限公司	98.38	6.82	97.73	70.73	0.79	4.25	43 589	100.22
80	新疆风机有限责任公司	97.28	7.99	100.81	49.51	1.04	2.90	34 095	88.08
81	南昌鼓风机厂	96.31	5.22	100.00	87.10	0.66	9.27	22 826	103.56
82	天津市鼓风机总厂	95.74	5.76	100.75	80.66	1.28	0.56	61 863	99.40
83	营口风机耐酸泵厂	91.26	5.29	162.60	56.21	1.00	4.11	12 604	100.00
84	临沂市风机厂	89.53	3.69	100.13	67.47	0.98	0.14	59 745	96.93
85	徐州风机有限公司	88.48	3.17	105.88	48.08	1.53	3.13	22 100	92.61
86	沈阳通风机有限公司	84.56	5.16	108.64	66.96	1.30	1.82	31 333	87.59
87	西安风机厂有限公司	80.60	2.61	133.33	74.68	0.22	8.65	17 442	36.52
88	山东新风股份有限公司	72.11	4.26	94.56	83.18	0.96	0.96	35 690	86.87
89	甘肃省白银风机厂	69.57	5.88	91.30	74.81	1.13		25 804	88.79
90	呼和浩特新超风机有限公司	68.38	3.17	69.49	96.85	0.30	7.20	14 182	99.63
91	北海鼓风机实业公司	63.90	1.82	117.89	81.21	0.59	1.60	23 441	96.51
92	西安凯瑟通风设备有限公司	63.39	4.39	105.49	85.65	1.00	1.60	13 739	93.06
93	四川鼓风机有限责任公司	62.49	13.00	85.36	74.58	0.46	-6.00	39 059	100.80
94	沈阳正双环粮油技术开发有限公司	62.45	1.44	103.11	84.12	0.19	5.70	18 305	79.06
95	重庆鼓风机厂	61.02	3.16	100.69	81.57	0.71	0.21	27 702	85.30
96	北京风机二厂	57.65	1.20	99.23	36.59	0.34	-0.64	4 931	141.83
97	长沙罗茨鼓风机配件厂	55.16	3.25	90.75	37.11	1.54	-6.21	21 429	98.32
98	哈尔滨哈暖环境工程设备有限公司	54.66	2.22	96.89	85.09	0.30	0.24	26 160	99.04

(续)

序号	企业名称	综合指数(%)	总资产贡献率(%)	资产保值增值率(%)	资产负债率(%)	流动资产周转率(次)	成本费用利润率(%)	全员劳动生产率(元/人)	产品销售率(%)
99	肇东松辽风机厂	53.31	1.00	89.51	40.82	0.68	-0.49	8 375	86.86
100	南京鼓风机厂有限公司	52.69	5.16	78.57	96.45	1.59	-0.64	8 600	96.30
101	西安西玛企业集团新乡市鼓风机厂有限公司	39.40	1.19	42.60	81.80	0.63	-2.26	29 205	78.61
102	大理通用机械厂	-5.10	-3.63	71.31	90.88	0.60	-9.88	9 726	110.30
103	福建东亚鼓风机股份有限公司	-90.10	-7.05	38.31	57.15	0.33	-34.24	3 895	63.57
104	长沙华南风机制造总厂	-166.59	-7.34	110.39	68.69	0.38	-54.40	18 627	97.83
105	新疆迎宾风机厂	-177.96	-13.18	15.12	97.39	0.18	-46.94	2 813	154.76

2006 年中国通用机械工业协会阀门分会会员单位经济指标

序号	企业名称	工业总产值(万元)	工业增加值(万元)	从业人员平均人数(人)	年末资产总额(万元)	产品销售收入(万元)	产品销售成本(万元)
1	安徽省白湖阀门厂有限责任公司	9 599	2 845	1 101	13 407	9 501	7 286
2	安徽省屯溪高压阀门有限公司	3 814	1 018	275	4 595	3 637	2 800
3	鞍山亨通阀门有限公司	12 834	4 238	382	12 478	11 679	8 567
4	保一集团有限公司	17 488	4 058	514	12 738	17 174	14 256
5	北京市阀门总厂有限责任公司	13 507	261	303	15 033	13 046	12 382
6	伯特利阀门集团有限公司	35 016	8 604	739	22 482	34 696	28 817
7	泊头市阀门煤气化工设备制造有限责任公司	4 732	1 372	132	2 521	4 852	4 163
8	长春高中压阀门有限责任公司	1 700	305	106	1 591	1 612	1 326
9	常州贝斯特控制设备有限公司	3 134		377	2 358	3 111	2 773
10	常州兰陵阀门控制有限公司	3 910	1 035	92	1 596	3 910	3 910
11	成都乘风阀门有限责任公司	7 499	2 899	395	13 441	7 494	4 563
12	承德高中压阀门管件有限公司	16 531	5 053	559	12 942	15 762	12 925
13	大连大高阀门有限公司	24 251	11 138	568	32 316	26 207	19 985
14	福建省三明双轮化工机械有限公司	56 008	5 794	978	72 886	56 048	50 618
15	阜宁县理想阀门有限公司	2 216	573	159	1 427	1 937	1 018
16	阜宁县中洲阀门有限公司	3 600	500	227	2 300	3 500	2 110
17	甘肃省兰州阀门厂	4 325	1 324	985	5 357	4 390	3 506
18	赣州赣阀阀门有限公司	560	177	87	1 515	688	529
19	广东明珠集团股份有限公司	20 707	5 975	573	124 497	27 045	23 585
20	贵阳贵标阀门制造有限责任公司	188		99	1 315	350	207
21	桂林市阀门总厂	744	512	98	1 810	662	495
22	哈尔滨哈锅阀门股份有限公司	19 131	10 607	201	31 206	25 629	
23	海安阀门厂有限公司		1 744	337	3 896	5 543	5 206
24	杭州华惠阀门有限公司	11 003	2 655	265	8 499	11 442	8 398
25	河北宏业机械股份有限公司	20 531	5 652	1 490	16 903	19 243	15 991
26	河北远大阀门集团有限公司	41 289	17 199	2 607	27 126	39 861	28 672
27	河南黑马实业有限公司	4 052	1 013	149	3 845	3 971	2 952
28	河南泉舜流体控制科技有限公司	4 595	141	125	4 387	4 595	4 195
29	河南省高山阀门有限公司	15 170	5 300	759	6 716	15 000	11 206
30	湖北高中压阀门有限责任公司	6 960	1 680	391	6 560	5 760	4 235
31	环球阀门集团有限公司	38 891	13 068	493	12 329	38 506	30 625
32	黄山良业阀门有限公司	2 100	350	115	1 601	2 015	1 592
33	江南阀门有限公司	54 890	13 723	351	22 901	51 002	41 937
34	江苏高科阀门制造有限公司	6 300			4 885	8 399	6 719
35	江苏花山阀门有限公司	3 933	996	827	2 685	4 492	3 525
36	江苏江恒阀业有限公司	3 240	938	153	2 846	3 212	1 997
37	江苏神通阀门有限公司	29 773	8 696	488	16 145	26 447	15 056
38	江苏省涟水县阀门厂	3 490	970	217	1 270	3 310	2 035

（续）

序号	企业名称	工业总产值（万元）	工业增加值（万元）	从业人员平均人数（人）	年末资产总额（万元）	产品销售收入（万元）	产品销售成本（万元）
39	江苏省竹箦机械厂	14 868	2 867	1 912	9 160	13 228	10 754
40	江苏鑫沅阀业有限公司	2 308			2 041	2 244	1 803
41	江苏中吴高中压阀门制造有限公司	1 175			623	1 004	806
42	开维喜阀门集团有限公司	21 323	5 599	425	16 615	20 043	15 105
43	凯特姆球阀制造（四川）有限公司	7 421		142	5 457	7 421	5 425
44	克瑞阀门（南通）有限公司	3 500	1 050	292	3 379	3 160	2 879
45	昆明环球阀门有限公司	740	165	120	2 820	921	698
46	兰州高压阀门有限公司	15 672	5 339	754	22 823	21 968	20 341
47	乐山长仪阀门制造有限公司	4 081	2 010	114	5 396	4 002	1 811
48	良精集团阀门有限公司	41 116	10 280	1 455	33 013	40 983	33 658
49	南昌阀门总厂	1 500			77 886	2 000	1 572
50	南京华宁阀门有限公司	2 864	972	204	3 500	2 709	2 391
51	南通高中压阀门有限公司	5 922	1 882	343	5 070	6 013	4 936
52	南通市电站阀门有限公司	5 967		185	3 248	6 551	4 346
53	能发伟业铁岭阀门股份有限公司	5 948	770	697	21 804	7 932	6 105
54	宁波一机阀门制造有限公司	7 135	1 359	310	4 715	6 350	5 374
55	蓬莱金创精铸阀业有限公司	5 040	3 095	360	7 397	4 687	4 108
56	青岛电站阀门有限公司	13 602	3 627	742	11 496	13 608	11 449
57	青岛高压阀门有限公司	6 999	2 197	386	6 120	6 745	4 940
58	山东省汾阳阀门厂	1 685	434	709	6 790	1 441	1 234
59	山东天成阀门制造有限公司	6 000	6 000	262	15 000	6 500	4 000
60	山东益都阀门厂	10 090	2 800	932	10 919	10 060	7 838
61	上海标一阀门有限公司	17 564	3 511	394	13 977	15 808	11 056
62	上海大禹泵阀制造有限公司	842		57	551	842	366
63	上海阀门厂有限公司	13 095	3 233	265	16 432	13 296	12 033
64	上海阀门二厂有限公司	7 201		341	6 714	8 884	7 695
65	上海开维喜阀门有限公司	14 522		101	16 700	14 188	13 201
66	上海科发泵阀制造有限公司	556			297	473	404
67	上海良工阀门厂有限公司	14 320	1 372	268	14 059	11 015	9 127
68	上海明珠阀门制造有限公司	7 915		167	6 025	7 818	6 356
69	上海耐腐阀门集团有限公司	11 400	546	322	14 332	11 200	8 736
70	上海浦东汉威阀门有限公司	8 206	1 912	176	9 330	7 923	6 188
71	上海日泰阀门制造有限公司	1 560	228	166	1 558	1 600	920
72	上海双高阀门集团有限公司	24 878	9 112		18 769	21 763	17 540
73	上海远高阀业有限公司	13 801	407	234	6 876	8 534	5 977
74	上海正丰阀门制造有限公司	9 860	1 426	299	15 728	8 907	6 702
75	沈阳盛世高中压阀门有限公司	7 781	2 459	595	25 766	7 896	4 593
76	慎江阀门有限公司	23 350	7 082		23 157	21 026	16 806
77	石家庄三环阀门股份有限公司	28 500	11 378	1 152	23 462	17 428	11 483
78	石家庄市长宏冶金设备阀门厂	4 800	648	282	4 016	4 964	4 121
79	四川广汉阀门厂	2 193	578	113	1 731	1 794	1 437
80	四川省邛崃阀门制造有限公司	435	65	60	1 761	723	612
81	苏州奥村阀门有限公司	3 888			2 477	3 888	2 988
82	苏州高中压阀门厂	11 037	1 981	180	9 593	13 146	11 758
83	苏州纽威阀门有限公司	82 947	19 665	930	75 325	81 661	57 721
84	苏州市燃气设备阀门制造有限公司	4 650	1 677		3 737	4 460	3 459
85	泰州市光宇阀业有限公司	2 350	178	116	2 100	2 100	1 905
86	特福隆集团有限公司	20 169	5 994	344	28 683	19 184	12 691
87	天津百利二通机械有限公司	13 105	3 707	320	7 924	10 832	7 631
88	天津百利天阀阀门有限责任公司	6 653	1 526	112	6 657	6 689	5 528
89	天津大站集团有限公司	49 700	9 960	3 070	41 660	44 600	37 924
90	天津市北方阀门控制设备有限公司	2 131	553	97	1 937	2 469	2 092
91	天津塘沽瓦特斯阀门有限公司	12 685	172	538	15 954	14 591	10 942
92	挺宇集团有限公司	36 083	5 465	379	19 400	36 083	30 618

（续）

序号	企 业 名 称	工业总产值（万元）	工业增加值（万元）	从业人员平均人数（人）	年末资产总额（万元）	产品销售收入（万元）	产品销售成本（万元）
93	温州中力阀门有限公司	1 215		127	1 006	1 215	907
94	沃茨阀门（长沙）有限公司	11 148	5 687	352	14 883	9 779	5 758
95	无锡市华英阀业有限公司	1 926	29	60	2 469	2 079	1 873
96	无锡市优工精密阀门有限公司	1 680	536	125	1 632	1 679	1 464
97	无锡锡山阀门厂有限公司	3 552	803	269	4 120	3 418	2 968
98	吴江市东吴机械有限责任公司	3 716	1 118	203	3 066	3 612	2 557
99	武汉阀门水处理机械股份有限公司	540	31	215	6 506	484	412
100	武汉锅炉集团阀门有限责任公司	7 339	4 468	266	9 311	75	5 322
101	西安泵阀总厂有限公司	15 206	2 362	670	20 611	17 228	13 619
102	宣达实业集团有限公司	22 320	5 742	187	19 797	22 065	17 643
103	扬中市阀门厂有限公司	6 260	1 866	343	4 200	6 167	4 745
104	扬州双良阀门有限公司	5 650	1 036	267	6 350	7 435	5 502
105	阳泉阀门股份有限公司	6 881	1 904	489	11 883	13 399	10 869
106	浙江奥龙阀门制造有限公司	2 182	35	45	1 276	1 856	1 457
107	浙江宝德龙阀门有限公司	2 425	211	162	2 348	2 376	1 948
108	浙江东亚阀门有限公司	8 250	1 540	129	6 738	6 023	4 425
109	浙江东正阀门管件有限公司	3 872			2 343	3 688	2 935
110	浙江高中压阀门有限公司	7 060	3 369	209	5 316	7 003	5 331
111	浙江华东阀门有限公司	10 025	382	132	4 100	9 300	7 200
112	浙江精嘉阀门有限公司	8 395	2 468	414	19 577	8 201	7 027
113	浙江凯东阀门制造有限公司	1 174		49	1 695	1 118	958
114	浙江科达阀门有限公司	7 855	2 437	183	7 600	7 462	6 234
115	浙江瓯球阀门有限公司	4 916	1 514	269	2 281	5 040	4 291
116	浙江石化阀门有限公司	21 856	7 642	187	12 627	14 072	10 268
117	浙江五洲阀门有限公司	25 364	8 879	322	13 823	23 254	18 138
118	浙江西麦克阀门制造有限公司	6 000		110	4 580	5 800	5 100
119	浙江浙东高中压阀门有限公司	14 368	2 178	435	16 276	14 257	9 267
120	浙江正华阀门厂	8 889	1 471	395	3 921	5 506	5 091
121	浙江重工阀门有限公司	1 837			2 985	1 687	1 383
122	镇江市铸造阀门厂	11 580	3 359	337	4 994	10 485	9 278
123	中核苏阀科技实业股份有限公司	36 395	8 232	666	53 089	36 358	28 272
124	中山铁王管阀有限公司	23 000	8 700	1 029	29 200	24 000	18 545
125	中外合资浙江宝龙阀门制造有限公司	3 023		194	4 738	2 800	2 378
126	重庆白市驿锻制阀门研究所	474	180	64	368	430	283
127	株洲南方阀门股份有限公司	11 584	6 136	421	19 266	7 109	2 732
128	自贡高压阀门股份有限公司	10 026	2 648	547	34 319	9 291	6 703
129	自贡工业阀门制造有限公司	1 129	418	185	1 479	1 208	1 014
130	永一阀门集团有限公司	20 960		570	24 662	20 159	15 926
131	河北光德不锈钢阀业有限公司	4 300	948		3 735	3 566	
132	温州市飞球电站阀门制造有限公司	184	37		2 458	154	
133	天工阀门有限公司	3 467	843	131	5 948	2 899	2 394
134	上海求精阀门制造有限公司	1 500	200		2 000	1 000	
135	浙江新海阀门制造有限公司	2 153	152		1 160	18 932	16 297
136	南方阀门制造有限公司	10 395	3 499		13 966	10 640	8 318
137	浙江万能阀门有限公司	1 050	1 070		1 029	1 000	
138	扬州市电力设备修造厂	17 832	4 420		15 922		
139	宇明（郑州）阀门有限公司	8 046	2 815		4 331	7 369	
140	上海精工阀门厂有限公司	367	115		856	728	
141	北阀科技集团有限公司	5 233			8 665	4	
142	百强阀门有限公司	5 956			7 428	5 673	
143	上海大宇阀门厂	8 000			6 937	7 079	
144	浙江凯斯通阀门有限公司	4 219	1 438		6 242	3 852	
145	丹阳中核苏阀蝶阀有限公司	1 859	488		2 123	1 892	
146	盐城奥克阀门有限公司	5 147			2 635	5 226	

（续）

序号	企业名称	工业总产值（万元）	工业增加值（万元）	从业人员平均人数（人）	年末资产总额（万元）	产品销售收入（万元）	产品销售成本（万元）
147	天津市开源第三阀门有限公司	7 800	936		1 209	7 650	
148	罗浮集团有限公司	2 588	1 768		7 232	2 527	
149	上海凯科阀门制造有限公司	13 515	5 760		13 169	12 301	
150	中泉集团有限公司	22 310	5 890		11 606	21 190	
151	双达阀门股份有限公司	12 280	1 666		8 824	12 755	
152	天胜阀门有限公司	15 608			17 627	14 359	
153	浙江超达阀门股份有限公司	20 898	6 962	420	16 017	19 181	16 144
154	河南开封高压阀门有限公司	42 750	26 710	2 147	39 716	43 190	25 914

2006年中国通用机械工业协会
阀门分会会员单位经济效益指标

序号	企业名称	综合指数（%）	总资产贡献率（%）	资产保值增值率（%）	资产负债率（%）	流动资产周转率（次）	成本费用利润率（%）	全员劳动生产率（元/人）	产品销售率（%）
1	安徽省白湖阀门厂有限责任公司	81.80	7.65	109.66	57.75	0.10	2.55	25 840	103.06
2	安徽省屯溪高压阀门有限公司	119.39	7.53	87.06	42.92	1.23	7.13	37 029	111.56
3	鞍山亨通阀门有限公司	186.40	16.03	110.29	44.17	1.70	7.68	110 942	88.77
4	保一集团有限公司	185.92	19.32	114.68	46.69	2.67	8.21	78 949	98.20
5	北京市阀门总厂有限责任公司	150.97	0.02	867.71	79.62	1.14	-0.11	8 614	96.59
6	伯特利阀门集团有限公司	227.30	24.21	130.45	36.95	3.27	7.85	116 428	98.11
7	泊头市阀门煤气化工设备制造有限责任公司	195.52	23.39	102.25	58.47	2.83	5.71	103 939	97.99
8	长春高中压阀门有限责任公司	106.06	4.68	107.89	32.37	2.27	2.46	28 774	100.00
9	常州贝斯特控制设备有限公司			-41.43	69.34	1.53	0.26		99.27
10	常州兰陵阀门控制有限公司	257.65	56.49	95.94	43.67	4.12	-0.01	112 500	100.00
11	成都乘风阀门有限责任公司	222.81	18.46	105.58	55.67	0.94	24.20	73 392	116.92
12	承德高中压阀门管件有限公司	206.12	20.03	144.66	27.04	2.72	8.85	90 394	92.31
13	大连大高阀门有限公司	244.97	12.14	187.74	55.51	1.63	9.25	196 092	104.05
14	福建省三明双轮化工机械有限公司	88.92	5.09	49.58	84.30	0.98	2.38	59 239	100.07
15	阜宁县理想阀门有限公司	203.73	32.88	105.89	43.31	2.41	14.39	36 038	82.81
16	阜宁县中洲阀门有限公司	224.13	64.07	104.44	37.61	2.80	4.66	22 026	97.22
17	甘肃省兰州阀门厂	86.02	9.40	130.06	83.74	1.19	3.33	13 441	101.67
18	赣州赣阀阀门有限公司	56.97	1.90	102.67	88.34	0.57	0.43	20 379	122.70
19	广东明珠集团股份有限公司	203.25	7.38	107.99	47.60	0.36	20.94	104 281	99.87
20	贵阳贵标阀门制造有限责任公司	34.12	3.19		100.00	1.11			127.07
21	桂林市阀门总厂	45.16	2.19	45.10	98.73	0.55	-3.88	52 245	90.19
22	哈尔滨哈锅阀门股份有限公司	2 043.67	15.69	142.02	34.06	0.98	436.23	527 711	
23	海安阀门厂有限公司	106.02	8.20	120.96	44.61	2.12	1.15	51 751	9.89
24	杭州华惠阀门有限公司	198.61	22.04	112.91	65.15	1.71	10.67	100 174	103.64
25	河北宏业机械股份有限公司	98.04	10.34	41.96	61.72	1.93	1.82	37 931	93.73
26	河北远大阀门集团有限公司	169.12	20.12	126.59	32.92	1.44	7.30	65 972	93.94
27	河南黑马实业有限公司	233.56	30.97	97.57	53.06	2.40	18.67	67 987	98.00
28	河南泉舜流体控制科技有限公司	103.13	2.95	302.86	22.75	1.31	0.31	11 280	97.08
29	河南省高山阀门有限公司	207.01	26.51	101.01	43.34	3.89	8.72	69 829	98.88
30	湖北高中压阀门有限责任公司	144.01	12.68	117.52	57.16	1.36	10.60	42 967	91.24
31	环球阀门集团有限公司	355.62	38.15	52.75	41.65	3.66	13.15	265 071	99.01
32	黄山良业阀门有限公司	130.95	14.96	122.07	54.40	2.67	4.05	30 435	95.95
33	江南阀门有限公司	394.07	23.93	107.30	26.40	3.18	8.51	390 954	92.92
34	江苏高科阀门制造有限公司		18.78	140.16	76.28	2.70	4.65		133.33
35	江苏花山阀门有限公司	173.56	22.03	339.51	68.42	2.42	8.38	12 044	109.87
36	江苏江恒阀业有限公司	163.07	19.56	111.08	50.70	1.66	7.92	61 307	99.38
37	江苏神通阀门有限公司	314.15	35.98	178.65	44.91	2.57	16.02	178 197	93.73
38	江苏省涟水县阀门厂	296.01	56.98	103.90	51.73	5.33	18.19	44 700	94.84

（续）

序号	企业名称	综合指数（%）	总资产贡献率（%）	资产保值增值率（%）	资产负债率（%）	流动资产周转率（次）	成本费用利润率（%）	全员劳动生产率（元/人）	产品销售率（%）
39	江苏省竹箦机械厂	121.51	19.82	109.71	85.28	2.21	5.45	14 996	103.37
40	江苏鑫沅阀业有限公司			198.18	67.96	1.92	14.29		97.23
41	江苏中吴高中压阀门制造有限公司			105.40	15.41	2.40	7.63		85.45
42	开维喜阀门集团有限公司	172.46	12.47	105.51	44.20	1.87	2.77	131 741	70.84
43	凯特姆球阀制造（四川）有限公司	183.78	29.33	127.81	1.34	1.81	17.09		
44	克瑞阀门（南通）有限公司	34.81	-8.69	90.04	13.02	1.42	-9.30	35 959	90.29
45	昆明环球阀门有限公司	45.10	0.40	97.18	42.66	1.08	-4.75	13 750	96.76
46	兰州高压阀门有限公司	133.62	5.30	107.88	41.80	2.31	3.42	70 809	98.22
47	乐山长仪阀门制造有限公司	400.01	37.05	151.60	37.55	1.09	42.64	176 307	98.06
48	良精集团阀门有限公司	165.13	17.01	100.83	39.06	2.14	6.41	70 653	99.68
49	南昌阀门总厂				11.56		0.47		128.47
50	南京华宁阀门有限公司	123.07	6.94	127.81	31.71	1.18	4.83	47 647	102.30
51	南通高中压阀门有限公司	96.86	4.47	112.49	80.99	1.46	1.76	54 869	99.68
52	南通市电站阀门有限公司	71.38	26.13	-18.12	104.16	2.36	0.35		11.52
53	能发伟业铁岭阀门股份有限公司	120.48	6.52	158.12	43.11	0.97	9.55	11 047	131.55
54	宁波一机阀门制造有限公司	191.85	27.32	163.52	14.17	2.03	9.16	43 839	89.00
55	蓬莱金创精铸阀业有限公司	121.26	6.39	109.33	49.41	1.06	2.80	85 972	47.90
56	青岛电站阀门有限公司	96.91	9.89	100.80	80.75	1.41	0.68	48 887	96.90
57	青岛高压阀门有限公司	180.53	18.15	107.91	30.88	3.21	8.54	56 917	96.47
58	山东省汾阳阀门厂	86.84	4.53	164.80	99.57	0.24	10.10	6 123	89.28
59	山东天成阀门制造有限公司	320.25	11.18	108.40	5.33	1.35	23.76	229 008	108.33
60	山东益都阀门厂	89.07	7.63	99.71	73.58	1.91	0.81	30 043	99.71
61	上海标一阀门有限公司	252.95	26.88	117.48	31.97	1.95	22.04	89 112	74.98
62	上海大禹泵阀制造有限公司	353.74	69.63	142.39	52.45	2.46	44.00		
63	上海阀门厂有限公司	149.24	1.74	302.20	83.28	1.02	0.48	122 000	110.18
64	上海阀门二厂有限公司	56.30	6.30	95.03	78.06	2.18	1.00		
65	上海开维喜阀门有限公司	138.68	0.52	783.52	75.23	1.17	0.19		99.84
66	上海科发泵阀制造有限公司				66.28		1.52		
67	上海良工阀门厂有限公司	117.38	6.78	138.77	80.45	1.06	7.50	51 194	77.50
68	上海明珠阀门制造有限公司	143.27	21.31	86.42	48.90	3.05	8.76		98.77
69	上海耐腐阀门集团有限公司	116.68	8.67	151.93	24.39	1.29	5.63	16 957	98.25
70	上海浦东汉威阀门有限公司	211.10	15.69	75.44	58.94	1.38	17.71	108 636	96.55
71	上海日泰阀门制造有限公司	340.66	40.69	99.56	27.15	1.88	50.00	13 735	102.56
72	上海双高阀门集团有限公司				13.61	2.89	6.58		97.07
73	上海远高阀业有限公司	152.15	4.14	120.47	37.16	2.63	15.99	17 393	93.71
74	上海正丰阀门制造有限公司	119.30	6.91	106.40	47.15	1.05	6.58	47 692	90.33
75	沈阳盛世高中压阀门有限公司	110.33	3.05	152.23	63.85	1.11	6.38	41 328	98.92
76	慎江阀门有限公司	133.21	15.35	107.63	63.86	1.80	13.09		90.05
77	石家庄三环阀门股份有限公司	201.96	20.90	112.29	55.76	1.03	14.17	98 767	82.50
78	石家庄市长宏冶金设备阀门厂	120.17	12.21	110.79	55.00	1.95	5.64	22 979	108.33
79	四川广汉阀门厂	154.50	15.00	123.41	40.61	2.46	6.85	51 150	81.44
80	四川省邛崃阀门制造有限公司	5.73	-4.77	101.33	39.24	0.74	-15.39	10 883	199.77
81	苏州奥村阀门有限公司		13.53	118.77	29.14	2.82	9.55		100.00
82	苏州高中压阀门厂	154.53	8.00	167.08	71.18	2.02	1.96	110 050	107.83
83	苏州纽威阀门有限公司	345.59	30.72	156.32	70.43	1.19	27.90	211 452	98.45
84	苏州市燃气设备阀门制造有限公司		16.08	105.27	74.90	2.41	5.60		95.89
85	泰州市光宇阀业有限公司	115.28	13.12	112.19	37.14	1.87	4.57	15 345	88.51
86	特福隆集团有限公司	297.08	18.02	109.99	20.11	1.61	23.95	174 244	95.12
87	天津百利二通机械有限公司	195.70	20.22	88.35	59.86	1.50	9.99	115 844	83.89
88	天津百利天阀阀门有限责任公司	179.80	10.58	119.88	64.67	1.54	5.84	136 250	100.54
89	天津大站集团有限公司	124.19	9.61	105.75	21.36	1.56	5.65	32 443	89.74
90	天津市北方阀门控制设备有限公司	142.97	11.17	107.24	38.82	1.86	5.53	57 010	115.86
91	天津塘沽瓦特斯阀门有限公司	-25.32	-11.75	80.73	42.85	1.07	-15.18	3 197	100.26
92	挺宇集团有限公司	285.33	33.94	121.04	39.26	3.52	14.29	144 195	84.85

（续）

序号	企业名称	综合指数（%）	总资产贡献率（%）	资产保值增值率（%）	资产负债率（%）	流动资产周转率（次）	成本费用利润率（%）	全员劳动生产率（元/人）	产品销售率（%）
93	温州中力阀门有限公司	139.47	16.44	109.47	29.72	2.61	8.96		100.00
94	沃茨阀门(长沙)有限公司	297.24	21.80	343.63	37.66	1.23	18.56	161 563	87.98
95	无锡市华英阀业有限公司	251.49	1.80	201.19	15.34	17.80	0.72	4 750	107.97
96	无锡市优工精密阀门有限公司	148.61	13.77	123.01	49.88	2.72	6.65	42 880	99.94
97	无锡锡山阀门厂有限公司	89.95	8.71	101.05	55.70	0.91	1.68	29 851	99.61
98	吴江市东吴机械有限责任公司	179.16	24.46	140.97	40.97	1.72	8.86	55 074	97.20
99	武汉阀门水处理机械股份有限公司	-115.39	-4.37	146.65	114.08	0.11	-36.18	1 460	88.94
100	武汉锅炉集团阀门有限责任公司	196.71	11.21	102.00	52.83	0.01	8.64	167 970	99.96
101	西安泵阀总厂有限公司	111.47	7.22	281.61	83.63	1.30	2.12	35 254	98.11
102	宣达实业集团有限公司	325.39	17.76	127.54	41.75	2.36	9.27	307 059	98.86
103	扬中市阀门厂有限公司	160.81	21.11	134.74	61.31	2.31	6.02	54 402	98.51
104	扬州双良阀门有限公司	129.93	8.20	131.37	32.41	1.74	4.86	38 802	131.59
105	阳泉阀门股份有限公司	78.54	9.80	-7.13	101.21	1.20	3.29	38 935	101.15
106	浙江东正阀门管件有限公司				33.50	11.45	12.12		95.25
107	浙江高中压阀门有限公司	173.99	11.26	47.78	80.19	2.62	1.02	161 196	97.45
108	浙江华东阀门有限公司	297.57	53.31	143.75		5.81	16.06	28 939	97.76
109	浙江精嘉阀门有限公司	144.54	7.42	113.03	59.55	1.04	11.62	59 614	97.69
110	浙江凯东阀门制造有限公司		7.03	102.50	44.31	0.13	2.11		94.98
111	浙江西麦克阀门制造有限公司	109.89	12.33	125.11	36.03	2.52	3.44		96.67
112	浙江浙东高中压阀门有限公司	166.05	14.03	116.74	26.27	1.32	12.05	50 069	98.32
113	浙江正华阀门厂	126.34	22.38	93.02	63.52	1.64	3.34	37 233	72.47
114	浙江重工阀门有限公司				9.45		4.87		
115	中核苏阀科技实业股份有限公司	160.52	6.50	101.97	44.43	1.14	4.96	123 604	97.67
116	中外合资浙江宝龙阀门制造有限公司	76.91	7.00	86.01	36.68	1.39	2.50		75.09
117	重庆白市驿锻制阀门研究所	140.44	21.36	104.24	33.15	1.69	5.20	28 125	97.89
118	永一阀门集团有限公司	333.78	13.66	143.34	26.53	2.28	11.16		96.18
119	河北光德不锈钢阀业有限公司				31.97				82.93
120	温州市飞球电站阀门制造有限公司	57.68	3.91	101.05	17.66	0.09			83.70
121	天工阀门有限公司	145.48	6.89	223.13	8.69	0.93	4.23	64 351	83.62
122	上海求精阀门制造有限公司				13.00				80.00
123	浙江新海阀门制造有限公司		14.15	104.73	27.41	28.77	0.32		87.04
124	南方阀门制造有限公司		12.30		52.48	0.94	8.30		102.36
125	浙江万能阀门有限公司				30.61				95.24
126	浙江奥龙阀门制造有限公司	721.92	33.69	109.86	16.85	54.06	18.45	7 822	84.78
127	浙江宝德龙阀门有限公司	109.85	14.77	49.07	78.62	1.12	9.82	13 025	97.98
128	扬州市电力设备修造厂				44.90				96.88
129	镇江市铸造阀门厂	235.80	35.93	215.30	55.21	3.51	4.93	99 674	94.69
130	宇明(郑州)阀门有限公司				21.13				96.16
131	上海精工阀门厂有限公司				81.19				200.00
132	中山铁王管阀有限公司	284.67	20.65	117.13	5.99	3.30	29.66	84 548	48.00
133	北阀科技集团有限公司		0.86		0.20				94.99
134	浙江东亚阀门有限公司	177.57	12.30	122.96	63.82	1.30	8.22	119 380	82.34
135	百强阀门有限公司				31.88				95.25
136	上海大宇阀门厂				70.79	1.79			88.49
137	株洲南方阀门股份有限公司	377.81	22.75	135.85	46.54	0.62	51.98	145 748	78.07
138	浙江凯斯通阀门有限公司				53.27				91.30
139	丹阳中核苏阀蝶阀有限公司		9.79	110.05	45.31	1.23			101.78
140	盐城奥克阀门有限公司				81.86				94.70
141	自贡高压阀门股份有限公司	84.15	3.02	129.40	74.82	0.46	1.89	48 410	94.12
142	自贡工业阀门制造有限公司	59.90	4.99	94.02	57.08	1.02	-2.90	22 611	91.03
143	天津市开源第三阀门有限公司				40.45				98.72
144	浙江科达阀门有限公司	209.96	13.59	49.83	37.95	1.89	12.48	133 169	95.00
145	浙江瓯球阀门有限公司	178.73	17.14	110.79	53.62	5.91	3.10	56 283	102.52
146	罗浮集团有限公司				25.48				97.64

（续）

序号	企业名称	综合指数（%）	总资产贡献率（%）	资产保值增值率（%）	资产负债率（%）	流动资产周转率（次）	成本费用利润率（%）	全员劳动生产率（元/人）	产品销售率（%）
147	上海凯科阀门制造有限公司		20.17	116.86	37.79	1.74			91.02
148	浙江石化阀门有限公司	394.67	19.57	151.41	34.23	1.30	12.96	408 663	64.39
149	浙江五洲阀门有限公司	382.93	37.22	125.07	36.56	4.48	14.10	275 745	96.71
150	中泉集团有限公司				42.12				117.39
151	双达阀门股份有限公司		40.25		34.62	8.02			102.98
152	天胜阀门有限公司		46.09		27.22	1.40			90.01
153	浙江超达阀门股份有限公司	223.09	15.95	107.45	39.48	2.60	5.90	165 762	91.78
154	河南开封高压阀门有限公司	240.25	23.06	118.77	43.43	2.27	14.10	124 406	98.90

2006年中国通用机械工业协会压缩机分会会员单位经济指标

序号	企业名称	工业总产值（万元）	工业增加值（万元）	从业人员平均人数（人）	年末资产总额（万元）	产品销售收入（万元）	产品销售成本（万元）
1	沈阳气体压缩机股份有限公司	65 040	14 501	1 145	148 312	53 500	46 590
2	沈阳空气压缩机制造厂有限公司	19 200	6 098	588	33 074	12 001	10 943
3	沈阳电机股份有限公司	113 023	23 056	2 393	112 155	100 140	86 755
4	沈阳东陵空压机有限公司	31		72	1 195	8	36
5	大连金山压缩机制造有限公司	1 200	317	93	1 537	1 085	981
6	长春天航特种材料技术有限责任公司	823	301	35	890	774	533
7	北京京城环保产业发展有限责任公司	36 384	4 672	463	41 868	36 416	28 079
8	北京金环压缩机有限公司	457	368	126	1 298	360	289
9	北京汇知机电设备有限责任公司	1 210	203	45	7 151	1 211	996
10	天津市压缩机厂	1 810	402	70	826	1 710	1 420
11	山西省太原气体压缩机厂	1 006	593	712	2 136	811	984
12	太原大汇实业有限公司	825	172	30	952	738	646
13	山西省平陆县阀片厂	825	404	134	2 688	822	651
14	河北省吴桥空压机有限责任公司	1 978	275	291	1 035	1 706	1 428
15	上海压缩机有限公司	19 811	4 215	318	22 734	21 059	18 523
16	上海东方压缩机厂有限公司	7 000	1 963	160	4 994	5 214	3 676
17	上海大隆机器有限公司	14 716	87	306	12 949	15 814	14 642
18	上海宝勒特压缩机有限公司	24 187	6 961	210	6 777	16 900	13 875
19	上海五压机械有限公司	750	760	80	1 000	720	600
20	上海盛怡压缩机有限公司	1 259	1 114	30	1 077	1 259	1 101
21	上海飞和实业集团有限公司	48 528	13 545	229	24 860	41 477	32 887
22	上海原油机械模具有限公司	182	85	47	144	182	126
23	上海斯可络压缩机有限公司	14 664	9 849	140	6 391	10 085	8 594
24	江西气体压缩机有限公司	12 593	3 421	1 060	13 577	12 755	10 160
25	江西第二气体压缩机制造厂	2 600	810	80	892	2 540	2 032
26	江西南翔空压机有限公司	315	114	32	203	339	306
27	上海佳力士机械有限公司	10 712	3 215	255	11 942	10 167	8 279
28	余姚捷华压缩机有限公司	2 065	1 013	101	2 804	1 914	1 389
29	宁波天元压缩机有限公司	607	255	51	1 248	674	431
30	宁波欣达螺杆压缩机有限公司	16 777	4 554	397	5 640	16 606	13 715
31	浙江开山股份有限公司	106 170	20 212	2 853	67 651	106 564	99 148
32	浙江衢州煤矿机械总厂有限公司	23 419	5 254	550	9 520	24 370	20 847
33	余姚市大隆空压机配件有限公司	1 136	576	125	1 043	1 111	811
34	慈溪市超超空压机配件有限公司	3 601	1 191	172	3 629	3 503	2 558
35	上海环天机械有限公司	7 865	2 386	312	5 533	7 686	6 412
36	浙江鸿友压缩机制造有限公司	17 320	4 520	550	10 982	17 178	14 597
37	杭州杭空压缩机有限公司	1 225	400	59	1 075	995	770
38	杭州杭氧压缩机有限公司	7 753	1 985	225	8 682	7 003	5 451

（续）

序号	企业名称	工业总产值（万元）	工业增加值（万元）	从业人员平均人数（人）	年末资产总额（万元）	产品销售收入（万元）	产品销售成本（万元）
39	杭州嘉美净化设备有限公司	5 705	1 276	60	2 455	2 249	1 742
40	浙江鑫磊机电股份有限公司	81 393	24 841	1 837	27 711	79 651	69 893
41	温州建庆实业有限公司	2 830	248	150	1 843	1 639	1 330
42	童丽精工机械有限公司	352	102	47	1 340	352	294
43	宁波星箭航天机械厂	5 500	1 532	245	3 297	5 216	2 743
44	乐清市威雷特电气有限公司	150	55	20	385	345	299
45	无锡压缩机股份有限公司	30 285	5 999	826	49 345	40 268	31 405
46	南京压缩机股份有限公司	30 986	6 341	603	27 326	32 010	26 057
47	安瑞科（蚌埠）压缩机有限公司	16 729	5 314	642	18 765	13 313	9 284
48	无锡力源压缩机有限公司	1 655	405	146	1 930	1 965	1 579
49	江阴市压缩机厂	4 856	1 452	228	3 208	4 796	4 022
50	南京华冠压缩机有限公司	10 008	2 386	308	20 734	10 336	7 943
51	济南压缩机厂有限公司	6 370	1 899	471	3 695	6 451	4 826
52	江苏超力机械有限公司	30 065	8 959	540	21 780	30 018	25 752
53	马鞍山正棱压缩机有限责任公司	441	90	88	1 657	385	245
54	烟台蓝星压缩机有限责任公司	2 527	1 857	202	5 086	1 403	1 183
55	中国人民解放军第四八一二工厂	7 753	3 244	728	9 241	7 468	4 913
56	扬州成功机械有限公司	1 907	677	256	2 061	1 935	1 464
57	扬州云环压缩机部件有限公司	555	179	76	347	494	381
58	无锡市顺昌塑料厂	915	262	96	563	842	674
59	镇江春环密封件集团有限公司	3 325	781	187	3 419	3 022	2 606
60	苏州爱德空分设备有限公司	409	409	22	521	409	362
61	山东省潍坊生建集团	48 030	12 717	1 329	64 735	47 546	38 130
62	无锡市中成压缩机有限公司	792	526	163	1 182	718	430
63	铁道建筑总公司徐州机械总厂	1 528	-254	761	9 579	2 123	1 994
64	苏州空压机厂	2 319	1 177	70	3 302	2 258	1 442
65	江苏劲风压缩机制造有限公司	1 401	364	159	1 797	1 257	847
66	无锡市五洋赛德压缩机有限公司	3 238	1 012	105	3 775	3 822	2 466
67	重庆气体压缩机厂有限责任公司	16 318	4 504	699	17 175	14 620	9 375
68	四川大川压缩机有限责任公司	27 050	9 738	743	35 383	24 074	20 054
69	自贡山川气体压缩机有限责任公司	3 742	1 282	320	3 873	3 269	2 655
70	四川南方气体压缩机公司	2 046	709	86	856	1 966	1 722
71	咸阳秦渭空压机有限公司	1 200	133	100	524	924	854
72	自贡通达机器制造有限公司	8 832	3 654	252	11 589	6 090	3 446
73	四川金星压缩机制造有限公司	14 707	2 274	360	13 835	11 364	8 830
74	西安压缩机厂	801	200	372	5 756	380	315
75	柳州压缩机总厂	6 764	2 183	1 039	33 992	8 173	5 384
76	柳州柳二空机械股份有限公司	7 903	1 652	605	42 716	8 410	6 554
77	柳州市金象机器制造有限公司	55	8	16	229	63	58
78	佛山市珊瑚压缩机有限公司	409	67	86	945	585	431
79	湘潭压缩机有限公司	11 880	3 280	708	7 006	9 075	6 540
80	武汉气体压缩机厂	565	417	128	1 096	335	220
81	开封市空气压缩机厂	169	56	155	1 269	123	184
82	湖南益阳空气压缩机厂	3 960	1 600	120	2 650	3 940	3 140
83	湖南省常德通用压缩机有限公司	801	208	138	2 668	795	562
84	广东正力精密机械有限公司	6 477	1 244	340	9 299	6 571	5 274
85	广州机械科学研究院	12 031	418	657	16 879	15 318	10 299
86	无锡锡山安达防爆电气设备有限公司	2 625	451	87	1 846	2 620	2 321
87	阜新金昊空压机有限公司	9 781	3 348	237	10 134	9 327	6 939

2006年中国通用机械工业协会压缩机分会会员单位经济效益指标

序号	企业名称	综合指数（%）	总资产贡献率（%）	资产保值增值率（%）	资产负债率（%）	流动资产周转率（次）	成本费用利润率（%）	全员劳动生产率（元/人）	产品销售率（%）
1	沈阳气体压缩机股份有限公司	117.57	2.61	101.80	90.42	0.52	0.30	126 646	98.00
2	沈阳空气压缩机制造厂有限公司	99.46	1.52	100.13	85.68	0.47	0.05	103 707	83.68
3	沈阳电机股份有限公司	118.33	6.04	100.62	79.97	1.45	0.21	96 348	104.38
4	沈阳东陵空压机有限公司	-100.76	-8.66	1 900.00	106.36	0.01	-93.16		100.00
5	大连金山压缩机制造有限公司	98.96	5.96	119.31	84.32	2.31	3.05	34 086	90.42
6	长春天航特种材料技术有限责任公司		16.85		93.26	0.87	13.38	86 000	96.23
7	北京京城环保产业发展有限责任公司	184.67	13.78	116.75	45.48	1.49	9.97	100 907	99.71
8	北京金环压缩机有限公司	62.17	1.96	98.28	69.11	0.71	0.17	29 206	79.65
9	北京汇知机电设备有限责任公司	63.51	0.26	102.94	92.66	0.30	0.87	45 111	100.00
10	天津市压缩机厂	247.22	33.83	140.28	38.86	5.34	12.35	57 429	94.48
11	山西省太原气体压缩机厂	-202.89	-34.38	104.56	239.51	0.56	-46.14	8 329	80.72
12	太原大汇实业有限公司	169.26	0.95	100.26	59.45	9.58	0.14	57 333	89.45
13	山西省平陆县阀片厂	60.89	3.90	99.31	78.65	0.36	-0.37	30 149	99.64
14	河北省吴桥空压机有限责任公司	87.36	6.67	100.00	60.97	3.01	0.41	9 450	94.69
15	上海压缩机有限公司	131.12	3.30	100.08	83.36	1.17	0.38	132 544	98.43
16	上海东方压缩机厂有限公司	211.77	18.92	118.18	50.14	1.79	11.09	122 688	87.14
17	上海大隆机器有限公司	77.98	6.19	113.07	70.35	1.50	3.02	2 833	107.14
18	上海宝勒特压缩机有限公司	425.71	54.13	268.04	81.81	3.31	10.49	331 476	75.02
19	上海五压机械有限公司	113.20	2.12	122.45	76.00	1.01	1.37	95 000	96.00
20	上海盛怡压缩机有限公司	282.69	2.70	168.20	84.39	1.66	1.49	371 300	26.02
21	上海飞和实业集团有限公司	548.06	32.17	128.82	18.51	3.33	14.81	591 485	85.47
22	上海原油机械模具有限公司	248.72	43.65	148.13	34.21	3.84	19.33	18 179	100.00
23	上海斯可络压缩机有限公司		10.06		76.76	3.03	3.21	703 500	73.00
24	江西气体压缩机有限公司	89.88	8.75	103.51	71.12	1.42	1.22	32 274	94.93
25	江西第二气体压缩机制造厂	258.28	42.98	108.90	8.07	6.20	4.16	101 250	97.69
26	江西南翔空压机有限公司	115.29	9.05	133.03	80.83	2.93	2.66	35 553	106.67
27	上海佳力士机械有限公司	183.51	11.25	103.87	43.57	1.97	7.21	126 078	100.00
28	余姚捷华压缩机有限公司	136.02	8.45	100.26	44.58	1.01	3.01	100 297	94.09
29	宁波天元压缩机有限公司	156.27	10.83	120.51	28.45	0.54	15.17	50 000	111.04
30	宁波欣达螺杆压缩机有限公司	263.98	38.44	41.96	75.21	6.91	9.39	114 710	98.93
31	浙江开山股份有限公司	131.63	7.68	142.46	76.03	2.84	1.73	70 845	100.37
32	浙江衢州煤矿机械总厂有限公司	143.09	11.54	116.25	83.25	2.60	0.75	95 527	107.64
33	余姚市大隆空压机配件有限公司	131.79	18.37	113.24	76.22	1.42	5.42	46 080	94.63
34	慈溪市超超空压机配件有限公司	187.08	18.16	140.46	53.32	1.73	12.76	69 264	97.52
35	上海环天机械有限公司	185.53	28.11	100.07	75.53	1.97	8.82	76 474	97.72
36	浙江鸿友压缩机制造有限公司	188.10	26.00	109.20	65.09	2.25	7.70	82 182	98.72
37	杭州杭空压缩机有限公司	100.92	4.42	97.62	103.81	1.26	0.81	67 797	81.22
38	杭州杭氧压缩机有限公司	155.63	13.44	102.89	65.18	1.03	8.98	88 231	65.39
39	杭州嘉美净化设备有限公司	131.14	-3.52	82.91	59.67	1.16	-8.28	212 667	40.00
40	浙江鑫磊机电股份有限公司	273.69	36.49	131.25	53.81	4.27	9.75	135 226	97.86
41	温州建庆实业有限公司	89.73	11.18	100.00	92.02	1.47	2.96	16 533	57.92
42	童丽精工机械有限公司	66.44	1.86	104.81	66.23	1.13	0.27	21 747	100.00
43	宁波星箭航天机械厂	220.37	36.78	129.47	48.83	2.86	11.50	62 531	94.84
44	乐清市威雷特电气有限公司	105.47	16.01		100.00	1.35	9.21	27 500	80.00
45	无锡压缩机股份有限公司	137.78	9.59	110.30	64.44	1.08	5.78	72 627	132.96
46	南京压缩机股份有限公司	165.76	11.12	88.62	61.36	2.60	4.94	105 158	99.50
47	安瑞科（蚌埠）压缩机有限公司	165.80	13.00	116.21	56.36	0.81	11.27	82 773	90.22
48	无锡力源压缩机有限公司	98.11	6.93	102.77	63.47	2.50	0.82	27 740	117.76
49	江阴市压缩机厂	128.66	9.67	197.90	76.50	2.05	1.31	63 684	98.76
50	南京华冠压缩机有限公司	105.91	3.14	102.59	57.72	0.77	1.65	77 468	95.00
51	济南压缩机厂有限公司	165.51	23.63	103.20	44.17	2.73	8.09	40 318	101.27

（续）

序号	企业名称	综合指数（%）	总资产贡献率（%）	资产保值增值率（%）	资产负债率（%）	流动资产周转率（次）	成本费用利润率（%）	全员劳动生产率（元/人）	产品销售率（%）
52	江苏超力机械有限公司	239.33	18.38	183.61	38.93	2.93	6.76	165 907	99.84
53	马鞍山正棱压缩机有限责任公司	25.22	3.99	-35.29	127.22	0.24	0.37	10 227	92.52
54	烟台蓝星压缩机有限责任公司	97.98	1.65	108.91	77.17	0.34	0.34	91 931	96.95
55	中国人民解放军第四八一二工厂	95.50	4.14	94.97	55.29	1.24	2.39	44 560	99.23
56	扬州成功机械有限公司	89.05	11.51	110.00	90.93	1.26	2.19	26 445	99.21
57	扬州云环压缩机部件有限公司	114.42	17.21	103.36	64.55	1.91	3.36	23 553	89.01
58	无锡市顺昌塑料厂	102.87	11.17	105.53	55.95	1.67	2.34	27 292	94.97
59	镇江春环密封件集团有限公司	97.25	6.64	108.52	68.70	1.19	3.08	41 765	91.07
60	苏州爱德空分设备有限公司	166.41	2.69	100.00	87.52	1.46	0.99	185 909	100.00
61	山东省潍坊生建集团	604.87	7.03	3 715.53	94.09	0.97	3.56	95 688	100.36
62	无锡市中成压缩机有限公司	55.75	8.54	108.81	75.97	0.98	-6.25	32 270	91.41
63	铁道建筑总公司徐州机械总厂	-119.15	-11.87	115.78	192.97	0.36	-33.78	-3 338	100.00
64	苏州空压机厂	361.42	25.26	105.43	31.83	0.97	41.07	168 143	97.97
65	江苏劲风压缩机制造有限公司	65.43	10.85	9.52	96.05	0.73	2.24	22 893	97.50
66	无锡市五洋赛德压缩机有限公司	268.75	27.74	160.00	47.66	1.38	25.71	96 381	107.04
67	重庆气体压缩机厂有限责任公司	144.07	11.67	126.47	59.67	0.58	9.07	64 435	105.53
68	四川大川压缩机有限责任公司	306.77	3.96	154.50	78.82	17.26	2.50	131 063	97.91
69	自贡山川气体压缩机有限责任公司	165.76	9.71	88.15	42.37	6.78	5.01	40 063	101.55
70	四川南方气体压缩机公司	212.21	24.79	129.26	30.84	5.55	5.00	82 442	96.09
71	咸阳秦渭空压机有限公司	55.20	3.44	100.85	54.77	0.09	0.21	13 300	88.67
72	自贡通达机器制造有限公司	203.67	10.82	130.01	81.68	0.62	15.18	145 000	68.95
73	四川金星压缩机制造有限公司	242.27	8.42	138.51	62.39	11.94	8.01	63 167	77.27
74	西安压缩机厂	-205.51	-6.57	70.08	80.96	0.01	-58.79	5 376	75.28
75	柳州压缩机总厂	31.36	0.08	77.26	71.17	0.35	-5.14	21 011	114.25
76	柳州柳二空机械股份有限公司	635.44	1.69	98.61	70.92	58.40	1.25	27 306	94.51
77	柳州市金象机器制造有限公司	5.40	-0.91	101.35	132.75	0.08	-4.48	5 000	121.82
78	佛山市珊瑚压缩机有限公司	67.33	4.04	97.60	26.77	0.52	0.17	7 791	105.38
79	湘潭压缩机有限公司	192.01	7.41	105.53	52.63	10.54	1.96	46 328	76.72
80	武汉气体压缩机厂	72.20	3.77	107.80	135.31	0.90	5.42	32 578	90.80
81	开封市空气压缩机厂	-216.95	-15.45	72.44	58.16	0.08	-59.94	3 613	95.27
82	湖南益阳空气压缩机厂	146.36	3.66	100.00	75.66	2.08	1.07	133 333	99.49
83	湖南省常德通用压缩机有限公司		2.81		75.67	0.15	0.38	15 072	99.63
84	广东正力精密机械有限公司		9.74	121.45	84.72		3.81	36 588	97.24
85	广州机械科学研究院	100.12	11.06	108.26	58.29	1.52	5.34	6 362	99.83
86	无锡锡山安达防爆电气设备有限公司	118.30	9.85	105.92	66.09	2.31	2.08	51 839	99.81
87	阜新金昊空压机有限公司	194.68	16.37	109.64	65.31	2.23	4.82	141 266	98.01

2006 年中国通用机械工业协会真空设备分会会员单位经济指标

序号	企业名称	工业总产值（万元）	工业增加值（万元）	从业人员平均人数（人）	年末资产总额（万元）	产品销售收入（万元）	产品销售成本（万元）
1	浙江真空设备集团有限公司	7 688	3 399	552	16 244	6 006	3 822
2	淄博真空设备厂有限公司	8 620	2 306	463	11 102	8 051	7 475
3	成都南光机器有限公司	6 775	1 404	610	31 940	6 522	5 732
4	北京北仪创新真空技术有限责任公司	6 615	1 360	474	48 790	9 017	7 438
5	兰州真空设备有限责任公司	8 681	3 039	612	15 489	8 154	6 108
6	上海曙光机械制造厂有限公司	4 311	1 665	133	3 031	4 311	3 028
7	广东中环真空设备有限公司	4 123	861	261	3 430	3 619	2 745
8	沈阳恒星实业有限公司	3 653	830	214	3 555	2 744	1 983
9	扬州长江水泵有限公司	5 012	456	98	1 971	5 008	3 656
10	山东博山真空泵厂有限公司	3 200	986	250	2 165	2 885	2 359

（续）

序号	企业名称	工业 总产值 （万元）	工业 增加值 （万元）	从业人员 平均人数 （人）	年末资产 总额 （万元）	产品销售 收入 （万元）	产品销售 成本 （万元）
11	沈阳百乐真空技术有限公司	2 083	549	207	1 406	1 970	1 749
12	上海阀门二厂有限公司	1 964	833	92	5 476	7 135	6 518
13	北京中科科仪技术发展有限责任公司	9 709	2 385	436	19 628	13 960	8 084
14	辽宁真龙真空设备制造有限公司	3 800	1 389	170	3 119	3 500	2 480
15	中国科学院沈阳科学仪器研制中心有限公司	6 715	1 787	305	19 751	4 553	3 429
16	山东伯仲真空设备有限公司	5 178	1 553	168	1 668	4 972	3 708
17	长沙鼓风机厂有限责任公司	17 727	3 132	928	27 419	17 478	10 593
18	上海凯尼真空设备有限公司	2 611	1 043	98	4 638	2 632	1 666
19	中山凯旋真空技术工程有限公司	5 018	1 740	218	5 974	4 395	3 781
20	浙江黄岩求精真空泵厂	750	262	54	419	680	538
21	杭州真空设备有限公司	397	101	73	300	397	301
22	自贡市大通真空设备制造安装有限公司	1 871	555	79	656	416	357
23	株洲维格磁流体有限公司	372	119	20	310	378	208
24	台州环球真空设备厂	738	157	78	1 586	654	510
25	宁波爱发科真空技术有限公司	5 047	1 780	130	14 144	5 014	
26	瑞安市华丰泵业有限公司	1 350	308	85	1 470	1 350	862
27	无锡市四方真空设备有限公司	1 783	868	101	1 712	1 752	1 210
28	浙江兴华真空设备有限公司	2 495	609	124	1 816	2 213	1 819
29	中国电子科技集团公司第二研究所	6 307	1 442	381	4 300	5 000	3 000
30	浙江新环真空泵有限公司	1 749	607	120	1 258	1 495	1 202
31	北京七星华创电子股份有限公司	28 840	13 435	919	40 852	21 830	15 156
32	台州市佳力真空设备有限公司	1 030	174	66	633	963	887
33	佶缔纳仕机械有限公司	35 882	8 153	341	34 262	37 650	20 983
34	泰兴新型工业泵厂	850	292	45	406	566	351
35	衡阳市真空机电设备有限公司	2 560	696	130	2 168	1 934	1 663
36	台州市星光真空设备制造有限公司	1 453	368	136	1 489	1 516	1 212
37	上海汇翌特种真空润滑油厂	1 834	371	20	202	1 525	1 461
38	淄博华中真空设备有限公司	1 200	291	40	800	1 100	935
39	温岭市真空泵厂	1 100	356	48	560	850	749
40	成都正华电子仪器有限公司	950	150	54	230	900	730
41	沈阳蓝菱真空设备制造公司	700	410	40	760	650	595
42	台州市椒江真空设备一厂	860	302	50	527	660	585
43	淄博水环真空泵厂有限公司	36 002	8 864	1 059	32 234	27 244	20 507
44	沈阳三之环真空设备有限公司	267	47	62	66	267	222
45	台州神工真空设备制造有限公司	2 315	395	90	832	2 247	2 010
46	上海惠丰石油化工有限公司	2 800	800	58	1 100	3 000	2 100
47	承德新新电子真空设备制造厂	1 800	782	130		1 600	1 100
48	沈阳优必达真空设备有限公司	256	58	18	189	256	202
49	南京真空泵厂有限公司	709	319	101	1 371		
50	上海真空泵厂有限公司	1 449	335	112	6 811	1 370	1 076
51	广东省佛山水泵厂有限公司	68 583	22 151	907	51 154	68 911	53 702

2006年中国通用机械工业协会真空设备分会会员单位经济效益指标

序号	企业名称	综合 指数 （%）	总资产 贡献率 （%）	资产保值 增值率 （%）	资产 负债率 （%）	流动资产 周转率 （次）	成本费用 利润率 （%）	全员劳动 生产率 （元/人）	产品 销售率 （%）
1	浙江真空设备集团有限公司	105.14	5.77	96.23	49.54	1.04	2.18	61 576	101.27
2	淄博真空设备厂有限公司	97.14	5.94	106.03	70.70	1.21	2.06	49 806	97.23
3	成都南光机器有限公司	161.11	7.64	25.12	102.29	0.32	29.55	23 016	109.87
4	北京北仪创新真空技术有限责任公司	43.85	−0.84	95.63	33.69	1.19	−7.15	28 692	136.55

（续）

序号	企业名称	综合指数（%）	总资产贡献率（%）	资产保值增值率（%）	资产负债率（%）	流动资产周转率（次）	成本费用利润率（%）	全员劳动生产率（元/人）	产品销售率（%）
5	兰州真空设备有限责任公司	104.44	6.65	117.45	81.05	0.89	4.94	49 657	97.12
6	上海曙光机械制造厂有限公司	230.05	25.94	57.87	66.02	1.49	15.78	125 188	100.00
7	广东中环真空设备有限公司	100.54	9.29	102.15	69.59	2.59	0.61	32 989	92.70
8	沈阳恒星实业有限公司	46.48	1.86	141.26	108.83	0.83	-4.16	38 785	60.36
9	扬州长江水泵有限公司	173.83	25.65	116.11	45.46	4.57	3.05	46 531	99.92
10	山东博山真空泵厂有限公司	111.93	11.79	100.00	36.12	1.76	2.91	39 440	90.63
11	沈阳百乐真空技术有限公司	145.05	12.24	135.60	16.29	5.14	3.32	26 522	94.05
12	上海阀门二厂有限公司	121.24	4.19	101.38	70.43	2.38	0.33	90 543	84.57
13	北京中科科仪技术发展有限责任公司	196.41	18.10	100.03	42.00	1.04	20.88	54 702	111.22
14	辽宁真龙真空设备制造有限公司	192.32	17.83	131.11	15.55	1.81	13.26	81 706	89.21
15	中国科学院沈阳科学仪器研制中心有限公司	132.93	3.40	243.95	44.49	0.47	8.68	58 590	67.80
16	山东伯仲真空设备有限公司	312.83	49.89	315.87	12.89	6.41	8.66	92 440	99.85
17	长沙鼓风机厂有限责任公司	152.00	12.80	155.21	52.35	1.22	7.49	66 078	93.83
18	上海凯尼真空设备有限公司	194.82	11.25	109.57	8.45	0.90	15.94	106 429	101.07
19	中山凯旋真空技术工程有限公司	121.21	7.01	108.57	72.63	1.18	3.60	79 817	87.58
20	浙江黄岩求精真空泵厂	135.35	15.69	142.55	84.01	2.13	4.67	48 519	104.67
21	杭州真空设备有限公司	76.07	9.01	97.75	71.00	1.54	0.10	13 836	100.00
22	自贡市大通真空设备制造安装有限公司	103.17	7.96	100.28	45.73	1.52	0.48	70 253	26.19
23	株洲维格磁流体有限公司	154.81	21.90	110.69	53.23	1.30	5.95	59 500	101.61
24	台州环球真空设备厂	119.11	7.71	137.26	40.54	0.93	10.88	20 128	88.62
25	宁波爱发科真空技术有限公司		6.11	135.64	9.74			136 923	100.26
26	瑞安市华丰泵业有限公司	250.38	32.24	113.04	11.56	3.29	25.19	36 235	100.00
27	无锡市四方真空设备有限公司	292.76	37.38	128.28	21.85	2.00	28.73	85 941	100.00
28	浙江兴华真空设备有限公司			128.32	63.33	2.03	5.35	49 113	88.70
29	中国电子科技集团公司第二研究所			100.00	46.51			37 848	
30	浙江新环真空泵有限公司	159.34	15.89	108.61	34.82	2.67	9.16	50 583	85.48
31	北京七星华创电子股份有限公司	231.78	13.53	119.16	57.62	1.04	18.24	146 192	75.06
32	台州市佳力真空设备有限公司	84.50	9.08	81.90	57.82	0.35	2.90	26 364	100.00
33	佶缔纳仕机械有限公司	346.55	29.62	102.10	34.31	1.39	24.58	239 091	104.94
34	泰兴新型工业泵厂	147.71	29.17	106.33	79.06	0.17	5.25	64 889	87.53
35	衡阳市真空机电设备有限公司	102.75	8.50	100.53	20.76	0.88	2.67	53 538	75.55
36	台州市星光真空设备制造有限公司	96.11	9.51	103.56	74.68	1.99	1.97	27 059	99.38
37	上海汇翌特种真空润滑油厂			107.94	66.34	8.16	0.33	185 500	97.27
38	淄博华中真空设备有限公司	179.29	17.29	117.76	27.88	2.34	7.96	72 750	91.67
39	温岭市真空泵厂		6.43	100.00	53.57		3.03	74 167	90.91
40	成都正华电子仪器有限公司	166.92	25.57	104.35	65.22	5.77	2.17	27 778	94.74
41	沈阳蓝菱真空设备制造公司	123.16	4.55	48.28	63.16	1.77	1.58	102 500	85.71
42	台州市椒江真空设备一厂	114.45	7.36	109.76	65.65	1.02	4.96	60 400	76.74
43	淄博水环真空泵厂有限公司	191.19	19.92	113.74	52.71	1.36	12.84	83 702	88.54
44	沈阳三之环真空设备有限公司	21.13	-0.99	74.77	71.21	2.15	-9.28	7 581	100.00
45	台州神工真空设备制造有限公司	152.57	19.90	139.62	90.99	4.95	1.45	43 889	97.06
46	上海惠丰石油化工有限公司	320.67	49.90	133.33	27.27	5.00	13.30	137 931	107.14
47	承德新新电子真空设备制造厂						14.96	60 154	88.89
48	沈阳优必达真空设备有限公司		5.39		75.66		1.15	32 222	100.00
49	南京真空泵厂有限公司			100.00	68.20			31 584	99.29
50	上海真空泵厂有限公司	-15.89	-3.48	151.51	111.79	0.24	-16.85	29 911	100.00
51	广东省佛山水泵厂有限公司	300.03	23.00	130.80	58.29	2.00	12.25	244 223	100.48

2006年中国通用机械工业协会真空设备分会会员单位主要产品产量

序号	企业名称	产品名称	单位	产量
1	浙江真空设备集团有限公司	滑阀真空泵	台	2 109
		罗茨真空泵	台	746
		真空应用设备	台	102

（续）

序号	企 业 名 称	产 品 名 称	单位	产量
2	淄博真空设备厂有限公司	水环真空泵	台	3 960
3	成都南光机器有限公司	真空泵	台	9 650
		真空镀膜机	台	46
4	北京北仪创新真空技术有限责任公司	真空镀膜机	台	70
5	兰州真空设备有限责任公司	真空获得设备	台	250
6	上海曙光机械制造厂有限公司	真空镀膜机	台	39
7	广东中环真空设备有限公司	旋片真空泵	台	3 900
		真空镀膜设备	台	89
8	沈阳恒星实业有限公司	旋片泵	台	1 240
9	扬州长江水泵有限公司	水环真空泵	台	302
10	山东博山真空泵厂有限公司	水环真空泵	台	2 530
11	沈阳百乐真空技术有限公司	旋片泵	台	400
		镀膜机	台	50
12	上海阀门二厂有限公司	真空阀门	t	207
13	北京中科科仪技术发展有限责任公司	分子泵	台	1 596
14	辽宁真龙真空设备制造有限公司	扩散泵	台	2 000
15	中国科学院沈阳科学仪器研制中心有限公司	真空镀膜设备	台	70
16	山东伯仲真空设备有限公司	水环真空泵	台	1 106
17	上海凯尼真空设备有限公司	真空泵	台	1 772
18	中山凯旋真空技术工程有限公司	真空环氧树脂浇铸、浸渍设备	套	91
19	浙江黄岩求精真空泵厂	旋片泵	台	10 160
20	自贡市大通真空设备制造安装有限公司	旋片真空泵	台	155
21	株洲维格磁流体有限公司	磁流体密封件	件	1 240
22	海门市轻工机械四厂	真空阀门	台	25 000
23	台州环球真空设备厂	旋片真空泵	台	650
24	浙江兴华真空设备有限公司	滑阀真空泵、罗茨真空泵	台	1 422
25	中国科技集团公司第二研究所	真空热处理设备	台	60
26	浙江新环真空泵有限公司	水环真空泵	台	4 930
27	北京七星华创电子股份有限公司	真空应用设备	台	9 000
28	台州市佳力真空设备有限公司	旋片真空泵	台	2 178
29	泰兴新型工业泵厂	无油真空泵	台	262
30	衡阳市真空机电设备有限公司	真空镀膜机	台	110
31	台州星光真空设备制造有限公司	滑阀泵	台	327
		罗茨泵	台	690
32	成都正华电子仪器有限公司	真空计	台	3 968
33	沈阳蓝菱真空设备制造公司	高真空油扩散泵	台	350
34	台州市椒江真空设备一厂	滑阀泵	台	140
		罗茨泵	台	175
35	淄博水环真空泵厂有限公司	水环真空泵	台	1 950
36	沈阳三之环真空设备有限公司	真空泵	台	3 388
37	台州神工真空设备制造有限公司	滑阀真空泵	台	650
		罗茨真空泵	台	860
38	上海惠丰石油化工有限公司	真空泵油	t	1 600
39	承德新新电子真空设备制造厂	真空镀膜机	套	6
40	南京真空泵厂有限公司	旋片真空泵	台	3 000
41	广东省佛山水泵厂有限公司	水环真空泵	台	53 118

2006年中国通用机械工业协会干燥设备分会会员单位经济指标

序号	企 业 名 称	工业总产值（万元）	工业增加值（万元）	从业人员平均人数（人）	年末资产总额（万元）	产品销售收入（万元）	产品销售成本（万元）
1	山东天力干燥设备有限公司	11 000	4 000	130	8 000	7 000	5 000
2	青海三四一九干燥设备有限公司	1 650	428	176	1 162	1 250	950
3	常州一步干燥设备有限公司	7 556	1 606	205	3 895	7 365	5 052
4	常州明星干燥设备有限公司	858	285	48	440	500	401

（续）

序号	企业名称	工业总产值（万元）	工业增加值（万元）	从业人员平均人数（人）	年末资产总额（万元）	产品销售收入（万元）	产品销售成本（万元）
5	上海远东制药机械总厂	8 664	2 577	373	22 293	9 102	6 943
6	苏州自力化工设备有限公司	1 338	486	36	1 313	1 298	849
7	锦西化工机械(集团)有限责任公司	55 023	15 038	1 989	111 406	41 065	35 469
8	哈尔滨东宇农业工程机械有限公司	1 902	494	105	1 410	1 832	1 559
9	江苏星轮高速机电设备制造有限公司	3 890	972	265	2 693	3 145	2 044
10	石家庄工大化工设备有限公司	7 376	1 427	379	11 548	6 305	5 060
11	东台市食品机械厂有限公司	9 200	3 540	145	3 950	9 000	6 608
12	无锡林洲干燥机厂	5 500	1 150	180	2 560	5 500	4 699
13	天津华能集团能源设备有限公司	10 909	2 566	516	8 974	8 583	6 175
14	开原凯尔烘干设备有限公司	11 380	3 170	210	4 530	11 200	10 283
15	杭州钱江干燥设备有限公司	2 198	319	65	1 076	2 012	1 602
16	成都望江干燥器厂	423	110	50	1 096	383	352
17	常州市干燥设备有限公司	417	115	44	1 817	470	345
18	常州市长江干燥设备有限公司	540	140	42	2 129	494	378
19	常州市第二干燥设备厂	4 083	1 235	80	2 751	4 141	2 857
20	上海大川原干燥设备有限公司	1 911	1 339	40	1 458	1 911	1 593
21	上海浦东冷冻干燥设备有限公司	1 805	260	44	1 385	1 558	1 316
22	铁岭精工机械有限公司	1 521	214	37	7 717	1 394	1 626
23	辽宁立达集团有限公司	1 753	679	310	12 837	1 535	1 478
24	常州市双华干燥设备有限公司	1 420	312	15	886	1 355	1 292
25	常州市科龙干燥机械有限公司	720	158	15	217	688	613
26	常州市震华干燥设备有限公司	2 252	745	163	1 041	2 118	1 751
27	常州市金陵干燥设备有限公司	1 140	262	30	991	750	538
28	常州市宇通干燥设备有限公司	1 500	330	10	1 035	1 373	1 294
29	泰安市东方干燥设备制造有限公司	4 200	1 244	95	1 800	4 166	3 531
30	开原市丰达粮食机械厂	850	77	103	908	850	787
31	靖江市天和干燥机械制造有限公司	2 445	670	40	1 071	2 094	1 637
32	无锡市现代喷雾干燥设备有限公司	1 450	356	98	1 073	1 426	1 210
33	沈阳东大粉体工程技术有限公司	8 996	753	30	385	8 096	7 125
34	常州市益民干燥设备有限公司	830	192	25	1 149	658	500
35	延边新兴干燥设备有限公司	119	43	10	696	105	104
36	常州市星干干燥设备有限公司	1 000	235	30	637	575	436
37	成都精工干燥设备有限公司	1 487	652	40	299	1 365	10
38	鞍山市衡逸干燥设备有限公司	800	372	60	1 683	690	492
39	三门峡昊博化工工程有限公司	1 422	-169	100	1 625	1 391	1 216
40	无锡市昂益达机械有限公司	1 330	321	92	1 580	1 304	1 050
41	常州先锋干燥设备有限公司	2 250	677	60	1 176	2 186	1 861
42	常州市星星干燥设备有限公司	1 200	312	50	488	521	410

2006 年中国通用机械工业协会干燥设备分会会员单位经济效益指标

序号	企业名称	综合指数（%）	总资产贡献率（%）	资产保值增值率（%）	资产负债率（%）	流动资产周转率（次）	成本费用利润率（%）	全员劳动生产率（元/人）	产品销售率（%）
1	山东天力干燥设备有限公司	343.31	18.75	133.33	50.00	1.43	17.24	307 692	72.73
2	青海三四一九干燥设备有限公司	84.93	6.89	27.86	43.03	1.06	4.19	24 318	75.76
3	常州一步干燥设备有限公司	207.40	28.22	129.80	49.09	2.58	9.52	78 341	97.35
4	常州明星干燥设备有限公司	143.27	6.69	109.76	6.82	2.38	4.26	59 375	93.24
5	上海远东制药机械总厂	132.70	6.09	154.33	55.15	0.79	6.84	69 088	104.91
6	苏州自力化工设备有限公司	235.02	20.41	183.22	60.09	1.64	13.07	135 000	97.01
7	锦西化工机械(集团)有限责任公司	100.26	2.69	121.55	66.79	0.48	1.47	75 606	95.45

（续）

序号	企业名称	综合指数（%）	总资产贡献率（%）	资产保值增值率（%）	资产负债率（%）	流动资产周转率（次）	成本费用利润率（%）	全员劳动生产率（元/人）	产品销售率（%）
8	哈尔滨东宇农业工程机械有限公司	116.48	9.42	107.88	10.71	1.59	6.64	47 048	96.32
9	江苏星轮高速机电设备制造有限公司	145.10	17.97	165.85	59.78	2.11	5.71	36 679	94.60
10	石家庄工大化工设备有限公司	142.11	9.69	115.22	40.41	1.08	14.18	37 652	100.00
11	东台市食品机械厂有限公司	433.19	67.49	122.66	45.19	3.70	22.23	244 138	97.83
12	无锡林洲干燥机厂	185.66	25.40	108.00	48.83	3.96	6.02	63 889	100.00
13	天津华能集团能源设备有限公司	131.30	13.83	123.81	79.50	1.25	7.88	49 729	78.47
14	开原凯尔烘干设备有限公司	197.84	11.95	104.83	52.10	3.46	3.23	150 952	98.42
15	杭州钱江干燥设备有限公司	170.92	26.78	95.26	68.22	2.36	8.80	49 077	91.54
16	成都望江干燥器厂	50.61	0.87	100.32	62.59	0.51	-1.45	22 040	84.68
17	常州市干燥设备有限公司	107.70	3.88	347.79	47.94	0.39	2.99	26 136	100.00
18	常州市长江干燥设备有限公司	90.49	3.98	119.97	25.79	0.53	6.08	33 333	100.00
19	常州市第二干燥设备厂	408.47	67.79	272.30	24.97	2.46	28.84	154 375	102.03
20	上海大川原干燥设备有限公司	286.02	9.03	84.45	75.73	1.25	3.70	334 850	100.00
21	上海浦东冷冻干燥设备有限公司	102.82	4.55	107.95	90.78	1.15	0.75	59 182	86.31
22	铁岭精工机械有限公司		-16.10		100.00	0.28	-44.90	57 703	86.43
23	辽宁立达集团有限公司	69.22	-0.02	333.83	44.55	0.22	-3.05	21 894	87.56
24	常州市双华干燥设备有限公司	201.98	8.57	97.49	56.09	1.67	1.65	208 000	95.77
25	常州市科龙干燥机械有限公司	214.31	29.87	108.64	59.45	3.72	4.92	105 333	95.83
26	常州市震华干燥设备有限公司	122.68	13.08	115.76	79.54	2.65	2.38	45 706	102.40
27	常州市金陵干燥设备有限公司	150.95	11.19	122.78	58.12	1.97	4.48	87 333	93.95
28	常州市宇通干燥设备有限公司	272.81	9.61	99.55	78.55	1.61	1.79	330 000	92.00
29	泰安市东方干燥设备制造有限公司	241.86	25.40	68.21	4.31	6.31	7.74	130 958	100.00
30	开原市丰达粮食机械厂	72.62	7.05	100.00	38.00	0.96	2.91	7 476	100.00
31	靖江市天和干燥机械制造有限公司	217.68	19.35	112.94	89.32	3.61	3.45	167 600	96.28
32	无锡市现代喷雾干燥设备有限公司	100.80	10.45	107.59	74.11	2.00	1.03	36 337	100.00
33	沈阳东大粉体工程技术有限公司	248.19	16.94	155.29	84.76	2.37	0.58	250 933	100.00
34	常州市益民干燥设备有限公司	125.74	7.19	125.00	63.01	0.64	5.47	76 800	81.69
35	延边新兴干燥设备有限公司	46.32	0.13	80.84	33.91	0.25	0.00	43 000	0.00
36	常州市星干干燥设备有限公司	108.60	6.45	93.28	80.38	1.43	1.60	78 333	78.00
37	成都精工干燥设备有限公司	256.33	7.99	101.42	59.23	7.97	6.63	163 025	100.00
38	鞍山市衡逸干燥设备有限公司	142.98	9.65	105.29	1.78	1.48	11.79	62 000	102.50
39	三门峡昊博化工工程有限公司		5.10		100.00	1.24	3.09	-16 880	97.09
40	无锡市昂益达机械有限公司	88.31	8.02	94.09	50.70	0.86	2.35	34 848	89.85
41	常州先锋干燥设备有限公司	173.11	10.73	140.98	70.75	3.33	2.84	112 833	100.00
42	常州市星星干燥设备有限公司	97.47	5.70	101.00	79.30	1.38	0.97	62 400	88.75

2006年中国通用机械工业协会减变速机分会会员单位经济指标

序号	企业名称	工业总产值（万元）	工业增加值（万元）	从业人员平均人数（人）	年末资产总额（万元）	产品销售收入（万元）	产品销售成本（万元）
1	泰星减速机股份有限公司	114 640	29 213	2 038	71 509	110 107	81 279
2	江苏泰隆机械集团公司	100 629	20 132	2 718	53 521	91 235	64 638
3	江苏鸿泰机电股份有限公司	39 025	4 438	1 010	14 774	38 927	35 666
4	江苏锡安达防爆股份有限公司	26 071	3 700	720	15 418	26 032	24 738
5	天津减速机股份有限公司	19 701	5 236	1 027	16 688	18 679	14 703
6	常州减速机总厂有限公司	14 728	2 599	400	19 632	14 715	10 503
7	浙江通力减速机有限公司	15 252	4 604	319	7 185	15 046	12 003
8	广东江门电机股份有限公司	8 404	1 231	516	8 972	8 116	6 910
9	江苏迪邦三星轴承有限公司	6 715	1 660	603	24 155	5 291	4 139
10	博能传动有限公司	12 992	3 729	366	12 988	12 980	10 016
11	荆州市巨鲸传动机械有限公司	12 091	4 868	663	11 168	9 344	6 237

（续）

序号	企业名称	工业总产值（万元）	工业增加值（万元）	从业人员平均人数（人）	年末资产总额（万元）	产品销售收入（万元）	产品销售成本（万元）
12	佛山市星光传动机械有限公司	8 951	3 788	255	3 386	6 427	5 400
13	国茂减速机集团有限公司	46 482	6 246	1 030	37 119	46 492	41 187
14	宁波人和机械轴承有限公司	6 613	1 551	451	4 405	6 295	5 291
15	浙江变速电机有限公司	2 004	411	85	2 743	1 916	1 454
16	台州市通宇变速机械有限公司	7 100	1 500	210	4 837	7 000	6 190
17	温州三联集团有限公司	7 000	1 670	245	16 047	7 003	5 988
18	上海减速机械厂有限公司	3 742	1 356	204	10 344	3 573	2 832
19	山东柳杭减速机有限公司	4 436	1 243	261	5 112	3 568	2 851
20	淄博山博安吉富齿轮电机有限公司	4 264	1 042	180	3 388	4 007	3 011
21	浙江午马减速机有限公司	3 577	349	185	2 654	3 174	2 718
22	浙江江南减速机有限公司	5 123	1 612	98	5 273	3 727	2 980
23	河北北方减速机有限公司	3 100	1 395	136	2 553	3 025	2 743
24	无锡市明友机电工业有限公司	1 709	423	168	1 557	1 694	1 508
25	石家庄科一重工有限公司	5 862	1 978	444	7 367	6 059	4 472
26	宁波莱斯特传动设备制造有限公司	789	284	104	841	794	582
27	无锡金辉减速机制造有限公司	2 129	608	106	1 150	2 139	1 926
28	温州良精传动机械有限公司	2 000		80	3 500		
29	温州市青峰机械有限公司	1 480		61	1 322	1 256	1 056
30	永嘉县通达减速机有限公司	1 598		61	900	1 413	996
31	苏州优耐特机械制造有限公司	1 505	443	106	1 954	1 432	1 102
32	浙江东方传动机械有限公司	789	265	73	1 452	764	652
33	上海浦南传动机械有限公司	1 067	213	106	2 248	945	838
34	常州市东吴减速机厂	4 686	1 388	248	3 332	4 715	4 203
35	浙江东霸传动有限公司	1 347		87	1 334	1 340	1 132
36	浙江飞龙传动有限公司	1 100	225	50	1 695	940	813
37	淄博市博山奥博机械有限公司	1 153	347	76	1 374	1 027	898
38	张家港市第二纺织机械有限公司	861	233	96	735	868	692
39	瑞安市华星减速机实业有限公司	796	137	47	616	795	674
40	宁波市通用减速机有限公司	1 761	293	84	5 845	1 865	1 560
41	潍坊开翔机械有限公司	1 985	496	100	1 515	1 039	892
42	福州市摆线针轮减速机厂	610	165	90	592	544	486
43	西安减速机厂	483	100	212	4 605	532	471
44	上海永宏减速机械制造有限公司	586	138	50	528	566	435
45	杭州嘉诚机械有限公司	2 275	497	145	1 556	2 231	1 899
46	浙江双联机械有限公司	704	22	55	1 264	719	625
47	宁波市镇海减变速机制造有限公司	327	75	21	217	332	271
48	博山三联减速机厂	447	448	35	264	390	354
49	永嘉县减速机二厂	250	60	25	390	248	207
50	宁波市浙东变速器有限公司	249		33	429	374	264
51	温州市变速机械厂	179	32	64	581	127	119
52	上海神拓机械制造有限公司	623		32	1 297	623	436
53	佛山市迪星传动机械有限公司	569		20	512	599	505
54	台州市行星变速机械厂	4 887	2 378	178	1 769	4 465	4 052
55	淄博博山益杰机械有限公司	2 248	643	80	499	2 213	1 852
56	佛山神龙传动机械有限公司	993	976	68	200	150	78
57	沈阳工业大学传动机械厂	75	11	10	71	77	84
58	兰州减速机厂	600	180	203	6 705	710	570

2006年中国通用机械工业协会
减变速机分会会员单位经济效益指标

序号	企业名称	综合指数（%）	总资产贡献率（%）	资产保值增值率（%）	资产负债率（%）	流动资产周转率（次）	成本费用利润率（%）	全员劳动生产率（元/人）	产品销售率（%）
1	泰星减速机股份有限公司	231.35	18.57	115.21	44.44	3.61	8.82	143 341	99.95
2	江苏泰隆机械集团公司	232.92	28.58	103.59	44.39	5.51	10.89	74 068	98.73
3	江苏鸿泰机电股份有限公司	180.05	19.49	101.27	49.10	6.05	4.84	43 936	99.75
4	江苏锡安达防爆股份有限公司	142.05	17.57	116.67	74.39	2.97	3.20	51 389	99.34
5	天津减速机股份有限公司	105.23	8.74	109.50	64.65	1.90	0.36	50 982	94.12
6	常州减速机总厂有限公司	148.51	10.09	147.25	77.75	2.50	6.82	64 975	99.95
7	浙江通力减速机有限公司	293.94	29.91	155.28	41.50	6.79	8.46	144 326	98.65
8	广东江门电机股份有限公司	74.36	4.28	99.61	50.34	1.31	0.18	23 849	96.57
9	江苏迪邦三星轴承有限公司	66.89	4.07	115.14	59.95	0.27	0.50	27 529	78.79
10	博能传动有限公司	204.01	13.68	108.28	51.79	6.05	4.51	101 885	99.95
11	荆州市巨鲸传动机械有限公司	313.92	37.02	226.59	72.11	2.19	34.04	73 424	85.49
12	佛山市星光传动机械有限公司	181.58	15.35	100.37	91.91	2.18	4.20	148 549	71.39
13	国茂减速机集团有限公司	141.82	13.29	106.97	74.61	2.79	4.57	60 641	100.00
14	宁波人和机械轴承有限公司	140.81	16.12	156.69	54.57	2.31	5.21	34 384	95.19
15	浙江变速电机有限公司	130.54	7.42	85.88	78.93	1.53	11.00	48 353	95.61
16	台州市通宇变速机械有限公司	156.21	14.55	121.48	64.34	1.93	6.99	71 429	98.59
17	温州三联集团有限公司	125.53	7.27	100.30	63.34	0.99	6.07	68 163	100.00
18	上海减速机械厂有限公司	105.57	3.37	193.47	17.71	1.13	-0.84	66 471	97.27
19	山东柳杭减速机有限公司	159.66	11.87	155.93	41.22	1.99	11.41	47 625	97.00
20	淄博山博安吉富齿轮电机有限公司	140.47	15.38	104.51	56.20	1.90	5.05	57 889	95.29
21	浙江午马减速机有限公司	99.61	9.56	111.01	69.43	2.61	2.29	18 865	88.48
22	浙江江南减速机有限公司	202.43	12.49	140.22	57.98	1.35	5.78	164 439	95.63
23	河北北方减速机有限公司	93.54	-5.66	100.57	86.25	1.36	-0.62	102 574	98.39
24	无锡市明友机电工业有限公司	73.04	6.41	99.48	95.12	1.76	-0.06	25 179	103.16
25	石家庄科一重工有限公司	117.37	9.94	103.01	56.82	1.50	4.41	44 550	100.73
26	宁波莱斯特传动设备制造有限公司	201.55	24.52	206.79	34.84	1.43	17.06	27 308	100.00
27	无锡金辉减速机制造有限公司	114.73	10.12	100.57	75.47	2.52	0.48	57 349	100.47
28	温州良精传动机械有限公司			100.00	18.57				100.00
29	温州市青峰机械有限公司	120.18	12.87	117.91	7.72	2.80	7.77		84.86
30	永嘉县通达减速机有限公司	200.06	38.44	74.39	35.00	2.49	18.49		88.42
31	苏州优耐特机械制造有限公司	111.50	6.24	258.89	73.47	1.43	1.34	41 764	95.15
32	浙江东方传动机械有限公司	116.62	8.11	147.02	50.69	0.97	5.92	36 301	96.83
33	上海浦南传动机械有限公司	52.97	1.82	100.19	76.20	0.46	0.11	20 094	88.57
34	常州市东吴减速机厂	101.15	9.36	109.56	85.56	1.17	1.50	55 968	100.00
35	浙江东霸传动有限公司	97.62	12.43	102.26	59.30	2.38	3.07		99.48
36	浙江飞龙传动有限公司	107.57	5.05	101.85	21.89	0.72	4.01	45 000	85.45
37	淄博市博山奥博机械有限公司	109.40	3.48	109.19	26.49	2.03	1.44	45 658	97.14
38	张家港市第二纺织机械有限公司	89.74	12.67	119.18	88.16	1.58	0.46	24 271	107.32
39	瑞安市华星减速机实业有限公司	229.45	74.71	113.23	68.18	2.04	3.67	29 149	99.87
40	宁波市通用减速机有限公司	51.07	1.77	15.74	92.46	0.42	0.82	34 881	110.68
41	潍坊开翔机械有限公司	-138.04	-8.61	-851.60	112.31	1.48	-16.83	49 600	77.08
42	福州市摆线针轮减速机厂	84.15	4.72	98.40	36.74	2.49	-1.11	18 333	86.89
43	西安减速机厂	-35.06	-2.12	92.23	62.90	0.63	-20.82	4 717	110.35
44	上海永宏减速机械制造有限公司	82.26	7.03	100.61	68.56	1.40	0.71	27 600	96.59
45	杭州嘉诚机械有限公司	119.30	9.90	112.39	74.36	3.77	1.75	34 276	100.00
46	浙江双联机械有限公司	110.52	4.69	321.66	32.54	1.24	3.19	3 927	88.78
47	宁波市镇海减变速机制造有限公司	123.58	13.19	107.00	50.69	2.05	3.78	35 714	101.53
48	博山三联减速机厂	156.97	6.71	102.12	78.07	3.33	0.08	127 914	100.00
49	永嘉县减速机二厂	105.64	7.57	103.55	47.69	1.59	4.84	24 080	99.20
50	宁波市浙东变速器有限公司	189.42	23.85	120.69	30.59	1.04	20.49		150.20

（续）

序号	企业名称	综合指数（%）	总资产贡献率（%）	资产保值增值率（%）	资产负债率（%）	流动资产周转率（次）	成本费用利润率（%）	全员劳动生产率（元/人）	产品销售率（%）
51	温州市变速机械厂	-159.51	-18.74	63.53	64.03	0.30	-42.28	5 000	72.07
52	上海神拓机械制造有限公司	137.02	12.43			1.92	13.87		92.62
53	佛山市迪星传动机械有限公司	92.82	10.57	125.22	77.30	1.21	6.38		100.00
54	台州市行星变速机械厂	235.89	19.94	218.38	67.02	4.97	4.37	133 573	97.01
55	淄博博山益杰机械有限公司	363.37	54.82	191.06	36.11	11.55	10.79	80 325	95.33
56	佛山神龙传动机械有限公司	359.07	23.78	17.62	75.00	1.88	49.43	143 574	93.86
57	沈阳工业大学传动机械厂	32.46	-3.07	101.27	21.22	1.42	-8.83	11 200	100.00
58	兰州减速机厂	4.97	-1.19	91.75	61.67	0.49	-10.97	8 867	108.33

2006年中国通用机械工业协会分离机械分会会员单位经济指标

序号	企业名称	工业总产值（万元）	工业增加值（万元）	从业人员平均人数（人）	年末资产总额（万元）	产品销售收入（万元）	产品销售成本（万元）
1	重庆江北机械有限责任公司	13 600	3 649	846	19 710	12 295	8 580
2	石家庄新生机械厂		1 447	738	2 771	1 715	1 158
3	景津压滤机集团有限公司	83 125	31 350	2 550	57 287	82 978	69 639
4	浙江轻机实业有限公司	4 908	1 612	295	14 400	5 023	2 727
5	南京中船绿洲机器有限公司	98 612	11 076	2 075	80 646	53 965	41 648
6	上海化工机械厂有限公司		4 902		7 647	2 101	1 841
7	广州广重企业集团有限公司	46 877	14 863	1 221	156 547	47 000	36 916
8	湘潭离心机有限公司	9 256	2 870	298	3 500	8 256	5 100
9	辽阳制药机械股份有限公司	1 904		483	23 484	2 160	1 808
10	张家港华大离心机制造有限公司	9 730	2 870	175	4 070	9 658	5 445
11	江苏牡丹离心机制造有限公司	5 829	1 574	226	4 061	5 809	4 529
12	杭州防腐设备有限公司		827	94	2 880	4 646	3 785
13	杭州兴源过滤机有限公司	10 100	3 050	178	11 723	9 390	7 093
14	上海远东制药机械总厂	8 664		373	22 293	9 102	6 943
15	海申机电总厂（四八〇五工厂象山修船厂）	29 003	7 438	1 042	35 995	26 752	18 727
16	上海航发机械有限公司	3 861	1 228	145	4 631	3 801	2 801
17	蚌埠轻化药机有限责任公司		749	282	2 205	1 858	1 350
18	杭州化工机械有限公司			118	1 836	1 669	1 288
19	青海农牧机械制造有限公司	780	300	128	2 873	750	559
20	杭州初阳压滤机实业有限公司	337	157	40	625	345	328
21	威海市海王旋流器有限公司	9 254	2 310	232	6 409	7 712	4 677
22	江苏赛德力制药机械制造有限公司	10 980		310	4 442	10 706	8 050
23	浙江青田特种设备制造有限公司	6 700	1 834	142	4 359	6 347	4 089
24	自贡高精过滤机制造有限公司	8 000		158	4 090	5 820	3 279
25	自贡川滤设备制造有限公司			163	3 954	4 096	2 270
26	浙江建华集团过滤机有限公司	6 742	1 347	204	6 437	7 179	6 073
27	苏州优耐特机械制造有限公司	1 505	376	106	1 954	1 432	1 102
28	核工业烟台同兴实业有限公司	20 000	18 000	460	15 000	31 200	1 600
29	杭州贝特过滤机有限公司	4 610	1 072	70	2 289	4 312	3 773
30	安徽赛而特离心机有限公司	2 274	448	80	1 578	1 908	1 472
31	上海市离心机械研究所有限公司	4 987	2 428	200	7 612	5 932	3 700
32	山东中大贝莱特压滤机有限公司	51 350	18 621	851	10 466	50 170	35 119
33	衡水海江压滤机集团有限公司	63 140	29 460	3 448	49 600	45 380	43 165
34	扬州润明轻工机械有限公司	4 000		150	1 800	3 800	2 800
35	连云港市德邦化工机械有限公司	2 346		110	2 200	2 111	1 806
36	张家港市盛丰药化机械厂	680	150	50	400	650	400
37	湘潭县离心机厂有限公司	3 571	508	238	3 528	3 461	2 730
38	武汉清源滤水器有限公司	2 805			192	216	151

2006年中国通用机械工业协会分离机械分会会员单位经济效益指标

序号	企业名称	综合指数（%）	总资产贡献率（%）	资产负债率（%）	流动资产周转率（次）	成本费用利润率（%）	全员劳动生产率（元/人）	产品销售率（%）
1	重庆江北机械有限责任公司	98.99	6.23	69.41	0.79	3.86	43 132	91.84
2	石家庄新生机械厂	219.73	49.98	88.63	1.25	15.42	19 607	92.19
3	景津压滤机集团有限公司	182.92	12.71	33.79	2.61	6.16	122 941	99.82
4	浙江轻机实业有限公司	186.51	11.33	64.14	0.85	18.07	54 644	102.34
5	广州广重企业集团有限公司	160.20	5.75	67.13	0.58	7.92	121 728	97.15
6	上海化工机械厂有限公司		-5.83	72.72	50.32	-9.59		100.00
7	南京中船绿洲机器有限公司	101.41	5.84	76.28	1.11	1.05	53 378	100.75
8	湘潭离心机有限公司	162.90	10.51	48.57	4.72	0.44	96 309	100.68
9	辽阳制药机械股份有限公司	-34.31	-1.51	88.58	0.13	-20.77		82.52
10	杭州防腐设备有限公司	139.83	8.67	77.46	2.50	0.84	87 979	96.50
11	杭州兴源过滤机有限公司	233.75	15.38	89.10	1.17	9.09	171 348	91.23
12	海申机电总厂（四八〇五工厂象山修船厂）		1.71	79.61	58.16	3.74	71 381	
13	江苏赛德力制药机械制造有限公司	181.68	19.66	76.97	7.75	4.74		97.81
14	浙江青田特种设备制造有限公司	210.55	22.65	41.87	1.80	9.47	129 155	94.73
15	威海市海王旋流器有限公司	421.06	56.29	37.35	2.44	39.68	99 569	83.34
16	自贡高精过滤机制造有限公司	166.79	24.11	70.34	1.52	5.65		98.47
17	自贡川滤设备制造有限公司	130.07	12.08	61.81	1.83	3.76		100.11
18	浙江建华集团过滤机有限公司	112.79	10.35	44.00	2.31	1.96	66 020	
19	杭州贝特过滤机有限公司	18.21	60.88	3.23	6.27	93.75	153 143	18.66
20	上海市离心机械研究所有限公司			74.68	93.59	8.30	121 400	62.37
21	安徽赛而特离心机有限公司		16.00	63.01	0.79	5.70	56 000	83.92
22	上海远东制药机械总厂	133.31	6.42	55.15	0.79	6.84		104.91
23	上海航发机械有限公司	173.16	15.24	42.37	1.67	10.71	84 690	103.87
24	山东中大贝莱特压滤机有限公司		23.00	21.00	14.00	5.10	218 813	98.50
25	衡水海江压滤机集团有限公司			29.00	4.00	5.10	85 441	
26	蚌埠轻化药机有限责任公司	79.11	5.68	68.12	1.25	0.59	26 560	84.38
27	张家港市盛丰药化机械厂		60.00	18.00	20.00	10.00	30 000	
28	连云港市德邦化工机械有限公司		3.20	98.00	1.30	3.70		100.00
29	杭州化工机械有限公司	61.22	5.77	65.88	1.28	2.24		105.07
30	青海农牧机械制造有限公司	59.88	0.60	60.11	0.56	1.30	23 438	75.00
31	湘潭县离心机厂有限公司		18.00	46.40	7.80	20.00	21 345	
32	扬州润明轻工机械有限公司		25.00	80.00	6.30	16.00		
33	武汉清源滤水器有限公司		9.30	82.40	1.30	1.51		79.93
34	江苏牡丹离心机制造有限公司	214.76	29.65	66.02	3.43	10.58	69 646	99.66
35	张家港华大离心机制造有限公司	348.66	51.91	51.35	4.32	18.83	164 000	99.65
36	杭州初阳压滤机实业有限公司	68.81	0.31	109.90	0.56	-2.55	39 250	102.40

2006年中国通用机械工业协会分离机械分会会员单位主要产品产量

序号	企业名称	产品名称	产量（台）	比上年增长（%）
1	重庆江北机械有限责任公司	离心机	450	6.89
2	石家庄新生机械厂	离心机、过滤机、压滤机	176	-12.87
3	景津压滤机集团有限公司	压滤机	4 492	29.75
4	浙江轻机实业有限公司	离心机、分离机	175	18.24
5	广州广重企业集团有限公司	离心机、分离机、过滤机	173	-6.49
6	南京中船绿洲机器有限公司	离心机、分离机	1 462	-28.79
7	湘潭离心机有限公司	离心机	772	77.47
8	辽阳制药机械股份有限公司	离心机、分离机	66	-42.61
9	杭州防腐设备有限公司	压滤机	555	-1.60
10	杭州兴源过滤机有限公司	压滤机	902	-12.26
11	海申机电总厂（四八〇五工厂象山修船厂）	卧螺离心机	192	44.59

（续）

序号	企业名称	产品名称	产量（台）	比上年增长（%）
12	江苏牡丹离心机制造有限公司	离心机	1 217	21.46
13	张家港华大离心机制造有限公司	离心机	750	76.47
14	上海远东制药机械总厂	离心机、压滤机	254	-6.96
15	上海航发机械有限公司	分离机	87	-14.71
16	蚌埠轻化药机有限责任公司	离心机	401	9.86
17	杭州化工机械有限公司	离心机、过滤机	43	-4.44
18	青海农牧机械制造有限公司	离心机、分离机	10 000	-9.12
19	杭州初阳压滤机实业有限公司	压滤机	30	-50.00
20	江苏赛德力制药机械制造有限公司	离心机	1 200	38.73
21	浙江青田特种设备制造有限公司	离心机、过滤机	119	376.00
22	威海市海王旋流器有限公司	旋流器	7 500	66.67
23	自贡高精过滤机制造有限公司	过滤机	964	6.99
24	自贡川滤设备制造有限公司	压滤机、过滤机	430	21.47
25	浙江建华集团过滤机有限公司	压滤机、过滤机	1 053	10.37

2006年中国通用机械工业协会
气体分离设备分会会员单位经济指标

序号	企业名称	工业总产值（万元）	工业增加值（万元）	从业人员平均人数（人）	年末资产总额（万元）	产品销售收入（万元）	产品销售成本（万元）
1	开封空分集团有限公司	46 189	13 575	2 926	102 411	50 053	41 728
2	四川空分设备（集团）有限责任公司	130 351	49 293	2 834	207 228	122 587	97 924
3	江西制氧机有限公司	10 002	2 784	505	8 822	8 646	7 538
4	苏州制氧机有限责任公司	15 806	8 030	507	14 911	14 296	11 652
5	邯郸制氧机厂	4 450	963	1 610	18 423	3 662	3 165
6	杭州制氧机集团有限公司	303 987	82 451	4 001	385 599	306 926	247 465
7	哈尔滨哈氧制氧机有限公司	4 580	272	196	2 633	4 026	3 504
8	液化空气（杭州）有限公司	47 690	19 027	344	70 794	47 978	43 076
9	林德工程（杭州）有限公司			111	32 405	19 073	15 077
10	河南开元空分集团有限公司	48 015	3 374	426	32 632	41 039	38 042
11	开封东京空分集团有限公司	29 636	9 296	418	10 464	32 713	29 411
12	温州瑞气空分设备有限公司	15 082	4 951	316	14 338	15 126	11 324
13	北大先锋科技有限公司	9 053	790	122	9 983	8 244	6 271

2006年中国通用机械工业协会
气体分离设备分会会员单位经济效益指标

序号	企业名称	综合指数（%）	总资产贡献率（%）	资产保值增值率（%）	资产负债率（%）	流动资产周转率（次）	成本费用利润率（%）	全员劳动生产率（元/人）	产品销售率（%）
1	开封空分集团有限公司	89.42	5.03	104.09	72.65	0.64	2.34	46 394	101.59
2	四川空分设备（集团）有限责任公司	239.01	12.93	118.88	57.69	0.97	15.60	173 934	94.14
3	江西制氧机有限公司	38.45	-0.45	-407.02	154.53	0.76	-2.50	55 129	96.20
4	苏州制氧机有限责任公司	196.31	10.51	117.95	77.08	1.54	7.90	158 383	90.45
5	邯郸制氧机厂	24.96	-0.73	117.22	138.81	0.35	-21.82	5 981	96.22
6	杭州制氧机集团有限公司	254.33	13.93	120.92	53.98	1.17	13.40	206 076	99.45
7	哈尔滨哈氧制氧机有限公司	70.40	6.96	108.00	96.92	1.83	0.18	13 878	103.28
8	液化空气（杭州）有限公司	458.20	12.81	118.98	63.52	0.85	13.09	553 110	100.00
9	林德工程（杭州）有限公司		17.05	285.45	84.99	0.97	22.51		
10	河南开元空分集团有限公司	121.11	5.97	156.75	66.90	1.69	2.91	79 202	100.00
11	开封东京空分集团有限公司	275.56	30.10	150.48	58.18	3.80	4.19	222 392	99.74
12	温州瑞气空分设备有限公司	224.47	19.12	107.06	60.15	1.56	10.23	156 677	93.80
13	北大先锋科技有限公司	250.35	64.78	177.10	83.77	0.94	10.66	64 754	83.34

中国通用机械工业年鉴2007

大事记

记载2006年通用机械工业重大事件

Recording the Major Events of General Machinery Industry in 2006

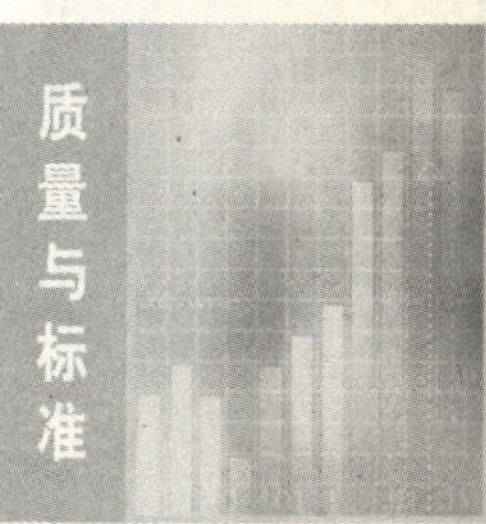

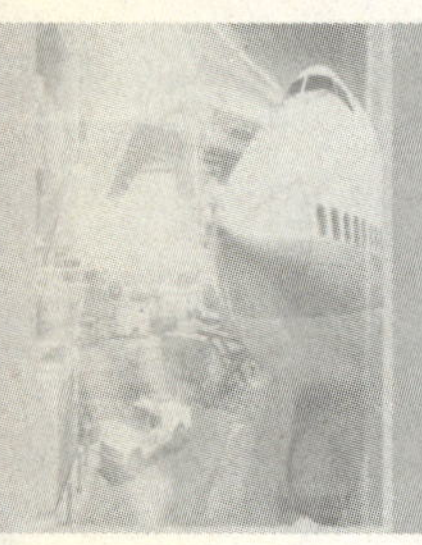

大事记

2006年中国通用机械工业大事记

1月

13日 中国通用机械工业协会阀门分会第五届理事会第一次理事长办公会在上海新元大酒店召开。阀门分会理事长、常务副理事长和副理事长共19人参加了会议，共同研究阀门行业发展大计。会议由阀门分会理事长房四平主持，中国通用机械工业协会会长隋永滨、国家发改委工业司黄鹂处长出席了会议，对阀门分会的工作提出了要求。会议对第五届会员人会第一次会议之后新机构的工作做了进一步的部署和分工。

2月

28日 在济南市工业经济工作会议上，山东省章丘鼓风机厂有限公司荣获“2005年工业投入先进企业”、“2005年中小工业企业行业排头兵”荣誉称号。方润刚总经理获“2005年发展省会经济优秀创业者”称号。

3月

15日 衡水海江压滤机集团有限公司聘请日本资深压滤机专家高岛笃先生(原日本栗田公司的设计部部长)担任公司新型压滤机产品设计师，全面主持公司新型压滤机的研发工作。

11～16日 中国通用机械工业协会风机分会“2006年风机行业统计信息网协调组会议”在石家庄召开。会议对2005年的统计工作进行了总结，对2006年的统计工作进行了布置。会议对《2005年风机行业统计年鉴》进行了初审，同时评出2005年风机行业统计工作优秀及先进统计个人。

23日 杭州制氧机集团有限公司和大唐国际发电股份有限公司签订3套58 000m^3/h空分设备合同，这是该公司继2005年8月签订出口伊朗2套“6万m^3/h”等级空分设备合同之后，合同额最大的项目，为我国“6万m^3/h”等级大型空分设备国产化又揭开了新的一页。

★中国通用机械工业协会阀门分会主办的“第一届阀门行业科技大会”在苏州雅都大酒店召开，共有153个会员企业的236人参加了会议。会议就行业技术进步问题展开了演讲和讨论。

28日 在北京召开的全国机械工业质量奖表彰大会上，沈阳鼓风机(集团)有限公司被中国机械工业质量管理协会授予“全国机械工业质量效益型先进企业”荣誉称号。

4月

3日 陕西鼓风机(集团)有限公司上榜“中国机电工业年度风云企业”。

20～22日 中国通用机械工业协会风机分会财务价格工作委员会第十次会议在西安召开，8个委员单位及风机分会秘书处共17人参加了此次会议。会议由主任委员、沈阳鼓风机(集团)有限公司副总会计师吴凤琴主持。风机分会秘书长石雪松作了讲话，提出风机行业当前的形势和主要任务；风机分会副秘书长郭绍华介绍了财务价格工作委员会成立以来的工作情况；各委员单位介绍了本企业财务管理、价格管理等工作情况。

会议重点针对国企改制、改组与合资合作中所涉及的资产重组和资产处置等的方式、方法，探讨如何利用国家和地方优惠政策，以最低的成本建立符合国家法律规范的新型企业，确保国有资产保值增值；针对经济快速发展，探讨如何加强、完善企业财务基础管理工作和财务管理制度，不断提升企业经济运行水平；各企业在规模发展形势下，如何做好资本运作和资金管理工作，并探讨新的资金管理模式；探讨新形势下如何开展产品价格管理和适应市场发展的价格快速反应管理模式。会议就如何在行业内开展价格自律工作，制定行业参考价等进行了讨论。

30日 中国通用机械工业协会在沈阳召开百万千瓦压水堆核电用泵阀国产化研讨会。来自国家发改委、中国机械工业联合会、中国核工业总公司、中国广东核电集团有限公司、中国电力投资公司及有关核电设计研究院所和有关泵阀制造企业的80余名代表参加会议。国家发改委副主任张国宝出席会议并作了重要讲话。

月内 陕西鼓风机(集团)有限公司在中国机械工业百强行列中，排名第72位；印建安董事长获“优秀创业企业家”称号。

5月

8日 全国第十届“中国青年五四奖章”颁奖典礼在北京人民大会堂举行，共青团中央、全国青联授予为改革开放和社会主义现代化建设做出突出贡献的10名青年“中国青年五四奖章”，沈阳鼓风机(集团)有限公司的徐强成为沈阳获此殊荣的第一人。

15～28日 由中国通用机械工业协会会长隋永滨任团长、国家发改委工业司黄鹂处长任副团长的中国阀门制造业访欧代表团一行13人，考察了德国、法国、意大利等国的阀门协会组织和典型的阀门制造企业。

26日 林德工程(大连)有限公司举行新制造基地启动仪式。该制造基地具备生产“15 万 m^3/h”等级空分设备的能力，而且新工厂紧靠海港码头，便于大型设备的运输，大大提高了公司的制造能力。

31 日 成都南光机器有限公司真空技术研究院召开“2XZ—4D 型直联旋片式真空泵设计”定型鉴定会，该新型真空泵采用电动机外置和电动机、油泵、液压先导阀设计，为公司的直联泵系列产品进入制冷、空调行业创造了条件。

月内 连云港德邦化工机械有限公司独立设计制造的 2 台 FD—1000 新型离心机出厂。该产品具有结构简单、操作自动化程度高、劳动负荷低、卸料干净、造价低等特点，填补了国内离心机制造的一大空白。

6 月

5 日 沈阳鼓风机(集团)有限公司向沈阳经济技术开发区整体搬迁。

8～14 日 中国通用机械工业协会压缩机分会第五次会员大会在威海召开，中国通用机械工业协会会长隋永滨、副会长兼秘书长张雨豹及压缩机分会 81 个会员企业的领导、代表共 132 人参加了会议。

中国通用机械工业协会会长隋永滨作了关于振兴装备制造业的重要讲话，并鼓励各企业调整产品结构，搞好新产品的开发。西安交通大学教授李连生作了压缩机的发展趋势分析报告，沈阳气体压缩机股份有限公司统计师安平同志作了关于加强行业统计工作的报告。上海佳力士机械有限公司、柳州柳二空机械股份有限公司、等公司分别介绍建立现代化企业制度，以质量求生存、以创新求发展的经验。会议审议、修改和通过了压缩机分会《章程》、《组织工作条例》、《经费管理办法》，选举产生了由 37 人组成的新一届理事会，由中国通用机械工业协会会长隋永滨提名沈阳气体压缩机股份有限公司总经理李晓峰担任压缩机分会理事长，由李晓峰提名 16 位副理事长及压缩机分会秘书长，均获会议通过。

14～15 日 著名的泵制造商美国福斯公司中国地区总裁傅家贤先生一行 5 人到长沙水泵厂有限公司进行考察和友好洽谈，并在合作开发市场上取得了良好的进展。

19 日 国务院振兴装备制造业工作会议在西安召开。中共中央政治局委员、国务院副总理曾培炎出席会议并作了重要讲话，会议正式发布了《国务院关于加快振兴装备制造业的若干意见》。沈阳鼓风机集团有限公司、陕西鼓风机(集团)有限公司、开封空分集团有限公司被评为在振兴装备制造业工作中做出重要贡献单位。中国通用机械工业协会会长隋永滨、沈阳鼓风机集团有限公司董事长苏永强、陕西鼓风机(集团)有限公司董事长印建安、开封空分集团有限公司总工程师谢耀东在会议上获得表彰。

20 日 中共中央政治局委员、国务院副总理曾培炎视察陕西鼓风机(集团)有限公司。

23 日 哈尔滨制氧机厂完成改制，由职工和经营者共同出资，买断国有资产，组建哈尔滨哈氧制氧机有限公司。

30 日 杭州制氧机集团有限公司与上海宝钢集团签订60 000m^3/h空分设备合同，这是应用于冶金行业的最大的国产化空分设备，是空分设备行业发展史上又一个里程碑。

月内 陕西鼓风机(集团)有限公司的“陕鼓牌”商标获“中国驰名商标”称号。

7 月

6 日 安徽赛而特离心机有限公司首次出口到韩国新松食品株式会社的 DPF800 型碟式淀粉分离机和 DPF800 型碟式淀粉浓缩机一次性调试成功，受到用户高度评价。

★四川空分设备(集团)有限责任公司与无锡永大燃气公司签订 10 000m^3大型常压 LNG 贮槽合同，这是国内自行设计、制造的容积最大的低温液体贮槽。

6～8 日 中国通用机械工业协会风机分会第六届会员大会在大连召开，参加会议的代表共 151 人。中国通用机械工业协会会长隋永滨、国家发改委工业司黄鹂处长、中国通用机械工业协会副会长兼秘书长张雨豹出席了会议并作了重要讲话。

大会由风机分会副理事长傅正全主持，副理事长印建安作了题为“加强协会组织建设，提高协会服务功能，推动风机行业整体水平的快速提升和发展”的报告。大会选举产生风机分会第六届理事会，讨论通过了风机分会《章程》、《组织工作条例》、《经费管理办法》(修改草案)。西安热工研究院有限公司电站风机研究所、北京钢铁设计总院、中国煤炭工业协会中小煤矿分会的专家分别作了电力、钢铁、煤炭等方面的市场情况专题报告。会议还进行了企业家论坛和企业经验交流活动。

10 日 苏州制氧机有限责任公司与印度客商签订 2 套 KDON—750 空分设备，为该公司进一步拓展印度市场奠定了基础。

14 日 以中央组织部部务委员兼组织局局长傅思和为组长的调研组在辽宁省委常委、组织部部长骆林，沈阳市委常委、组织部部长初立生陪同下，到沈阳鼓风机(集团)有限公司调研指导工作。

15 日 岭澳二期核电工程首批国产化阀门开工会在江苏神通阀门有限公司召开。由江苏神通阀门有限公司承制的 694 台核级蝶阀和 464 台核级球阀正式投入生产。

21 日 2006 年“中国机械 500 强”、“中国机械 500 大”新闻发布会和颁奖仪式在北京人民大会堂举行，沈阳鼓风机(集团)有限公司以优异的经营业绩进入 2006 年“中国机械 500 强”、“中国机械 500 大”排名榜。景津压滤机集团有限公司入选 2006 年“中国机械 500 强”。

月内 杭州制氧机集团有限公司获得组合式全精馏制氩工艺及制氩设备等 5 项发明专利，这是该公司在推进技术进步、坚持技术创新方面取得的重大成果。

8 月

1 日 中国空分设备有限公司完

成工商登记注册。以原中国空分设备公司改制剩余净资产和北京凯姆国际贸易有限责任公司、浙江海天气体有限公司及24名自然人出资组建而成的中国空分设备有限公司（注册资金1 500万元）成为中国机械工业集团公司首家实施主辅分离改制的公司。

★经四平市工商局核准，四平金丰股份有限公司更名为四平鼓风机股份有限公司。

17日 沈阳鼓风机（集团）有限公司引进GE油气集团（新比隆）离心式压缩机技术30周年庆典隆重举行，宾主在仪式上签署了年产100万t乙烯装置用压缩机组项目合作意向书。

26～29日 中国通用机械工业协会副会长兼秘书长张雨豹同12个通用机械生产企业的代表一行30多人，参加了在泰国曼谷举办的“中国机电产品（泰国）展览会”。

28日 以韩国生产技术研究院金景洙部长为团长的访问团一行5人，在中国通用机械工业协会分离机械分会席莹本秘书长、赵扬副理事长的陪同下，专程考察了杭州兴源过滤机有限公司。此次韩国分离机械访问团是应中国通用机械工业协会分离机械分会的邀请，就中韩两国分离机械产业的合作模式来中国考察访问的。

9月

1～3日 受中国机械工业联合委托，中国通用机械工业协会在兰州组织召开2006年“中国机械工业科学技术奖”石化通用机械专业申报项目评审会。会议由石化通用机械专业审评组组长隋永滨、副组长樊高定主持，19位石化通用机械专业评审组评委对68个申报项目进行了为期3天的评审。共评选出：推荐一等奖2项、二等奖13项、三等奖18项。

2～12日 应台湾气动液压协会和锅炉协会的邀请，中国通用机械工业协会阀门分会秘书长宋银立带领12名阀门骨干企业领导赴台湾考察，就两岸阀门行业发展前景、阀门行业的技术进步及两岸之间经贸合作交流等进行了座谈和研讨，并参观了几个阀门制造企业。

10～12日 中国通用机械工业协会风机分会第13批新会员会议在沈阳召开。辽宁沈通风机制造有限公司、西安交大流体机械国家工程中心咸阳风机厂、北京鼓引风机有限公司等10个新会员单位，以及副理事长单位及风机分会秘书处共23名代表参加。风机分会秘书处介绍了风机行业发展情况及风机分会的主要任务；介绍了行业统计信息工作及要求；介绍了中国风机网及风机分会2006年下半年的主要工作。会议期间全体代表进行了座谈，并参观了沈阳鼓风机（集团）有限公司新老厂区。

18～22日 中国通用机械工业协会“2006年度通用机械行业统计信息工作会议”在张家界召开。来自行业各行业分会、重点联系企业的有关负责人和统计员共75名代表参加了会议。会议由中国通用机械工业协会副会长兼秘书长张雨豹主持。

张雨豹秘书长向与会代表通报了2006年1～7月机械工业和通用机械行业经济运行情况及2006年全年预测，介绍了振兴装备制造业通用机械行业有关工作情况，并从进一步做好行业统计与分析，加强行业发展动态情况跟踪与分析，深入开展重点和专题问题调查分析3个方面对2007年如何做好行业统计信息工作提出了具体要求。

中国通用机械工业协信息与企业管理部主任李多英在会上全面总结了通用机械行业2006年统计信息及年鉴编写工作，布置了2007年行业统计信息工作，包括2006年年报、2007年重点联系企业月报、每季度行业经济运行情况跟踪及分析等工作，《2006年度通用机械行业发展与改革报告》编写工作，2006年《中国机械工业年鉴》编写工作。

会议对评选出的2006年度通用机械行业统计信息先进工作者和通用机械行业优秀统计论文及统计分析报告的作者进行了表彰。

26日 在全国高技能人才工作会议暨第八届中华技能大奖和全国技术能手表彰大会上，沈阳鼓风机（集团）有限公司获得“国家技能人才培育突出贡献奖”，公司高级技师徐强荣获第八届“中华技能大奖”。

28日 四平鼓风机股份有限公司为开发欧洲市场，向欧盟申请CE认证。公司的主导产品BB24、BB50系列高温窑尾风机、G（Y）4—73F系列鼓引风机、PCF篦冷机冷却风机获得欧盟CE产品认证，可以在欧盟28个国家和地区使用，为扩大产品国际市场开辟了新的销路。

★AMS—CGSE项目技术研讨会在兰州真空设备有限责任公司召开，美籍华人、诺贝尔奖获得者、实验物理学家丁肇中先生参加了此次研讨会。会后，丁肇中先生与上海交通大学校长谢绳武一起参观了兰州真空设备有限责任公司的装配现场。

29日 开封空分集团有限公司的“KFAS牌空气分离成套设备”被河南省质量技术监督局名牌战略推进委员会评为河南省名牌产品。

10月

17～20日 在北京举办的第十五届国际选煤大会上，衡水海江压滤机集团有限公司生产的新型快速卸料压滤机改变现有板框式、厢式压滤机的卸料原理，以全新的压滤机卸料理念，赢得国内外业内人士的一致好评。

20日 国家知识产权局授予山东海福德机械有限公司“强制自循环空气冷却油箱”实用新型专利权。

21日 沈阳鼓风机（集团）有限公司董事长苏永强和浙江大学副校长朱军签订了建立沈鼓集团国家技术中心浙江大学分中心的协议。

25日 山东电力设备厂被评为2006年“山东省机械工业十大自主创新品牌企业”，企业内部刊物《生产与发展》被评为“山东省机械工业十佳企业报”。

★林德工程有限公司同首钢京唐钢铁联合有限公司签订2套75 000m^3/h空分设备合同，该设备采用了世界上先进的空分技术，如快速负荷流程、稀有气体全提取技术等。

27日 国家知识产权局授予山

东海福德机械有限公司“软接触窟封式罗茨鼓风机”实用新型专利权。

30日 中共中央政治局常委、中央政法委书记罗干在辽宁省委书记李克强、省长张文岳，沈阳市委书记陈政高等陪同下视察沈阳鼓风机(集团)有限公司。

月内 中国通用机械工业协会压缩机分会组织西部行参访活动，包括15个企业的代表在内的25人组成的西部参访团参观了西安交通大学、陕西鼓风机(集团)有限公司、西安压缩机厂、四川金星压缩机制造有限公司等13个单位。参访团成员单位与接待参访团单位之间建立了良好的技经贸合作关系。

月内 陕西鼓风机(集团)有限公司的煤气循环发电CCPP装置轴流及离心串联式压缩机获“陕西省科技进步一等奖”。

11月

1日 纳西姆工业(中国)有限公司新厂房落成暨更名为佶缔纳仕机械有限公司庆典仪式在新落成的公司广场举行。来自中国真空学会、山东省贸促会、淄博市政府等部门的领导，全国各地的合作伙伴及公司员工近600人参加了庆典。美国GD集团总裁史迪博、副总裁弗兰西施及来自新加坡、韩国、澳大利亚的GD集团有关人士也出席了庆典。

8日 合肥通用机械研究院建院50周年庆典在安徽大剧院隆重举行，阀门行业领导和企业代表共140多人参加了庆典。中国通用机械工业协会会长隋永滨、国家发改委工业司黄鹂处长和中国通用机械工业协会副秘书长兼阀门分会秘书长宋银立应邀出席。

18～20日 中国通用机械工业协会风机分会“第二届新产品、新技术发布会”在北京召开，共有63个单位的84名代表参加了会议。会议由风机分会秘书处徐常武、周明蔚同志主持，石雪松秘书长出席会议并讲话。会上有11位大专院校、科研单位及风机企业的专家、教授、高级工程师做了新产品、新技术相关内容的发布。沈阳市高新技术焊接联营试验厂和无锡厚德自动化仪表有限公司分别介绍了风机用特种焊条和测振仪表的简况。

19日 中国通用机械工业协会气体分离设备分会召开六届一次会员代表大会，选举产生新一届理事会。四川空分设备(集团)有限责任公司为理事长单位，单金铭出任新一届气体分离设备分会理事长，汪仁蜀为秘书处秘书长。大会期间同时召开大型空分设备技术交流会，与会专家就大型空分设备相关技术和大型空分设备市场形势进行了交流和研讨。

★由中国通用机械工业协会、西安交通大学、上海交通大学、合肥通用机械研究院主办，风机分会、压缩机分会与《通用机械》杂志社共同承办的“第二届中国国际压缩机/风机高峰论坛”在北京西苑饭店召开，来自国内外风机、压缩机生产企业，国内石油、石化、冶金、电力等用户单位，有关科研设计单位和大专院校的负责人、专家和工程技术人员共320多人参加了此次论坛。论坛首先由中国通用机械工业协会会长隋永滨致开幕词。沈阳鼓风机(集团)有限公司、陕西鼓风机(集团)有限公司、沈阳气体压缩机股份有限公司、无锡压缩机股份有限公司、上海压缩机有限公司、西安交通大学、广州机械科学研究院、德国西门子、美国GE公司等单位的代表分别作了演讲。此次论坛让每位参会代表对国内外企业的风机、压缩机技术有了更为全面而深刻的了解。

20日 甘肃省代省长徐守盛，甘肃省政协副主席、甘肃省发改委主任邵克文，兰州市市长张津梁等一行15人到兰州真空设备有限责任公司进行考察，主要考察项目：真空炉、真空镀膜机装配、阿尔法磁谱仪地面支持设备、新购置的压力容器设备。

20～22日 由中国通用机械工业协会主办的“2006第三届中国国际流体机械展览会”在北京展览馆召开。20日上午举行的展览会开幕式由中国通用机械工业协会副会长兼秘书长张雨豹主持，隋永滨会长致开幕词，全国政协常委、中国机械工业联合会会长于珍宣布开幕。

本届展览会展出面积26 000m^2，400多个国内外精英企业展出了当今流体机械最先进的产品和技术。来自通用机械用户企业、工程和贸易公司及制造业的代表约5万人次参观了此次展览会。

21日 “2006中国国际阀门论坛”在北京新大都饭店国际报告厅隆重举行。参加论坛的代表共360人，其中阀门用户企业、设计院和工程公司的代表近100人。日本阀门协会，韩国阀门协会，美国、欧洲等企业的代表也参加了论坛。会议由中国通用机械工业协会阀门分会秘书长宋银立主持，论坛主席团主席、中国通用机械工业协会会长隋永滨致欢迎辞，11位来自国内外的阀门专家做了精彩演讲。

22日 山东省章丘鼓风机厂有限公司“齐鲁”牌商标被山东省工商行政管理局认定为2006年度“山东省著名商标”。

24日 北京中科科仪技术发展有限责任公司通过国家科学技术部“场发射枪透射电子显微镜的研制”课题的评审，承担其中“场发射电子源研制”、“高压电子枪设计制造”、“真空系统设计制造”等3项子课题。

25日 北大先锋科技有限公司同陕西榆林天然气化工有限责任公司签订1 500m^3/h变压吸附CO提纯装置合同，该装置是国内最大的CO提纯装置。

28日 中国科学院沈阳科学仪器研制中心有限公司承担的国家发改委“高技术产业化示范工程项目”IC装备超洁净真空获得系统通过验收。

月内 经中国管理科学研究企业发展中心和中国品牌资产评价中心联合组织，在国家发改委、国资委、商务部等共同参与的“2006年中国品牌500强”评价工作中，陕西鼓风机(集团)有限公司品牌入选中国品牌500强，排名第97位。

(下转224页)

附录

介绍中国第三届流体机械展览会情况，公布行业名牌产品及行业获奖信息

Introduction to the 3rd Chinese International Fluid Machinery Exhibition, Issuing the Famous-Brand Products and Prize-Winning Information of General Machinery Industry

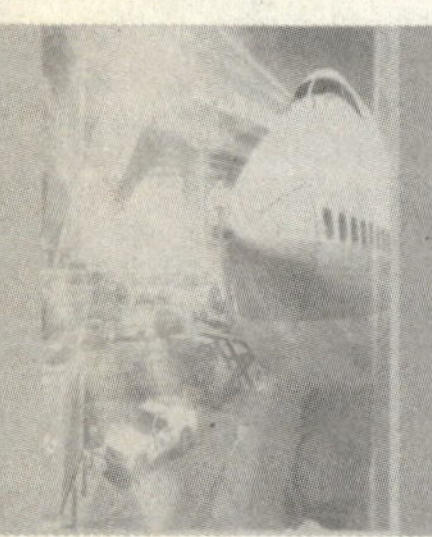

附录

2006 第三届中国国际流体机械展览会（IFMC）暨中国国际阀门博览会

经过两年多的精心筹划和积极筹备，2006 第三届中国国际流体机械展览会（IFMC）暨中国国际阀门博览会于 2006 年 11 月 20 ~ 22 日在北京展览馆隆重举行。本届展览会无论是展出规模、展出水平，还是论坛和技术交流等活动，较前两届均取得了重大突破，使中国国际流体机械展览会成为我国众多展览会中的佼佼者。

一、展览会达到空前规模

本届展览会在展出规模上有了很大的突破。展示面积由前两届的 6 000m^2 猛增到 26 000m^2。参展单位由上届的 194 个增加到 400 多个，展出面积折合标准展位由上届的 293 个增加到 849 个。展览场地不仅包揽了北京展览馆室内一层、二层的全部展出场地，室外展出场地也基本布满，室外广场布置的全部是大型实物设备展品。本届展览会是北京展览馆开馆史上承接的最大的工业展览会，是我国通用机械制造业最大的国际性专业展览会。

二、展览会水平大幅度提高

本届展览会在参展水平上有了很大提高，可以称得上是我国通用机械制造业最高水平的国际性专业展览会。

（1）国内风机、压缩机、泵、阀门等流体机械制造业的主要骨干企业都参加了本届展览会，许多行业领军企业以大面积特装展出，10 多个企业展出面积超过 90m^2（即折合 10 个标准展位以上）；许多企业展出了大型实物设备，甚至是超大型实物设备，充分展示了国内流体机械制造业的先进产品和技术。

（2）本届展览会吸引了来自 6 个国家和地区的 40 多个国际参展商或其在中国的合资和独资企业参展，多数为国际知名企业，如美国的 GE、泰科、耐莱斯、沃茨、苏伯格等公司，德国的西门子、KSB、林德等公司，日本的荏原、日立、OKM、光洋产业、耀希达凯、泰雅、大金等公司，韩国的三星、三信等公司，意大利的 DOTT 公司。其中 GE、KSB、荏原、三星、沃茨、泰科和日本阀协等都是以大面积特装展出，展出了代表世界先进水平的产品和技术。

（3）本届展览会特装展出的企业近 90 个，特装面积占全部展出面积的 50% 以上。特装展台数量较前两届大幅度增加的同时，特装水平也有很大提高。国外的企业如日本荏原公司、日本阀协、美国泰科公司、美国沃茨公司、德国 KSB 公司、韩国三星公司等，国内的企业如沈阳鼓风机（集团）有限公司、陕西鼓风机（集团）有限公司、上海凯泉泵业（集团）有限公司、上海东方泵业（集团）有限公司、上海熊猫机械（集团）有限公司、河南开封高压阀门有限公司、中核苏阀科技实业股份有限公司、宣达实业集团有限公司、江南阀门有限公司、沈阳气体压缩机股份有限公司、无锡压缩机股份有限公司、上海佳力士机械有限公司、上海飞和实业集团有限公司、四川空分设备（集团）有限责任公司、重庆通用工业（集团）有限责任公司等参展企业的展台布置精美达到了很高水平，成为展览会的亮点，给观众留下了深刻的印象。

（4）众多企业展出了大型实物设备。江南阀门有限公司、兰州高压阀门有限公司、浙江五洲阀门有限公司、安徽三联泵业有限公司、中美合资安徽莱恩电泵有限公司、山东省章丘鼓风机厂有限公司、四平鼓风机股份有限公司、石家庄新生机械厂等企业将大型实物设备布展到了室外广场，给展览会增彩的同时，很好地展示了企业的实力。

（5）为了提高展览会的总体展出效果和水平，作为主办单位的中国通用机械工业协会（以下简称中通协）对现场公共宣传作了有效的布置。在展览馆内制作了大幅宣传背景，在展览馆主入口内设立了大型宣传展台，宣传通用机械制造业在国民经济和社会发展中的地位和在振兴装备制造业中的作用，以及举办本届展览会的重大意义；"十五"期间所取得的重大成就；"十一五"面临的重要任务。此外，在展览馆外前广场布置了拱门和气球等。这些都为本届展览会增添了亮丽的色彩，增加了展览会的隆重气氛。

三、举办了高水平的论坛和技术交流等活动

（1）在展览会上举行了《中国通用机械工业年鉴》和《机电产品供应目录·阀门》2006 版新书首发式。全国政协常委、中国机械工业联合会会长于珍，中国机械工业联合会执行副会长贾成炳，中国通用机械工业协会会长隋永滨，机械工业信息研究院副院长、机械工业出版社副社长郭锐，中国机械工业联合会副秘书长李海燕，中国通用机械工业协会秘书长张雨豹、副秘书长宋银立等领导出席了首发式。首发式由机械工业信息研究院产业与市场研究所所长朱长福主持，郭锐副院长、张雨豹秘书长发表了致辞，于珍会长、贾成炳执行副会长、隋永滨会长为新书揭幕。

（2）在展览会期间，各种论坛和技术交流活动内容丰富、水平较高、规模空前。先后组织举办了"国际压缩机、风机高峰论坛"、"国际阀门论坛"、"国际大型空分设备技术交流会"、"气体净化设备技术交流会"、"风机新产品、新技术发布会"，以及日本荏原公司等国内外 5 个企业的专题交流会。特别是"国际压缩机、风机高峰论坛"、"国际阀门论坛"受到众多参观者的关注，国内外众多知名企业、大专院校的有关领导、专家、学者和工程技术人员，以及来自石油化工、电力、冶金等用户领域的企业、设计院所等的代表参加了论坛。论坛演讲内容、水平和交流效果得到了与会各方的好评，在行业中引起了较大的凡响。

（3）2006 年 11 月 20 日晚上举行了千人大型招待会。招待会上举办了企业文艺汇演，丰富了展览会活动。同时也为展览会举办成功增强了声势，使行业协会与企业间的凝聚力进一步提高。

四、展览会宣传工作

(1)本届展览会从筹备起就注重了宣传,除通过中通协及其各分会的会刊、网站、各项行业活动等进行广泛宣传外,还落实了众多相关媒体做为指定和支持媒体,不定期对展览会筹备工作情况和参展企业进行宣传报道。组织了两场众多相关媒体参加的专场新闻发布会和联谊会,既宣传了行业,也为展览会的招展和招商起到了积极的作用。特别是于2006年10月11日下午召开的“振兴通用机械制造业暨2006第三届中国国际流体机械展览会媒体联谊会”开得非常成功,有15个媒体的18位副总编、社长、主任、主编、主任记者和记者参加,联谊会宣传了国家关于振兴装备制造业的政策、形势和任务;宣传了通用机械制造业在国民经济和社会发展中的地位和作用,以及振兴通用机械制造业面临的形势和任务;宣传了即将开幕的“2006第三届中国国际流体机械展览会”的筹备工作。同时,协会与媒体建立了长期互动合作关系。联谊会后,绝大多数与会媒体进行了大篇幅的宣传报道,有的还做了多期宣传报道。

(2)由《通用机械》杂志社和中国工业报社制作了展览会特刊、快报,并在展览会上发放。

(3)制作了高质量的展览会《会刊》,并在展览会上发放。

(4)制作了宣传展览会的精美资料袋和小礼品,并在展览会上发放。

五、展览会参观和商贸效果

(1)为了邀请广大的用户企业、工程和贸易公司、设计和科研院所等派员参观展览会,并进行贸易采购,本届展览会印发了21万多张门票、5 000多份邀请函和请柬。两天半的展出,参观者络绎不绝。据不完全统计,约有5万人次参观了展览会,实现直接订货额11 942万元。

(2)为了给在京相关大专院校的师生提供一个理论联系实际的机会,促进这些大专院校为振兴通用机械制造业培养有用人才,本届展览会还专门为大专院校的师生组织了专场,由协会领导和行业专家亲临现场做讲座和参观讲解。

六、展览会组织工作

本届展览会的成功举办,得益于中通协各级领导的重视和正确领导、各分会的积极工作以及中通协秘书处的精心组织。

(1)招展工作,特别是国内招展工作组织得力,超额、提前完成了预定的目标任务。其中阀门分会、风机分会的招展工作最为突出。阀门分会招展的参展企业数量和展出面积占总规模的一半左右,特装展位最多,同时独立、成功地举办了“国际阀门论坛”。风机分会也提前完成了招展任务,并且把位置较佳的展位让给其他行业做特装展示用,将本行业许多标准展位移到展览馆二层展出。

(2)按时、顺利地完成了商务部、公安、消防、海关等有关部门的各项报批手续,及时协调,理顺了与这些部门的配合工作,保证了展览会的顺利布展、开幕、展出和撤展。

(3)广告商、搭建商、运输商、会务接待商等专业服务商选择基本得当,组织协调得力,保证了展览会的顺利进行,没有出现任何大的事故和不良现象反映。

(4)展览会现场组织工作圆满、出色。本届展览会规模大、货物(特别是大型设备)多、与会人员众多(参展至少2 000多人,参观50 000多人次)、布展和撤展时间短,而参与展览会组织工作的人员少,也不专业。但由于组织得力、分工明确、责任到位,在大家的共同努力下,做到了紧张有序、安全顺利,不仅创造了北京展览馆开馆以来在最短时间内完成整馆大货物量布展和撤展工作的记录,而且在整个展览会期间没有发生一起展品丢失、损坏事件,也没有出现人身安全问题。本届展览会的组织工作得到了展览馆、公安和消防等有关部门的高度称赞,也受到了有关领导及参展商和观众的好评,充分体现了协会的组织能力和整体服务水平。

〔供稿单位:中国通用机械工业协会〕

2006年真空设备行业名牌产品

序号	企 业 名 称	商标	产 品 名 称	获 奖 等 级
1	兰州真空设备有限责任公司	兰真牌	2R系列真空钎焊炉	甘肃省名牌
2	浙江真空设备集团有限公司	ZZ	真空泵系列	浙江省名牌

2006年分离机械行业名牌产品

序号	企 业 名 称	商标	产 品 名 称	获 奖 等 级
1	南京中船绿洲机器有限公司	绿洲牌	碟式、卧螺离心机	江苏省名牌
2	杭州兴源过滤机有限公司	兴源	压滤机	浙江省名牌
3	海申机电总厂(四八〇五工厂象山修船厂)	海申	卧螺离心机	中国离心机名优品牌
4	核工业烟台同兴实业有限公司	核星	过滤机	山东省名牌
5	安徽赛而特离心机有限公司	SAIERTE	DPF530型淀粉分离机	安庆市名牌

2005～2006年泵行业获省级奖、中国机械工业科学技术奖情况

序号	企业名称	项目名称	获奖名称	发奖单位
1	沈阳水泵股份有限公司	超临界高压锅炉给水泵	沈阳市科技进步二等奖	沈阳市人民政府
2	石家庄强大泵业集团有限责任公司	TL(R)脱硫泵	河北省优秀新产品三等奖	石家庄市人民政府
3	石家庄强大泵业集团有限责任公司	TL(R)脱硫泵(改进型)	河北省科技进步三等奖	石家庄市人民政府
4	石家庄强大泵业集团有限责任公司	WN型挖泥泵(改进型)	中国机械工业科学技术三等奖	中国机械工业联合会
5	丰球集团有限公司	PB15000塑料屏蔽泵	浙江省科学技术奖	浙江省科学技术厅
6	广东省佛山水泵厂有限公司	KCC型单级化工离心泵	中国机械工业科学技术三等奖	中国机械工业联合会
7	南京蓝深制泵集团股份有限公司	深井射流潜水曝气机技术	中国机械工业科学技术二等奖	中国机械工业联合会
8	江苏大学	纸浆泵设计方法与泵内纸浆悬浮液两相湍流流动计算	中国机械工业科学技术二等奖	中国机械工业联合会
9	江苏大学	新型深井离心泵的研究与开发	中国机械工业科学技术二等奖	中国机械工业联合会
10	江苏大学	污水污物潜水电泵标准	中国机械工业科学技术二等奖	中国机械工业联合会
11	江苏大学	新型磁力泵传动技术的研制与400Hz高速磁力泵研究	江苏省科技进步三等奖	江苏省人民政府
12	广东凌霄泵业股份有限公司	按摩浴缸泵	广东省高新技术产品奖	广东省人民政府
13	广东凌霄泵业股份有限公司	不锈钢板冲压自吸泵	广东省高新技术产品奖	广东省人民政府
14	广东凌霄泵业股份有限公司	微型屏蔽式循环泵	广东省高新技术产品奖	广东省人民政府
15	宝鸡航天动力泵业有限公司	3ZB—50/7型三缸柱塞泵	中国机械工业科学技术三等奖	中国机械工业联合会
16	宣达实业集团有限公司	耐强腐蚀稀酸泵	浙江省科技新产品奖	浙江省人民政府
17	宣达实业集团有限公司	大流量超高温浓硫酸系统专用泵	浙江省科技新产品奖	浙江省人民政府
18	上海凯士比泵有限公司	NLT500—570×4S型凝结水泵	中国机械工业科学技术三等奖	中国机械工业联合会
19	上海连成(集团)有限公司	节能型低噪声水冷式泵机组	上海市科学技术进步奖	上海市人民政府

2006年风机行业获国家奖、省级奖、中国机械工业科学技术奖情况

序号	企业名称	项目名称	获奖名称	发奖单位
1	沈阳鼓风机(集团)有限公司	“煤代油”甲醇装置用合成气离心压缩机组	沈阳市科技进步一等奖	沈阳市人民政府
2	沈阳鼓风机(集团)有限公司	硝酸三合一用向心膨胀机+离心压缩机整合机组	沈阳市科技进步二等奖	沈阳市人民政府
3	沈阳鼓风机(集团)有限公司	离心压缩机焊接机壳研究	沈阳市科技进步三等奖	沈阳市人民政府
4	沈阳鼓风机(集团)有限公司	甲醇装置用离心压缩机组	沈阳市科技振兴奖	沈阳市人民政府
5	沈阳鼓风机(集团)有限公司	燃气—蒸汽联合循环发电工程DMCL706+2MCL707煤气压缩机组	辽宁省科技进步一等奖 中国机械工业科学技术二等奖 国家重点新产品奖	辽宁省人民政府 中国机械工业联合会 国家科技部
6	沈阳鼓风机(集团)有限公司	天然气气体处理装置丙烷压缩机研制	辽宁省科技进步二等奖 沈阳市优秀新产品二等奖 中国机械工业科学技术二等奖	辽宁省人民政府 沈阳市人民政府 中国机械工业联合会
7	沈阳鼓风机(集团)有限公司	燃气—蒸汽联合循环发电工程用煤气压缩机组	沈阳市优秀新产品一等奖	沈阳市人民政府
8	沈阳鼓风机(集团)有限公司	3MCL527—1离心压缩机	沈阳市优秀新产品三等奖	沈阳市人民政府
9	沈阳鼓风机(集团)有限公司	大型离心压缩机关键技术开发	辽宁省科技成果转化项目奖	辽宁省科技厅
10	沈阳鼓风机(集团)有限公司	70万t/a大型乙烯装置用离心压缩机	国家火炬计划项目	国家科技部
11	陕西鼓风机(集团)有限公司	煤气透平与电动机同轴驱动的高炉鼓风能量回收机组(BPRT)	中国机械工业科学技术二等奖	中国机械工业联合会
12	陕西鼓风机(集团)有限公司	CCPP装置AV45—17+4E280轴流+离心煤气压缩机	陕西省科学技术一等奖	陕西省人民政府
13	陕西鼓风机(集团)有限公司	AV63—10轴流压缩机	西安市科学技术一等奖	西安市人民政府
14	陕西鼓风机(集团)有限公司	大型高炉煤气余压回收透平	西安市科学技术一等奖	西安市人民政府
15	湖北省风机厂有限公司	XFFJ循环风机	湖北省重大新产品成果奖	湖北省科技局
16	山东省章丘鼓风机厂有限公司	ZSR6—N型石化用大流量高效节能罗茨鼓风机	山东省科技进步三等奖 济南市科技进步三等奖	山东省科技厅 济南市科技局

（续）

序号	企业名称	项目名称	获奖名称	发奖单位
17	山东省章丘鼓风机厂有限公司	中低压衡相气力输送在PVC工程中的应用	山东省机械工业科技进步三等奖	山东省机械工业办公室
18	江苏金通灵风机有限公司	300MW电站循环流化床风机	南通市科技进步一等奖	南通市人民政府
19	江苏金通灵风机有限公司	GM系列单级高速鼓风机	南通市科技进步二等奖	南通市人民政府
20	湖北双剑鼓风机制造有限公司	两级二氧化硫低速高压风机	随州市科技进步一等奖	随州市人民政府
21	浙江上风实业股份有限公司	ZLK型蒸发式冷却机组	浙江省科学技术三等奖 绍兴市科学技术二等奖 上虞市科学技术二等奖	浙江省科技厅 绍兴市科技局 上虞市科技局

2005～2006年分离机械行业获中国机械工业科学技术奖情况

序号	企业名称	项目名称	获奖名称	颁奖单位
1	重庆江北机械有限责任公司	GKH1600—N虹吸刮刀卸料离心机	中国机械工业科学技术二等奖	中国机械工业联合会、中国机械工程学会
2	重庆江北机械有限责任公司	LW650×1755—N卧式螺旋卸料离心机	中国机械工业科学技术三等奖	中国机械工业联合会、中国机械工程学会
3	上海远东制药机械总厂	GZLYZ20蒸汽灭菌真空冷冻干燥机	中国机械工业科学技术三等奖	中国机械工业联合会
4	自贡高精过滤机制造有限公司	含油工业污水真空分离净化回用装置	中国机械工业科学技术三等奖	中国机械工业联合会、中国机械工程学会
5	自贡高精过滤机制造有限公司	能排漂的全自动清污滤水器	中国机械工业科学技术三等奖	中国机械工业联合会、中国机械工程学会
6	张家港华大离心机制造有限公司	LGZ1250型立式刮刀下部卸料离心机	中国机械工业科学技术二等奖	中国机械工业联合会、中国机械工程学会
7	张家港华大离心机制造有限公司	AUT1250型上悬式刮刀下部卸料离心机	中国机械工业科学技术二等奖	中国机械工业联合会、中国机械工程学会

（上接218页）

12月

4～5日 由天津减速机股份有限公司协办的中国通用机械工业协会减变速机分会六届二次会员大会在天津召开，共有71个单位的97名代表参加会议。中国通用机械工业协会会长隋永滨、副会长兼秘书长张雨豹出席会议，隋永滨会长作了重要讲话。

11日 百万千瓦核电阀门国产化研讨会在北京召开。此次研讨会针对辽宁红沿河核电项目制定了核电阀门国产化的目标，成立了泵阀国产化工作协调小组，由中国通用机械工业协会会长隋永滨任组长。此次会议为生产核电阀门的企业指明了发展方向，推进了核电阀门国产化的进程。

12～20日 中国通用机械工业协会压缩机分会组织企业领导及技术骨干一行18人到我国台湾地区压缩机制造企业参观、交流。代表们访问了位于台北县三重市的复盛股份有限公司机械事业部及其下属的三重厂。三重厂的高端数控机床、加工中心、高效的数显仪和压缩机、制冷机全性能测试系统，制造过程的精细化和严格的质量管理，从业人员的敬业精神，都给参访团成员留下深刻的印象。

15日 温州瑞气空分设备有限公司的医用分子筛被评为温州市名牌产品，并获5项国家专利，其中一项获国家发明奖。

26日 成都南光机器有限公司自主研制的2.5m箱式真空镀膜机运抵中国科学院长春光学精密仪器研究所。该真空镀膜机是国内规格最大、性能最先进的综合性箱式真空镀膜机，在多组电子束蒸发、多组离子源辅助镀膜、真空系统极限真空以及自动控制操作系统等方面均有重大突破。

★四川空分设备（集团）有限责任公司隆重举行建厂40周年庆典，回顾公司40年的发展历程，总结经验，提出创建“百年老店”的目标。

30日 杭州制氧机集团有限公司与江西省九江市国有资产监督管理委员会正式签订了“江西制氧机厂整体生产性资产及流动负债”产权转让合同，从而成功地收购江西制氧机厂，组建江西制氧机有限公司。

月内 沈阳鼓风机集团有限公司“沈鼓”牌、陕西鼓风机（集团）有限公司“陕鼓”牌、上海鼓风机厂有限公司“上鼓”牌、重庆通用工业（集团）有限责任公司“重通”牌、山东省章丘鼓风机厂有限公司“齐鲁”牌、长沙鼓风机厂有限责任公司“长风”牌、无锡压缩机股份有限公司“锡压”牌、沈阳气体压缩机股份有限公司“沈气”牌、上海佳力士机械有限公司“佳力士”牌、大连大高阀门有限公司“DV”牌、兰州高压阀门有限公司“高阀”牌、湖北洪城通用机械股份有限公司“荆沙”牌、河南开封高压阀门有限公司“KF”牌获得国家商务部评选颁发的“2006年度最具市场竞争力品牌”。

月内 广东省佛山水泵厂有限公司的2BW系列真空、压缩机电一体化成套装备研制项目通过广东省技术创新专项资金项目验收。

公司大楼效果图

中国空分设备有限公司是由原中国空分设备公司整体改制、多元股权组成的股份制企业，是从事空气分离与液化，天然气石油气分离与液化，低温液体贮运，环境保护和能源综合利用，自动化控制和其他成套机电设备的咨询、设计、监理、项目管理、招标代理、进出口贸易、设备成套和EPC工程总承包的专业工程公司。

公司具有A1级、A2级、A3级压力容器设计许可证，GC1级、GC2级压力管道设计资格，石油化工通用机械工程（工艺）乙级设计资格和环保工程（废水）甲级、（废气）乙级设计资格，是国家批准的甲级机电设备成套单位，甲级建设工程设备招标机构、工商领域固定资产投资咨询机构、技术改造项目招标代理机构，具有承包境外机电工程和境内国际招标工程及经营进出口业务权，通过了ISO9001:2000质量管理体系、ISO14001:2004环境管理体系、OHSAS18001:1999职业健康安全管理体系认证。

公司拥有一支专业配套、经验丰富的工程技术队伍，各类专业技术人员占职工总数的93%；注册建造师、注册设备监理师等各类国家注册工程师有28名。公司成立20多年来，已承包各类工程技术设计、设备成套、工程安装项目300余项，获得了良好的社会效益和经济效益。

公司坚持“为顾客创造价值”的服务理念和“质量、安全、环保”的方针，将一如既往、真诚地为海内外顾客提供专业的服务。